本书为教育部哲学社会科学研究后期资助项目
“历史唯物主义视域中的‘马克思与正义’研究”
（项目批准号: 19JHQ016）的结项成果之一

『十三五』国家重点出版物出版规划项目

马克思主义研究译丛 典藏版

卡尔·马克思

马克思思想传记

（第2版）

Karl Marx

Second edition

［美］艾伦·W.伍德（Allen W. Wood）/著

张晓萌　杨学功　任劭婷/译

中国人民大学出版社

·北京·

马克思主义研究译丛 典藏版

编委会

献给雷加（**Rega**）

总　　序

“马克思主义研究译丛”问世已逾十五个春秋，出版著作数十种，应当说它已经成为新世纪我国学术界有较大影响的翻译介绍国外马克思主义最新成果的大型丛书。为适应我国哲学社会科学繁荣发展的新形势，特别是满足马克思主义理论研究和教学的迫切需要，我们将继续加大这套丛书的翻译出版力度。

“译丛”在不断成长壮大，但初衷未改，其直接目的是为国内学术界乃至整个思想文化界翻译介绍当代国外马克思主义研究的最新成果，提升我国马克思主义理论研究水平，并推动建构有中国特色的哲学社会科学体系，包括学科体系、教学体系和话语体系等；而根本目的是借鉴当今世界最新文明成果以提高我们民族的理论思维水平，为实现中华民族伟大复兴的中国梦乃至推动人类文明进步事业提供思想资源和理论支撑。

“译丛”的鲜明特征是与时俱进。它站在巨人的肩上不断前行。改革开放后，我国学者翻译介绍了大量国外马克思主义研究成果，特别是徐崇温先生主编的“国外马克思主义和社会主义研究丛书”等，将20世纪国外马克思主义的主要理论成果介绍到国内，对推动我国学术研究发挥了巨大作用。20世纪末，特别是进入21世纪后，世界格局出现重大转折，国外马克思主义研究也随之发生了很大变化，形成了一大批新的研究成果。我们这套丛书的使命，就是要在前人工作的基础上，继续进行跟踪研究，尽快把这些新的思想成果介绍到国内，为人们研究有关问题提供参考。

我们所说的“国外马克思主义”是“世界马克思主义”的一部分。“世界马克思主义”有广义和狭义之分。广义的“世界马克思主义”是指自1848年马克思、恩格斯发表《共产党宣言》以来的所有马克思主义，既包括经典马克思主义，也包括中国的马克思主义以及其他国家的马克思主义。狭义的“世界马克思主义”则是中国学者通常指称的“国外马克思主义”，即马克思、恩格斯、列宁等经典作家之后的中国以外的马克思主义。

160多年来，世界马克思主义对人类社会的发展产生了巨大影响，不仅在实践上改变了世界格局，而且在思想文化上影响深远。仅从思想文化角度看，其影响至少表现在五个方面。第一，它是当今世界上最大的话语体系。如“经济-政治-文化”“生产力”“经济结构”“资本主义”“社会主义”等，已经成为世界通用的概念。不管人们是否赞同马克思主义，都离不开马克思主义的概念和分析方法。第二，它影响并带动了世界上一大批著名学者，包括卢卡奇、葛兰西、哈贝马斯、沃勒斯坦等。正是这些思想家在引领世界思想潮流中发挥着不可替代的积极作用。第三，它深刻影响了当今世界各国的哲学社会科学，包括哲学、经济学、社会学、政治学、法学、新闻学等。第四，它深刻影响了世界各国的社会思想文化和制度文化，包括文学、艺术、新闻、出版、广播、影视以及各种具有社会主义性质的制度文化。第五，它深刻影响了世界各国的大众文化，包括大众语言、生活节日，如三八国际劳动妇女节、五一国际劳动节、六一国际儿童节等。应当说，在当今世界上，马克思主义已经深入人类文明的方方面面。

160多年来，世界马克思主义本身也在发生着巨大变化，从资本主义一统天下局面下的经典马克思主义发展到社会主义和资本主义两种制度并存局面下多种形态的马克思主义。20世纪以来，在资本主义国家，先后出现过社会民主主义模式的马克思主义、与苏联模式相对应的“西方马克思主义”，以及近几十年来出现的“新马克思主义”“后马克思主义”等；在社会主义国家，则先后形成了苏联模式的马克思主义、中国化的马克思主义，以及其他各具特色的马克思主义。

尽管世界马克思主义形态纷繁多样，但其基本的立场、观点、方法和价值指向是相同的，这就是在资本主义向社会主义转变的历史大潮中不断批判资本主义，寻找替代资本主义的更好方案，探索社会主义发展的正确道路。中国作为当今世界上最大的社会主义国家，同时也是最大的马克思主义理论翻译和研究大国，认真研究借鉴当代国外马克思主义的最新成果，对于推进中国特色社会主义事业和人类文明进步事业，都具有十分重要的意义。

世界潮流，浩浩荡荡。进入21世纪以来，中国的发展一日千里，世界的变化日新月异。全球发展中的机遇与挑战、中国发展中的成就与问题，都在不断呼唤马克思主义的理论创新。

从世界范围来看，全球化的深入推进、信息技术的广泛应用促使人类社会发展进入了一个全新的时代。同时，以中国为代表的新兴经济体的迅速崛起，以及世界各具特色的社会主义的新一轮发展，正在引发世界格局的重大变化。这些都为马克思主义、社会主义的发展提供了极好机遇。同时，也应当看到，尽管今天的世界是“一球两制”，但资本主义仍然占据主导地位，社会主义主导人类文明的时代尚未到来。时代的深刻变化向人们提出了一系列亟须回答的重大课题。比如，究竟应如何定义今天的时代？对此，国外学者给出了各种答案，诸如“全球化时代”“后工业时代”“信息时代”“后现代社会”“消费社会”等。又如，随着经济全球化、政治多极化和文化多元化的深入推进，人类世界交往的深度和广度都远远超越了以往任何历史时代，由此引发一系列全人类性的问题。如全球经济均衡发展、国际政治民主化、生态环境保护、人的全面发展、后现代状况、后殖民状况、多元文化、世界体系重构、全球治理等问题，越来越受到国际社会的普遍关注，也越来越多地进入思想家们的理论视野。近些年来，随着中国的发展以及资本主义世界金融危机的普遍爆发，马克思主义、社会主义又重新焕发生机，并受到世人的广泛关注。《共产党宣言》《资本论》等马克思主义经典著作又引发世界思想界乃至社会大众新一轮的研究热潮，特别是对“中国模式”的研究方兴未艾。关于社会主义、资本主义以及二者关系问题，马克思主义经典文本等的研究仍然是当代国外左翼学者普遍关注的问题。所有这些问题以及国外学者所做出的回答，都从不同方面反映了人类社会发展的时代潮流。了解这些思想潮流，有助于我们认识、研究当今中国和世界发展的问题。

从中国现实来讲，随着改革开放的深入进行，中国经济社会的发展突飞猛进，国际地位空前提高。中国正在逐步从世界舞台的边缘向中心迈进。中国化的马克思主义理论成果也不断推出。随着中央组织实施的马克思主义理论研究和建设工程不断向纵深发展，我国的理论研究与改革开放实践进程交相辉映，这使我国哲学社会科学在理论与实践、历史与现实、国内与国际、研究与教学的结合上愈加深入，愈加科学，愈加丰富，愈加具有实践性、时代性和民族性。中国思想界从来没有像今天这样朝气蓬勃而又富有创造精神。然而，也应当看到，我国的现代化建设还面临各种困难与问题、风险与挑战，如社会不公、贫富分化、权力腐败、物质主义泛滥、人文精神失落、生态环境破坏等。为解决这些发展中的突出问题，中央提出了“四个全面”战略布局、“五大发展理念”等。要把这些发展的新理念、新思想、新战略等变为现实，还需要做深入的研究。这是我们理论研究面临的首要任务。再者，我国这些年的经济社会发展成就斐然，但国际话语权还很小，这是制约我国走向世界的关键。中华民族要实现伟大复兴的梦想，就必须在未来世界文明的舞台上有所作为，不仅要解决好自己的发展问题，还要关注人类的命运。这就需要站在世界潮流的高度看问题，特别是要把握和处理好社会主义与资本主义的关系，既要做好社会主义与资本主义长期并存、相互影响的准备，又要培养担当精神，主动引领世界文明的发展，为构建人类命运共同体，最终实现社会主义新文明对资本主义旧文明的超越，做出我们中华民族的新贡献。而要赢得世界的话语权，乃至引领世界文明潮流，就需要认真总结人类现代文明发展的经验，特别是要总结中国特色社会主义建设的经验，把这些实践经验上升到思想理论和学术研究的高度，形成一套现代化的国内外人们普遍认同的价值理念、思维方式、话语体系、学术体系、学科体系等，使之能够进入世界各国的学术研究领域、教学教材体系乃至变成大众的生产生活方式。正是在这样的背景下，中央提出了构建有中国特色的哲学社会科学体系的历史任务。

作为21世纪的中国学者，要承担时代赋予我们的使命，就必须始终站在学术前沿，立足中国，放眼世界，不断汲取人类一切优秀的思想学术成果，以丰富自己的头脑，创新马克思主义理论，为推进中国和世界的发展提供理论智慧。

正是出于上述考虑，我们力求站在世界潮流发展的高度，结合我国现代化建设和理论研究的实际，从国外马克思主义研究的最新成果中选择有时代性、创造性、权威性、建设性的作品，译介给我国读者。这应当说是“译丛”选题的基本原则。

至于选题的内容，主要包括以下四个方面：一是有关基础理论研究成果，即关于马克思主义经典文本和思想发展史的研究成果，如关于马克思、恩格斯的文本、基本观点及其发展历程的研究成果，关于国外马克思主义发展史的梳理分析，以及马克思主义中国化的研究成果，等等。这些成果的翻译引进可以帮助我们更加深入地研究马克思主义经典著作，推进马克思主义基本理论和马克思主义发展史、传播史的研究。二是有关重大理论问题研究成果，即关于人类社会发展历史、规律和未来趋势方面的新成果，如关于社会主义的发展、资本主义的走向、人类文明转型、现代性与后现代性等的研究成果。这有助于我们科学把握人类社会发展的规律、现状和趋势，推进马克思主义基本理论的创新与发展。三是有关重大现实问题研究成果，如关于经济全球化、政治民主化、生态问题、后殖民主义、文化多元主义、人的发展问题、共享发展问题等的研究成果。这有助于我们回答和研究一系列重大社会现实问题。四是海外有关中国道路、理论、制度的研究。这是近些年来国外学术界研究的新亮点，也应当成为我们这套丛书的新亮点。翻译介绍这些成果有助于我们了解国际思想界、学术界乃至国际社会对中国改革开放和现代化建设的认识，从而有助于加强与国际学术界的交流互鉴，提升我们在国际学术界的话语权和影响力。除了这四个方面之外，其他凡是有助于马克思主义研究的新成果，也都在选题之列。当然，由于所处的社会文化环境不同，国外学者的思想认识与我们的观点不尽相同，也不一定完全正确，相信读者会用科学的态度对这些思想成果进行甄别和借鉴。

为更好地完成丛书的使命，我们充实调整了顾问与编委队伍。邀请国内著名的世界马克思主义研究专家作为丛书顾问，同时，邀请国内一批著名的专家学者作为编委，还适当吸收了青年学者。这些学者，或精通英语、德语、法语、日语，或对某一领域、学派、人物等有专门研究，或对国内某一地区、某一方面的研究有一定的权威性。有这样一支语种齐全、研究面广、代表性强的老中青队伍，加之广大学者的积极支持，我们有信心把丛书做得更好。

“译丛”自2002年问世以来，得到我国学术界乃至社会各界同人的广泛关注和大力支持。其中有的译作在社会上产生了较大影响，对推进我国马克思主义理论学科建设发挥了积极作用。这套丛书还日益受到国际学术界的重视，不少国际著名学者表示愿意将自己的新作列入丛书。为此，要衷心感谢所有关心、帮助、支持和参与丛书工作的朋友！需要说明的是，由于这方面的研究成果很多，而我们的能力有限，只能有选择性地陆续翻译出版，有考虑不周或疏漏乃至失误之处，也请大家鉴谅。希望新老朋友们继续为丛书推荐书稿、译者，继续关心、支持我们的工作，共同为繁荣发展我国哲学社会科学和理论研究事业奉献智慧与力量。

杨金海

2016年6月16日

于北京西单

译者导言

正如德里达在《马克思的幽灵》中所言，“不能没有马克思，没有马克思，没有对马克思的记忆，没有马克思的遗产，也就没有将来；无论如何得有某个马克思，得有他的才华，至少得有他的某种精神。”① 在某种意义上，马克思的思想始终在场，因为马克思对资本主义“深入到历史的本质性的一度”② 的深刻剖析是至今未能超越的批判语境。

作为纪念和继承马克思主义的重要载体，马克思的思想传记是感受马克思的人格魅力、切近马克思思想体系的重要途径。自马克思逝世后，国内外已有多种版本的马克思传记得以出版，为我们深刻并全面地理解马克思的思想精髓及价值提供了可借鉴的参考文献，同时也呈现出差异化的阐释路径：一种路径是遵循思想史的脉络延展，侧重于以马克思生平主要活动的时间史为线索，揭示马克思在不同时期所发生的思想变化和马克思主义的形成过程。例如，1918 年出版的梅林所著的《马克思传》结合时代背景和马克思不同时期所从事的历史活动，对马克思思想的形成和发展脉络进行梳理。在 1972 年出版的《马克思传》中，戴维·麦克莱伦声称要通过“客观公正地”写作还原马克思的一生，试图为读者勾勒马克思的个人生活、政治生活和精神生活的本真影像。另一种路径是以问题为导向，以马克思的核心命题和对马克思思想的质疑为线索，在阐释和反驳中或捍卫或重建马克思主义。1981 年出版的《卡尔·马克思》一书是其中的代表作。艾伦·W. 伍德面向一些常见的误解为马克思的哲学思想辩护，对马克思的哲学话语进行了逻辑分析。在此书中，作者以问题意识为导向，从异化、历史唯物主义、马克思主义与道德、哲学的唯物主义和辩证的方法五个主

---

① 德里达. 马克思的幽灵. 何一，译. 北京：中国人民大学出版社，2016：15.

② 孙周兴. 海德格尔选集：上卷. 上海：上海三联书店，1996：383.

题切入、聚焦马克思的哲学思想，并在此基础上力图对马克思的哲学思想做当代价值评估。

在艾伦·W. 伍德看来，“对于马克思来说，他在经济、历史和社会学理论中所取得的成就，在最崇高的意义上应该被称为‘哲学的’”，因而《卡尔·马克思》是“针对19世纪一位最伟大的哲学家的思想进行的充满同情的（但不是不加批判的）哲学阐释”①。自该书问世以来，书中有关道德和正义的讨论开启了马克思主义正义理论持久不息的争论——马克思主义对资本主义社会的批判是否基于某种正义原则？马克思是否认为资本主义不正义？如何界定和区分道德善和非道德善，即如何诠释马克思站在非道德的立场上开展对资本主义的批判，但其中又不乏道德的话语运用？马克思的理论成就和建构路径可能通向各个方向，作为诸多向度中的一种可能，伍德富有争议的观点和由此开启的马克思主义的正义话语，为重新审视和解读马克思主义提供了结构性的新维度。

该书于2004年修订再版，是马克思哲学思想研究领域最具世界影响的重要著作之一。G. A. 科恩曾经评价说，艾伦·W. 伍德的《卡尔·马克思》是当时“英语世界从哲学层面介绍马克思的最好作品”，“伍德恰当而尖刻地质疑了诸多关于马克思和关于马克思主义者所构造出来的那个世界的断言，但他同时也令人信服地热情推崇马克思主义中他认为有着长久价值的东西”②。而布坎南更是热烈地盛赞艾伦·伍德的《卡尔·马克思》比“科恩的《卡尔·马克思的历史理论》涉及面更广，比阿维内里的《卡尔·马克思的社会和政治思想》的哲学深度更深，对于英语读者来说，它显然是现有的研究作为哲学家的马克思的最好作品之一”③。

在《卡尔·马克思》一书中，艾伦·W. 伍德对马克思的资本主义社会批判方式进行了哲学分析，以独到的见解阐述了马克思的基本命题。通过这一非道德主义的论证，伍德一方面澄清了学术界存在的那些习以为常的对马克思哲学思想的误解，夯实了马克思相关哲学命题的论证基础，另一方面又站在非道德主义立场对马克思的哲学话语进行阐释，引发了有关“马克思与道德”“马克思与正义”的激烈争论。尽管我们不能完全同意作者在某些论点上的阐述，但艾伦·W. 伍德的《卡尔·马克思》

---

① Allen W. Wood. *Karl Marx*. New York: Routledge, 2004, p. xi.

② 科恩. 科恩评艾伦·伍德的《卡尔·马克思》. 林育川，译. 国外理论动态，2013（6）.

③ 布坎南. 布坎南评艾伦·伍德的《卡尔·马克思》. 林进平，译. 国外理论动态，2013（6）.

在展现马克思哲学思想张力的同时，进一步拓展了我们对马克思哲学思想的理解。

张晓萌

2023 年 4 月 5 日

目　　录

第二部分 历史唯物主义

第三部分 马克思主义与道德

第四部分 哲学的唯物主义

第五部分 辩证的方法

第 2 版序言

21 世纪的马克思　自本书第 1 版面世以来已经 20 多年了①。在此期 *xi*
间，苏联解体，东欧剧变，中国的经济结构发生了转变。自 20 世纪 80 年代初期以来，后现代主义（或者现在无论把它叫作什么都行）似乎已经代替马克思主义成为许多知识分子的立场之一。即便是早先几十年里熟悉或者尊敬马克思思想的人，现在也是重复着那些不理解和拒斥马克思思想的陈旧口号。可以毫不夸张地说，对马克思思想的学术研究普遍受到了轻视。

在这种情况下，人们自然会认为，《卡尔·马克思》② 这样一本书是值得重新出版的，如果它是面向 21 世纪的读者进行言说，那就需要对它做根本性的修订。在这个新版本中，我在各处做了许多小改动，甚至增加了第十六章，还有这个新的序言。但无论是众多细微的修订还是增加新的章节，它们都没有处理 20 世纪末所发生的政治经济变化，修订的内容也不是由这些变化所引起的。这本书基本上还是保持了第 1 版的面貌——我并不为此感到惭愧或内疚。本书是针对 19 世纪最伟大的一位哲学家的思想进行充满共鸣的（但我希望不是不加批判的）哲学阐释。马克思是——即使在哲学这一术语最为人尊敬的意义上也是——一位堪称哲学家的人，他在经济学、历史学和社会理论方面均有知识成就；这些极受尊崇的成就没有学科或者
研究传统的分界，而是直接来自实证研究，并且是通过独立思考与理论建 *xii*
构得出的，无论这些路径通向何处。

对第 1 版无须做更多根本性的修改，部分原因在于我对本书最初的目标有意做了严格限定。我本人支持马克思的立场，这就如同我对资本主义

---

① 本书第 1 版由劳特利奇公司于 1981 年出版。——译者注

② 这是本书的书名直译。考虑到本书的主要内容是评述马克思的思想，而不是介绍马克思的生平，中文译本我们加了一个副书名“马克思思想传记”。——译者注

的厌恶一样再清楚不过——这不仅是针对马克思所处的时代而言，在我自己的有生之年都会如此（自 1981 年以来，我的这一态度反而得到加强）。但我并没有尝试去把马克思哲学和某些后来意义上的“马克思主义”或 20 世纪后期的社会、政治现实联系起来，或者去评价马克思的理论对于他所不知晓的更晚期的资本主义阶段的适用性。当然，本书的目的是从哲学立场阐释马克思的观点，并且主要是防止对马克思哲学观点的常见误解。正如我在“结语”中所说的（在第 2 版中丝毫未曾改变），首要目标是防止人们——不管他们是否支持马克思——提出关于马克思观点的错误问题，以及防止人们认为那些支持或反对马克思的错误言论与这些言论对马克思观点的评价有关，而事实上二者无关。

对马克思的解读与误读　本书第 1 版的某位评论者（出于礼貌这里不点名）注意到了这个有限的目标，然后委婉地说想知道这一目标是否值得写一本书（最后明智地给出肯定的答案）。然而，在评论的过程中，他接着继续证明（尽管是无意的）我甚至没能（至少在他看来）实现我可怜的有限的目标。因为他相当激烈地（而没有注意到我的书中关于它们的任何说法）表现出一些我已经在极力纠正的误解。

本书的读者们应该一开始就知道，马克思的作品并不是特别难懂或晦涩。对于他们而言，如果还不知道的话，弄清这一点的最好方式就是先把这本书放在一边，去读一些马克思的著作。假如他的作品像亚里士多德、康德、黑格尔，甚至休谟的作品那样抽象化和哲学化，马克思就不会像实际情况那样对政治狂热或者文学想象有吸引力。马克思的作品吸引人且富有激情，而在某些地方又是极端——甚至是傲慢的，或者沉闷的——好辩的。马克思的某些早期作品可能难以读懂，因为它们简洁、粗略，他并没
xiii 有打算将其出版。《资本论》开篇关于价值的篇章是抽象且相对难懂的（就像马克思自己在其序言中告诫我们的那样）。不过它们并不是《资本论》的典型部分，《资本论》——就像马克思关于历史和经济的大部分作品一样——是生动的、睿智的、诙谐的，结合了对批判思考和实证调查的双重热爱。作为一名经济学家，马克思从亚当·斯密那里学到了很多，他们的作品具有共同之处，存在着持续不断的反讽，要么浮于表面，要么暗藏其下。不过马克思的作品中没有斯密那样的耐心和 18 世纪作品的冗长①。我们在马克思的作品中所发现的某些像斯密作品一样的精微之处很

① 18 世纪思想家们的文风往往冗长、沉闷、拗口，但是其思想的力度恰好也在这种文风之中得到了体现。——译者注

可能被遗漏了，不是因为它们被陈述得过于单薄，而是因为它们被其理论主张的丰富或者其字里行间的义愤所淹没了。

马克思的论文《路易·波拿巴的雾月十八日》闪耀着巨大的智慧，处处弥漫着历史、政治、文学上的巧妙影射。总之，它是引人入胜的，充满了智慧、勇气和忠诚，正如同马克思努力去理解和接受明显是对他的整个世界观构成挑战的一系列政治事件一样。马克思是一位不断与各种事实和理论进行斗争的作家——而在他找出敌人的方式上，连尼采也应该崇拜他。如果用教条主义精神来解读他，将他的作品当作某种神圣的经典一样，就会遗漏他的作品的最好的部分：由他自身的思考方式以及他灌输给读者——尤其是那些还未被他的理论所改变的人——的知识及立场所展现出来的思维的极其开放性。这就是马克思应该受到每一个具有哲学思维的人爱戴的原因。那些还没有按照可以使他们自己欣赏到马克思作品中这些优点的方式来阅读马克思的人，应当这样来做。

尽管如此，迄今可能没有任何著作——除了那些宣称传递神的启示的经典作品之外——像马克思的著作那样持续受到不忠于理智的人的解读。在解读一位研究社会和历史的作者时，投入你的激情和社会历史诉求，并不一定会妨碍你对其进行忠实的解读。某些情况下，这类激情和社会历史诉求甚至可能是成为这类问题的严肃探究者的先决条件。因而，关于马克思的优秀著作，当然会以坚决支持或者坚决反对他而告终。不过，如果一开始就要防止对文本进行同情式或者批判性的解读的话，误解几乎是肯定会发生的。

马克思倡导参与和强化国际工人运动，他坚信工人阶级的历史使命就是推翻资本主义，代之以一种更高级的、更人道的社会形态。他希望他的 *xiv*
著作能够为工人运动贡献出理论见解并使其队伍强大。但是马克思经常强调，工人运动仍然处于形成过程中，我们关于运动自身以及关于资本主义及其历史使命仍然有许多需要学习的地方，工人运动必须随着历史环境而改变和发展。他坚持不懈地促使工人运动践行最无情的自我批判，并公开宣称从自身错误中不断学习才是其实现解放全人类的历史使命的唯一希望。马克思本人从不认同将附加在他名字之后的“主义”加诸工人阶级运动。对于那些这样做的人，他的解释是：“我只知道**我**不是‘马克思主义者’”[1]。

当工人阶级政党之间的分隔使这种运动的发生地变得不确定，甚至可能让人怀疑马克思所描述的这种运动是否真实存在时，狂热者则把教条地遵循马克思著作中的文字（或者是各种对著作的“正统”解读）等同于真诚地追随这种运动。头脑简单的忠诚被看作检验无产阶级团结性的试金石，而怀疑马克思著作描写的真实性则被等同于对运动的背叛。这样，马克思主义者就丧失了马克思认为必不可少的科学批判精神和适应环境变化的能力。马克思总是将对宗教思考方式的批判视作所有社会批判的前提，而自封的“马克思主义”甚至变成了这种思考方式荒唐的模仿品。甚至在那些自诩为马克思主义者的专制政权之外，假设马克思的文本所阐述的一切必定被证明是绝对真理已经成为解读马克思文本的习惯。这就像对《圣经》的批判中所出现的，对如何解读文本的这种限制导致了对基本训诂原则的某些不忠实理解。

马克思主义的批评家一直强调这些观点，但是现存秩序的辩护者通常用更为不忠实的方式来解读马克思。对于解读一个文本而言，假设其基本信息一定是错误的甚至比假定它所说的肯定是正确的更必然造成不忠实的解读。关于政治思想史的写作存在着某种风格，其目的是确定在考虑范围之内的文本或思想家在多大程度上赞成或反对那些原则和态度，而它们是（事先已经确定的）所有具有善意的民众必定会遵循的原则和态度。很多
xv 重要的社会思想家被以这种方式系统性地误读，马克思只是其中一个，但是这种误读在他身上被运用得或许比其他任何人都更加明目张胆。

马克思鼓励人们把哲学学说看作阶级利益的表达。这就偶尔导致他，甚至更经常导致他的追随者根据那些被认为是相信这些理论的人的实际（如果是经常偶发的）行动，而不是根据这些理论主张所说的，乃至是它们所表达的合理意思来解释这些哲学家的理论主张。很显然，无论这种解释哲学学说的方式能够提供多少洞见，它总是会遭到各种不负责任的滥用。那些对马克思怀有敌意的人，会毫不犹豫地针对马克思实施这种通常不会被加诸到其他思想家身上的滥用。

如此一来，对马克思的解读经常主要是为了在他的著作中寻找那些在苏联等地自诩为其追随者的错误行为的所谓源头[2]。（比如，我听说，有人认为马克思著作中那种过分残暴地带有嘲弄色彩的好辩的笔调使得他成为一个合适的目标来对一些暴行负责；在我看来，持这些看法的作者在要求我们赞成他们关于某个人过分严厉的评判之前，应该更仔细地反省他们自身。）这类读者对于马克思提出的问题不感兴趣，更不用说考虑他所提出问题的历史背景了。他们或公开或隐蔽的目的是恐吓我们，让我们接收这样的信息——“你不能这样思考”（否则你就会成为一个怪物）。不过这无异于告诉我们，“你根本不应该思考”——至少，不应该思考资本主义是不是一种合理的社会制度。

马克思也把他自己的学说看作历史运动实践的一部分，似乎乐意（甚或渴望）接受这种实践的历史评判，以此作为对其学说正确与否的最后检验，因为他明显相信他所支持的运动必将胜利，因而必将被历史证明是正确的。在这个意义上，他接受黑格尔引自席勒①的名言：*Die Weltgeschichte ist das Weltgericht*[3]。也许唯一值得期待的是，那些对他的学说和号称是基于这些学说的运动充满敌意的人，至少为了庆祝他们对他以及那些声称以他的名义进行活动的人的胜利，应该采纳这些思考方式。马克思关于他所钟情的运动必将胜利的信念，经常招来那些（至少在他们清醒时）根本不
相信历史必然性的敌对读者，这些人反而扬扬得意地将这种必然性归于马克 xvi
思名义下的运动的失败。显然，马克思的学说可能会支持上述做法（尤其是如果它们被恶意误读）这一事实，不能构成对它的任何知识性证明。

最为重要的是，哲学史上的任何一本著作都是一个我们能从其所解决的问题（包括在那时所设想的问题和现在会设想的问题）当中进行学习的机会。我们坚持通过知识层面上的赞成来获知作者的洞见，同时通过批判性评判来揭示作者的错误来对一本著作进行学习。带着理智上的诚实去解读一本著作就意味着对上述两个同步的任务保持正确的视角。否则，过分的赞成、反感或者先入之见会导致你不这么做——也许带着同样被误导的尊敬作者或惩罚作者的目的，其结果是你未能从著作中获得你本应获得的东西，而只能是惩罚你自己。

马克思与现代哲学史　恩格斯在他的小册子《路德维希·费尔巴哈》②的副标题中，吹嘘德国工人运动是德国古典哲学唯一合法的继承人。这无疑是太夸张了，不过，马克思的哲学至少是处于确定的历史传统之中，这是确定无疑的，因而应该据此对其进行解读。在 18 世纪中期，欧洲人趋向于把他们自身看作“文明的”，与之相对应的是，世界的其余绝大部分仍然或保持着原始野蛮状态或因发展停滞饱受各种形式的折磨。他们将自己的道路视作通向人类未来的唯一途径。他们将他们对世界上其他地方的殖民剥削合理化为为之带去“文明”的进程。这种自鸣得意首先受到卢梭的挑战，他把“文明”描述为一种充其量是模棱两可的成就，认为它使人类变得比动物或者野蛮人更不幸，尽管它完善了我们的思维能力、认识能力以及掌控世界的能力，但是它使我们道德败坏。卢梭的著作中关于文明的

① 席勒是 18 世纪德国著名诗人。——译者注

② 指恩格斯的《路德维希·费尔巴哈和德国古典哲学的终结》，参见：马克思，恩格斯. 马克思恩格斯文集：第 4 卷. 北京：人民出版社，2009. ——译者注

价值的描写是非常矛盾的——既强调它使我们变得邪恶和不幸，也认为恰恰只有这种能作用于人类本质的转变才赋予我们高于动物的尊严、使我们有可能从根本上成为道德的人的东西。在启蒙时期，几乎是有多少种对其的误解，就有多少种对卢梭挑战的回应。不过，一种有影响力的回应就是
xvii 坚持认为现阶段的文明可以说是靠借来的道德资本过活的。也就是说，驳斥卢梭控告的辩护关键并不在于迄今为止文明曾经是什么，更不在于它现在是什么，而在于它能使人类在将来变成什么。

康德认识到了这样的问题，他宣称："卢梭倾向于野蛮状态（而非文明状态），这并没有错，只要忽略我们人类还没有上升到的（人类历史）最后阶段。"[4]换句话说，文明不是根据它曾经是什么或者它现在是什么来评判的——如果我们只考虑这些，那么没有它，人类的境况会更好。但我们是根据它可能为我们带来的未来来评判的。对人类的挑战就是创造这种未来。费希特也把人类历史（过去和未来）划分成五个阶段[5]。经过早期无知的原始时代后，迎来了一个长期的权威时代，在这个时代里，人们受到专制君主、教士以及各种教条的束缚。他认为人类最近才刚进入第三个时代，即解放时代，在这个时代里，人们摆脱了那些束缚，一切都交由自主理性来评判。这一时代既是最有希望的，也是道德最败坏的时代，因为由此开始，人类从权威之中解放，开启了怀疑、冷漠、贪婪和自私之路。在这一时代，我们的任务是努力促成第四个时代，即真理（而不是权力、安逸或自私的虚荣）将成为人类追求的目标，这是知识理性时代。然后，经过漫长的时间之后，人类进入第五个也是最后一个时代，即艺术理性时代，此时，理性存在者将最终建立起无愧于创造者尊严的世界。

后革命时代的法国哲学家和社会理论家秉持相似的历史观。圣西门认为目前处于批判时代，在这一时代个人与其自身和他人相疏离或异化；随后将是有机时代，在这一时代人类将会基于共同理性世界观而被重新统一进一个共同体之中。同样的图景也存在于奥古斯特·孔德所划分的历史阶段背后，即早期神学时代，一个导致了竞争哲学理论和关于未知的无休止的争论的由抽象和论争充斥而成的形而上学时代，以及未来实证时代，在这一时代，只考虑经验事实的科学将会促使理性契约达成由无偏见地关注所有人的共同利益所主导的共识和社会秩序。

我们严重误解了康德和费希特，至少，如果我们强调他们对于未来的
xviii 美好愿景（也许只能勉强说成是一种虚幻的希望吧）。因为哲学家既不会花费大量的时间去设想也不会去期待将要来临的是什么。相反，他们作为卢梭的追随者，想让人理解的观点是，我们应当认识到当前时代是多么令

人难以接受，随之而来就迫切要求我们在将来创造什么可能会拯救它的东西。总之，他们努力表达的是对历史当下的一种极度的矛盾情绪——它提供给我们的既有巨大的可能性和无限的自由，也有在更早的历史阶段无法想象的极坏的恶魔。

黑格尔延续了现代历史困境的启蒙图景，但与康德和费希特相反，他认为解决方案现在已经存在或者至少即将历史性地出现，这就为这种困境赋予了新的紧迫感。黑格尔认为，现代社会的独特性在于一种新的社会秩序的出现，这一秩序不同于私有的、自然的家庭社会以及公共的、理性秩序的国家精神联合体，在这种秩序中，个人能够自由参与、表达他们的主体性，并创造出拥有自身自然的、无意的理性的公共秩序。这种秩序就是黑格尔所说的“市民社会”（*bürgerliche Gesellschaft*）。我们不应在法语“*citoyen*”（公民，意指政治国家的一员）这一意义上，而应在法语“*bourgeois*”（资产阶级）的意义上来理解黑格尔提出的“*bürgerlich*”这一术语[6]。

市民社会在本质上是一种政治–经济秩序，这是在**城邦**（或者民族国家）和**贵族**（或者家庭）之外的第三种事物。像家庭一样，它被认为是人们个人行为的一种“自然”结果，而不是有意识的、人为的社会秩序。但是，它无论如何也是一种公共秩序，具有公共的行为规范，就像国家一样，原则上受人民的集体理性控制。因此说起“政治经济学”就是说市民社会的本质，就像爵士钢琴家一样，通过敲击两个相邻的琴键创造不和谐音，来表示它们之间的四分音，这源自非洲祖先的音乐。在市民社会范围内，个人通过自由选择生命活动满足他们的需求。对于黑格尔来说，这意味着市民社会提供了一个王国，在这个王国里，现代社会独特的原则——个人的主观自由能够获得满足。亚当·斯密和其他政治经济新科学的代表们的成功使黑格尔相信，市民社会虽然是主观的自由王国，但根本上也是一个内在的理性王国，从中会产生一种独特的人类共同体。 *xix*

然而，对于黑格尔来说，这种共同体的新形式，并不仅仅是单个人类行为的偶然结果，其成员也不能被仅仅看作自身利益的经济行动者。建立在经济秩序基础上的是名副其实的人类社会，是人类创造的理性秩序，其间，他们将以共同体的形式生存。市民社会的成员只有通过拥有明确的伦理认同才能实现他们个人的自由，并且他们生活的意义是由他们为其他人的生活和更大范围的共同体生活作贡献的确定方式维持的。因此，黑格尔关注市民社会唤醒其成员责任感、塑造他们自由个性的教育方式，还关注社会形式，通过这些形式，具有共同职业的人们不仅在一般意义上表达他们作为资产阶级的同一性，而且表达他们作为市民社会活动特定分支的集体贡献者的同一性，即他们要为市民社会这一整体执行共同的任务，并且有共同责任怀着荣誉和尊严来履行它[7]。由此，市民社会为新型国家或者理性共同体提供了基础，其间，人类本性的整体——趋向个体性和趋向理性共同体得以实现。

这实际上是黑格尔对卢梭挑战的回应。通过建立一种社会秩序，现代社会为它所释放出来的表面上看起来广泛的个体自由赋予理性的形式。然而，黑格尔同时意识到现代世界中还有很多人，事实上是大多数人，他们的生活方式对现代生活方式来说是必需的，但是市民社会没有而且不能给他们提供已经在资产阶级生活中实现了的主观自由和尊严。他们是“暴民”（rabble，*Pöbel*），不是市民社会中拥有一定财产（estate，*Stand*）的“专业人士”（professional men，*Gewerbsmänner*），而是通过工资维生的人，他们的工资总是依赖于不稳定的雇佣，这种雇佣只能够提供一种边缘化的使自我实现在现代世界成为可能的自由和社会参与[8]。因为暴民意识到他们被排除在市民社会之外，黑格尔认为他们缺乏系于市民社会的伦理纽带，以及通过自己的选择和劳动在现代社会获得确定位置所带来的自尊。暴民
xx 的心态就是认为，市民社会亏欠他们一种不需要为此工作的生活，因为他们认为市民社会的伦理生活是空洞的，它的权利和人的尊严是空虚的和无意义的[9]。黑格尔也惊恐地在现代市民社会的富人中发现了这种暴民心态，这些富人认为个体的权利和尊严是没有意义的，因为他们不需要为了生活工作，并意识到在市民社会中任何东西都是可以买来的。“奴隶主超越奴隶的倾向和奴隶的倾向是一样的。”[10]尽管黑格尔被他所看见的从市民社会的主观自由中产生的伦理败坏所困扰，但这并不妨碍他将现代世界视为本质上是理性的，通过这种秩序，有教养的个体的哲学理性可以与自身和解并处于和平状态。

无论是黑格尔认为有一种即将出现的方法可以解决卢梭关于现代世界的深刻矛盾，还是他洞察到“暴民”被排除出现代生活的自由，这都有助于马克思形成他的现代社会理论。马克思不禁发现，在黑格尔式现代社会图景所允诺的自我实现的个体和共同体与被排除在这一图景之外的大多数人的生活之间存在着荒唐的对比。这个对比形成了他的关于卢梭挑战的新版本，并使他认为在我们的历史范围内，用启蒙运动应对这个挑战是可能的。马克思还把黑格尔关于现代社会的理论提升到经验特殊性和复杂性的新高度。工业社会的发展以及斯密与古典政治经济学对它的科学理论化，使他现在能够在**资本主义**的概念下用本质上是经济学的术语来把握对于卢梭的“文明”来说是必需的东西。正像卢梭把社会不平等看作文明堕落的

根源一样，马克思把阶级压迫看作资本主义的根本罪恶。在卢梭把欺骗和“生活在自我之外”看作文明的特征的地方，马克思把意识形态幻觉和异化看作资本主义特有的罪恶。

马克思和斯密　从社会的观点看，卢梭和黑格尔是马克思主要的先驱者。就资本主义的经济分析而言，只有一位理论家（无论是之前还是之后）在讨论现代经济秩序的全面性、深度和现实性上能够与马克思相比，这就是亚当·斯密。

每位马克思主义者都应该是斯密的崇拜者，但是草率地反对马克思资本主义理论的斯密崇拜者会因此丧失了斯密最令人钦佩的现实感。斯密常常被看作资本主义（或如他所说的“商业社会”）的辩护者，但是相比于 *xxi* 资本主义通常被赞赏之处，他更加意识到资本主义的危险和缺陷（甚至是在危险和缺陷还未发展成为马克思所记录的社会疾病时）。正如现在的学者所指出的，斯密深知现代商业社会是建立在多重的非理性和自我欺骗——过度的虚荣心、非理性的冒险和个体对生活的不满这一基础之上的，他所尊崇的现代社会的共同繁荣甚至是导致个体痛苦因素的系统产物[11]。他关于这一点的看法与卢梭和康德非常相似，例如他认为，需要社会治疗（主要指公共支持的教育）去保护贫穷工人的智力和个性免于劳动条件对其造成“残缺”[12]。

在斯密的“商业社会”概念和马克思的“资本主义”概念之间存在着重要而基本的差别。斯密认为商业社会是一种确定的社会形式，在这种社会形式中人类进行劳动产品的物物交换促进了人类劳动的社会分工的可能性。资本对劳动的支配，生产资料所有者对生产资料使用者的支配，绝对不是商业社会的典型特征。但是对马克思而言，这正是资本主义的典型特征，它被认为是所有发达的社会形式（卢梭称为“文明”的所有形式）的基础特征的确定形式，即一些阶级对另一些阶级的压迫。但是在资本主义社会中，阶级压迫最终采用一种直接的经济形式，在这种形式中，压迫者与被压迫者的关系直接被视为他们在社会生产中所扮演的角色功能，而不是说按照上帝意旨安排的出生的自然优越性、军事或政治的权力以及社会安排的结果。因此，在马克思和斯密看来，现代社会的商业形式从根本上来说都具有某种解放的要素。因为它现在可以使人们在他们的真正形式中理解他们和其他人的关系。马克思和斯密之间的分歧在于，包括商品生活和自利的经济主体之间的物物交换的商业社会是以真正的、解放了的形式呈现人们的关系，还是说商业社会本身仅仅是阶级压迫所采用的最新的和最赤裸裸的形式，而这种形式在斯密和马克思共同探讨的人性解放和

xxii 普遍价值得到最终实现之前，肯定得让位于合作的社会生产的不同表现。

斯密对现代商业社会超越前现代社会的辩护基于以下这几个断言，而这些断言根源于马克思也认同的启蒙运动价值观。斯密认为，劳动分工和市场的扩展降低了食物和其他人类生活基本必需品的价格，因而提高了最贫穷的人的生活水平。商业社会有利于法治，有利于工人的个人独立，也有利于工人的特性发展，这些特性有助于促进理性的自我管理。而且贸易增强了国家和民族之间的友好关系。斯密认为这些趋势一般来说都依赖于商业社会的扩张，以至只要商业社会扩展它的影响，它们就代表着资本主义社会可以无限地投射到历史未来的普遍趋势[13]。

如果它们的事实基础可靠，那么这些都可以成为支持资本主义的有效论点。马克思对资本主义的有力控诉就是基于这些事实在经验上不可靠这一点。资本主义的历史趋势并不是为了最贫穷的人的更多福利，而是加大了财富和权力的两极分化。对于众多劳动者而言，资本主义意味着使他们丧失人性的劳动条件，损坏他们的健康，毁灭他们的心智，把他们变成资产阶级压迫者的奴隶。资本主义精神肆意地招致经济生活和更普遍的社会生活中各种各样的贪婪和堕落。资本主义在欧洲较富裕国家的发展伴随着它们向世界其他地方的帝国主义的扩张，这是和它们同其殖民和掠夺的对象平等相处的说法不相符的。

如果要求马克思主义解释一个半世纪之后的世界状态意味着什么，那么就可以理所当然地追问资本主义在20世纪末和21世纪初是如何符合斯密关于它所提出的断言的。在20世纪的前75年，劳动的政治胜利很大程度上改善了马克思记录过的欧洲资本主义的糟糕环境。这可以看作对马克思和斯密的反驳，因为与马克思的观点相反，它表明了资本主义可以展现斯密所赞赏的进步趋势，但是只有通过对经济机制进行政治监督，而斯密认为经济机制会自然地产生这些趋势。

在20世纪最后的25年，尤其是在社会主义作为一种可感知的资本主义社会替代方案死亡之后，这些趋势发生了颠倒。繁荣的资本主义国家中
xxiii 的工人运动和政党逐渐衰弱，或者不得不背弃工人阶级以保存力量。世界的环境，尤其是占主导地位的资本主义国家和大多数在它们南方的贫穷国家之间，并没有因为法律和正义的关系而变得更加友好、平等和更好治理。资本主义倾向培养那部分遭遇过这些的人的理性自我管理，这个观点也是不正确的。繁荣国家和贫穷国家的人们逐渐涌向各种形式的传统宗教中，它们的吸引力主要在于减轻个体为自身思考和理性地指导生活所承担的责任。

下面的事实与我们的探讨有关。根据最近的估算，世界最顶层1/5的收入对最底层1/5的收入的比在1960年是30:1，在苏联解体时期达到60:1，在20世纪90年代末期达到了135:1。所有的估算值都在以创纪录的速度增长[14]。这种增长并不仅仅主要是由占世界1/5人口的富人的处境改善造成的。如托马斯·博格（Thomas Pogge）指出的：

> 世界范围内，每天有34 000名5岁以下的儿童死于饥饿和可预防的疾病。约1/3的死亡是由与贫困相关的原因导致的。2/5的发展中国家儿童发育不良，1/3的发展中国家儿童体重不足。现在有8.4亿人长期营养不良，8.8亿人不能接受医疗卫生服务，10亿人没有足够的庇护所，13亿人没有安全饮用水，26亿人缺乏基本的卫生环境。[15]

以亚当·斯密的合理标准来判断，他支持商业社会扩张的论点在现在变成了对他观点的反证，而马克思对资本主义的控诉在世界范围内比之前更具有说服力。

马克思对资本主义的矛盾态度　无论如何，马克思对资本主义最深层的态度和卢梭、康德、费希特对文明状态的态度一样——是一种深刻的**矛盾态度**。无论卢梭关于文明的未来的观点是多么忧虑，他都把文明状态看作我们发展能力、用理性支配生活、获得德性和道德自由的尊严的唯一条件。那些认为卢梭简单否定文明的读者，不仅错过了他的观点中的一个本质部分，而且错过了卢梭极为重要的联结他和启蒙传统的部分，这种启蒙传统认同他的观点。 *xxiv*

如果我们忽视马克思对资产阶级在建立资本主义社会秩序中的了不起的成就的赞赏，我们同样会错过马克思观点中一个至关重要的部分。《共产党宣言》的第一部分是对上述所有成就的赞歌，在马克思看来，没有这些成就，更高级的社会的可能性是不可设想的。资产阶级推翻和变革了所有之前的社会形式，创造的生产力不仅在数量上是巨大的，而且在本质上是全新的，比之前任何一种存在过的文明更高级。资产阶级创造了世界范围内的贸易关系，随之而来的是世界文化赋予所有社会关系普遍的和世界性的特性。在变革所有之前社会形式的过程中，它废除了所有传统的思维模式，融化了所有坚固的东西，亵渎了所有神圣的东西，使人们有可能而且必须冷静地面对他们的真实处境和他们与其他人的真实关系[16]。

对于卢梭，文明为我们所做的一切就是赋予我们看清文明的罪恶的能力。同样地，对于马克思，资本主义最伟大的成就大概就是把我们置于一个认清阶级社会是如何畸形和不可忍受的位置。因为只有这种理解才能使我们把资本主义创造的物质条件理解为需要彻底解决的世界历史问题。“所以人类始终只提出自己能够解决的任务，因为只要仔细考察就可以发现，任务本身，只有在解决它的物质条件已经存在或者至少是在生成过程中的时候，才会产生。”[17]

对于马克思而言，只要资本主义可以继续发展生产力，那么它将会继续作为占支配地位的社会形式而存在。如果只陈述同一真理的黑暗面，那么也可以说，只要资本主义发展生产力的能力继续存在，人类就会被置于与资本主义不可分割的压迫和异化中。马克思乐观地认为资本主义的不稳定、周期性危机和内在的非理性意味着它的统治已经走到终点，我们已经看到了它的终结。但是，如果说马克思在最后这一点上是错误的，那么随
xxv 之而来的结论只能是人类将被置于比他所设想的更长时间的奴役和痛苦的资本主义学徒期[18]。至少在短期来看，过早地尝试终结资本主义注定是失败的。黑格尔在认为人类解放即将来临的观点上已经遭遇失误，就如早期的卢梭主义者一样。正如康德和费希特所认为的，我们必须生活在一个思考的人必然会陷入深深的矛盾之中的社会，而这个社会将处于一个无限延长的周期中。但是用这个可能的结果来怀疑马克思的资本主义社会理论是极大的错误，马克思对资本主义社会提出了很多控诉，认为它本质上是一个非人性的、不自由的社会，在更大范围内，它是一个比任何已知的系统更赤裸裸地异化、压迫和剥削的系统，如果用那个可能的结果为反对马克思提出的这种控诉提供任何一种辩护，那当然也是错误的。

马克思和苏联解体　重新评价马克思的历史哲学真的需要依据20世纪后期的事件，尤其是苏联解体吗？从表面上来看，苏联是建立在坚持马克思和他的一些追随者，尤其是列宁及其苏联继承者的学说之上的。但是在我们的文化中——我说的是西方资本主义，尤其是美国的文化，这个问题既可以从字面上来理解，也可以从比喻意义上来理解，也就是说，那些问题可以不真的是关于马克思的历史理论，或者说甚至可以根本不是关于马克思所说的和所想的。但是对于我们这些生活在这种文化当中的人而言，比喻问题常常比字面问题更具有字面的或者说直接的意义。

无论如何，让我们从字面问题开始。所有问题中最字面上的问题可能是，20世纪社会主义尝试的失败是否证伪了马克思的历史理论。一般来说，最初让人难以置信的是，马克思自己的理论本应该直接被号称是社会主义的社会中所发生（或遭遇）的事情证伪，因为那些理论主要关注的是资本主义。社会主义在19世纪孤立的乌托邦实验并不怎么引起他的兴趣，他的历史理论也不处理这些问题。马克思主张社会主义，但是言之甚少，

这显然是因为在他生活的年代社会主义只存在于人们的头脑中，而不是历史世界中。马克思的理论主要是关于资本主义的，而不是关于社会主义的。

但是更具体地看，一个字面问题可能是：马克思是如何看待俄国社会主义的前途的？他会预测俄国社会主义的成功吗？尽管马克思在谈论它时
俄国还没有充分发展的资本主义经济，但他还是鼓励俄国革命者在那里创 *xxvi*
造一个社会主义社会，他认为俄国可以以这种方式避免其他国家在资本主义工业化过程中所经历的灾难性的兴衰起伏。但是马克思认为俄国社会主义革命的发生会和西欧资本主义国家的社会主义革命联系在一起。就像科恩所说的，马克思不会希望社会主义在其于俄国真正兴起的条件下取得成功[19]。马克思主张俄国的社会主义革命并且希望它取得成功，但是只是在西欧的社会主义革命随之发生和支持的情况下。科恩认为，马克思的历史唯物主义意味着在一个相对落后的国家中发生的社会主义革命会失败而不是成功。在我看来，科恩最终表明了苏联在 20 世纪后期的事件没有篡改马克思任何一个已经做出的或可能会做出的预测。相反，如科恩得出的结论，如果苏联在其他国家的社会主义革命缺席的情况下建立了一种吸引人的社会主义，这将更加有利于传统俄罗斯帝国的居民，甚至更加有利于全人类，但是这已经篡改了马克思的历史理论。

另一个（较少特殊性而仍旧流于字面意义上的）问题可能是，20 世纪苏东剧变是否以另外一种方式驳斥了马克思作为整体的历史唯物主义概念。马克思的唯物主义理论把人类历史划分为几个阶段，每一个阶段以物质生活中特定的生产方式为特征。一种生产方式根本上是由它所处的历史阶段的社会生产力的发展来决定的。这些生产力的使用被认为决定了生产的一系列社会关系，包括生产过程中的不同社会角色，以及对生产条件、生产过程和它的成果的不同程度的权力和控制。因此生产关系将人类划分为利益冲突的各个阶级。在马克思的理论中，历史的动力根本上依赖于这些阶级利益斗争，以及它们与生产力发展的一致性。唯物主义理论认为，社会中的政治和法律斗争，以及哲学和宗教斗争是阶级利益斗争的一种功能。

接下来的问题是，苏联的解体在多大程度上证实或证伪了这一历史理
论。在我看来，这两方面都没有任何显著的倾向。马克思历史唯物主义的 *xxvii*
核心主张既没有被冷战终结所证实，也没有被证伪。按照经济发展水平把人类历史划分为几个阶段的观点可能是富有争议的，但是很多根本不想把自己看作马克思主义者的人接纳了这一观点。例如，我们可以在号称“第三次浪潮”的历史理论中发现这一观点的沃尔玛（Wal-Mart）版本，它由

阿尔文·托夫勒（Alvin Toffler）在20世纪80年代早期提出，甚至得到纽特·金里奇（Newt Gingrich）的拥护[20]。很多完全不想接触马克思主义的人实际上认为，正是20世纪人类经济能力的发展破坏了苏联体制[21]。无论这些解释正确与否，它们展现出的对苏联失败的解释在本质上是马克思式的和历史唯物主义的。

当然无论马克思对现代社会和它正在发生的变化是做出了激动人心的、自信的还是有些模糊的预测，当中的很多预测在现在看来都是错误的。他预言了资本主义被工人阶级运动推翻，共产主义社会将会建立。那些认为苏联的解体反驳了马克思主义的人，或许也这样怀疑这些预言。但是这种怀疑从两个不同的方面看来是相当没有远见的。第一，为了把苏联的解体明确地看作对马克思历史预言的反驳，你必须进入苏联冷战宣传的广阔图景中，你必须认为共产主义和工人阶级运动的希望全部寄托在东欧-苏联体系的成败上。然而，在20世纪的后75年里，对于那些观察敏锐的人来说，很明显地，在俄国拥有名副其实的共产主义或社会主义体系之前，苏联内部需要发动一场至少和1917年一样彻底的革命。已经持续了半个世纪以上的我们对于真正的和令人满意的用来替代资本主义的方案所持有的理性希望，将会被主要置于这些国家的民主社会革命的可能性中，这些国家是马克思期盼革命发生的地方，是资本主义曾经并且现在仍旧占支配地位的地方，也就是西欧诸国。如果说马克思推翻资本主义的充满希望的预测被20世纪的事件反驳了，那么这些事件发生在苏联之外且早于1990年。给马克
xxviii 思的预言带来挑战的不是苏联社会主义的崩溃，而是资本主义的适应力，它使得资产阶级的力量能够让20世纪社会主义的实验脱轨。

第二，更为重要的，马克思的资本主义理论比他对资本主义即将灭亡的预测更加有趣。其中，最基础和最根本的是对资本主义经济变化的阶级分析，并且把对这种经济分析的使用看作理解现代社会的普遍钥匙。马克思的分析用“剥削关系”的术语来联系地具体地理解阶级。社会剥削通常可能被认为是一种关系，在这种关系中剥削者利用被剥削者的弱势来实现其目的。马克思的资本主义剥削概念把这种弱势理解为交易中的决定性优势，这种优势是占有生产资料的人相对于那些必须通过出卖自己的劳动给生产资料所有者才能维持生存的人而言的。马克思提出，理解现代市场体系，不是通过对经济行为体之间寻求满足其效用功能的自愿交易的形式分析，而是应该根据对抗阶级之间的力量关系变化。正统的新古典主义经济理论把财富和权力的不平等看作关于市场基本机制的偶然事件。根据这一点，资本主义的本质或许保存在市场内部，在市场中私有财产被如此分配

以至所有人或多或少平等地享有雇佣劳动和生产资料所有权。但是，对于马克思而言，资本主义的本质是剥削阶级和被剥削阶级之间的对抗关系。资本主义的市场体系作为一个历史事实，离开阶级压迫就不可能存在。关于平等主义的市场体系的可能性幻想只存在于辩护理论家和改革家的头脑中，而不存在于现实中。以这种方式来理解现代资本主义，马克思提供了资本积累和商业周期理论，以及很多其他在现代社会的经济生活中显而易见的事实的相关理论。他也提出对于政治、宗教和其他社会现象的阶级分析。对于一些这样的分析，我们现在看来是过时的或不相关的，但是其他一些肯定不是的，尽管它们还存有争议。

总体来看，马克思在《资本论》中呈现的理论与当今社会现实的相关性，远远超过我们对一个半世纪之前的理论的预期。苏联解体的相关事件并没有在多大程度上改变这一点，这仅仅是因为比起马克思在共产主义或 *xxix* 其他被人们充满希望地理解为共产主义尝试的现象（例如1870年短暂的巴黎公社）上的写作，他对资本主义的写作更加深远且更为集中。马克思从未描述或规定过任何像20世纪在东欧流行的那样的体制。这些体制从未废除商品生产或者社会的阶级结构，它们对工人阶级进行的虚伪的民主统治总是一个或悲伤或可笑或唐突的易被识破的赝品。这些体制在残酷的国家资本主义下快速工业化，在这些国家中没有市民权利或代议制传统，在反抗强大的西方帝国主义的敌对攻击时遭遇失败，它们的命运与马克思的资本主义理论是正确还是错误的这一问题的直接相关性同它是检验社会主义原则可行性的受控的社会实验这一情况的可信度一样低。

作为隐喻的苏联解体 然而，当苏联的解体被当作对马克思预测资本主义衰落的最终、决定性的反驳之时，我们已经离开字面问题进入隐喻问题的领域。那些被认为应该得到解答的问题涉及资本主义——如它现在存在的——是否应该或可能被推翻或彻底改变。声称马克思已经被历史驳倒只是以对于历史结局的自满情绪来反对全球正义运动的口号——“另一个世界是可能的”的隐喻方式。我们可以给那些人的主张打上标语：“这是别无选择的。”

采用隐喻的方式来做这些是必要的，因为如果只在字面上理解真正的问题，人们很容易就会认为所期望的否定答案的确定性太过脆弱。资本主义注定是永恒的社会经济形态？（历史真的终结了吗？）如果要自信地做出肯定的断言，当然需要说出比任何一个清醒的人都声称知道更多的东西才行[22]。

另一个世界是可能的吗？当然是可能的。我们都知道是可能的。这正是为什么全球正义运动选择那个口号来揭露那些人愚昧的傲慢，他们缺乏远见地认为除了全球资本主义的胜利之外没有其他选择。这里绝不是“别无选择”，当然那些不想有其他选择的人除外。问题只是历史环境给人类展现一种替代方案需要多长的时间，以及最终会有什么替代方案。马克思关
xxx 于资本主义的衰落不可避免的论断，必须从他对于更为基础的论点的推断来理解，即人类事务中没有什么是永恒的或不可改变的。如果人类事务中到底还是有确定的东西，那就是没有任何东西是永恒的。现存的社会形态最终总会被历史进程吞噬。“生产力的增长、社会关系的破坏、观念的形成都是不断运动的，只有运动的抽象即‘**不死的死**’① 才是停滞不动的。”[23]

但是苏联的失败暴露出社会主义是一个空洞的梦想的事实吗？它对于理智的人来说绝不可能达到某种稳定的、可行的和吸引人的东西吗？那个梦想被认为是马克思主义的本质，某种被认为是已经死亡和被最终怀疑的东西。但是当人类梦想代表着很多人的永恒的进步的利益的时候，它就从未消亡。它们迟早会从历史的灰堆中归来、重生，像凤凰涅槃一样；如果它们的基本观点足够有说服力，它们代表的人类利益足够强大，它们最终就绝不会被杀死或怀疑。那些认为社会主义观点最终是不值得相信的人，肯定看不到其有利于人类重要利益的方面，也看不到坚持这种诉求的基础。这样的盲目只能是欺骗自己。

第一次世界大战之后，同盟国尝试彻底重组欧洲的民族国家，以建立一个可以给世界带来稳定的长久的和平的国际秩序。在几年时间里，很明显它们没有成功。在随后不到20年的时间里，欧洲经历了另一场可怕的战争，历史结局很好地证明了欧洲联盟的目标是没有希望的和错误的。但是在之后的半个世纪里，这样的和平秩序在当下的欧洲成为一个现实。

在一个时期里一个雄心勃勃的历史目标的失败，并不必然证明它在另一个时期里最终不会取得成功。在不利的环境和强大的国际反对力量下，20世纪苏联和东欧尝试建立社会主义的失败并不表明社会主义在之后的时间和有利的环境中不会取得成功。

独特的美国隐喻　尤其是在美国，关于马克思是否已经被历史最终驳
xxxi 倒的全部问题存在另一个更加脆弱、更加过度的隐喻。在20世纪早期，进步运动尝试通过国家管理来给美国资本主义带来稳定。这个运动的一部分内容包含尝试代表工人阶级而不是仅仅代表所有者阶级和剥削阶级使用国

---

① 引自卢克莱修的诗篇《物性论》第3卷第869行：“不死的死夺去了有死的生。”——中央编译局编者注

家权力。罗斯福新政和随后一直到 20 世纪 60 年代的自由民主政策是进步运动目标的延续。但是在 20 世纪的后半段，美国社会有一股强大的反向运动要阻止进步运动的趋势，甚至要终止 20 世纪早期最人道的成就[24]。

资本主义的必胜信念用马克思已经在比喻意义上遭到怀疑这一观点来推进这种反进步运动。全部商品——尽管电甚至水在特性上都是公共的——都要被私有化。任何一个旨在抑制富人对穷人的权力的国家行为，甚至仅仅为了稳定的资本主义经济这一利益而采取的最适度的国家管理，常常引来感叹："如果它们可以起作用，那么卡尔·马克思本应该是对的，苏联本不应该在冷战中失败。"当然，这是十足愚蠢的，因为马克思没有主张 20 世纪的进步运动和它们的自由追随者所追寻的这种形式的适度社会变革。但是因为马克思在那些指出自由资本主义的贪婪缺陷的人中是最有影响力的，在我们的国家里，无知的和固执的人把马克思的名字和任何一种提倡所有者阶级和管理阶级利益之外的利益的努力联系在一起，甚或是将马克思的名字和为了维持马克思要推翻的体系的长期稳定性和合法性而管理资本主义经济的努力联系在一起，这些从修辞上都可以被说成是有效的。

马克思和真实的世界　基于世袭制度和财产的贵族社会被现代欧洲的资产阶级革命推翻令马克思印象深刻。他认为社会处于相似革命的边缘，其中经济的阶级压迫同样会被废除。那些反对马克思这一愿景的人被两种观点撕裂，一种观点认为马克思追寻的愿景已经在现代资产阶级社会中实现，一种观点认为它不可能实现，因为它代表一种不可达成的理想或幻想，一种类似上帝之国的宗教愿景向尘世的转换。没有一个健全的人会认为马克思的愿望已经在当代资本主义中实现。那些人认为马克思的共产主义是一种宗教形式的幻觉，或者认为现在的事物秩序如此接近完美以至任何更美好的事物必然与宗教幻想相一致，或者认为资本主义的社会不平等和阶级压迫的特征如此根本和根深蒂固以至废除它们的愿望是可笑和不切实际的。当从字面上理解这些观点的时候，第一种观点对现实的无知和第二种观点所代表的应受指责的犬儒主义是如此的明显，以至于我们必须以非直接的方式呈现这些观点，就像我们要从马克思主义最后的失败中得出隐喻一样。 *xxxii*

马克思从不认为消灭资本主义阶级剥削会终结人类所有的苦难或不满。它不会把人变成天使，或改变关于人的境况的基本事实。我们总会处于一种荒谬、焦虑、死亡、愚蠢的希望或永恒的奋斗的境遇之中。反对关于世界的宗教观点的人——就像马克思那样——不可能以其他的方式思考问题。但不需要为了社会体制去放大谬误。人类确实拥有将残酷境遇的影响降到最低的集体力量，而不是将它们供奉在神龛之中，把它们分解在非人的社会体制中以庆祝我们人类最糟糕的失败：贪婪、对他人冷漠、自满、自我欺骗。就像废除奴隶或农奴制度，废除资本主义将仅仅是消除了导致人类痛苦和相互敌对的系统性的、社会性的根源。

20世纪的最后25年似乎证实而不是反驳了马克思，因为在差不多经历了富人和穷人之间的差距缩小的那50年后，自1970年左右起这个差距又扩大了，并且还在扩大——现在这个差距甚至通过占支配地位的政治力量以加速的状态强有力地扩大。政治力量分配也逐渐不平等，既是以企业的窃国统治接管名义上的民主政府来实现的，也是以超民主甚至超政治力量的增长方式和跨国公司的超国家政治霸权的方式来实现的，而跨国公司的运行超越了任何形式的民主政治所控制的边界。

人性中使得人们贪婪和自私的相同弱点也使人们短视、轻率、产生非理性的恐惧并做出不明智的冒险。因此，正如辩护者经常宣称的那样，事
xxxiii 实是资本主义与人性中最糟糕的东西相协调并不必然支持他们得出资本主义是不可战胜的或者没有替代方案这一结论。因为人性中也有其他的方面：人们有时会是正直的和理性的，并不总是贪婪的和短视的。并且当足够多的人拥有足够充分的理由来改善他们的生活状况时，他们有时会最终取得成功。资本主义在21世纪伊始用来剥削和压迫世界上绝大多数人的方式和马克思在19世纪中期所描述的方式非常相似。现在比以前有更多的人拥有适当的理由为人类寻找共同生活和共同劳动的更佳方式。这就是为什么另一个世界在根本上仍旧是可能的。

此外，资本主义的必胜信念重塑了我们的世界，以至它更像马克思所说的残酷世界，而不是20世纪的资本主义世界，这个世界有时在社会主义的威胁下会努力改革自身。那些把资本主义等同于“民主”的人，无视资本主义内部的力量，这些力量总是阻碍民主观念在政治领域的实现，现在甚至威胁要腐蚀和破坏资本主义社会已经取得的最低限度的民主成就。大众传播的资源越来越集中在少数人手中，他们的首要利益已不仅仅是赢利，他们要塑造一个赚钱赢利没有任何限制的政治世界。跨国公司由旨在推进“自由贸易”的国际条约体系支持，逐渐超越形式上最民主的机构所能加诸的任何约束。

冷战双方在宣传时都大肆强调，如果另一方赢得最后的胜利，结局对于人类而言将是一个世界性的历史灾难。西方赢得冷战胜利，主要是因为它提出的观点及其适当的理由最终获得了西方大多数人的普遍信任。但是，现在的事件证明，东方在相关的断言上**也**可能是正确的，尽管只有极少数

人意识到了这一点危险。因为我们现在见证了世界资本主义体系在不受限制的美国军队支持下的发展，这种发展要对世界范围内的劳动强加资本的霸权，甚至威胁要夺走少数接受了资本主义压迫相关利益的特权国家中人的自由。处于那些特权国家之首的美国，如今正受到一种越来越严重的专 *xxxiv* 制政体的统治，轻视世界的意见、本国绝大多数公民的基本利益以及他们的人权；这种政体是通过司法不端行为被指定的，而不是被选出来的。在美国，选举过程本身，包括公共信息的传播，长久以来就被为了大公司和富人利益而进行的政治宣传所腐蚀，以至选举这一最后的事实也不再重要。形式上的代议制政府机构不再代表民主，就像资产阶级的工资议价不代表平等个体之间的自由交易一样。

只有那些几乎和马克思一样思考世界的人在世界范围内开展的运动，才可能为了人类的事业颠倒这个向下发展的世界。至于这个运动是否被称为“马克思主义”，其实没什么差别（马克思本人从未想到工人阶级运动会以他的名字命名，就如同一个企业的标志一样）。就目前情况来看，只要它教条主义地把自身等同于一些过去自命为“马克思主义”的流派，它将立即会重复这一方向上的运动的命运。但是只有更多人用马克思的观点重新认识自身，开始富有同情心地批判地思考，并纠正类似狂热者和诽谤者长期以来持有的很多误解，这样一场运动（取得成功）的机会才可能得到提升。这就是我们要在 21 世纪伊始重新出版一本像《卡尔 · 马克思》这样的书的充足的理由。

注　释

［1］引自恩格斯 1890 年 8 月 5 日致康拉德 · 施米特的信：*Selected Correspondence*，p. 415；马克思，恩格斯．马克思恩格斯全集：第 29 卷．2 版．北京：人民出版社，2020：85.

［2］作为现在广泛可见的一个例证，参见：Martin Malia’s introduction to the ‘sesquicentennial edition’ of the *Communist Manifesto*（London：Penguin，1998）.

［3］“世界历史就是世界法庭。” Hegel，*Elements of the Philosophy of Right*，ed. A. W. Wood，tr. H. B. Nisbet（Cambridge：Cambridge University Press，1991），§340，p. 371．引自：Schiller’s poem ‘Resignation’（1794）.

［4］“带有世界主义目标的普遍历史观念”。*Kants Schriften*，Akademie Ausgabe（Berlin：Walter de Gruyter，1900—　），8：26.

［5］J. G. Fichte，*Grundzüge des gegenwärtigen Zeitalters*，*Sämmtliche Werke*（ed. I. H. Fichte），7：8-9.

［6］Hegel，*Elements of the Philosophy of Right*，§190R，p. 228.

［7］Hegel, *Elements of the Philosophy of Right*, §253, pp. 271－2.

［8］Hegel, *Elements of the Philosophy of Right*, §§241－5, pp. 265－7.

［9］参见：Hegel, *Philosophie des Rechts: Die Vorlesung von1819—1820*, ed. Dieter Henrich (Frankfurt: Suhrkamp Verlag, 1983), pp. 194－6. 译自：Hegel, *Elements of the Philosophy of Right*, p. 453.

［10］*Vorlesungen über Rechtsphilosophie*, ed. Karl-Heinz Ilting (Stuttgart: Klett-Cotta Verlag, 1983), 1: 322. 译自：Hegel, *Elements of the Philosophy of Right*, pp. 453－4.

［11］例如，参见：Charles L. Griswold, *Adam Smith and the Virtues of Enlightenment* (New York: Cambridge University Press, 1999), especially Ch. 7.

［12］Adam Smith, *The Wealth of Nations* (New York: Random House, 1937), pp. 733－40.

［13］参见：Samuel Fleischacker, *On Adam Smith's Wealth of Nations: A Philosophical Companion* (Princeton, N. J.: Princeton University Press, 2003), Ch. 3, section 12.

［14］参见：Raymond W. Baker and Jennifer Nordin, 'A 150－1 Ratio is Far Too Lopsided for Comfort,' *International Herald Tribune*, February 5, 1999; *Human Development Report1997*, http://www. undp. org/hdroeports/view_reports. cfm? year = 1997.

［15］Thomas Pogge, 'The Moral Demands of Global Justice,' *Metaphilosophy* 32 (January, 2001), p. 8.

［16］*Communist Manifesto*, CW 6: 486－9；马克思，恩格斯. 马克思恩格斯文集：第2卷. 北京：人民出版社，2009：32－36.

［17］*Toward a Critique of Political Economy*: Preface, SW p. 183；马克思，恩格斯. 马克思恩格斯文集：第2卷. 北京：人民出版社，2009：592.

［18］梅格纳德·德赛的《马克思的复仇——资本主义的复苏和苏联集权社会主义的灭亡》［Meghnad Desai, *Marx's Revenge: The Resurgence of Capitalism and the Death of Statist Socialism* (London: Verso, 2002)］探讨了这种可能性，以及依据它我们应该如何看待资本主义和东欧社会主义的衰落。

［19］G. A. Cohen, *Karl Marx's Theory of History: A Defense*, expanded edition (Princeton, N. J.: Princeton University Press, 2000), pp. 389－96.

［20］Alvin Toffler, *The Third Wave*, 3rd edition (New York: Morrow, 1991).

［21］例如，右翼有时认为20世纪后期的信息技术发展对于苏联而言是致命的功能失调。例如，参见：Scott Shane, *Dismantling Utopia: How Information Made the Soviet Union Unviable* (Chicago: I. R. Dee, 1994).

［22］当然比黑格尔声称知道的东西要多。他认为哲学理解不能超越当下，这就意味着我们能够理解的历史**总是**结束了的，而不是一般意义上的历史。黑格尔和马克思关于这个问题的讨论，可以参看我的文章：'Hegel and Marxism,' in Frederick C. Beiser (ed.) *The Cambridge Companion to Hegel* (New York: Cambridge University

Press, 1993), pp. 414–44.

[23] *The Poverty of Philosophy*, CW 6：166；马克思，恩格斯. 马克思恩格斯文集：第1卷. 北京：人民出版社，2009：603.

[24] 参见：William Greider, 'The Right's Grand Ambition: Rolling Back the Twentieth Century,' *The Nation* 276, 18 (May 12, 2003), pp. 11–19.

马克思生平概略

xxxv 卡尔·马克思于1818年5月5日出生于德国莱茵省特里尔城。他的父亲是一名成功的犹太律师，政治观点保守，于1824年皈依基督教。尽管有着犹太的家庭背景，但马克思并没有被当作犹太人来养育。也许对马克思少年时代影响最深的人是他的邻居路德维希·冯·威斯特华伦男爵，一位政治上进步的文雅贵族，后来成为马克思的岳父。

1835年，马克思离开特里尔的弗里德里希·威廉高级中学，进入波恩大学学习法律。一年后，马克思转入柏林大学，在此（由于对父亲的失望）他加入了激进的青年黑格尔派的“哲学俱乐部”，放弃了学习法律，转而学习哲学。有一段时间，马克思打算跟随他的朋友布鲁诺·鲍威尔从柏林到波恩大学谋取一个哲学教职。但是随着弗里德里希·威廉四世于1840年登上普鲁士王位，文化部开始对青年黑格尔派进行了一系列打击。鲍威尔失去了在波恩大学获得教授席位的机会，马克思也失去了哲学学术生涯的任何希望。不过他仍然完成了他的博士学位论文（关于德谟克利特和伊壁鸠鲁）①，1841年从耶拿大学获得学位。马克思于1842年回到莱茵省，成为科隆《莱茵报》的编辑。书报检查机关不断加强对该报的审查，迫使马克思于1843年3月辞去了编辑之职。除了一些带有煽动性的政论文章之外，马克思这一时期的主要著作就是没有能够出版的《黑格尔法哲学批判》（1842—1843年）。

1843年6月，在经过6年多的恋爱之后，卡尔·马克思和燕妮·冯·威斯特华伦结婚。几个月以后，马克思为了与阿尔诺德·卢格合作主办另

---

① 马克思的博士论文题为《德谟克利特的自然哲学和伊壁鸠鲁的自然哲学的差别》，参见：马克思，恩格斯．马克思恩格斯全集：第1卷．2版．北京：人民出版社，1995：3－102．——译者注

一份刊物①，迁居巴黎。在此，他与来自许多国家的社会主义者建立了联系，并对恩格斯有了新的了解，从此开始了两人之间毕生的友谊与合作。正是恩格斯影响并促使马克思研究政治经济学和英国工人阶级运动。马克思的经济学研究和他的青年黑格尔派哲学的首次冲突体现在他关于詹姆斯·穆勒的《摘录笔记》② 和《经济学哲学手稿》③（1844 年）之中。马克思和恩格斯首度合作的是《神圣家族》（出版于 1845 年），旨在批判鲍威尔和其他青年黑格尔派哲学家。更为重要的是他们合作的后一部（未出版的）著作《德意志意识形态》（1845—1846 年），其中包含了对历史唯物主义的首次自觉阐述。 *xxxvi*

1845 年年初，马克思被逐出法国。直到 1848 年二月革命，他一直住在布鲁塞尔。马克思关于经济学的观点在他抨击皮埃尔·蒲鲁东的《哲学的贫困》（出版于 1847 年）中首次得到深入阐述。同一年，马克思和恩格斯在建立共产主义者同盟（持续至 1850 年）中发挥了关键作用，并撰写了《共产党宣言》（出版于 1848 年）。二月革命之后，马克思在巴黎待了很短的一段时间，但很快回到德国，代表那里正在进行的起义的宣传家工作。在科伦法庭上成功地为针对他自己和同伴们的“煽动叛乱”指控进行辩护之后，马克思被驱逐出普鲁士国境。在巴黎短暂停留之后，他终身定居在伦敦。在那里，他很快撰写了他最杰出的两部历史著作——《1848 年至 1850 年的法兰西阶级斗争》（出版于 1850 年）和《路易·波拿巴的雾月十八日》（出版于 1852 年）。

对于马克思的家庭来说，在英国的头几年是一段痛苦的、极其贫困的时光。1856 年之前，6 个孩子中的 3 个死于贫穷，马克思自己的健康状况也因此而下降，或许再也没有完全恢复过来。在 19 世纪 50 年代的大部分时间里，马克思一直在为《纽约每日论坛报》撰稿，一篇文章一英镑。到这个 10 年结束时，燕妮·马克思继承的遗产和恩格斯的经济援助才多少缓解了这个家庭的艰难情况。美国内战终止了马克思为《纽约每日论坛报》的撰稿，也多少削减了来自恩格斯纺织厂的收入。马克思找到一份铁路书记员的工作，但是因为他写的字（现在很有名）难以辨认而失败。

在整个 19 世纪 50 年代和 60 年代，马克思通常每天花 10 个小时在大英博物馆学习和写作，只有因为疾病不得不待在床上的时候例外。从大英博 *xxxvii*

① 指《德法年鉴》。——译者注

② 指《詹姆斯·穆勒〈政治经济学原理〉一书摘要》，参见：马克思，恩格斯. 马克思恩格斯全集：第 42 卷. 北京，人民出版社，1979：5-42. ——译者注

③ 即《1844 年经济学哲学手稿》。——译者注

物馆回到家之后，他经常写作到深夜。1859年，他出版了《政治经济学批判》。不过，或许更为重要的是长期没有出版的一部重要作品的初步草稿（《政治经济学批判大纲》，1857—1858年），《政治经济学批判》只是这部作品的一部分。在修订这一作品时，马克思在1863年和1865年之间草拟了整部《资本论》的结构，其第一卷出版于1867年。剩下的两卷耗费了马克思的余生，直至去世仍没有完成。在马克思去世之后，恩格斯才将其编辑和出版（分别出版于1884年和1893年）。

马克思在1864年国际工人协会的建立中，以及在接下来的9年里通过六届代表大会对之进行引导方面都发挥了重要作用。1876年第一国际的垮台是由多种因素联合导致的，尤其是对1870年巴黎公社的组织支持，以及第一国际内部迈克尔·巴枯宁（1872年被驱逐）挑起的阴谋。第一国际关于巴黎公社的官方立场体现在马克思的演说《法兰西内战》（1871年）中。终其一生，马克思都在工人运动中十分活跃。从流亡起，马克思就与德国社会民主党的改良主义倾向和具有普鲁士国家主义色彩的拉萨尔调和派展开斗争。在英国，他努力保护运动的社会主义特色不受工团主义者的自由政治的影响。

1873年之后，马克思的健康状况再也没有好转。1878年，燕妮·马克思患了癌症，于1881年12月去世。次年初，恩格斯把马克思带到法国、瑞士和阿尔及尔，希望避开英国的气候能够改善马克思的慢性呼吸系统疾病。1883年1月，马克思回到伦敦之后，获悉他的长女燕妮在巴黎去世。马克思本人于同年3月14日去世，被葬在伦敦海格特公墓他妻子的墓旁。

文献注释说明

本书所有出自德文和法文的马克思文本都由作者翻译。在这种情况下，我既给出了原文的引文出处，又给出了英译本的引文出处。而在那些不涉及直接翻译的地方，我通常只引用英文本。

我使用的《马克思恩格斯全集》(*Marx Engels Werke*) 德文版由 Dietz Verlag 出版（Berlin，1961—66，这个版本缩写为 MEW，相应地用 Erg. 表示增补本 *Ergänzungsheft*)。只有在少数场合，才有必要引用更老版本的 *Marx Engels Gesamtausgabe*① 或其他文本。更多的参考文献附在注释中。

我所引用的法文文献来自马克西米利安·吕贝尔（Maximilien Rubel）所编的《马克思著作集》(*Oeuvres de Karl Marx*)，由 Editions Gallimard 出版（Paris，1963)，缩写为 *Oeuvres*。

只要有可能，我所引用的英文文献尽量采用《马克思恩格斯全集》(*Marx Engels Collected Works*，International Publishers，New York，1975—　)，缩写为 CW。但是由于这个版本尚未出齐，所以这种办法并非总能行得通。在此情形下，我优先选择 International Publishers 出版的其他文本，或者采用莫斯科 The Foreign Languages Publishing House 出版的文本（更多的参见“进一步阅读书目”)。我特别经常引用的是 International Publishers 出版的《单卷本马克思恩格斯选集》(*Marx Engels Selected Works in One Volume*，New York，1968)，缩写为 SW。

至于马克思的《政治经济学批判大纲》(*Grundrisse*，后文简称《大纲》)②，我引用的是法兰克福出版的德文版（*Europäische Verlagsanstalt*，

① 这是指由梁赞诺夫和阿多拉茨基 1927—1935 年编辑的《马克思恩格斯全集》历史考证版第一版，共出版 12 卷 113 册。——译者注

② 即马克思《1857—1858 年经济学手稿》。——译者注

Frankfurt），还有维也纳的 *Europa Verlag* 版，这是苏联的一个照相翻拍版（Moscow，1939）。英文则引自 *Grundrisse*，由 Martin Nicolaus 翻译，Penguin Books 出版（Harmondsworth，1973）。凡引用这部书，德文版的页码用“g”表示，英文版的页码用“e”表示（例如，德文版第12页的一则引文，对应的英文版是第90页，则记为：*Grundrisse* 12g，90e.）。

《马克思恩格斯通信选集：1846—1895》（*Selected Correspondence*：*1846—1895*，New York，1965）缩写为 *Selected Correspondence*。

导　言

本书尝试阐释马克思的哲学。不过首要的问题是必须弄清楚马克思到 xxxviii
底是否有哲学。马克思的主要学术训练是在哲学领域，不过在其成熟的思想中，马克思主要探讨的是政治经济学和资本主义的历史，并且通常倾向于忽略他的理论中的哲学方面。即使在其早期的著作中，马克思通常也不直接讨论哲学问题，而只是在发展他自己关于现代社会的思想或者在批判其他人的思想时才会顺便谈及哲学问题。如果可以把马克思描述为哲学家的话，或许把他描述为经济学家、历史学家、政治理论家或社会学家，尤其是工人阶级的组织家和革命者更为准确。

然而马克思也是一位体系化的思想家，他非常重视其理论之下的方法和目标，以及在理论中所表述的关于人类困境的总体看法。在马克思的成熟著作中，每一个主题——从政治经济学中最学术性的问题到实践政治学中最专门的问题——都被置于一个综合性的研究背景之下，并与工人阶级解放的实践运动紧密联系起来加以探讨。而且，马克思认为自己的思想是对一种特定哲学传统的继承，更确切地说是对两种哲学传统的综合：一种是他从中受到教育的从康德到黑格尔的德国唯心主义哲学传统，另一种是他极其欣赏的启蒙运动的唯物主义传统。最重要的是，马克思的社会理论有意识地提出了重要的哲学问题：关于人的本性和人的欲望，关于社会和历史以及人们得以在其中进行科学研究的特有活动，关于达成对社会秩序的理性评价和改造的正确路径，等等。至少是在某些情况下，马克思对这 *xxxix*
些问题都提供了独树一帜的、与众不同的回答。因而，马克思的社会理论自觉地置身于其中的思想传统，其广度及所解决的问题都证明我们将马克思称为一位哲学家是有道理的。

然而，当我们谈论马克思的哲学时，并不是一下就清楚我们谈论的是什么。即便马克思思想的范围和目标是哲学的，很明显的事实仍然是马克思集中阐释的资本主义的历史经济理论，他对工人运动的献身精神，以及他在流放英国期间一定程度上所遭受的疾病和艰难的影响，都让他无法致力于坚持不懈地把自己的观点表述为一个哲学体系。因此，任何一个想要探究马克思哲学的人，都不得不尝试从他那些并非为出版而写的手稿残篇，以及在研究其他问题时的**附带说明**（*obiter dicta*）中寻找线索，并在此基础上重构出一种连贯的哲学。这一任务本身的危险就在于，个人的阐释有可能会变成虚幻的想象，为了给马克思的理论提供潜在的哲学“基础”，会把他实际所谈的事情解读为他从未追问过的问题的答案。这些危险是无法完全避免的，不过可以把它们降到最低。一个办法就是尊重文本，把那些能够直接根据文本做出的阐释和那些需要哲学推断和思考才能做出的阐释区别开来。另一个办法是集中关注马克思明确讨论的哲学主题。

本书是围绕五个主题来组织的。其中第一个主题是异化。马克思早期的重要著作讨论的是异化问题：异化的本质、形式、社会根源，及其在人类历史上的意义。马克思从黑格尔和费尔巴哈的哲学中吸取了异化概念。不过，从一开始，马克思在使用这一概念时就融入了某些独特的看法。在早期著作中，马克思似乎把异化看作现代社会的首要罪恶。进而，《1844年经济学哲学手稿》（也称《巴黎手稿》）似乎将异化的一种基本形式或典型形式（异化劳动），认定为现代人（男人和女人）所隶属于的整个社会制度罪恶的根本原因。在马克思1844年之后的著作中，异化问题不再在马克思的社会理论中占据中心地位。不过早期著作中的这一术语仍然被偶尔使用，即使在已经摒弃了这一术语的地方，异化概念仍然很容易辨认出来。

本书第一部分尝试说明**“异化”**（*Entfremdung*, *Entäusserung*）在马克
xl 思那里究竟意味着什么，并且描述这一概念在马克思成熟思想中的地位。我将证明，马克思早期著作中勾勒出来的异化理论是他后来的社会理论中某些最独特思想的最初的、混乱的版本。我认为，1845年以后异化概念在马克思著作中所起的作用与《巴黎手稿》中所起的基础性、解释性作用不同。然而，在马克思的整个生涯中，他始终认为异化是现代社会一个严重而独特的问题，是现代劳动及其资本主义社会条件下的制度结果。同样，马克思也始终关注人类本质、人类劳动，以及他基于异化终结的诊断所开出的符合人类生存的条件。本书第一部分试图阐述这些看法。

马克思的成熟社会理论最基本的论题就是他所说的唯物主义历史观或历史唯物主义。马克思认为，一切社会制度和社会意识的基础是社会的经济结构，即生产关系体系；而每一个历史时代生产关系体系的特点，又是

由该社会生产力的发展阶段所决定的。对历史的理解取决于人们生产力的发展以及他们为了适应这一发展而对社会关系的持续变革。社会制度，其政治形式、哲学的和宗教的意识形态，都只能根据它们满足物质生产方式的存在或促进历史发展的功能来解释。

历史唯物主义并不是一种形而上学的历史理论，不是像黑格尔那样，把人类历史看作思辨原则的表达或神圣目的的实现。马克思的理论可以被看作一种经验假设，可以从一些关于人类社会行为的十分简单的假定中推导出来。不过马克思的理论具有十分充足的概念基础，是在所谓历史哲学理论范围内的“廓清”。像黑格尔一样，马克思试图发现历史中潜在的进步模式，并据此来理解特殊的历史事件，理解历史趋势和历史运动的意义。历史唯物主义提出了一些关于历史解释的性质及其与社会理论的关系方面的基本问题。很多常见的对历史唯物主义的批判或者是基于（至少我认为）对这些问题本身的误解，或者是基于对马克思在这些问题上的立场的误解。本书第二部分试图更好地理解马克思的历史唯物主义。

只要人们鼓吹激进的社会变革，他们可能就会认为只要遵循他们的建议，我们要么可以获得社会好处，要么可以减轻社会罪恶。撰写关于 *xli*
马克思的著作的作者通常会去推测马克思批判资本主义社会和支持共产主义的“道德基础”。然而，马克思很少谈及他谴责资本主义和倡导共产主义革命的理由的哲学地位。无论是马克思的道德信念，还是马克思关于道德的理论观点，在他的著作中都算不上什么突出的主题。不过我认为，细致关注文本至少可以让我们避免马克思的评论者们习惯性陷入的错误。我以为马克思对资本主义的谴责根本不是基于道德考量，但是马克思对道德的本质有自己的看法，这些看法是非传统的、有意思的、可信的，也是值得仔细阐述的。在本书第三部分中我拟解释和捍卫这些看法。

马克思把自己看作两大哲学传统的继承者，即在黑格尔那里达到顶峰的德国唯心主义传统，以及他所触及的在费尔巴哈那里已经有点日耳曼化的唯物主义传统。在许多地方，马克思表示他遵循“唯物主义”世界观，反对一切形式的“唯心主义”。不过他也断然将他的唯物主义与之前的唯物主义者包括费尔巴哈区别开来。本书第四部分尝试辨别马克思的唯物主义的主要哲学原则，讨论他对有神论和怀疑论的唯物主义批判。

在《资本论》第一卷“第二版跋”中，马克思公开承认自己是黑格尔的“学生”，声称他使用了“辩证的叙述方法”。本书第五部分试图理解马克思与黑格尔及其辩证思维的关系，同时根据其辩证的结构关注《资本论》，特别是根据其在马克思的辩证经济理论中的基本原理和功能关注马克思的价值规律及其与马克思相对价格理论的关系。

第一部分

异　　化

第一章
异化的概念

1 青年马克思的异化“理论”

在1843年和1844年的论文与手稿中，青年马克思使用了“**异化**”（德文 *Entfremdung*，英文 alienation 或 estrangement）和“**外化**”（德文 *Entäusserung*，英文 externalization 或 alienation）两个术语来指称很多事物。很显然，这种用法的关键在于指出现实中应用这两个术语的那些不同事物之间的紧密联系。而挑战则在于发掘这种联系究竟是什么，以及异化的概念在何种方式上可以用来表征这种联系。 3

“**异化**”和“**外化**”的术语本身唤起一种想象：它们表明那些本来属于一体的事物之间的分离，或者说是在和谐相处的事物之间建立某种相互漠然甚至相互敌对的关系。在最为显著的层面，马克思对这两个术语的使用表达了这样一种观点，即他所描绘的现象的特点在于遵循这些普遍模式的反常和失调。而且，我们可以很清楚地看到马克思将异化的概念运用到某些事物上。当工人被剥夺了其劳动产品，也就是工人同他们的产品相“异化”（疏离）时；他们在工作中与其工作环境处于一种“异己的”（敌对的）关系中，而且他们感受到其所进行的劳动对他们来说也是“异己”的（对他们作为人的自然欲求和愿望是漠视乃至充满敌意的）[1]。劳动分工是“异化”，在于它分离人们到固定的范围里，通过发展人的每一种专门化的需要来损害每个人的个性和完整的人性，从而使得人类活动被置于一个相互“异化”的关系中[2]。按照马克思的描述，经济制度使人们对其他人的需要漠不关心，并且使每个人的利益与其他人相对立，从而进一步使人与人之间相互疏离或“异化”[3]。进而，马克思告诉我们，在现代国家中个人作为“市民”参与社会的个人意识是与其日常生活相分离的，这 4

种意识被体验为一种异化的或错误的身份认同，仿佛只是例行公事而偶尔发生的①。政治国家本身也同人们在其中维持他们的实际公共生活的物质生产与交换领域相异化[4]。跟随费尔巴哈，马克思认为当时盛行的基督教将一切有价值的事物同人性与自然相疏离，并且（在想象中）将其置于一个世界之外的异化存在中[5]。

所有这些以及此外更多的现象，都被马克思描述为“异化”的形式。在他的早期著作中，尤其是在著名的关于“异化劳动”的片段中，马克思似乎试图基于一种异化形式或范式——异化劳动来论证所有这些现象都仅仅是同一个体系或整体的某些方面。因此他在这部手稿中把他的任务描述为“理解”（*begreifen*）现代社会的经济规律，通过“把握它们属于整体的异化”来“把握它们之间的内在联系”。马克思通过“把政治经济的事实概念化（*begrifflich*）表述为异化的、外化的劳动”表面上推进了这一任务。由于手稿中断，马克思在写下“对异化、外化劳动概念（*Begriff*）的进一步表述必须在现实生活中去说明”的句子后，就停住了[6]。

马克思试图清楚地说明在这个早期片段中所暗示的“异化理论”时不惜耗费大量的笔墨。但我认为这是徒劳的，有充分的理由怀疑真的存在这样一个值得阐释的理论。因为马克思运用异化概念的各种现象都归入这种概念，它们似乎只是共同包含某种非自然的疏离或敌对的关系。它们的这种共同特征并不意味着它们之间存在任何真实的联系，或者它们都是源于某个单一的深层原因。很难相信“异化”(非自然的疏离或敌对）概念在人类和社会障碍中指出了任何自然的种类，更难相信它指出了一个“概念”或本质，它在人类劳动活动中的出现解释了所有不同种类的疏离或敌对，而马克思用“异化”概念描述我们所发现的这些疏离或敌对现象。

让我们来看看马克思“异化体系”的支持者的一些论述。伊斯特凡·梅萨罗斯（Istvan Meszaros）可能是其中最煞费苦心的一位，他声称
5 “马克思的异化和物化体系反而比前人的哲学体系更为严密”，马克思“对‘异化劳动’及其必然推论的分析”构成了“马克思理论的内核：马克思体系的基本观点”[7]。这两个论断在我看来都是荒谬可笑的。马克思的早期作品无论是在社会学上还是在哲学上的洞见都具有原创性、煽动性、深刻性和丰富性。但是只有对“严密”这一术语所指称的特性不甚了解的人才

---

① 这句话比较难理解，或许是指现代社会中“原子式的个人”。“这里所说的是人作为孤立的、自我封闭的单子的自由”（马克思，恩格斯．马克思恩格斯文集：第1卷．北京：人民出版社，2009：40）。——译者注

会认为它们能被称为“严密”。20 年后马克思在《资本论》中所提出的理论毫无疑问是一个“体系”，甚至具有某种程度上的“严密性”。但它肯定不能准确地被描述为“异化的体系”。无论马克思的早期和晚期著述之间存在何种延续性，都没有证据表明他在 1844 年后的任何时期曾将“异化”思想作为“马克思体系的基本观点”。梅萨罗斯非常准确地描述了《巴黎手稿》中的观点并把它称为“体系的**原初状态**（*in statu nascendi*）。但是，（用黑格尔的话来说）没有一个小孩或者理论是在诞生之时就完全成型的；对马克思最初探索构建的理论而言可能是“基本”的概念也许会在更为成熟的理论中在很大程度上成为一个完全不同的，甚至是无关紧要的角色。

马克思强调的一个重要主题是人类创造物“异化”成为敌对力量，支配和奴役创造者。许多论者将青年马克思的异化概念和这一主题等同起来。马克思自己的强调（在早期和晚期的著述中）支持了这一观点，即这一主题是他使用**异化**和**外化**术语的中心范畴。而且，“异化”这一术语可以说没有“非自然的疏离”这一描绘或隐喻那样含糊不清。但是即使是如此解读，在“异化劳动”手稿中勾勒出的这种解释性理论的前途也不明朗。马克思所谈论的“异己的”、统治创造者的这种人类“创造物”在特征上千差万别，不仅包括物质劳动产品，还包括社会制度和实践（比如国家与私有财产），甚至是没有精神以外的实体与之相对应的思想或者理念（比如宗教）。这些并非全部是同种意义上的人类“创造物”（除非在一个非常灵活的意义上）。而且人们也是以多种方式（包括宗教幻觉、国家和他们的资本形式的产品）被“支配”的。这再一次说明，假定“指出某种东西最后转而成为奴役其创造者”的观点代表了人类活动中的一个自然类型，或者说这种描述适用的所有活动都是由某种基本的或者典型的活动引起的， *6*
都是夸大其词的。如果认真对待马克思的理论，这样的假定必须再次通过既非青年马克思，也非他的狂热追随者所提供的论证来辩护。

我们在这个问题上的怀疑，并没有因为探讨马克思使用“异化”一词确实是试图在异化的不同形式和表现之间建立起一种联系而得到缓解。马克思说：

> 异化不仅表现在结果上，而且表现在**生产行为**中，表现在**生产活动**本身中。如果工人不是在生产行为本身中使自身异化，那么工人活动的产

品怎么会作为相异的东西同工人对立呢？产品不过是活动、生产的总结。因此，如果劳动的产品是外化，那么生产本身必然是能动的外化，活动的外化，外化的活动。[8]

这里马克思似乎依赖于某些原则，这些原则的引进在于一种结果的性质必须总是以某种方式预先在原因中存在[9]。但是即使是那些公开支持这一非常可疑的观点的学者，也只是将其限制在一种结果的“完满性”上，而且异化（无论它是什么）可以说并不完满。此外，如果我们忽略马克思关于形而上学的论争，并且依照他的其他命题检视特殊的情况，那么他所做的解释性论断就很难理解了。马克思似乎是说，工人产品的异化必须根源于生产它的活动的异化。既然马克思描述了它，那么“产品的异化”既包括工人没有掌握或者拥有他们的劳动产品这一事实，也包括他们发现自己在资本形式中被奴役或束缚这一事实。与此同时，“生产活动的异化”包括了工人在劳动中“不是肯定自己，而是否定自己，不是感到幸福，而是感到不幸，不是自由地发挥自己的体力和智力，而是使自己的**肉体**受折磨、精神遭摧残”① 的事实。因此马克思明确宣称，雇佣劳动无法让人愉快和满足的本质**解释**了工人的产品属于他者的事实。同样地，劳动令人不快的本质是导致产品以资本形式支配工人的原因。那些希望为青年马克思的异化理论进行辩护的人，必须找到一条解读其解释性论断的道路，才能将他们从无稽之谈中解救出来。

2 什么是“异化”？

7 “异化劳动”片段包含马克思被公认的初次构建系统的资本主义理论的尝试。但是这个尝试失败了，因为异化的哲学概念太过模糊和隐喻，不能履行马克思试图赋予它的解释功能。但是这个尝试很有趣，因为它已经包含了（虽然是以模糊不清的形式）马克思的成熟资本主义社会理论中的三个中心概念。

第一，马克思察觉到了现代社会中困扰人们的种种弊病与非理性之间的复杂联系。第二，他坚持认为，现代社会的独特之处、其内在关联的非

① 马克思，恩格斯. 马克思恩格斯文集：第1卷. 北京：人民出版社，2009：159. ——译者注

理性体系的根源，在于现代社会所进行的那种劳动或生产。第三，他将这种特殊的劳动看作在整个人类历史进步运动中的一种限定的、暂时的阶段性特征。（“异化”，如同片段中所指出的，“是在人类发展的本质中发现的”。）[10]在其成熟理论中，这种相互关联并不存在于一种“异化的体系”中，而是存在于资本主义社会的经济结构中。马克思的成熟理论将这一结构追溯到一类劳动或产品上，因为他认为构成社会经济结构的社会生产关系是由社会生产力的发展水平决定的，因此是由物质劳动的本质决定的。最后，对于马克思的成熟理论而言，“人类发展的本质”并不是一个在人的类本质诞生之初就预先决定的过程，而仅仅在于决定着社会生产关系发展进程的社会生产力的持续扩张。

因此，马克思的成熟理论并没有像其早期片段中呈现的那样，将异化作为基本的、解释性的角色。当然，马克思没有在他的成熟著作中简单地抛弃异化概念。相反，我们还能在《政治经济学批判大纲》《资本论》和其他著作中看到这一概念在许多地方被使用。我认为，马克思在这些著作中对它的使用不再是解释性的，而是描述性或者诊断性的。马克思用异化的概念去确认或描述一种尤其是在现代社会中非常流行的人类病症或异常状况。这一病症就是“非自然的疏离”或“被创造物所支配”，它们正是现代社会各种现象的典型特征或隐喻。然而，这些现象或隐喻似乎不能充 8
分地描述马克思心中的病症。也许改进它是不可能的，但我愿意尝试。

在马克思的时代，**异化**所具有的一个含义是“疯癫”或“疯狂”[11]。马克思没有把异化个体看作疯狂的，但是他确实认为他们陷入了某种非理性之中，他们既生产了在某种意义上不合理的生活环境又是其受害者。进一步来说，他的“非自然疏离”形象最主要的应用在于异化的个体在某种意义上是同他们自己相疏离、相矛盾、相敌对的。这些考察激发了一种临时性的想法，即异化可能被看作一个人生活的空虚、无意义、荒诞或者是其不能维持自我价值感的状态。当然，马克思认为许多异化的人并不认为他们自己或他们的生活处于这种状态。（比如宗教信徒，他们的意义感和自我价值感是靠上帝爱他们的信念维系的。）但这也许是马克思的观点，即他们拥有一种意义感或自我价值感，只是因为他们将自己的生命建立在虚假的安慰上[12]。他明显相信，如果通过宗教幻觉维持意义感和自我价值感的人没有被欺骗，那么这种感觉是不会持续的。

因此，我暂时的想法是，我们是“异化”的，要么是我们感受到我们的生活是无意义的或者我们自己是无价值的，要么是我们只能在关于我们自身或者我们的条件的幻觉的帮助下维系自己的意义感或自我价值感[13]。

我认为，异化在作为大众社会批判的工具时，通常意味着这个意思。因此，很容易理解，异化不只是现代资本主义社会中的男男女女才感受到的苦恼。而且，认为异化在任何情况下的主要原因都必须在被异化者周围的社会安排中去寻找的想法，也是不合理的。当然，马克思相信资本主义社会中的这种意义上的异化相较于在其他社会中而言更加系统普遍且更为严重，也可能是对的；并且这一事实就使得研究是不是资本主义社会形式的某些方面系统导致普遍异化具有了价值。

我已经说明，异化包括意义感的缺失和自我价值感的缺失。这两者是不同的，但它们密切相关。如果我发现我自身只有很少或者没有什么东西值得珍视或者尊重，我将很难在我的生命中寻求到任何真实的意义或者严肃的目标。反过来说，如果我感到我的生活没有意义，我也很难对我自己
9 的生活进行较高的评价。当然，也许（我也承认）我并不会因为我生活的空虚而受到责备。但是不受责备的自我也许仍然是贫乏的、无能的、堕落的自我，没有价值的自我。（对于一个不能去追求或实现任何它认为有意义或有价值的事物的自我而言，不受责备并不是一个强烈的推荐方案。）因此，意义感和自我价值感，二者虽然不同，但通常是联系在一起的，而且无差别指涉这种意义感和自我价值感的异化概念也不会模糊得过于严重。

马克思对异化的描述显然很接近意义感和自我价值感的缺失。他说异化的工人是“被夺去所有实际生活内容”“没有意义和尊严”的人。在现存的社会关系中，人类是堕落的、被奴役的、被抛弃的、卑鄙的存在[14]。而且，“非自然的疏离”和“被自己的产品所支配”的形象会很自然地让人联想到我所认为的这个意义上的引起异化的条件的描述。一个自我价值感缺失的人也许会被描述为同他真正的自我或者人性相“异化”，而且马克思的确是这样谈论“自我异化”的个体的[15]。根据马克思的说法，异化的工人一直从事无意义的单调的工作，而且他们为了获得物质生存的手段就必须如此做，因此他们整个荒谬的异化生活就维持下去。“生活本身仅仅表现为**生活的手段**……自己的生命活动，自己的**本质**变成仅仅维持自己**生存**的手段。”[16]

进一步来说，存在着许多方式使得一个人自身或者他与世界之间的和谐及重要关系发生断裂，从而导致一个人失去自我价值感或自我认同感和有意义的生活。马克思的早期著作中有许多方式的示例（其中一些我已经提到），在这些方式中“异化”的隐喻可以用来明晰而生动地描述这种状况。

异化，作为人的自我和生命的空虚、无价值和堕落的感受，不可否认

是相当模糊不清的概念。但是对我们当前的目的而言，试图让它更加准确是没有意义的。这种模糊性内在于异化概念之中，不仅因为它可以在马克思的著作中找到，而且因为它属于大众社会思潮。也许异化概念作为社会分析或批判的有用工具太过模糊。但是一代又一代成果丰硕的社会思潮将异化作为一个重要且独特的马克思观点来对待。仅仅这一点就足以使我们不能忽视它。

概念上虽然模糊，但是异化却是一种具体的人类和社会之恶，明显地 10
不同于其他的恶。它不是所有恶的总和或实质，也绝不是马克思所认为的资本主义社会关系的系统结果中唯一重要的恶。根据他的说法，因为资本主义关系也制造社会冲突、贫困、疾病、丑恶和不安全。尽管它们是恶，但是这些恶都不必然包括它的受害者们失去意义感和自我价值感。当然，也许甚至这些恶，以它们典型的资产阶级形式，在事实上是异化的帮凶，或者说导致了异化。比如说，我作为一个雇佣劳动者，失业意味着不安全，它以特定形式威胁着我，不仅威胁着夺走我生存所需要的东西，而且威胁着夺走我获得生存条件的手段。因为一旦我被解雇，我就无法从事生产，我在社会上也就没有生存空间。因纽特海豹猎人当然同任何雇佣劳动者一样知道剥夺和危险生存模式；但是就这种特定的形式而言，他们一点也不了解。

3　异化与虚假意识

异化概念并非马克思的原创。他在早期著作中对这一概念的使用借用了他所学到的哲学家（尤其是黑格尔和费尔巴哈）的观点，并且预设这一概念与他们使用的一致。但是从一开始，马克思关于自然和关于异化原因的观点就与他们存在决定性的差异。

马克思的两位先驱认为异化根本在于特定形式的严重虚假意识，是关于人自身、人性或与终极实在的关系的错误或幻觉。对于黑格尔来说，异化生命的典型是“苦恼意识”。这一术语是指某种被误解的基督教虔诚信仰的形式（也就是，任何没有根据黑格尔的理性主义泛神论重新解释自身的基督教）。在《精神现象学》中，苦恼意识被描述为有限的、个体的自我意识，它错误地将自身的基础或精神“实质”（*Wesen*）设想为作为外在于它并与它相对立的存在，一个栖息于世界之外的超自然的“彼岸”的神圣存在。因为苦恼意识将自身和整个变化的世界同自己的本质相抗争，它将自身和自然世界看作“非本质的”（*unwesentlich*）；它感受到自身，它的活动和它整个有限的、世俗的存在范围是空虚的、无价值的、缺少真正实 11 在和意义的。正如黑格尔所指出的：“生命意识、存在意识和活动意识只是关于存在和活动的苦恼，因为它是在作为本质的它的对立意识和其自我的虚无之中。”[17]因此苦恼意识将自己沉溺在一种对彼岸的极度渴望中，在一种永不停息的忏悔劳动和渴望中希望实现同其神圣本质目标的和解。然而仅仅因为这些行为是从它出发，它们直接认为是“非本质的”因此是无效的。对苦恼意识的唯一安慰在于它对上帝实现这种和解的信念。但是苦恼意识被自我贫乏感所萦绕，以至于无法直接理解或享受到这种和解。因此，它认为赎罪行为是完全偶然的和不可思议的，在久远的过去、遥远的地方进行，它所希望享受的结果只存在于来世。苦恼意识只有在教会仪式中才能感受到与自身本质相和解的感觉，即使在这里也是由外在中介——牧师的力量进行调节。

黑格尔认为苦恼意识是人类历史的一个重要阶段，也就是说（用黑格尔的话说）是世界精神逐渐及时意识到自身的过程中的一个重要阶段。在苦恼意识之中，以个人人格作为形式的精神的“特殊性”，在整个世界精神中感到同它的本质或基础相疏离或异化。然而正是由于这个原因，个体的自我才在苦恼意识中首次彻底成为意识的客体。换句话说，根据黑格尔的说法，正是在基督教中，个体的人类才作为一种精神力量、一种精神自觉的恰当载体第一次被真正认识到。这就是为什么黑格尔坚持认为他的哲学自身的要旨真的就是基督教和解的要旨，而这一要旨从偶然的、遥远的和奇迹般的“苦恼”形式转化出来并展现为一种形而上的必然性问题。

就黑格尔的诊断来说，苦恼意识之所以苦恼只是因为它没有正确地解释世界。它没有认识到自然王国——远不是“非本质的”——是神圣世界精神的必然表达或客观化，其中意识自身只是一个特殊表现。因此，苦恼意识的异化只是有限的精神关于自身无限本质的不完善的知识。对异化唯 12 一的解决方法是达到更高阶段的自我意识，在那一阶段上帝与人性、精神的普遍本质和它的特殊自我意识都被认为是在根本上和谐共处或互相同一的。

费尔巴哈对宗教的批判将黑格尔关于苦恼意识的分析从其神秘的困境中释放出来，并且明确了它潜在的人文主义。根据费尔巴哈的观点，上帝的观念只不过是关于我们自身类本质、**类存在**（*Gattungswesen*）的概念，被错误地认为是一个区别于我们并同我们相对立的实体。宗教是“人的异化，是人同自身的分裂（*Entzweiung*）”[18]。宗教的呼吁确实是对每个人的自我确证和对人类的爱的呼吁，但它包括的爱和自我确证是反常的、方向错误的，关注的是超越人性和自然的想象的存在。为了爱和颂扬上帝，人们必须鄙视和贬低他们自身："在关于神圣存在的直觉或决定中，只有人才是肯定的、本质的，所以关于作为意识客体的人类的直觉只能是消极的、与人相敌对的。为了充实上帝，人必须变得贫乏；上帝也许是全部，人必须什么都不是。"[19]此外，尽管事实是费尔巴哈宗教批判的主要观点直接借用自黑格尔，但是在费尔巴哈的判断中黑格尔哲学的确也好不了多少。因为，像苦恼意识一样，它不是将对人的思想和行动而言是本质的东西定位在真实的、自然的、活生生的人身上，而是定位在抽象的、超自然的和超人的世界精神上。在这一层面上，费尔巴哈说"绝对的（黑格尔的）哲学同人的自身的本质和活动相外化（*entäussert*）和异化（*entfremdet*）"[20]。

费尔巴哈对异化的论述针对的不仅是流行的宗教观念，也针对其在心理和社会方面的有害影响：对我们世俗幸福的贬低，人和人之间以及人同他们作为人的共同本质的疏离。但是，同黑格尔一样，费尔巴哈认为异化根本上是一种虚假意识形式，一种关于人的本质的错误观念。因此，他也认为克服异化主要是一种理论上的胜利，是真的类意识对虚假意识的胜利。对他而言，令人满意的人类生活的主要要求是人们应当正确地理解并确证他们作为类存在的本质，本质上无拘无束并注定热爱同他人的联合。因此，马克思认为费尔巴哈同其他青年黑格尔派持一样的主张，即一旦人们放弃他们关于自身的宗教幻觉，并逐渐被关于人类生活应当是什么的真正合理 13
的理想所激活，那么他们宗教幻觉的不幸社会影响将自行消逝，并且一个真正的人的社会将自然地产生，取代旧的异化的社会。

4　异化与实践

马克思认同黑格尔和费尔巴哈，认为异化与特定种类的关于人的本质的虚假意识密切相关，而且这种虚假意识的范例可以在宗教中尤其是基督教中找到。但是他不同意异化**存在**于虚假意识的状态中，或者说它是由虚假意识**引起**的。关于宗教幻觉不寻常的是，它们既给出了异化的表达、人类生命的空虚感和无价值感的表达，同时也为我们提供了对异化的安慰与慰藉，即一种非现实的精神召唤和对彼岸非异化生活的承诺。因此，异化的意识包含了两个对立的观念：考虑到自身，它哀叹我们自然的人类生活是异化的、不满意的和无价值的；但是它也宣称我们的存在毕竟不是真正的异化，只要我们将其置于一种正确的超自然解释之上。黑格尔和费尔巴哈认为人的异化只是因为他们误解了他们自身和人的状态的真正本质。所以，黑格尔和费尔巴哈的观点是异化意识的幻觉仅仅存在于第一个观念，存在于它对人的世俗生活的消极态度。根据这两位哲学家的看法，宗教的安慰性保证（至少当这些保证被给予正确的哲学解释时）包含了关于这个问题的真正真理。

然而，对于马克思而言，一旦我们采用相反的假设，即苦恼意识只是在哀叹中而非安慰中讲述真理，那么整个异化意识的现象就可以理解了。宗教表达了一种真正异化、空虚的生活方式。“**宗教里的**苦难既是现实的苦难的**表现**，又是对这种现实的苦难的**抗议**。宗教是被压迫生灵的叹息，是无情世界的情感，正像它是无精神活力的制度的精神一样。”① 宗教幻觉牢牢抓住了我们，因为它们的虚假承诺为我们的异化生活提供了一个虚假的意义和满足。宗教愿望是“人的本质**在幻想中的实现**，因为**人的本质**不具
14 有真正的现实性”[21]。宗教让我们同异化生活相和解，并让它**看起来**可以忍受；它给我们提供了生活方式的虚假意义，如果没有这种幻觉我们将直接经历其本身：不可被救赎的无意义。

异化的社会支持宗教幻觉，因为后者支持前者。如果异化的个体接受一些关于他们自身的观念，促使他们要么认为他们的生活确证和实现了他们的人性，要么认为他们的失落感和空虚感是由于人类状态本身的有限性，而不是由于他们所陷入的暂时的社会关系体制，那么社会显然会更加稳定。

因此，宗教的社会功能是遮蔽人们的心灵，并使他们麻醉以经受异化生活的状态。这就是马克思称宗教是“人民的**鸦片**”② 的含义。

所以马克思反对黑格尔、费尔巴哈和青年黑格尔派认为异化根本在于虚假意识的观点。基于此，他也反对长期以来的哲学和宗教思维传统，它们基于虔诚的公理认为，对于那些有精神智慧去把握生活意义的人而言，人的生活是有意义的。马克思不需要否认异化或许是因为智慧的缺失。他只是认为这实际上并不是现代资本主义社会系统的异化的原因。因此马克思认为，异化是**现实的**：我们之所以感到自己的生活是空虚和无意义的，是因为它们真的如此，因为我们就生活在让我们不可能获得充实的和有价值的生活方式的状态之下。

这不是黑格尔和青年黑格尔派的观点。黑格尔直观的自然神学的明确

①② 马克思，恩格斯. 马克思恩格斯文集：第1卷. 北京：人民出版社，2009：4. ——译者注

目标是让我们和世界本身和解，教导我们什么是必须的和理性的。当然，费尔巴哈和青年黑格尔派并不认可任何像这样的自然神学。像马克思一样，他们相信社会必须要改变，要理性化，要同人的本质相和谐。但是他们也将他们的信念根本上置于一种哲学智慧之上。这是因为在他们看来，当前社会中的人的异化在于这一事实，即人们错误地认识了人的本质因而只有对他们生活模型的错误的或歪曲的观念。哲学将使他们获得解放，将他们从这种幻觉中解救出来，赋予他们关于人的本质的正确观念，从而也就指出了一条通往有意义的生活的道路。

异化的个体对该追求什么目标、如何过有意义的生活以及建立何种类型的生活是一无所知的，关于这一点马克思是愿意同意的。但是他并不认为这是基本问题。基本问题是异化的个体（无论是个别的还是集体 15
的）缺乏采取具有实际意义的行动的能力去实现他们可能拥有的值得追求的任何理想。这是因为有真实的、精神以外的障碍阻挡着他们的道路。在他们开始决定应该如何构建真正的人的生活之前，他们必须首先向这些障碍妥协，理解它们的本质，并着手清除它们。

可以推断，马克思对虚假意识的批判，不是像黑格尔和青年黑格尔派所认为的那样，通过自身对异化的解放或胜利。相反，这种批判唯一积极的事情是让异化更加明晰，使人们更加痛苦地意识到他们的状态，并激励他们对它采取些许行动：

> 废除作为人民的**虚幻**幸福的宗教，就是要求人民的**现实**幸福。要求抛弃关于人民处境的幻觉，就是**要求抛弃那需要幻觉的处境**。……对宗教的批判使人不抱幻想，使人能够作为不抱幻想而具有理智的人来思考，来行动，来建立自己的现实。①

宗教虚假意识只是异化的一个症状。对宗教虚假意识的战争必须被看作仅仅是对异化实践斗争的一个方面，这场战争在更根本性的、更具实践性的斗争胜利之前是不可能全面胜利的。马克思说："宗教对我们而言不再是基础而只是现象。"[22]在他看来，只要人们需要它们，人类将继续遭受幻觉的

① 马克思，恩格斯．马克思恩格斯文集：第1卷．北京：人民出版社，2009：4．——译者注

折磨；只要人们在现实生活中异化，他们将继续需要它们。当马克思宣称“哲学家们只是用不同的方式**解释**世界，问题在于**改变**世界”[23]时，他所想的就是首先要同异化做斗争。

注 释

[1] Cf. CW 3：272－5.

[2] Cf. CW 3：220，308，321.

[3] Cf. CW 3：41－2.

[4] Cf. CW 3：153－4.

[5] Cf. CW 3：175.

[6] MEW Erg. 1：511，518，CW 3：271，278.（马克思早期关于“异化”的论述，集中体现在《1844年经济学哲学手稿》的“异化劳动和私有财产”之中，参见：马克思，恩格斯. 马克思恩格斯文集：第1卷. 北京：人民出版社，2009：155－169. ——译者注）

[7] Istvan Meszaros，*Marx's Theory of Alienation*（New York，1972），93，96.

[8] MEW Erg. 1：514，CW 3：274；马克思，恩格斯. 马克思恩格斯文集：第1卷. 北京：人民出版社，2009：159.

[9] 在其他的文章中，马克思明显认可这一形而上学的原则。参见CW 4：285.

[10] MEW Erg. 1：521，CW 3：281. 在后来的《1844年经济学哲学手稿》中，马克思似乎认为异化是在通过人的本质“创造自身”或者“客观化”他们的“本质力量”的进程中内在的必然的阶段：“人同作为类存在物的自身发生现实的、能动的关系，或者说，人作为现实的类存在物即作为人的存在物的实现……首先又只有通过异化的形式才有可能。”马克思很明显地秉持这一论点，因为他看到了黑格尔（在《精神现象学》中）关于自我异化作为精神必须通过实现自己本质的过程中的必经阶段的论述中，存在着某些深层次的形而上学的（至少是历史人类学的）真相，“黑格尔的**《现象学》**及其最后成果——辩证法，作为推动原则和创造原则的否定性——的伟大之处首先在于，黑格尔把人的自我产生看做一个过程，把对象化看做非对象化，看做外化和这种外化的扬弃”（MEW Erg. 1：574，CW 3：332－3；马克思，恩格斯. 马克思恩格斯文集：第1卷. 北京：人民出版社，2009：205.）。与此同时，很清楚的是，在马克思成熟的理论中，只有在劳动者被剥削、非人化、异化的社会形式中才可能形成更高、更全面的人类社会的物质条件，这并不是关于人性或者精神的形而上学的事实，而是关于西欧社会的偶然的历史。参见：Marx and Engels，*Selected Correspondence*（New York，1965），313. Cf. CW 5：88. 在此，《1844年经济学哲学手稿》中所表达的人的发展的概念似乎已经被否定。

[11] 参见：J. Seigel，*Marx's Fate*（Princeton，N. J.，1978），36. Cf. G. W. F. Hegel，*The Philosophy of Mind*，tr. A. V. Miller（Oxford，1971），115.

［12］MEW 1：379，CW 3：176.

［13］这种描述异化的方式很自然地引出如下推断：真正的异化的性质并不是由关于自身和自己生活的意识状态组成的（一种无意义的或者无价值的感觉），而是生活本身在事实上的状态，不管一个人是否意识到了这一点。这是实质上的纠正。

对马克思而言，异化从根本上来说并不是一个意识的状态。下一章我们将能够把在缺乏意义感和自我价值感意义上的这一阶段性的异化概念，替换为一个更接近马克思的深层思想的概念，因为它将异化与马克思认为有必要维持和判断这种感觉的状态等同。但是现在，我认为最好还是停留在暂时的异化概念上。第一，正是从这个概念的角度上，马克思和黑格尔、费尔巴哈的区别才最为明显。第二，更为根本的异化概念与其说是对暂时的异化概念的替换，不如说是对其更精确的说明。第三，当讨论异化概念时，强调自我意识与其对自我及个人生活的反映和态度的事实，并不是不合适的，也不是非马克思的。因为正如我们将在下一章看到的，如果对马克思来说异化不是一种意识状态，它也无论如何是一种自我意识的存在的状态，它们能够有能力理解其自身并有意识地确证它们是什么。人们被异化仅仅是因为他们拥有理解和意识的潜力，但是由于他们的生活状态而没有能力去实现它。

［14］MEW 3：67，CW 5：87；MEW Erg. 1：513，CW 3：273；MEW 1：385，CW 3：182.

［15］MEW Erg. 1：515，CW 3：275；马克思，恩格斯. 马克思恩格斯文集：第1卷. 北京：人民出版社，2009：160－161.

［16］MEW Erg. 1：516，CW 3：276；马克思，恩格斯. 马克思恩格斯文集：第1卷. 北京：人民出版社，2009：162.

［17］G. W. F Hegel，*Die Phänomenologie des Geistes*，ed. J. Hoffmeister（Hamburg，1952），160；*The Phenomenology of Spirit*，tr. A. V. Miller（Oxford，1977），127.

［18］Ludwig Feuerbach，*Sämtliche Werke*，ed. F. Jodl and W. Bolin（Stuttgart，1959）6：32，cf. *The Essence of Christianity*，tr. George Eliot（New York，1957），33.

［19］Feuerbach，*Sämtliche Werke* 6：32，*Essence of Christianity*，26.

［20］Feuerbach，*Sämtliche Werke* 2：280，*Principles of the Philosophy of the Future*，tr. M. Vogel（Indianapolis，1966），37.

［21］MEW 1：378，CW 3：175；马克思，恩格斯. 马克思恩格斯文集：第1卷. 北京：人民出版社，2009：3.

［22］MEW 1：379，CW 3：176.

［23］MEW 3：7，CW 5：8；马克思，恩格斯. 马克思恩格斯文集：第1卷. 北京：人民出版社，2009：502.

第二章
人的本质

1　类存在

16 在第一章中，我试图为这样一种主张进行辩护，即在马克思哲学的语境中，我们应该将异化理解为人的一种状态，他们要么经历着毫无意义或不值得过的生活，要么无法摆脱慰藉人心的幻觉而生活。但是正如我们所看到的，马克思坚持认为异化具有现实性和实践性，它不是一种幻觉或精神状态，而是植根于人们生活的实际状况。因此，很显然，如果要理解异化产生的原因，我们就至少必须要了解人们为了过有意义的生活所要求的一般方式，并且看清是哪些现存的社会条件破坏了这些要求。接下来的三章将围绕这些要点对马克思的思想进行探讨。

人类有许许多多的需求。如果他们想要生存，想要健康、安全和舒适的生活，就必须满足许多条件。这些条件（或至少是其中一部分）可能也是有意义的生活和自我价值感的前提。不过意义和自我价值似乎仍被视为是超过或高于其他动物而为人所特有的善。动物可以感知快乐和痛苦，它们可以满足而幸福地活着，或是充满煎熬、恐惧和不安地活着。但是只有人能够体验生活的充实或空虚、值得或不值、有意义或无意义。因此，马克思把异化的生活称为“非人的”（dehumanized）生活，是与“人类的”（human）生活方式相对立的，后者通向适合人的本性或与人的本质相符合的生活。那么很明显，马克思关于有意义的生活所需要的东西的概念与他
17 关于符合人类本质的生活概念紧密相连。因此，马克思的异化理论在某种程度上是基于对人性的看法。

有时，马克思被认为没有任何关于人类本质的概念，理由是对他而言，

人的本质取决于历史环境并随着历史环境的变化而改变。马克思也在《关于费尔巴哈的提纲》第六条中明确指出："人的本质不是单个人所固有的抽象物，在其现实性上，它是一切社会关系的总和。"[1]但是这些观点并不需要否定这样的观点，即人类有一些特殊性使得他们与自然界中的其他部分相区分，甚至有助于使人类本质在历史中所经历的这种变化和发展变得可理解。《关于费尔巴哈的提纲》的第六条并未否认存在个体所共有的"人的本质"，而只是认为这种本质是与个体生活于其中的社会关系紧密联系的，而且必须在社会关系中才能被理解。总之，无可否认的是，无论是在他的早期著作中还是在他的晚期著作中，马克思都常常将雇佣工人的生活看作"非人的"，而将未来的共产主义社会看作真正的"人类"生活。马克思确实有不少关于人类本质的谈论，它们至少一般地支持了他的这种判断。

沿袭费尔巴哈的思路，马克思把人类描述为 *Gattungswesen*，这个术语可以翻译成"类存在"（species being）或"类本质"（species essence）。这一术语本身来自黑格尔，并被费尔巴哈和马克思用来说明一些不同但是相关的事物[2]。首先，正如上面提到的，因为它的模糊性，**类本质**这个术语自然既能应用到单个的人，又能应用到属于所有人的普遍本性或本质。再则，对费尔巴哈和马克思来说，这一术语很明显适用于人类全体，用来表示作为单一集合实体（人类）的人性，同时又可以用它来表示把人与其他事物区别开来的本质特征。事实上，这两个哲学家使用这一概念的主要意图似乎是说明每个男人或女人，以及所有每个人类个体之间都存在着某种亲密联系。这种亲密联系源于这一事实，即构成每一个体本质的东西总是以某种方式与构成整个人类本质的东西难分难解的，因而可以被认为是单个的共同的存在物。像费尔巴哈和马克思所使用的那样，要理解**类本质**的含义，就要了解他们如何看待这些联系。

当然，费尔巴哈和马克思用**类本质**来定义人的最明显的意思是人生活于社会之中，并且每个个体的生活方式本质上有赖于个体间的互动与交往。尤其是在费尔巴哈那里，**类**（*Gattung*，"属"或"种"）和交配行为在词源学上存在深思熟虑的影射（a deliberate allusion）意义——先生（*Gatte*）和太太（*Gattin*）亦是"丈夫"和"妻子"的诗意表述[3]。这种影射源于黑格尔，而在费尔巴哈那里，它的首要目标是表达性爱这一轻佻的概念是人类相互依赖的典型表现。然而，在马克思看来，尤其是在 1845 年之后的马克思看来，**类本质**和**集体**［*Gemeinwesen*，"社群"（community）或"公社"（commune）］或"**社会**"（*Gesellschaft*，society）是可以相互等同（甚至是可以相互替换）的[4]。马克思所强调的是，人在本质上同他们 *18*

的类相关联，因为人类生来就是“群体动物”或“社会动物”，是与同类共存并通过与他们在工作和生活上的某种合作关系来维系生命的动物。（在马克思看来，这种合作特性适用于所有社会，并且在资本主义社会中会比以前的任何社会形态都更加如此。个人主义意识形态也许会对资本主义的社会关系加以掩饰或伪造，但却无法脱离这些社会关系。）

马克思在其他文章中提到了人的“类存在”，然而他所想的绝不仅仅是人是社会存在物这个事实。马克思指出，人类是一种类存在，他在其中能够把自己的类作为他的对象，并且“人把自身当做现有的、有生命的类来对待”[5]。这些论述强调的似乎是人类所拥有的相互依赖意识，或是有意识地倾向于这种依赖的行为。马克思用来描述这种类关系或类意识的术语极其抽象，并且根据他的表述很自然地可以提出几种不同的可能解释。实际上，在我看来，马克思的脑海中可能有几种不同的事物同时浮现，他这样表述是为了说明这些事物都是相互联结在一起的观点。

首先，马克思指出这个事实，即任何人不仅属于人类，而且他们也意识到这一点，并且这种意识本身便是人类的显著特征。毫无疑问，其他一
19 些动物把其他同类视为自己的潜在伴侣、帮手或敌人，但它们中是否拥有关于自身种类的概念，或者它们是否把自身归于某个属或类，是令人怀疑的。但是在马克思看来，成为人的根本在于我们有一些关于人类的概念，我们“把自己的类作为我们的对象”，以及拥有作为这种类的成员的自我意识。

对费尔巴哈和马克思而言，人的类存在与人关于自身的自我意识和我们人类独特的智力这个事实紧密相连。费尔巴哈相信正是人类对自身类本质的意识使我们认识其他事物的本质成为可能，因此，我们的类存在是我们形成普遍概念这一能力的基础。马克思的一些论述可以视为对这一理论的支持[6]。然而，没有哲学家提出任何真实的论断来支持这个理论，而且我也承认，我看不出有什么办法能证明这一点。事实上，真相看起来与表面上的恰恰相反，正是人类形成普遍概念的能力才使人类知道他们自己是作为类的成员成为可能。

2　类意识和异化

然而，就马克思的目标而言，更为可靠和更为相关的观点便是在类意识和自我意识之间存在着某种密切的联系。但在这里，“自我意识”不应被理解为像笛卡儿的“**我思**”（*cogito*）主体或康德的“统觉的统一”（uni-

ty of apperception）主体那样朴素的、认识论的概念。我们应该把人类关于自身的自我意识视为某种可称为“自我形象”或“自我观念”[7]的表述。每个普通人在很小的时候便会产生一些有关他或她是谁的想法，他们（准确地说，或多或少）表达出一些被我们称为“自我”（self）或“认同”（identity）的概念［在人们经受“认同危机”（identity crises）的意义上］。许多关于我的不同事物都可能进入我的自我意识，包括我对自身外貌和地位的看法，对自身性格特征、过往所为、当下能力和潜能的想法，对自身目标、抱负、期望的觉悟。个体自我意识的特定构成及其对个体的相对重要性（包括实际的和认知的重要性），在不同个体和文化间可能大不相同。但是从拥有自我意识这一事实，以及拥有被感知到的认同或自我的角度上来看，则差别不大。除了极度伤残的群体外，所有人都有这种自我 20
意识，尽管对非人类生物而言其是否存在是可疑的。因此，我们似乎可以在这一意义上合理地将自我意识视为人类的显著特征，并在这一意义上将其视为人的“类意识”（species conciousness）。

但是在意识到人类作为一种自然物种或共同实体的意义上，自我意识也被认为与“类意识”密切相关。不仅因为人们拥有独立的自我概念，还因为每个人都意识到自己是作为人类的成员，他也“把自身作为对象”，也就是说，他也有关于自身的概念。首先，人们在社会形式中意识到了类（共同性）。人不仅在与同类的生活和依赖上，而且在意识到（在某种程度上）与同类的、相互支持的社会关系的情况下，是一种社会（类）存在。其次，人们还能够形成有关人性自身、有关他们与同类共有的人类状况的概念，这一概念即他对于人的概念。每个人都意识到自己正以人类特有的方式生活，然而生活方式则因人而异。

更进一步地讲，个体的自我概念在自我意识上与人类概念密切相关。因为我是在社会背景下意识到我自身，并且了解到我的作为本质上是人的生活模式，我也在我的社会地位和我对人类概念的把握中理解自身、理解个体的自我概念。这至少表达了马克思在提出类存在“把自身当做现有的、有生命的类来对待”① 以及“把类看做自己的本质”② 时的部分思想。马克思的意思是，我对自身的概念总是包含我对人类实在和潜在的想法；这一概念在本质上表明我所设想的生活方式要适应于社会这一更大的生活，

① 马克思，恩格斯．马克思恩格斯文集：第 1 卷．北京：人民出版社，2009：161．——译者注

② 同①162．——译者注

这一生活方式使人类的潜能得以实现。

当然，我们认为每个人都有自我概念、人性或类本质概念，这并不必然意味着这些概念就是清晰明确的，也并不必然意味着所说的个体能够用语言描述它。马克思认为“人类在实践和理论上把自身作为对象”①。我认为，马克思将这些类意识看作存在于每个人和世界的实践之中，甚至存在于这种意识的内容还未在理论上得以彻底澄清的地方。人类的个体和他们
21 的类自我概念毫无疑问将在社会中变得更加明晰（至少更忠于事实），而这就是神父、诗人、哲人的职责，他们的工作就是对类意识进行澄清以满足大众的需求。然而在马克思看来，即使在最简单最原始的社会中，也存在着对自我、自然和人类共同体的意识，而这“与人们的物质活动……交织在一起”[8]。

我们有理由认为异化的可能性和人的自我意识这一本质特征有着密切的联系。关于个人或个人生活是无价值或充满价值、是无意义或充满意义的体验，似乎预设了一些关于什么是感觉有意义的或无意义的概念。因此，只有当一个存在者拥有某种自我概念，他才能够判断是异化的生活或是完满的生活。更进一步地讲，至少对马克思而言，异化的可能性和人类的类意识特征紧密相连。马克思常常提到异化的生活就是使人无法“肯定”（*bejahen*）自我、“确证”（*bestätigen*）自我、“实现”（*verwirklichen*）自我的生活。能够自我肯定、自我确证、自我实现的人类生活是充满意义的生活，能够肯定自我、确证自我、实现自我的人则是拥有价值并承认自身价值的个体。但马克思还指出，肯定、确证、实现自我就是肯定、确证和实现了人的本质，即人的类本质。而这种自我实现和对自身“自然使命”（*natürliche Bestimmung*）的满足的程度就是“作为**类存在**、作为个体存在的人类成为自身和把握自身的程度”[9]。异化因此被马克思视为个体与**人类**本质的分裂和疏离。“他们的‘存在’同他们的‘本质’完全不符合”，是与本质的不“和谐”状态；他们生活在与“人的类本质不相适应的状态”[10]。

因此，在“人把自身作为对象”这句话中，“对象”这一术语似乎不仅是指“意识的对象”，还包含“目标”“目的”的意思。我的特性或“类本质”对“自然使命”进行了规定，并对建构充满意义的生活的追求及其成果设定了目标。此外，我在多大程度上完成我的使命，也取决于我能够

① “人是类存在物，不仅因为人在实践上和理论上都把类——他自身的类以及其他物的类——当做自己的对象”（马克思，恩格斯. 马克思恩格斯文集：第1卷. 北京：人民出版社，2009：161）。——译者注

在多大程度上承认和肯定我的类本质，能够在多大程度上把“自身把握为一个类存在”，以及我的行为是否体现了“人类形式的自我意识”[11]。

3　自我实现

但是什么是“理解”“肯定”“确证”“实现”了人的类本质？它们又 22
包含了哪些生活状态呢？

马克思把自我肯定和自我实现等同于肯定和实现“人的类本质”的部分原因是强调任何完满的人类生活都必须包含共同体的人类价值和向他性（other-directed）特征。“作为人进行生产”，马克思说，是“在我个人的生命表现中，我直接创造了你的生命表现，因而在我个人的活动中，我直接**证实**和**实现**了我的真正的本质，即我的**人的本质**，我的**社会的本质**”[12]。既然我的自我实现就是人类本质的实现，既然人的本质就是一种类本质或共同体（*Gemeinwesen*），那么如果无法成就自我或他者的个性，就无法成就我或我的个性。我的善，即自我的价值和我的生活的意义，需要实现（因为它部分在于）他者的同样的善。

但是我对他者善的实现必须是“直接的”（immediate）。我认为，这意味着它必须是自觉的，是出于目的本身的，而并非无意所为或仅仅把它作为达成其他目的的手段。对马克思而言，资本主义社会的部分异化在于这一事实（也被亚当·斯密所证明），即人们在这一社会中看似为他人利益服务，却只是在自觉地追逐自身利益[13]。在亚当·斯密看来，当人作为商品生产者时，我们为他人利益服务，因为我们必须以此为手段才能获取自身的善；在马克思看来，我们只能出于其本身（或他人）的目的以追求（在其他事物中）他人的善来实现我们自己的善。但是，在马克思看来，商品生产在我们对他人善的追求上施加了一种间接的、自私的形式，因而阻碍了人类的善：

我是为自己而不是为你生产，就象你是为自己而不是为我生产一样……换句话说，我们的生产并不是人为了作为人的人而从事的生产，即不是**社会的**生产。也就是说，我们中间没有一个人作为人同另一个人的产品有消费关系。我们作为人并不是为了彼此为对方生产而存在。[14]

但是，人的社会本性或集体性只不过是马克思坚持认为自我实现即人
23 类本质所表达的意识的一部分。他还指出真正的人类生活方式显示或证实
了某些事物，而这些事物是什么则是为我的本质所规定的。在这点上，马
克思的话即亚里士多德所说的力量和行为（potency and act）。“人类”生活
方式包含了“发展”（*Entwicklung*）、“活动”（*Betätigung*），并由此产生
“人的本质力量”（*menschliche Wesenskräfte*）的“实现”（*Verwirklichung*）。
在《德意志意识形态》中，共产主义者坚持“任何人的职责、使命、任务
就是全面地发展自己的一切能力”[15]。

不仅是马克思的话语，而且这一思想在这点上都像极了亚里士多德。对他们两个人来说，完满的人生在于人的本质能力的发展与活动，从而使得生命活动与自身本质相适应。当然，正如亚里士多德指出的那样，把人类善设想为“与人类德性相一致的活动”仅仅是赋予善轮廓或框架，需要对它加以丰富才能成为知识[16]。不过，在下一章中我们将看到，马克思有意回避了在一个极小的基点之外来诠释自我实现的概念，甚至坚持认为他无法对使得人类本质得以实现的那种社会或生活做出更多的说明。接下来的26~43页①将围绕马克思对人的本质能力所确实说明过的部分进行探究，并将试图指出马克思概念意涵的独特之处。

我们现在将能够用一个更加基础的、更加典型的马克思式的概念，来
替换作为缺少意义感和自我价值感的临时性异化概念。在暂时的意义上，
异化似乎既被视为多因素共同作用的结果，也被视为大量痼疾的症状。但
正如马克思所言，人们在资本主义社会无法维系意义感和自我价值感（或
只能通过幻觉的援助实现）的系统原因就在于，他们发现自己处于自我实
现的需求被阻碍并无法使人的本质力量得以发展与活动的环境之中。那么
马克思在资本主义社会所发现的异化，成为无法实现自我、无法使人的本
24 质力量得以发展与活动的状态。比异化意识（缺少意义**感**和自我价值**感**）
更基础的是真实的异化：无法（或无力）实现人的本质力量。对马克思而
言，这意味着无论我是过心满意足并充满意义的生活，还是过不幸悲惨且
被异化的生活，最终都不是我的主观意愿是否得到满足，或者我如何设
想自己和自身生活的问题。而是，我的生活实际上是否实现了当下客观
存在于人类本质中的潜能，我是否实现了我之所以为人的“自然使命”。
如果我们擅自用**幸福**来定义马克思（亦即亚里士多德）所说的充满意义
的、自我实现的生活，那我们就一定能断言马克思持有理查德·克劳特

① 参见本书边码。——译者注

（Richard Kraut）称之为“客观的”人类幸福概念[17]。（这当然并未否认马克思说人们自然地倾向于自觉渴求能够客观实现他们的本质的东西。）

马克思在对资本主义异化的诊断中，用自我实现来定义人的成就，并用人们本质力量的发展与活动这一需求的落空来定义异化的、未能实现的生活。马克思对异化的这一诊断因此备受那些看似成功挑战这些判断的异议的攻击。正因如此，简略探讨约翰·普拉梅纳茨（John Plamenatz）在他富有见地的著作《卡尔·马克思关于人的哲学》（*Karl Marx's Philosophy of Man*）中所提出的此类异议是值得的。普拉梅纳茨认为，马克思关于自我实现的理想如同穆勒所说的那样：“愈是力争德性，既定目标便愈难实现，因为他们为此对自身施加了大量的需求，即通过突出的成就向自己和他人证明自身价值。”[18]普拉梅纳茨对马克思的那种假定，即对好的和令人心满意足的生活在于对自我实现的追求不受妨碍的看法持谨慎态度：

> 我们不能理所当然地认为这种自我实现愈多，人们寻得实现这种生活方式的可能性便愈大。虽然力争德性（excellence）和幸福并不矛盾，但却难以一并实现。如果幸福是我们所想，那就可能存在比通过奋发生活和徒增大量需求来得更好的方式。[19]
>
> 对这一理想的广泛接受反而阻碍了人们对其追求的社会形态是有可能发生的。社会环境可能鼓励人们去相信他们能够设定更高的目标，从而使得设定真实可靠的目标变得困难重重，并使得人们产生一种目标遥 25
> 遥无期且不可实现的感觉……或者即便人们能够设定一个清晰而可靠的目标，他们也可能缺少使得追求过程充满成功希望的物质与文化方式。[20]

这两段文字的含义有所不同。第一段文字表明无法用幸福来定义自我实现，因为甚至在奋斗取得相当大成功的情况下，追求德性的生活也可能是令人不满的生活。第二段文字说明追求自我实现的理想可能导向盲目或失败，因为社会环境可能使得人们难以据此制定和实现具体目标。第二段文字看似同意了马克思关于人们可能因社会环境对实现自我的阻碍作用而陷入异化的看法。但是普拉梅纳茨的观点似乎是，人们的失意和绝望恰恰要部分归结于人们对自我实现这一目标的执着，并且他将其归于目标本身存在的缺陷。

在开始下一段评论之前，需要指出的是，认为人的成就**在于**自我实现和建议人们把自我实现作为追求目标之间存在着重大的不同。我有充足的理由认为，马克思所持有的是前一种观点，但是缺少或者没有证据表明他持有后一种观点。在道德学家看来，当我们把幸福作为目标时，我们很难实现幸福，这是自明的。同理，当我们追求“自我实现的理想”时，我们也很难实现自我，相反，我们在追求其他充满意义的目标过程中，通过使我们的本质力量得以发展与活动而实现自我。马克思相信资本主义社会环境抑制了这类目标的形成，并阻碍了人们的追求。因此，普拉梅纳茨敏锐的观察不是对马克思的批判。这同他对资本主义异化的诊断十分契合：在资本主义社会“自我实现的理想”应该被广泛接受，但人们对自我实现如何达成却又缺乏明晰的观点。

普拉梅纳茨的第一段文字看起来直接质疑了幸福或成就在于自我实现的论断，这段文字认为人们可以获得自我实现的好的标准，却仍然对自身及其生活感到不满。但是普拉梅纳茨的批评基于这种设想，即自我实现对
26 马克思而言包含了“追求德性”，它使得自我徒增大量需求并把个人自我价值感置于对个人成就的高（或者是不现实的）期望之上。这种设想在马克思的文本中并无依据。当然，一个高度个人主义和充满竞争的社会可能会鼓励社会成员的这种过度期望，并因此导致他们的异化。但是这恰恰再次证实了马克思的诊断，而不是与此矛盾。在更深层面上，普拉梅纳茨所提出的异议是存在缺陷的。对马克思而言，异化在于一种挫败或自我不满。但是这并不意味着任意形式的自我不满都是异化。可能人们某种程度上的不悦和不满是任何奋力追求有价值的目标的一部分。但是就拥有一种想要提高它们的强烈渴望，同时承认它们本身的价值或对其感到满意这个意义而言，我们可能会对自身及其成就感到不满。我担心普拉梅纳茨混淆了幸福（正如约翰·斯图亚特·穆勒所言的）和单纯满足这两个十分不同的概念。也许没有不满就不会有完满和幸福，因为对人的本质力量的不作为而产生的满足本身则是一种加倍的不幸。（在尼采对那些自夸因“不再轻视自身”而“发明了幸福”的“最后之人”的充满不屑的描述中，这是这一真理的因素。）[21]

在一些粗鄙的马克思的批评者（普拉梅纳茨并非其中之一）看来，马克思把共产主义社会描绘成一个所有冲突、矛盾和不满都已烟消云散的地方。而且这些批评者认为（颇为恰当地）这样的蓝图不仅虚幻，而且缺乏吸引力。马克思确实认为共产主义将会消灭异化，伴随着造成不完满的、徒然的人类生活的那些社会系统因素的消失。并且他确实认为后资本主义社会的改变和发展将会通过自觉的、集体的人类决定，而不是通过毁灭性

的阶级斗争得以呈现。但是，如果设想马克思不是预测便是渴望着一个所有人类不满都不复存在的静态社会，那么这就是对马克思人性观和共产主义图景的夸张的描述。

4　人的本质力量

在马克思看来，人是作为自然系统一部分的自然存在。因此，人类存在也就是马克思所说的“对象性存在”。这首先表明，人“同动植物一样，27
是**受动的**、受制约的和受限制的存在物”，人要面对现实，面对这些环绕周遭的物质对象，而人类的生死存亡就取决于与这些物质对象的关系。但不仅仅是这维系生存的自然环境使人成为“对象性存在”。通过这种方式对人加以描述，马克思还提到了一些对人来说面向生活的健康而恰当的生活态度，以及对人类生活而言人所拥有的各种力量和他们所从事的相应活动的相对重要性。因为人在马克思看来完全是自然存在，健康的人类生活不是“向内的”宗教式克制和哲学式沉思，而是接纳外部世界的、指向尘世的，并且肯定物质自然及其与人类的关系不过只是自然世界的一部分。因此，人的本质力量主要是作为意愿、能力、欲望（*Triebe*）存在于自身的“对象性的**本质力量**”。“他的欲望的**对象**”，在马克思看来，“是作为不依赖于他的**对象**而存在于他之外的；但是，这些对象是他的**需要**的**对象**；是表现和确证他的本质力量所不可缺少的、重要的**对象**。”[22] 因而，人的本质力量的运用同时也是他们的“对象化”，是人及其所需的外部对象之间建立起来的本质联系。

或许我们倾向于认为人与其所求或所需的外部对象之间的关系主要是消费：耗费自然对象，或至少是消耗自身可用资源，求得生存或是满足人类的多样需求。然而，马克思不仅以这种方式思考这一问题，而且思考得更加深刻，将人与外部对象之间的关系作为劳动者和他所创造的对象之间的关系，即生产过程。在《政治经济学批判大纲》① 中，马克思指出生产和消费是同一过程或行为的两个必要方面或“阶段”。

首先，马克思（以巧妙的辩证方式）指出这两者中的一方会“即刻转化为自身的对立面”，在这种情况下，从某一方面看起来每一方都可以视为对方的特殊情况。生产就是一种消费情况，因为生产过程总是伴随着对原

① 即马克思的《1857—1858 年经济学手稿》。——译者注

材料、工具、能源以及劳动者精力和生命的消耗。消费就是一种生产情况，因为通过消费“人们生产自己的身体”①，并通过满足自己多方面的需求再
28 生产作为劳动者的力量。

消费和生产是“同一的”，也在于它们能够“中介”或互为条件而决定对方。人们为了消费而进行生产，并为了能够生产而进行消费。此外，他们生产和消费的方式与内容也互相影响着对方。生产什么取决于人的需求以及何种消费品能够满足他们的需求。但是生产也直接激发了需求，这一方面是因为人们所需要的只是那些能够维持他们从事生产生活方式的需求，另一方面是因为人之所需所想本身也受到了在那里存在的消费品的影响。消费，正如马克思所说的那样，“通过自身对象而立即转化为动力”②[23]。

因此，生产和消费成为同一过程的两个方面。然而消费概念，则有别于它所包含的、使其延续下去并成为一种生命过程的以下方面，如对需求的满足、对人类生命历程的联系、对必需品的兑现。然而生产不仅是指使得消费成为可能的外在手段，而且更是指构成人类生命过程本身、人的本质力量现实运动的更多活动。正如《德意志意识形态》所言，“这些个人的一定的活动方式，是他们表现自己生命的一定方式、他们的一定的**生活方式**。个人怎样表现自己的生命，他们自己就是怎样。因此，他们是什么样的，这同他们的生产是一致的——既和他们生产**什么**一致，又和他们**怎样**生产一致”③。因此，马克思坚持认为生产包含消费，是人类全部生命过程的“内在环节”[24]。

因此，人在本质上是生产性存在，因为他们本质上是对象性存在并且生产活动是他们本质对象性的内在环节。但是这种说法很可能不能说服我们生产是最本质的人类功能。因为除生产力量之外，“对象性”力量也确实存在。我们的（诸如）理性思辨、科学探究、审美表现、愉悦享乐的力量都具有一种“向对象性”（objective orientation），并且和我们的生产力一样被视为人所特有的。为什么不用人们的生产而用人们的实践来定义人类功能，或至少把实践和生产相结合来说明人的本质力量这一概念呢？无论如何，正如我们现在所见，马克思关于生产的概念并非打算排除掉那些其他力量。相反，在他
对后资本主义的展望中，理性的自决是“自由的人类生产”的本质要素；科 29

① 原文为：“例如，在吃喝这一种消费形式中，人生产自己的身体，这是明显的事。”（马克思，恩格斯．马克思恩格斯文集：第8卷．北京：人民出版社，2009：14）——译者注

② 原文为：“那么，［M－8］同样显而易见的是，消费**在观念上提出**生产的对象，把它作为内心的图像、作为需要、作为动力和目的提出来”（马克思，恩格斯．马克思恩格斯文集：第8卷．北京：人民出版社，2009：15）。——译者注

③ 马克思，恩格斯．马克思恩格斯选集：第1卷．3版．北京：人民出版社，2012：147.

学和艺术则在后资本主义社会的“自由王国”中作为主要的生产方式，“劳动已经不仅仅是谋生的手段，而且本身成了生活的第一需要”，人们因为“不受肉体需要的影响也进行生产”而首次“进行真正的生产”[25]。

但是为什么马克思坚持主张在“生产”的名义下指称人类活动，并且将这些不同的人类功能当作“劳动”的形式呢？在某种程度上，这些观点似乎将劳动视为所有人类活动的“基础”，因为人们不参与其中就无法生存[26]。但这无法为将劳动视为人类活动“内在环节”提供充分的理由。(因为还有其他的人类功能，例如吃饭和睡觉，在人类生存的意义上也具有基础性意义。）并且它根本无法提供使术语“劳动”或“生产”适用于完全“不受肉体需要的影响”而进行的“真正的生产”的理由。

马克思没有对将劳动或生产等同于最基础或最本质的人类功能做出实质的讨论。但是我认为他可能已经通过对唯物史观的思考而做出了能够说服自身的解释。根据这一理论，社会生活和历史发展的基础性决定因素正是人类为支配自然、创造性地改变自然从而满足自身需要、表达自身意愿，而使人类自身能力得以发展与活动的持续不断的趋势。马克思主张将人类社会结构，人类制度的本质，人类艺术、文化、观念、价值等追溯至人类所掌握的生产力性质和这些力量扩张的基本历史趋势，从而使这些事物变得可以理解。马克思将生产作为基础的、内在的人类功能，因为人类在实践上承认它对于人类生活的特征具有根本的意义。并且他相信生产力的发展和运用是人类最基本的意愿，因为这在历史上就是这样表现的。他对这一观念的辩护在于，无论经验证据是什么，历史唯物主义总是正确的理论。

但是，即便假设马克思的历史理论是正确的，他是否有任何理由认为
生产是人的基本功能，在这一层面上，使得人类生活充实而有价值是不是 30
发展和运用人类生产力的结果？事实上是（如果能够称为事实），人们不必因为应该做而行动，也不必因为对自身有益而行动。如果马克思的理由正如我所指出的那样，这是否就与穆勒将值得欲求的和所欲求的相等同那臭名昭著的谬误有所不同？这是否还犯了将人们所欲求的等同于任何他们实际上所做的那种粗鄙的谬误？

如果马克思的推理正如我所描述的那样，那么我就认为马克思的推理明显不错。因为同穆勒一样，马克思并未把值得欲求的和所欲求的相等同，而是认为我们能推出值得欲求的事物的最佳证据是人们自然和正常地倾向于欲求它。并且同亚里士多德一样，马克思认为那些能被正确归于主体范畴的欲求不仅（或必要地）会被主体自觉承认，而且是使得主体行为可被理解的最佳形式[27]。但是人类历史（在马克思的理论中）只有就人类渴望

发展和运用生产力而言才能最好地被理解。因此，我们有充分的理由将其视为基础或首要的人类善。

当然，历史唯物主义理论自身是否对这一结论提供了充分的辩护仍存在令人怀疑的地方。马克思的历史理论也许表明生产力的发展与运用是人类的追求**之一**，但它并未表明这是人类唯一重要的目标，它也并未暗示谁才是这些不同目标中的首要目标。（例如，它没有排除人类存在着其他目标，并且在其他目标同生产发展相矛盾时，人们无论何时都倾向于其他目标的可能性，但是它们是如此稀有，以至于从未危及有关历史唯物主义的表述。）再者，这个论断从基于广阔的历史画卷之上的共同人类行为的假定事实推导出有关个体目标和福祉的论述，可能会引发有关它是否进展过快的异议。探求一种确定的历史趋势或（如果这一概念能被允许）一个共同的人类意愿是一回事，而把这种意愿归于个人并认为他们的善在于实现这种意愿则是另一回事。如果我所提出的论述是有效的，我们就必须面对这些困难（和那些可能还未提到的困难）。但是，我对马克思将生产作为人类的本质功能的辩护从一开始就是某种推断，在此我就没有进一步对它进行阐述。

注　释

［1］MEW 3：6，CW 5：7；马克思，恩格斯. 马克思恩格斯文集：第1卷. 北京，人民出版社，2009：505.

［2］G. W. F. Hegel，*Die Phänomenologie des Geistes*，ed. J. Hoffmeister（Hamburg，1952），138－9；*The Phenomenology of Spirit*，tr. A. V. Miller（Oxford，1977），108－9；G. W. F. Hegel，*Werke*（Frankfurt，1970），9：498，*The Philosophy of Nature*，tr. A. V. Miller（Oxford，1970），410；Hegel，*Werke* 7：309，*The Philosophy of Right*，tr. T. M. Knox（Oxford，1967），111.

［3］例如："基督徒将类生活从天堂剔除：类在那儿消逝，纯洁无欲的个体，'灵魂'在那儿居住……因此，基督徒将类生活排除于真实生活之外；基督徒拒绝婚恋（*Ehe*）的原则，并将其视为有罪的、累赘的。"［Ludwig Feuerbach，*Das Wesen des Christentums*，*Sämtliche Werke*，ed. F. Jodl and W. Bolin（Stuttgart，1959），6：204，*The Essence of Christianity*，tr. George Eliot（New York，1957），168－9］马克思在《巴黎手稿》中复述了这种观点（CW 3：295），但是费尔巴哈人性论中的性爱内核在后来则受到了恩格斯的嘲讽（参见《路德维希·费尔巴哈和德国古典哲学的终结》。——译者注）。

［4］参见：CW 3：17，CW 5：4，*Capital*（New York，1967）1：329.

［5］MEW Erg. 1：515，CW 3：275；马克思，恩格斯. 马克思恩格斯文集：第

1 卷. 北京：人民出版社，2009：161.

［6］参见：Feuerbach，*Essence of Christianity*，2，and CW 3：275，277.

［7］参见：John Plamenatz，*Karl Marx's Philosophy of Man*（Oxford，1975），66－70.

［8］MEW 3：26，30－1，CW 5：36，44；马克思，恩格斯. 马克思恩格斯文集：第1卷. 北京：人民出版社，2009：524，533－534.

［9］CW 3：228，315，MEW Erg. 1：535，CW 5：295－6.

［10］*Marx-Engels Gesamtausgabe*（Berlin，1932）1/5：31－2，CW 5：58.

［11］MEW 1：346，CW 3：144.

［12］MEW Erg. 1：462，CW 3：228；马克思，恩格斯. 马克思恩格斯全集：第42卷. 北京：人民出版社，1979：37.

［13］但是人类总是源源不断地得到同类的帮助，并且不可能被排除于这些善举之外。如果他能够唤起他人的、对其有利的自我之爱，那他就有可能处于上风，并能够表明他所需要的不过是他人出于自身利益才这样做的［Adam Smith，*Wealth of Nations*，Books Ⅰ-Ⅲ，ed. A. Skinner（Harmondsworth，1970），118－9］。斯密当然不认为人们仅出于自爱而帮助他人，并坚持认为当人们出于爱、同情、仁慈进行互助时社会将会变得更加友爱，"所有的社会成员都需要他人的帮助……当必需的协助是出于爱、感激、友情、尊严时，社会就会变得繁盛而友爱。社会中的所有不同成员通过一致的爱和情感的价值而紧密相连，并在一个互相斡旋的原点中聚集起来。但是虽然必要的协助不应出于如此慷慨和去利益化的动机。这样一来，社会不会那么和谐，但至少不会崩裂。社会存在于不同的个体之间，正如可以存在于不同商人之间那样，是出于一种实用感而非出于相互的爱或情感"［*Theory of Moral Sentiments*，ed. D. D. Raphael and A. L. MacFie（Oxford，1976），85－6］。但是斯密仍然不将涉及的其他诸如爱和仁慈的动机归于我们自身利益一部分，或是为利益所必需的。然而马克思却是这样认为的。对他来说，一个基于"实用感"的社会不仅比一个基于人们由于向他性的动机而互利互助的社会来得更不快乐或更不令人感到愉悦，而且这样的社会是一个悲哀而异化的社会，在这样的社会中，人的本质在根本上缺乏实现。

［14］MEW Erg. 1：459，CW 3：225，227；马克思，恩格斯. 马克思恩格斯全集：第42卷. 北京：人民出版社，1979：34.

［15］MEW 3：273，CW 5：292，cf. CW 6：96，353，and the *Manifesto* itself，CW 6：506. 参见：*Capital* 1：177，354，488；马克思，恩格斯. 马克思恩格斯全集：第3卷. 北京：人民出版社，1960：330.

［16］Aristotle，*Nicomachean Ethics*，tr. W. D. Ross，*Works of Aristotle* 9（Oxford，1915）1，7（1098a20－6）.

［17］然而，克劳特在《两种幸福概念》［'Two Conceptions of Happiness'，

Philosophical Review 88（1979）］中将亚里士多德式的幸福概念视为错误的，或至少是与我们更加“主观”意义上的幸福概念不相一致的，这意味着克劳特认为幸福概念是和人们关于好生活的概念相一致的。我认为克劳特把幸福和个人所定义的好生活相等同的观点是正确的。但我认为，幸福还需要人们对自我概念的精确认知，并且好生活的概念需要基于对客观人类善的合理感知。克劳特似乎承认这些观点，但是我认为他并不赞同接纳康德式的“客观的”幸福概念，并悬置他所提倡的“主观的”幸福概念。最后，他对亚里士多德的批评不过在于指出客观人类善的局限性，并提出我们对人类善的看法在某种程度上将是不确定和不可靠的。人们可以承认这点，但却又可以仍然偏好“客观的”幸福而非“主观的”幸福概念。

［18］Plamenatz，*Karl Marx's Philosophy of Man*，353.

［19］*Ibid.*，355.

［20］*Ibid.*，354.

［21］Walter Kaufmann，ed.，*The Portable Nietzsche*（New York，1954），129—30.

［22］MEW Erg. 1：578，CW 3：336；马克思，恩格斯. 马克思恩格斯文集：第1卷. 北京：人民出版社，2009：209.

［23］*Grundrisse*，12—13g，90—2e.

［24］MEW 3：21，CW 5：31—2；*Grundrisse*，15g，94e.

［25］*Capital* 3：820；MEW 19：21，SW，324；MEW Erg. 1：517，CW 3：276；马克思，恩格斯. 马克思恩格斯文集：第7卷. 北京：人民出版社，2009：928—929；马克思，恩格斯. 马克思恩格斯文集：第3卷. 北京：人民出版社，2009：435；马克思，恩格斯. 马克思恩格斯文集：第1卷. 北京：人民出版社，2009：162.

［26］CW 5：41—2.

［27］参见：T. H. Irwin，'The Metaphysical and Psychological Basis of Aristotle's Ethics'，*Essays on Aristotle's Ethics*，ed. A. O. Rorty（Berkeley，Calif.，1980）.

第三章
人类生产

1　有意识的生命活动

到目前为止，我们看到马克思将生产作为人类最基本和最具包容性的 31
活动。但是，我们并不认为生产是人类特有的活动。其他生物也具有这种力量，这种力量的实现具有它们所属物种的特征，并且使它们通过把自己与自然环境中需要的对象相联系而生存。在某种意义上，有些动物也进行“生产”，它们通过自己的身体生产有用的实物，或者通过收集和组织它们周围环境中的对象，而使这些对象对它们更有用。它们储存食物，生产蜂蜜，织网，挖洞，建造巢穴、水坝和蜂房。人类的生产力或许比其他生物的更加多样和广泛，但是人类和其他生物之间的生产力是否完全不同，以至于只有人类可以被称为“劳动的”“生产的”存在，而其他生物则不能，依然是不清楚的。

在《资本论》中，马克思试图指出人类劳动或生产的显著特征：

蜘蛛的活动与织工的活动相似，蜜蜂建筑蜂房的本领使人间的许多建筑师感到惭愧。但是，最蹩脚的建筑师从一开始就比最灵巧的蜜蜂高明的地方，是他在用蜂蜡建筑蜂房以前，已经在自己的头脑中把它建成了。劳动过程结束时得到的结果，在这个过程开始时就已经在劳动者的表象中存在着，即已经观念地存在着。他不仅使自然物发生形式变化，

> 同时他还在自然物中实现自己的目的，这个目的是他所知道的，是作为规律决定着他的活动的方式和方法的，他必须使他的意志服从这个目的。[1]

32 在马克思看来，人类劳动或生产与其他动物的生命活动的显著区别在于：人类活动中有特定种类的意识和目的性，动物的行为则没有。然而，在上面的引文中，这一观点没有被清晰地表述出来。也许织工和建筑师的活动中包含着蜘蛛和蜂蜜所没有的有意识的愿望、计划和目的。但是并非只有人类的行为才是有自觉目的和意图的。正如恩格斯正确地指出的，许多动物的行为不仅表现了自觉的目的性，而且有着自觉的计划[2]。

马克思在《巴黎手稿》中对其思想表达得更加清楚。在其中，他认为人类活动的独特性不在于对他的目的有意识，而在于对其活动本身有意识。“动物和自己的生命活动是直接同一的。动物不把自己同自己的生命活动区别开来。”然而，人类的活动“不是人与之直接融为一体的那种规定性”。跟动物不同的是，“人则使自己的生命活动本身变成自己意志的和自己意识的对象”。因而，对马克思而言，“有意识的生命活动把人同动物的生命活动直接区别开来”[3]。

显而易见，“有意识的生命活动”与先前考察过的自我意识和类意识这种人的属性有非常密切的关系。正如每个人在实践中都有一些个体和类的自我概念，人们也有一些他们自己活动的概念和自我实践。他们将自身与他们的生活形式相连，动物做不到这一点。他们能够判断这种生活形式是人类的还是非人类的，判断这种生活形式是否适合他们的生活。因此，从某种意义上说，在马克思的理论中，“意识”终究是人和动物的根本区别。然而，对于马克思来说，重要的是，意识总是**实践**的特点，或者是**实践**的组成部分。正如他在《德意志意识形态》指出的：“意识［das Bewußtsein］在任何时候都只能是被意识到了的存在［das bewußte Sein］，而人们的存在就是他们的现实生活过程。”[4]这对马克思来说是一个重要的限定，正如我们将在第八章看到的，它是对“意识形态”或“唯心主义”认为人类的历史过程是由人们的意识决定的观点的一种否定。恰好相反，
33 对马克思而言，社会上流行的观念之所以流行，是因为它们所负载的功能指向了社会实践。

在马克思和恩格斯看来，人类劳动或生产的另一个显著特性是工具的使用，或者“劳动资料”的不同，“劳动资料是劳动者置于自己和劳动对象之间、用来把自己的活动传导到劳动对象上去的物或物的综合体”[5]。在

某种程度上，使用工具能够成为人类活动的独特属性只是因为在利用自然方面人类证明自己比动物聪明；和动物不同的是，随着历史的变化，人类利用自然的方式也在变化。事实上，对马克思而言，劳动资料的历史发展在某种意义上已经成为整体人类历史的线索。马克思认为，“**工业**的历史……是一本**打开了的关于人的本质力量**的书”，劳动资料“不仅是人类劳动力发展的测量器，而且是劳动借以进行的社会关系的指示器”[6]。

然而更准确地说，马克思认为人类劳动过程的特殊性不仅仅是工具的使用，还表现为他们的创新和创造活动。因而，马克思接受了本杰明·富兰克林（Benjamin Franklin）给人下的定义：人是“制造工具的动物”[7]。有意识的创造活动和工具的使用有一定的联系，事实上，只有人类劳动是一种有意识的生命活动。跟其他的自然过程不同，只有人对他们自己的劳动活动有意识，并且有意识地超越自然过程。因而，似乎只有人能够在适当的意义上拥有工具的概念，并且有意识地使用和制造工具。恩格斯认为，由于工具表现了人和自然之间的相互关系和“作用”（*Rückwirkung*），因此工具包含着特殊的人类活动[8]。跟其他自然过程不同的是，由于人类对自己的活动有意识，人类在劳动过程中就能将外在于自身的对象看作与自身是同一的，并且在人与自然的相互关系中始终站在人的立场上。马克思指出，人通过使用工具，“自然物本身就成为他的活动的器官，他把这种器官加到他身体的器官上，不顾圣经的训诫，延长了他的自然的肢体”[9]。

在马克思看来，历史中人类的发展或“自我起源”从根本上源自人类生产力的扩张。劳动过程本身促进了人的发展。“当他通过这种运动作用于他身外的自然并改变自然时，也就同时改变他自身的自然。他使自身的自 34
然中蕴藏着的潜力发挥出来，并且使这种力的活动受他自己控制。”[10]人类劳动是自觉利用人的力量改造自然，因而人类可以通过有意识的努力去传递、获得和扩展他们的力量。不仅是个体的人通过实践活动发展自身的劳动技能，作为整体的社会也不断增加集体劳动时间的投入去发展科技和战胜自然的新力量。

发展还带来了人类本性的其他一些改变。通过不断改变人们从事生产性生活的方式和不断适应各类新的有用的事物，人类的劳动技能不断提高，需求也更加人性化。马克思、恩格斯认为：“已经得到满足的第一个需要本身、满足需要的活动和已经获得的为满足需要而用的工具又引起新的需要，而这种新的需要的产生是第一个历史活动。”新需要的出现刺激人们去发现新的方法来满足他们的需要，刺激人们去提升他们的生产能力，甚至改变他们的社会关系来促进这些新力量的共同实现[11]。

2 作为自我确证的劳动

当马克思说人类将他们的生命活动当作自己“意志的对象”时，有证据表明这里的“对象”在某种意义上是“目标”“目的”的意思。人的劳动与动物不同，动物从事劳动只是为了获得结果，而人在从事劳动或生产的时候，他们认为自身的生命活动是有价值的，至少认为这些活动与其本质是相符合的。用马克思的话来说，人类“把这些力量①当做对象来对待”[12]。这主要表现在两个方面：他们把自身力量的实现不仅当作外在的结果，而且当作内在的目的；换言之，他们有意识地发展自身的生产或劳动技能，不仅是为了获得新的商品，而且是为了实现自我发展，后者比前者更有意义。

我想马克思同意这样的看法：通过劳动和生产，人类“实现”并“确
35 证”了他们的个体和类的本质。因为人的本质力量能够被有意识地发展、应用和实现，并且意识到这些活动是有意义和有价值的，这些力量的实现可以看作人类自我表达和自我评估的行为。这是一种对他们来说有意义的行为，部分是因为通过这类活动他们向他们自身和其他人证明了他们的个体尊严和他们作为人的价值[13]。

马克思严厉地批判了亚当·斯密的观点：工人必须为劳动做出“牺牲”，相等数量的劳动时间应该被给予相等价值的商品，因为“在通常的健康、体力和精神状况下，在工人能够掌握通常的技能和技巧的条件下，他总要牺牲**同样多的安逸**、**自由**和**幸福**”[14]。马克思也乐于承认：“劳动尺度本身……是由必须达到的目的和为达到这个目的而必须由劳动来克服的那些障碍所提供的。”但并不能由此推断劳动必须经历不愉快和限制。因此，马克思说：“一个人‘在通常的健康、体力、精神、技能、技巧的状况下’，也有从事一份正常的劳动和停止安逸的需要”[15]。他认为，障碍的克服自身不是**自由的丧失**（*Betätigung der Freiheit*），反而是一种自由的实现和自由的宣言[16]。

当然，马克思完全愿意承认，非人状况下的劳动被体验成斯密所描绘的情景。而马克思不准备承认的是人的本质的生命活动必然被他们体验成异化和压迫，劳动者花费在劳动上的时间和精力必定被体验成浪费。马克思认为异化劳动的一个主要错误在于：工资劳动者只有在不工作的时候才

---

① 这些力量即人的类力量。——译者注

有舒适自在的感觉，他们只是在肉体的强制下才劳动，劳动“不是满足一种需要，而只是满足劳动以外的那些需要的一种**手段**”。工人异化的深度和生活的无意义已经被这样的事实证明：他们花费自身大部分清醒的时间从事艰苦的劳动，只是为了满足最基本的物质生存需求。马克思认为，异化劳动“把自主活动、自由活动贬低为手段”，工人的“生活本身只是生活的一个手段”，除了努力获取生存手段之外，这种生活是毫无意义的。像这样劳动的生活并不是人类应该向往的生活，而本质是一种“自我牺牲”和 36
“屈辱”的生活（就像黑格尔所说的不幸福的基督徒那样）[17]。

在马克思那里，奴役和阶级压迫条件下一般都包含异化的生命活动。但是，马克思并不认为在过去所有的社会中人们经历着相同程度的异化，甚至否定劳动的异化随着生产力的发展而自动减轻。马克思认为事实刚好相反，异化在人类历史的大部分情况下是不断增加的，并且成为现代工业资本主义社会的显著特征[18]。

要理解这一点，我们必须牢记：人的需求和欲望随着环境变化而变化，随着社会生产力发展而不断扩张。异化劳动不能满足人们为实现其本质力量、确证其自身和作为人的特性的需求。人异化的程度在一定程度上表明了人在多大的范围内不能实现人的本性，不能发挥人的本质力量。人的本质力量不是固定的，而是随着历史不断变化和扩张的。因而，被压迫的人的异化程度越高，人的本质力量和这些力量的实现与发展之间的鸿沟越大。在生产力尚未充分发展的社会中，由于人类掌握的力量太小，异化可能不存在。当全体社会成员必须发挥其全部的能力以确保社会的物质生存时，社会将不存在压迫者和被压迫者。如果人们没有实现全部属于他们的本质力量，人类将不能生存。恰恰是这一阶段人们的贫穷，能够因此给予他们的生活一种满足与充实感，而卢梭等人以赞赏的态度将这种感觉同更“文明”人类的异化生活作对比。异化在现代资本主义社会达到了顶峰，社会生产力的惊人扩张和大部分劳动者生活的贫困和残忍、辛苦的工作相伴随产生。

马克思认为异化是能够被扬弃的，只有当社会生产力达到这样的一种程度：工人为满足自身基本需要的劳动时间减少到足够小，可以使他们的活动更加灵活，完成少量的劳动就能够获得足够平等的分配，大部分工人 37
不用被强迫生存在一种非人性的辛苦劳动中。根据马克思的观点，人“只有不受这种需要的影响才进行真正的生产”①，从而让人们在“自由

① 马克思，恩格斯．马克思恩格斯文集：第 1 卷．北京：人民出版社，2009：162. ——译者注

王国”里从事真正的人的和自我确证的活动，而“自由王国”既超越又奠基于“必然王国”，即为满足人们基本需求而要求的劳动。在劳动的这种高级阶段，马克思说：

外在目的失掉了单纯外在自然必然性的外观，被看做个人自己提出的目的，因而被看做自我实现，主体的对象化，也就是实在的自由——而这种自由见之于活动恰恰就是劳动……[19]

马克思简单地设想了这样一个社会：每个人都参与一定程度的必要劳动，这些简单的和机械的劳动只是使用人们非常低级的能力，这种必要劳动的比例足够低，以剩下足够的时间进行其他的追求，没有人会被强迫排除在这种令人愉悦的活动之外。马克思没有描绘这种自由活动有哪些组成部分，因为他认为这取决于被解放的个人选择如何发展他们自身的力量（他自己的范例来自科学、艺术和学术）。

马克思真正要表达的是人类在劳动和生产过程中的自我实现，但这绝不是说，“劳动不过是一种娱乐，一种消遣，就像傅立叶完全以一个浪漫女郎的方式极其天真地理解的那样。真正自由的劳动，例如作曲，同时也是非常严肃，极其紧张的事情”[20]。在我看来，马克思的这一观点和亚里士多德的观点相同。亚里士多德认为，游戏和娱乐也是一种休息和消遣，它不是以自身为目的，而是应该被看作更进一步活动的手段。马克思和亚里士多德都认为好的生活应该是一个人的自我力量的实现，而娱乐只是为了让我们暂时休息以保持自身力量处于更好的状态[21]。正如马克思看到的，资本主义社会的异化不仅表现在靠利息为生的富人在懒散的、堕落的、非生产的生活中浪费人的闲暇时间上，还表现在过度工作的工人的生活不断失去活力和变得更糟上。

3 对象化和占有

38 正如我们之前提到的，人是一种“对象性的存在”，这种存在和自然物有着本质的联系。人需要这些自然对象不仅是为了物质生存，还是为了维持一种健康的人类生活方式。因而，人类的本质力量必须，或者至少必须显著包含“对象性的本质力量”，这种力量以外在事物的形式被“设定”下来。人的本质力量的实现就是对象化。马克思把对人类有用的对象创造描述为人的本质力量对象化。他说：“劳动的产品是固定在某个对象中的、物化的劳动，这就是劳动的**对象化**。劳动的现实化就是劳动的对象化。”[22]

这种说法非常有趣，但大部分是隐喻性的。如果马克思的真正学说是从其中提取出来的，那么依然需要一些澄清和限定。劳动力和活动被“固定在”“设定在”“对象化在”自己的产品中这一比喻不是特别难以理解。因为人意识到了自己的活动，并且为了自己的利益而重视自身力量的实现，他们能够认识到改造自然是他们自身的表达。他们将自己创造的事物看作自身能力实现的证明和生命的意义。在我看来，这就是马克思所认为的劳动的对象“确证”了劳动者的个性和人的特性。只要稍加审视这些通过我的活动所完成的产品，我就能意识到我的力量的成功实现，证明我的自我实现。因此，只有通过劳动的客观对象或者产品，工人才能够确证生命的意义，并且在活动本身中得到确证。不同于动物的产品只是生命构成的手段或者附属物，人的产品在它们的创造和使用过程中，涉及了有意识的人的本性的自我表达，充当了他们自我意识的本质媒介。用马克思的话说，“我们的产品是照亮我们本质的镜子”[23]。

这些就是隐藏在“对象化”的人类力量这一隐喻背后的观点。在他们的劳动产品中，劳动者有意识地面对这些外在的事物，通过它们，劳动者
的属人的本质力量成为可见的和清晰的。这些产品确证并表达了劳动者以 *39*
及他们的人类本性。因此，劳动者的技能、活动和个性自身似乎成为某种客观的、对象的存在，成为物质性的、现实的，有外在形状的存在，从而最终使他们的全部价值得到确证。

马克思显然认为这种观点可以推广到全部的人类劳动，但是这可能面临更多的问题，而不仅仅是隐喻这么简单。有一点是很清楚的，在直接创造或者形成物质实体的意义上，并非所有的劳动都能被形容为“对象化”。劳动者建造房子、收集食品、织布、制造商品，这毫无疑问是正确的。但是，像运输者一样，在任何意义上，他们都不塑造或者创造对象，就像物理学家和教师也只是通过服务回报人们，而在人的自然环境中没有客观对象一样。

然而，马克思很好地意识到了这一点。他清楚地阐释到，劳动的对象化不能被认为只是“固定在某种可以捉摸的物中”[24]的那种形式的劳动。只要“对象”这个词能被宽泛地理解为所有人类劳动引起的外在世界的结果或者状态，那么所有的劳动都将自身具体化在对象之中。马克思认为，

有价值的劳动总是“对象化”的，这种对象化朝向“外在”的目的和对象，以满足人的欲求和需要。马克思之所以在劳动在自然界中形成和塑造对象如此狭窄的意义上强调劳动的“对象化”是有很好的原因的。这是因为，马克思特别被以下方式所震撼，即作为整体的社会劳动，尤其是在现代工业社会中，如何成功地变革或重塑了人的整体环境，以至于人“在他所创造的世界中直观自身”。那些直接或者间接为社会做出真正贡献的劳动都对社会劳动的改造世界的功能有所帮助，都参与到了“**人的类生活的对象化**”中[25]。

马克思认为，人通过对象物来对象化**自身**，人和对象的关系是占有的关系，并使其成为自己的“财产”[26]。“财产”和“占有”这样的词语让我们想起了向个人和群体分配物品的所有、控制和使用的社会体系，尤其
40 是人们可能拥有的、对物品的道德和法律权利。一些哲学家认为“财产”和“占有”在最基本的意义上涉及了人类主体和他们自己意愿与活动对象之间一些直接的和自然的关系。例如，洛克的著名论断，当“人们将事物从自身的自然状态脱离出来，并与自己的劳动混合”，他能够将这些事物变成自己的“财产”。黑格尔说，当我把我的意志融入事物之中时，我能够占有该事物，并且使其成为我的财产。康德使用了大致相似的语言[27]。因此，我们也许很自然就能看到马克思关于“对象化”和“占有”的主张和这些哲学家的一致性，但是界定真正相同的观点并非易事。

由于马克思将劳动和生产作为人的本质的生命活动，他经常将“对象化”“占有”与劳动紧密相连。在《巴黎手稿》中，他有时更大地扩展了这两个概念的范围：

> 人以一种全面的方式，就是说，作为一个完整的人，占有自己的全面的本质。人对世界的任何一种**人的**关系——视觉、听觉、嗅觉、味觉、触觉、思维、直观、情感、愿望、活动、爱，——总之，他的个体的一切器官……是通过自己的**对象性**关系，即通过自己**同对象的关系**而对对象的占有，对**人的**现实的占有；这些器官同对象的关系，是**人的现实的实现**……是人的**能动**和人的**受动**，因为按人的方式来理解的受动，是人的一种自我享受。[28]

在这一段落中，马克思似乎认为对象化和占有不仅（甚至是主要）存在于

生产和劳动中，而且存在于一切足够称得上“**人的现实的实现**”和人的“自我享受”的关系中。这段话指出在现代社会中我们不能使自己真正的对象化或者占有对象，是由于异化切断了属于人的视觉、听觉、嗅觉等。这种主张被他接着对私有财产的批判所证实：

> 私有制使我们变得如此愚蠢而片面，以致一个对象，只有当它为我们所拥有的时候，就是说，当它对我们来说作为资本而存在，或者它被我们直接占有，被我们吃、喝、穿、住等等的时候，简言之，在它被我们 41
> **使用**的时候，才是**我们的**……因此，**一切**肉体的和精神的感觉都被这**一切**感觉的单纯异化即**拥有**的感觉所代替……对私有财产的扬弃，是人的一切感觉和特性的彻底**解放**。[29]

马克思认为，当我在异化的意义上拥有“私有财产”时，私有财产制度会使我在与对象的关系中不能自我实现或者自我享受，除非我直接占有或者使用这些对象。也许这种观念和马克思的以下信念有关：所有我们个人的器官都直接或间接是社会的。因而，在一些人占有对象而排除其他人占有对象的情况下，这些器官都是发育不良的和歪曲的。但是，这种观点是令人难以接受的。难道马克思真的认为由于太阳不是我的私有财产，我就不能享受日落的光芒；或者由于管弦乐队不是我的私人财产，我就不能欣赏管弦音乐吗？当然，马克思认为资本主义使大多数人丧失了欣赏这种快乐的机会，但是他上面一段的观点比这里的观点处理得更好。例外的情况是很难接受的。很显然，马克思暗示着资本家的工厂不是他的财产，他与它们之间没有人的关系。只有一个人以真正“属人的”方式闻到花香或者听到第一声布谷鸟的叫声，才能真正地“占有”它们。毫无疑问，这一“财产”的概念充满诗意的色彩而导致其在社会理论中不具有实用性。

幸运的是，马克思在后来的手稿中关于“财产”及其相关词语的使用没有那么宽泛，而是更接近于我们通常所认为的社会和经济制度。但是，即使在那里，马克思也将“占有”视为一种和人的劳动相连的基本的人类行为，并且比生产性劳动的其他社会制度更加根本。在《1857—1858 年经济学手稿摘选》中，马克思告诉我们：“一切生产都是个人在一定社会形式中并借这种社会形式而进行的对自然的占有。”[30]但是，占有不仅通过劳

动发生，而且以劳动为前提。通过劳动而占有之所以可能在于人类已经以
42 “主人”的关系占有土地，劳动的其他条件成为人的“无机身体”。“**财产**最初无非意味着这样一种关系：人把他的生产的自然条件看作是属于他的”[31]。因此，在奴隶社会和农奴社会中一些人成为其他人的私有财产，对马克思来说意味着社会的一部分成了另一部分再生产的自然条件和无机体[32]。《政治经济学批判大纲》表示工资劳动的“异化”部分是由于劳动者“丧失”了他们对土地和作为自己财产的生产工具的关系，也就是说，劳动的自然条件成为“**他人的财产**”（*fremdes Eigentum*）[33]。非常清楚的是，马克思认为工资劳动者不能占有他们的劳动条件和产品是异化的一个重要因素。他甚至认为“占有”和“异化”是对立的[34]。

然而，在工资劳动中，这种对立又重新被弥合了。因为所有的劳动都必须涉及对生产条件中的劳动者和产品的占有，因此工资劳动必然占有它们。但是，工资劳动者并不拥有，反而和物质资料、工具和劳动产品相异化。这是怎么可能的呢？我认为，马克思的观点是，工资劳动者确实占有了劳动的资料和产品，但是由于这种社会制度，这种占有是为了资本家，而不是为了自身。工资劳动者的确使他们的劳动对象化，他们按照人的目的重塑自然，使其处于人类社会的控制之下。然而，是资本家，而不是工人具有实际的控制权、使用权和处理权，工人只是在道德和法律上占有它们。这是由于资本家用工资购买了劳动者的活动，从而使他的活动异化于劳动者而不再属于他。正如马克思在《资本论》中说的：“因为在他进入过程以前，他自己的劳动就同他相异化而为资本家所占有，并入资本中了，所以在过程中这种劳动不断对象化在为他人所有的产品中。”[35]由于它的社会形式，雇佣劳动的对象化并没有使劳动者的人的本质得到实现和确证，相反只是牺牲和异化于自己的本质。相对而言，在有意义感和成就感的作为真正“人的”劳动，劳动者将拥有（或者至少分有）对劳动的活动、条件和产品的实际控制、使用和处理。“劳动因而成为真实的、积极的财产。”[36]

43 假如我们还记得马克思关于占有的概念和其他哲学家，例如洛克、康德和黑格尔的相似之处，那么去解释马克思关于劳动的财产权利和资本如何妨碍这些权利是很有吸引力的。对于这三位资本主义的哲学家而言，劳动和占有的意志行为被设想为一种基本行为，这种行为使对象成为代理人的私有财产，使代理人具有合法的权利去使用和处理这些对象。以相似的方式去理解马克思同样具有吸引力，劳动者通过他们与劳动条件和工具的天然关系而获得了这些产品的所有权。资本通过占有产品本身妨碍了这些权利，使工人遭受不公正的待遇。

虽然这种解释很有吸引力，但是马克思不会同意我们如此做。在开始的时候，马克思否认占有这种基本的人类行为暗含了私有财产制度和财产的任何具体的社会形式：

一切生产都是个人在一定社会形式中并借这种社会形式而进行的对自然的占有。在这个意义上，说财产（占有）是生产的一个条件，那是同义反复。但是，可笑的是从这里一步就跳到财产的一定形式，如私有财产。[37]

所有的劳动都占有，但是，它占有的范围是否排除其他占有取决于社会形式和经济的关系，因为占有通过它们而发生。马克思认为，**“法的关系”**（Rechtsverhältnisse）、涉及权利与正义的东西，这一切都“从经济的关系中产生”。不存在外在的阿基米德点，或者作为这些关系的基础来对这些关系进行批判。考虑到交换的过程，马克思说：“这种具有契约形式的（不管这种契约是不是用法律固定下来的）法的关系，是一种反映着经济关系的意志关系。这种法的关系或意志关系的内容是由这种经济关系本身决定的。”[38]

尽管资本主义剥削使雇佣工人异化、受到非人性对待且被压低工资，但是它并没有侵犯工人的权利，不存在不正当或者不正义。在第九章，我们将考察马克思持有这种奇怪观念的原因。

注　释

［1］MEW 23：193，*Capital*（New York，1967）1：178；马克思，恩格斯．马克思恩格斯文集：第5卷．北京：人民出版社，2009：208.

［2］Engels，*Dialectics of Nature*（New York，1940），291；马克思，恩格斯．马克思恩格斯文集：第9卷．北京：人民出版社，2009：559.

［3］MEW Erg. 1：517，CW 3：276；马克思，恩格斯．马克思恩格斯文集：第1卷．北京：人民出版社，2009：162.

［4］MEW 3：26，CW 5：36；马克思，恩格斯．马克思恩格斯文集：第1卷．北京：人民出版社，2009：525.

［5］MEW 23：194，*Capital* 1：179；cf. *Dialectics of Nature*，17；马克思，恩格斯．马克思恩格斯文集：第5卷．北京：人民出版社，2009：209.

［6］MEW Erg. 1：542，CW 3：302，MEW 23：195，*Capital* 1：180；马克思，

恩格斯. 马克思恩格斯文集：第1卷. 北京：人民出版社，2009：192；马克思，恩格斯. 马克思恩格斯文集：第5卷. 北京：人民出版社，2009：210.

［7］MEW 23：194，*Capital* 1：179. But compare *Capital* 1：326 and *Dialectics of Nature*，18；马克思，恩格斯. 马克思恩格斯文集：第5卷. 北京：人民出版社，2009：210.［试比较马克思《资本论》第一卷（英文版，326页）和恩格斯《自然辩证法》（英文版，18页）的相关论述。——译者注］

［8］MEW 20：323，*Dialectics of Nature*，18；马克思，恩格斯. 马克思恩格斯文集：第9卷. 北京：人民出版社，2009：421－422.

［9］MEW 23：194，*Capital* 1：179；cf. Matthew 6：27；马克思，恩格斯. 马克思恩格斯文集：第5卷. 北京：人民出版社，2009：209.

［10］MEW 23：192，*Capital* 1：177；马克思，恩格斯. 马克思恩格斯文集：第5卷. 北京：人民出版社，2009：208.

［11］Marx，*Oeuvres* 1：1439－40，*Selected Correspondence*，35；马克思，恩格斯. 马克思恩格斯文集：第1卷. 北京：人民出版社，2009：531－532.

［12］MEW Erg. 1：564，CW 3：333；马克思，恩格斯. 马克思恩格斯文集：第1卷. 北京：人民出版社，2009：205.

［13］在这里，马克思清晰地质疑了黑格尔的相关讨论。在他看来，"奴隶"意识"设定自身"并通过劳动和改造对象的方式［G. W. F. Hegel，*The Phenomenology of Spirit*，tr. A. V. Miller（Oxford，1977），118－19］，获得"自由"和"自我意识"（*eigener Sinn*）。然而，黑格尔的观点非常不同，他特别强调在自由的自我意识的产生中奴役状态的必然性，以及在这一过程中奴隶对掌握在主人手中的自己的死亡的恐惧所扮演的角色。

［14］Adam Smith，*Wealth of Nations*，ed. A. Skinner（Harmondsworth，1970），136；马克思，恩格斯. 马克思恩格斯文集：第8卷. 北京：人民出版社，2009：173.

［15］*Grundrisse*，505g，611e；马克思，恩格斯. 马克思恩格斯文集：第8卷. 北京：人民出版社，2009：173－174.

［16］*Ibid.*

［17］MEW Erg. 1：513－15，CW 3：274－6；马克思，恩格斯. 马克思恩格斯文集：第1卷. 北京：人民出版社，2009：159－163.

［18］参见：CW 5：51.

［19］*Grundrisse*，505g，611e；cf. *Capital* 3：820；马克思，恩格斯. 马克思恩格斯文集：第8卷. 北京：人民出版社，2009：174. 另参见马克思在《资本论》第三卷中的一段相关论述："自由王国只是在必要性和外在目的规定要做的劳动终止的地方才开始；因而按照事物的本性来说，它存在于真正物质生产领域的彼岸。"（马克思，恩格斯. 马克思恩格斯文集：第7卷. 北京：人民出版社，2009：928）

［20］*Grundrisse*，505g，611e；马克思，恩格斯. 马克思恩格斯文集：第8卷. 北京：人民出版社，2009：174. 普拉梅纳茨声称发现了马克思早期作品（包括《德意志意识形态》）和后期作品之间的不同：早期作品赞成“理想的情况下，不仅职业可以自由变换，而且消除了工作和闲暇之间严格界限”；而在后期的作品中，“工作时间和自由时间之间、工作和闲暇之间已经被完全区分开了”（*Karl Marx's Philosophy of Man*，143-4，171-2，377）。但是，一直没有改变的是马克思认为真正的“自由”时间，或者“个人全面发展的时间”（*Grundrisse*，599g，711e）应该是花在工作或生产上的时间。马克思关于“必然王国”和“自由王国”的区分并不是劳动和其他事情（例如闲暇和娱乐）的区分，而是关于劳动直接用于满足物质需要与劳动本身成为“生活的第一需要”（就像马克思最迟在1875年认为的那样）的区分（MEW 19：21，SW 324）。［马克思在《哥达纲领批判》中说：“在共产主义社会高级阶段，在迫使个人奴隶般地服从分工的情形已经消失，从而脑力劳动和体力劳动的对立也随之消失之后；在劳动已经不仅仅是谋生的手段，而且本身成了生活的第一需要之后；在随着个人的全面发展，他们的生产力也增长起来，而集体财富的一切源泉都充分涌流之后，——只有在那个时候，才能完全超出资产阶级权利的狭隘眼界……”（马克思，恩格斯. 马克思恩格斯文集：第3卷. 北京：人民出版社，2009：435-436）——译者注］

［21］Aristotle，*Nicomachean Ethics*，tr. W. D. Ross，*Works of Aristotle* 9（Oxford，1915），10，6（1176b28-1177a2）.

［22］MEW Erg. 1：512，CW 3：272；cf. CW 3：302，331，*Capital* 1：180；马克思，恩格斯. 马克思恩格斯文集：第1卷. 北京：人民出版社，2009：156-157.

［23］MEW Erg. 1：463，CW 3：228. ［马克思的原话是“在他所创造的世界中直观自身”（马克思，恩格斯. 马克思恩格斯文集：第1卷. 北京：人民出版社，2009：163）。——译者注］

［24］*Grundrisse*，729g，846e；马克思，恩格斯. 马克思恩格斯全集：第31卷. 2版. 北京：人民出版社，1998：258.

［25］MEW Erg. 1：517，CW 3：277；马克思，恩格斯. 马克思恩格斯文集：第1卷. 北京：人民出版社，2009：163.

［26］MEW Erg. 1：539，CW 3：300.

［27］John Locke，*Two Treatises on Government*（New York，1973），134；G. W. F. Hegel，*Werke*（Frankfurt，1970）7：106，*The Philosophy of Right*，tr. T. M. Knox（Oxford，1967），41；Immanuel Kant，*Metaphysical Elements of Justice*，tr. J. Ladd（Indianapolis，1965），52-5.

［28］MEW Erg. 1：539-40，CW 3：299-300；马克思，恩格斯. 马克思恩格斯文集：第1卷. 北京：人民出版社，2009：189.

［29］MEW Erg. 1：540，CW 3：300；马克思，恩格斯. 马克思恩格斯文集：

第1卷. 北京：人民出版社，2009：189－190.

［30］*Grundrisse*，9g，87e；马克思，恩格斯. 马克思恩格斯文集：第8卷. 北京：人民出版社，2009：11.

［31］*Grundrisse*，391－2g，491－2e；cf. CW 3：275；马克思，恩格斯. 马克思恩格斯全集：第30卷. 2版. 北京：人民出版社，1995：484.

［32］*Grundrisse*，389g，489e；cf. 400g，500e.

［33］*Grundrisse*，396－7g，497－8e；马克思，恩格斯. 马克思恩格斯全集：第30卷. 2版. 北京：人民出版社，1995：492.

［34］CW 3：273.

［35］MEW 23：596，*Capital* 1：570－1；cf. CW 3：279；马克思，恩格斯. 马克思恩格斯文集：第5卷. 北京：人民出版社，2009：658.

［36］MEW Erg. 1：463，CW 3：228.［马克思的原话是“这种生产是人的能动的类生活”（马克思，恩格斯. 马克思恩格斯文集：第1卷. 北京：人民出版社，2009：163）。——译者注］

［37］*Grundrisse*，9g，87e；马克思，恩格斯. 马克思恩格斯文集：第8卷. 北京：人民出版社，2009：11.

［38］MEW 23：99，*Capital* 1：84；马克思，恩格斯. 马克思恩格斯文集：第5卷. 北京：人民出版社，2009：103.

第四章
异化与资本主义

1　资本主义的劳动分工

在第一章中，我曾提出将马克思成熟思想中的异化概念看作描述性或者 44
诊断性的而非解释性的。更明确地说，我暂且将这个概念视为如下境遇的描述：人缺乏对自我价值和人生意义的理解，或者沦为幻觉和虚假意识的牺牲品。本书第二章和第三章中已经详细说明了马克思的人性或人的本质概念、他关于人们获得有意义或自我实现的生活所需要的条件，以及在实际生活中可能导致人们异化的环境。本章则试图阐发马克思关于在资本主义条件下异化产生的社会原因的观点。

马克思在这个课题上的思想是丰富而又拒绝体系化的。不过，我们在上述章节中发展的相关论述，为我们接近马克思的思想提供了一条线索。按照马克思的观点，对人类的自身价值和有意义的生活来说，至关重要的就是发展和实现人的本质力量，而这种本质力量的集中表现就是劳动或生产。由于这种本质力量是历史性的，也就是说随着社会的不同而不同，并且大体而言在历史过程呈现出扩张趋势，因而异化作为一种系统化的社会现象，其程度也各不相同。异化的程度既取决于生产力的水平，也取决于生产力所表征的人类潜能被真实的个体生命所吸收和展示的范围。一般而言，生产力包含的人类潜能和这一潜能在社会成员中的实现程度之间的鸿 45
沟是直接对应于异化的系统化和社会化程度的。异化的可能性将随着生产力的增长而增长。因为随着生产力的扩张，人类的现实生活和可能的理想生活之间的差距将越来越大。一种应允许个体分享属于社会劳动的财富的社会安排将面临越来越大的压力。

马克思对资本主义的批判表明他将资本主义看作一套失败的社会系统，其社会安排没有实现社会生产力所能容纳的个人自我实现的潜能。正如《共产党宣言》指出的：

> 资产阶级在它的不到一百年的阶级统治中所创造的生产力，比过去一切世代创造的全部生产力还要多，还要大。自然力的征服，机器的采用，化学在工业和农业中的应用，轮船的行驶，铁路的通行，……——过去哪一个世纪料想到在社会劳动里蕴藏有这样的生产力呢？[1]

与社会生产的这种史无前例的进步形成鲜明对照的是，资本主义没有增加个人自我实现的机会。资本主义降低了而不是提升了个体劳动者的智力、技能和力量参与到社会生产的可能性之中的程度，同时极大地限制了劳动大众分享其成果的范围。正如《资本论》所言：

> 在资本主义制度内部，一切提高社会劳动生产力的方法都是靠牺牲工人个人来实现的；一切发展生产的手段都转变为统治和剥削生产者的手段，都使工人畸形发展，成为局部的人，把工人贬低为机器的附属品，使工人受劳动的折磨，从而使劳动失去内容，并且随着科学作为独立的力量被并入劳动过程而使劳动过程的智力与工人相异化。[2]

资本主义的社会关系是如何压制人类自我实现的需要的呢？在本章中，
46 我打算说明马克思关于资本主义如何导致异化的两个互相关联的主题。不过，过分强调令人产生哲学兴趣的恶，而不够关注相对令人乏味的恶，也是有风险的。自我实现和精神满足通常对于那些基本物质需要都没有满足的人而言没有意义。因而，马克思的一个重要原则就是当资本主义把残酷的贫穷强加给大多数人时，资本主义是无法生存的。马克思似乎在许多段落中都强调资本主义覆灭的必然性并不是由于这种制度造成人的异化和精神匮乏，而仅仅因为当资本主义超过一定的界限，它就无法为劳动者提供基本的物质生存保障。他说，资产阶级“不能统治下去了，因为它甚至不能保证自己的奴隶维持奴隶的生活，因为它不得不让自己的奴隶落到不能养活它反而要它来养活的地步”①。无产阶级将推翻资本主义（以及异化），并不是为了实现更充实的生命，而仅仅是为了确保生存：“现在情况就变成了这样：各个人必须占有现有的生产力总和，这不仅是为了实现他们的自主活动，而且从根本上说也是为了保证自己的生存。”[3]

然而马克思也认为资本主义社会关系的一些特征会削弱人的力量并压制自我实现的需要。资本主义以劳动分化的方式剥夺了工人的全部生活内容，这也是马克思的一个原则性的主题。现代资本主义生产越发依赖于总体工人，男人、女人和小孩的生产活动都经过细致的设计，对劳动过程进行详细分析。在各种操作分离、孤立、独立之后，工人就按照他们的特性分开、分类和分组。如果说工人的天赋特征是分工赖以生长的基础，那么工场手工业一经建立，就会使生来只适宜于从事片面的特殊职能的劳动力发展起来。“现在总体工人具备了技艺程度相同的一切生产素质，同时能最经济地使用它们，因为他使自己的所有器官个体化而成为特殊的工人或工人小组，各自担任一种专门的职能。局部工人作为总体工人的一个肢体，他的片面性甚至缺陷就成了他的优点。从事片面职能的习惯，使他转化为本能地准确地起作用的器官，而总机构的联系迫使他以机器部件的规则性发生作用。”[4]

资本主义的生产过程不仅剥夺了人之为人所需要的全面的、多样的力 47
量和活动，而且导致人越来越机械化、非人化，越来越缺乏技能和力量：“每一个生产过程都需要有一些任何人都能胜任的简单操作。现在，这一类操作也断绝了同内容较充实的活动要素的流动的联系，硬化为专门职能。”[5]结果竟是资本主义生产创造了对机器和非技术劳动的需求，一种在前资本主义手工业中从未出现的需求：“工场手工业使工人畸形发展，变成局部工人……总体工人从而资本在社会生产力上的富有，是以工人在个人生产力上的贫乏为条件的。”[6]

毋庸置疑，马克思虽然并不反对现代技术和工业，但批判资本主义社会关系造成了人的分裂和力量的贫乏。为什么？因为资本主义社会的基本特征是生产资料集中在极少数人手中，这些人使用生产资料的目的只是追求利润的最大化，而与社会的大多数人毫无关系。一方面，生产资料的性质在相当大的程度上受制于资产阶级，因为资产阶级出于其投资的目的最

① 马克思，恩格斯．马克思恩格斯选集：第1卷．3版．北京：人民出版社，2012：412．——译者注

终必然从社会的技术能力带来的众多可能性中选择特定的生产资料，并且对技术的发展速度和方向施加显著的影响。这些选择不取决于单个资本家的专断或仁慈，而从根本上取决于资本家之间为获得最大利润而展开的激烈竞争。那些选择了能够带来最大利润的生产方式的资本家将生存下来并获得繁荣，而那些做出错误选择的资本家将失去资本以及资本所代表的社会力量。另一方面，劳动的方式和技术会在很大程度上决定劳动分工和个人劳动的性质。在资本主义条件下，那些决定大多数人的生命活动的要素并不在大多数人自己手中，而是掌握在少数人手中，这些人的利益与大多
48 数人的利益直接冲突。他们只从利润的最大化出发进行选择，毫不关心劳动者是富足愉悦还是衰落异化的。当然可以假定一定的生产力和技术可能同时促进人的自我实现和利润的最大化；但是在《资本论》第一卷第四篇中，马克思认为事实上没有这样的美好巧合，因为正是追求利润最大化的生产导致了劳动分工和异化。

马克思相信完满的、丰富的人类活动与现代工业的技术需要是兼容的，并且内在于现代生产之中。一旦工人用有意识的管理代替了那像吸血鬼一样渴求利润并以牺牲人的生命为代价的盲目生产，那么完满的人类活动便会立即自然地出现。马克思认为“大工业的本性决定了劳动的变换、职能的更动和工人的全面流动性”①。每一次的技术进步都证明了这个事实，由于生产需要的劳动的职能不断改变，所有只具有单一职能和接受单一训练的劳动者就变得多余了，等待他们的必然是被淘汰的命运。其实“劳动的变换”和“职能的更动”并不必然是毁灭性的，相反，它们表征了人的全面发展的可能性。但是这种可能性在资本主义条件下遭到抑制，这就是异化的主要原因。

但是，如果说劳动的变换现在只是作为不可克服的自然规律并且带着自然规律在任何地方遇到障碍时都有的那种盲目破坏作用而为自己开辟道路，那么，大工业又通过它的灾难本身使下面这一点成为生死攸关的问题：承认劳动的变换，从而承认工人尽可能多方面的发展是社会生产的普遍规律，并且使各种关系适应于这个规律的正常实现。大工业还使下面这一点成为生死攸关的问题：用适应于不断变动的劳动需求而可以随意支配的人，来代替那

① 马克思，恩格斯. 马克思恩格斯文集：第9卷. 北京：人民出版社，2009：312. ——译者注

些适应于资本的不断变动的剥削需要而处于后备状态的、可供支配的、大量的贫穷工人人口；用那种把不同社会职能当做互相交替的活动方式的全面发展的个人，来代替只是承担一种社会局部职能的局部个人。[7]

2　资本主义与自由

马克思认为异化的一个原因在于资本主义劳动分工压制了人的潜能。另一个可能更为重要和基础的原因是：在资本主义社会中，人处在退化和被奴役状态中。人们不仅被另一些人所奴役，甚至主要被他们亲手创造的非人的力量所奴役。马克思在《德意志意识形态》中将这种“异化”描述为，“社会活动的这种固定化，我们本身的产物聚合为一种统治我们、不受我们控制、使我们的愿望不能实现并使我们的打算落空的物质力量”[8]。在《资本论》中，劳动者的处境是“在劳动中独自面对异化”，而资本则成为“**异化的、独立化了的社会力量**”[9]。

这种对“异化”概念的使用是对费尔巴哈的宗教异化概念的扩展。费尔巴哈认为人们在宗教中将自己的本质想象为一种与自己相异的、神圣的东西，它统治着人，使人觉得自己没有价值和充满罪恶。马克思不同于费尔巴哈之处在于，他将社会劳动而非意识看作人的本质，因而异化的存在、奴役的境地和意义的丧失不是一种痛苦的幻觉而是畸形的现实。在《资本论》中，马克思同费尔巴哈做了一个清晰的对比：“正像人在宗教中受他自己头脑的产物的支配一样，人在资本主义生产中受他自己双手的产物的支配。”[10]

在资本主义中，生产和分配并不受总体支配，而是取决于商品的私人所有者之间的交换。资本主义的辩护者告诉我们这套系统是配置个人能力和财富的最佳方式，可以实现个人最大的自由。然而，在资本主义现实中，这些“自由”的行为所导致的大部分结果（比如市场机制和经济系统）不受任何人的控制，甚至造成了任何个人或集体都无力阻止的灾难。这种灾难集中体现在贸易危机中，一瞬间，无数资本家破产了，无数工人失业了。危机不是由自然灾害或生产力的不足引起的，而仅仅是由内在于资本主义经济循环之中的社会矛盾造成的。异化的特征既表现为市场周期性的危机，又表现为即便命运本身是人类行动的产物，个人或者集体还是无法成为自己命运的主人。正如《德意志意识形态》所表达的：“他们自身的生活条

件，即劳动，以及当代社会的全部生存条件都已变成一种偶然的东西，单
50 个无产者是无法加以控制的，而且也没有任何**社会**组织能够使他们加以控制。”[11]

我所指认的两大主题（异化是劳动分工对人自我实现的阻碍和异化是社会条件对它们的创造者的统治）都十分接近马克思的想法。首先，马克思将劳动分工看作失去控制的非人状态：“只要特殊利益和共同利益之间还有分裂，也就是说，只要分工还不是出于自愿，而是自然形成的，那么人本身的活动对人来说就成为一种异己的、同他对立的力量，这种力量压迫着人，而不是人驾驭着这种力量。”[12]由于失去了对造成劳动分工的社会条件的控制，人们被迫接受一种可耻的行动方式。这种异化可以被看作一种特殊的类型，即人们受到它们所创造的客体的统治并走向衰退。不过从另一个角度看，这种统治也可以被看成压制自我实现的特例。马克思在《1844年经济学哲学手稿》中说：“工人的活动也不是他的自主活动。他的活动属于别人，这种活动是他自身的丧失。”[13]而在《德意志意识形态》中，马克思使用了略微不同的术语宣称，无产阶级革命将通过产生“新的交往形式”，实现“劳动向自主活动的转化”，而“个人的自主活动的条件……是由这种自主活动产生出来的”[14]。

马克思所说的“自主活动”是什么意思？我想马克思至少表达了这样一层含义：人们有意识地决定行动和生活方式，而不是被异化的、外在于他们的因素所左右。所谓自主是指：我在行动中运用自己的本质力量来获得一种对人性的真实意识，为我的生活提供一种自我理解和理性选择，并通过有效地计划和慎思来塑造人生。当我这样做时，我就获得我生命活动的对象，因为我将它置于有意识的控制之下。同时，我就“占有”了我的生命，它属于我而不是我之外异己的力量，我是我生命的主人而不是异己
51 的力量成为我的主人。与此形成鲜明对比的是资本主义通过使人类受制于他们劳动的社会条件，阻碍了人类运用自我理解和自我决定的能力，压制了人类的自我实现。

如果这种解释是成立的，那么马克思对“自主活动”的强调就蕴含了对自由的价值的肯定。在这个意义上，他继承了一个重要的思想传统。对马克思而言，自由意味着自我决定，服从于自己和有意识地、理性地选择。在思想史上，“自由”这个概念分别被斯宾诺莎、卢梭、康德和黑格尔表述为“自发性”（spontaneity）、“道德自由”（moral liberty）、“自律”（autonomy）、“自我一致”（being with oneself/*Beisichselbstsein*）。马克思认为这些都是“消极”意义上的自由，其内涵是解除对个人的约束和强制。这类

自由的主要价值在于为实现更深入的、积极意义上的自由提供条件。马克思明确地提出："从唯物主义意义上来说人是不自由的，就是说，人不是由于具有避免某种事物发生的消极力量，而是由于具有表现本身的真正个性的积极力量才是自由的"[15]。

然而，马克思之前的思想家主要从个人主义的或者道德主义的立场来解释"积极自由"这个概念。当然，他们注意到要实现这种自由需要满足一定的社会条件，特别是政治条件。但是他们主要将自我决定看作人类个体内心意志的意向，即通过理性的自我认知和道德勇气控制冲动和激情。考虑到马克思将人看作生产性的存在，他不会对这种内心化的、精神化的自我决定感到满意。马克思认为真正的自我决定是人对社会条件和人类生产加以控制。

马克思经常强调生产制度和生产关系不是自然事实，而是历史性的、过渡性的社会形式。如同小麦、衣服和机器一样，这些形式也是人类活动的产物[16]。他这样说的目的，一方面是揭穿那些将现存制度看作永恒存在而加以维护的观点；另一方面是说明人们实现自由的真实需要。如果社会关系是人的产物，那么只有当他们完整地意识到自己的行动时，人才能获得自由。人的自由不仅要求摆脱对他人专制的意愿的屈服（洛克意义 52
上的），而且要求人所处的社会关系是他们自己意愿的结果。充分认识到这一点，我们就会看到那些诡辩者是如何为资本主义社会辩护的：资本主义社会是自由的，因为它不是任何强制的法律和意志的结果，而是不受约束的个体的经济决定的结果。但是正如马克思所言："各个人在资产阶级的统治下被设想得要比先前更自由些，因为他们的生活条件对他们来说是偶然的；事实上，他们当然更不自由，因为他们更加屈从于物的力量。"[17]

自由要求有意识地生产人们的社会关系，因而它只可能在人们的相互联系的共同体中实现，而不可能存在于离群索居的状态或者一种所谓的自我决定状态（将自我小心翼翼地封闭在"自己的领地"，拒绝社会的任何干预）。然而，马克思并不否认一种补充性的论点，即除非"使每个人都有社会空间来展示他的重要的生命表现"[18]，否则社会就不可能是自由的；除非每个人都可以选择他（她）的生活和充分自由地发展他（她）的个性，否则就没有真正的自由。马克思始终反对政治压迫、新闻检查等抑制个人自由发展和表达的措施。马克思蔑视那种通过将平均的贫穷强加到社会的全体成员头上来使国家和社会转变为"普遍的资本主义"的共产主义[19]。毫无疑问，对马克思而言，个人的自由是社会的自由的条件，但是资产阶级的自由主义所鼓吹的自由对真正的、积极的自由而言是不够的。

唯有人们有意识地控制其社会关系时，自由才是可得的；只有在共产主义社会，才有真正的自由。这是因为人类只有通过总体才能控制社会；只有在共产主义中，社会的全体成员才能实现这种控制。马克思说，共产主义“自觉地把一切自发形成的前提看做是前人的创造，消除这些前提的自发性，使这些前提受联合起来的个人的支配”。只有共产主义社会才能做到这一点，因此它是一个无阶级的社会。“在这个共同体中各个人都是作为
53 个人参加的。它是各个人的这样一种联合（自然是以当时发达的生产力为前提的），这种联合把个人的自由发展和运动的条件置于他们的控制之下。”[20]时至今日，社会的阶级特征始终排除这种唯一能取得自由的联合的可能性，“从前各个人联合而成的虚假的共同体，总是相对于各个人而独立的；由于这种共同体是一个阶级反对另一个阶级的联合，因此对于被统治的阶级来说，它不仅是完全虚幻的共同体，而且是新的桎梏”①。进一步讲，因为个人的自我表达和自我实现只有通过劳动分工才是可行的，因而甚至个人自由也只有通过对人的生活的总体控制才具有可能性。

> 个人力量（关系）由于分工而转化为物的力量这一现象……只能靠个人重新驾驭这些物的力量，靠消灭分工的办法来消灭。没有共同体，这是不可能实现的。只有在共同体中，个人才能获得全面发展其才能的手段，也就是说，只有在共同体中才可能有个人自由。[21]

马克思认为社会控制生产资料不是要剥夺个人的所有权。恰恰相反，资本主义社会才有这种剥夺，因为它将生产资料和对象转移到一个不劳动的阶级手中。共产主义将“在协作和对土地及靠劳动本身生产的生产资料的共同占有的基础上，重新建立个人所有制”[22]。生产资料将归集体所有，因为在现代工业中劳动直接具有社会意义，生产资料的配置作为一种行为影响着整个社会。在共产主义社会中，这些行为将会有意识地履行。相关的决定将会由社会整体以民主的方式产生，而不是被那些与劳动大众利益相悖的、服从于利润最大化的特权阶级所操纵。

---

① 马克思，恩格斯. 马克思恩格斯选集：第1卷. 3版. 北京：人民出版社，2012：199. ——译者注

马克思对资本主义的批判以一些熟悉的哲学概念为基础，比如自我实现和积极自由。但是并不像一些作者所说的那样，马克思否定资本主义异 54
化是借助或预设了一个关于未来的共产主义的生活方式和社会安排的构想，以及一个人类能够和应当成为什么的“理想”。马克思从未具体地设想未来社会的安排，他认为社会必然以某种我们无法预见的方式改变。马克思还经常批判那种规划未来社会的完美图景的意图。早在 1843 年，马克思在致信卢格时就表示任何诚实的社会改革者都“不得不承认自己对未来应该怎样没有确切的看法。然而，新思潮的优点又恰恰在于我们不想教条地预期未来，而只是想通过批判旧世界发现新世界”。《德意志意识形态》表明：“共产主义对我们来说不是应当确立的**状况**，不是现实应当与之相适应的**理想**。我们所称为共产主义的是那种消灭现存状况的**现实的**运动。”① 而在《法兰西内战》中，马克思说：“工人阶级并没有期望公社做出奇迹。他们不是要凭一纸人民法令推行什么现成的乌托邦……工人阶级不是要实现什么理想，而只是要解放那些由旧的正在崩溃的资产阶级社会本身孕育着的新社会因素。”[23]

这些段落的简要意思是，马克思并没有假装了解未来的生活方式或者社会安排的具体内容。他显然相信这些问题取决于我们的知识的进一步发展，因而超出了我们所能预见的范围。马克思想要推翻资本主义社会并不是受任何共产主义的完美图景的刺激，而是因为他深信人们在现实生活中被异化和剥削的境况源自资本主义的社会安排。马克思认为自己的任务并不像调配未来小餐馆的食谱一样，而是要辨明哪一种历史趋势和社会运动可以保证击垮过时的社会，并指出一条允许人们享受更多自我实现和自由的未来道路[24]。那种认为“马克思做出关于无产阶级运动必将胜利的论断使他负有进一步明确阐述未来社会的概念的责任”的看法是错误的。

3　对马克思关于资本主义异化的评价

评价马克思关于资本主义条件下的异化的思想是一个困难而复杂的问 55
题。我认为绝大多数问题最后是经验性的，不过这不意味着它们是清晰的或可被轻易解决的。任何对马克思思想的充分评论都应该比我已经做出的

① 马克思，恩格斯. 马克思恩格斯文集：第 1 卷. 北京：人民出版社，2009：539. ——译者注

更加详细。即使那样，我仍然怀疑任何带着充分的学术严谨性的研究最终可能都是不确定的。无论在马克思的时代还是今天，恐怕没有人对马克思的思想能有足够的了解以至于可以标榜自己对他关于异化及其社会原因的思想持强烈的赞成或反对意见。如果有许多人（包括本书作者）持有一种强烈的意见，那么这在很大程度上是因为如若不去实际地支持或反对马克思的话，就只能对我们周围的社会现实不采取任何切实的立场。在本部分中，我将尝试说明（但非解决）一些由马克思的异化理论所引出的重要问题。

马克思关于资本主义的异化的讨论意在证明以下三个命题：

（1）绝大多数生活在资本主义条件下的人被异化了。

（2）只要资本主义生产方式还盛行，这种异化的主要原因就无法消除。

（3）异化作为一种普遍的社会现象将在后资本主义（社会主义或共产主义）的生产方式中被废除。

很明显，这三个命题相互关联。（2）和（3）或多或少预设了（1）。但（1）本身，正如马克思所理解的那样，既依赖于（2）和（3），又支撑着（2）和（3）。为了支持论点（1），马克思主义者也许会广泛地引用生活在资本主义社会中的人们的迷茫和不满，或者指出哲学家、艺术家、社会思考者和大众意识关于异化问题的关注点，无论是以马克思主义的还是非马克思主义的形式。但这些思考即便被证实了，也无法直接说明马克思
56 所理解的那种存在于资本主义中的异化。出于同样的原因，即便能够证明人们在资本主义社会中总体上对生活感到满意，仅仅这样讨论问题也无法成功地驳倒马克思的论点（1）。如马克思所言，意识或者人们如何感受他们的生活，不是异化的主要问题。异化是一种使人的目的落空和压抑人的真实需要和潜能的状态。人们的这种不满足的意识仅仅是对异化的现实的反映，至多是一种象征或者证据。马克思相信人们被异化的真实理由不是人们的意识，而是一个事实，即只要资本主义生产方式存在，人类客观存在的满足自我的潜能就要受到抑制。

正如我们在第二章看到的，马克思对后资本主义社会并没有明确的想法。因此，马克思并不是因为他对社会主义或共产主义提供的实现自我的机会和方式拥有明确想法而相信（3）。不如说，他相信（3）是因为他相信当主要障碍消除之后，人们有能力实现完满的人生。而且他认为他已经说明了这些阻碍，即过时的资产阶级社会的社会关系。

否认资本主义中的异化对人类潜能的压制是攻击马克思的最直接的方式。我们可以一边这样做，一边承认在资本主义社会中确实有许多人对生活感到不满，只要我们不将这些不满归因于马克思所坚信的理由。我们甚

至可以认为不满恰恰产生于人们关于资本主义阻碍他们实现本质力量这种想法本身，只要我们相信这种想法是错误的，也许是危险的反社会者编造出来的煽情的幻觉罢了。

人们经常说，马克思对历史进步的必然性太过乐观了。20 世纪的苦难经历告诉我们，在工业技术条件下的大众社会中，人类实现的潜能并不像 19 世纪的思想家（包括马克思）认为的那样。这些普遍的观点可以用来反对马克思的异化思想，因为如果这些观点是正确的，那么马克思关于多数人在资本主义中被异化的信念就是基于对现代社会中的人类潜能的夸大。

马克思当然不能为他的 19 世纪的乐观主义所受到的 20 世纪的反对而
辩护。他说的一切（也许是他能说的一切）都无法排除一种可能，即他对 57
资本主义社会生产力的空前扩张必然相应地创造人类自我实现的空前潜力的看法可能是错误的。但是并不像许多批判者所设想的那样，马克思持有一种不切实际和过分的乐观主义。应当说现代技术确实增加了人们控制自然、控制自身和控制它们之间的关系的能力。现代技术缩短了生产生活必需品的时间，因此至少给予了人们控制时间（作为生命的内容的小时、天、年）的可能性。如果说技术也增加了人们的需要，明白无疑的是（至少对马克思而言），其中一些需要确实丰富了人的生命。并且（马克思认为）一旦从异化的社会秩序中解放出来，人们就可以理性地控制新需要的创造。

进一步而言，现代科学增加了我们对自身以及外在于我们的自然的知识，给我们提供了明智地运用我们日益增长的能力所需要的手段。现代社会发展为大众社会仅仅因为科学和工业增强了人们互相联系的力量和相互依存的网络。马克思对现代科技蕴含的人类潜力的自信最初是貌似可信的。拒绝它意味着信奉一种悖论，即人们的力量、自我理解和相互依存的增强并没有丰富他们的生活、自由和共同体。任何人想要捍卫这种悖论都负有举证的责任。我们这个世纪的事件并没有比马克思的时代更明显地提供证据。

对自由的可能性这个理念而言，至关重要的是马克思关于个人价值和社会价值可以兼容的思想，以及后资本主义社会可以超越迄今为止一切生产力和生产关系的限度而同时造就空前的个人自主和社会团结。马克思在对自由的个人如何通过理性的和集体的方式控制他们的社会劳动以达到某种社会决策程序这一问题上的语焉不详，遭到了批评者着重的批判。不过至少从卢梭开始，哲学家和政治理论家的共同任务是：找寻一种既能联合个人（使每个人都能运用社会的共同能力），同时又能保留自己选择生活的全部自由的人类联合形式。不过即便在理论上，更不用说在实践上，这
种联合体是否可能都是成问题的。因此，马克思关于现代技术使目标触手 58

可及和全部的任务在于废除资本主义制度的预设也是注定要被怀疑的。

马克思对后资本主义社会的政治和行政构架说得很少，除了坚持认为它将是民主的，将会被“社会自身”而不是被一个独立的政治机构或者国家官僚系统所控制。从根本上说，马克思并没有把这个问题看作程序性的。他认为个人自由和社会团结的主要障碍是社会分化为压迫阶级和被压迫阶级。当然只要我们默认阶级社会，自由和联合的目标看上去就是不可达成的和截然相反的。在一个个人的自由不是建立在对他人的奴役的基础上或者人们不打算假借社会的名义以牺牲他人为代价满足自我的利益的社会里，社会决策问题不会以理论矛盾或无解的技术难题这样的形式出现。

马克思拒绝致力于程序性的问题，因为他认为为时尚早。这些问题假定凡是追求其答案的人都从良好的意愿出发，并对人们相处的正当方式进行无涉私利的研究。它们还假定这种研究的对象可以独立于科技资源的具体知识，后者则是社会物质生产的有效手段。这两种假定在马克思看来都是错误的。只要阶级社会存在，任何政治制度的存在都只是为阶级利益服务，而不是为促进真正的自由服务。只有废除阶级社会后，人们才能在支配生产力的基础上决定他们作为自由的个体如何相处。

我们已经考虑过那种基于否认人们在资本主义中被异化的判断来挑战马克思的观点。但是仍然有许多马克思的批评者承认异化是现代社会的严重问题。问题在于资本主义社会关系是否要对此负责。多数政治民主派和
59 改革者都寄希望于废除或者至少减轻现代社会的罪恶，但不抛弃商品生产和生产资料私有制的总体框架。这种期望往往同下述担忧相符：社会革命不会对废除异化起到任何效果，相反，将摧毁资本主义已有的自由和生产力。

其他的批判者甚至更加悲观，他们有时怀疑废除异化的可能性，至少怀疑在技术高度发展的现代社会中废除异化的可能性。存在主义者将异化解读为不可根除的人类境遇，它建构在我们的存在本体和意识的先验结构之中。他们的观点有时很像一些古老的宗教中的原罪观念，救赎只在超自然的方式中。社会悲观主义者（比如弗洛伊德）认为，随着我们的动物本能服从于社会秩序的限制，异化是不可避免的。还有一些人（让人联想到卢梭）认为异化是生存在远离自然的社会之中所必须付出的代价：社会太大、太复杂，过于科技化，太依赖于人类协作的复杂形式。

马克思坚信异化在现代的、复杂的、充分工业化的社会中可以被克服。不过他无须否认还有他没有讨论到的异化的原因。马克思要为之负责的观点是资本主义的社会关系是异化最普遍的和最显著的原因。因而在处理其他隐藏的问题之前，必须首先废除资本主义。但是没有任何理由能够说明

马克思为什么没有将其他一些传统的社会病症，比如宗教狂热、种族主义、性别压迫等看作异化的原因，并且即便在资本主义条件下也应当与之斗争。

马克思的异化理论也会在细节上受到挑战。比如，马克思关于劳动分
工的看法无论正确与否，都是基于他的时代，但是现在已经过时了。确实，
很难说资本主义仍然表现出一种倾向，即把所有的劳动都变成不熟练的机
械劳动，“把缺乏发展变成一种专长”。但是即便这个论点已经失效了，马
克思资本主义劳动分工带来异化的观点仍是成立的。利润最大化的规则仍
然有力地影响着（伤害着）劳动的性质，阻碍着部分工人发展全面的人
性。如果事实确是如此，即便特定的细节已经失效了，马克思的观点从根 *60*
本上说仍是正确的。马克思是第一位强调资本主义不是永恒的相反是持续
改变着的系统的思想家。承认这一点与承认马克思对 19 世纪资本主义的异
化的解释在细节上并不适用于 20 世纪的情况并不矛盾。

注　释

［1］MEW 4：467，CW 6：489；马克思，恩格斯．马克思恩格斯文集：第 2 卷．北京：人民出版社，2009：36.

［2］MEW 23：674，*Capital*（New York，1967）1：645；马克思，恩格斯．马克思恩格斯文集：第 5 卷．北京：人民出版社，2009：743.

［3］MEW 4：475，CW 6：495；MEW 3：67，CW 5：87；马克思，恩格斯．马克思恩格斯选集：第 1 卷．3 版．北京：人民出版社，2012：209.

［4］MEW 23：369－70，*Capital* 1：349；马克思，恩格斯．马克思恩格斯选集：第 2 卷．3 版．北京：人民出版社，2012：213.

［5］MEW 23：370，*Capital* 1：350；马克思，恩格斯．马克思恩格斯文集：第 5 卷．北京：人民出版社，2009：405.

［6］MEW 23：383，*Capital* 1：361；马克思，恩格斯．马克思恩格斯文集：第 5 卷．北京：人民出版社，2009：418.

［7］MEW 23：511－12，*Capital* 1：487－8；cf. CW 6：190；马克思，恩格斯．马克思恩格斯选集：第 2 卷．3 版．北京：人民出版社，2012：231－232.

［8］MEW 3：33，CW 5：47；马克思，恩格斯．马克思恩格斯选集：第 1 卷．3 版．北京：人民出版社，2012：165.

［9］MEW 25：832，*Capital* 3：824；MEW 25：274，*Capital* 3：264；马克思，恩格斯．马克思恩格斯全集：第 32 卷．2 版．北京：人民出版社，1998：501. cf. *Capital* 1：432，*Grundrisse*，358g，454e，CW 3 ：272.

［10］MEW 23：649，*Capital* 1：621；马克思，恩格斯．马克思恩格斯文集：第 5 卷．北京：人民出版社，2009：717.

［11］MEW 3：77，CW 5：79；马克思，恩格斯．马克思恩格斯选集：第1卷．3版．北京：人民出版社，2012：200.

［12］MEW 3：33，CW 5：47；马克思，恩格斯．马克思恩格斯选集：第1卷．3版．北京：人民出版社，2012：165.

［13］MEW Erg，1：514；CW 3：274；马克思，恩格斯．马克思恩格斯选集：第1卷．3版．北京：人民出版社，2012：54.

［14］MEW 3：67，CW 5：88；MEW 3：71，CW 5：82．马克思，恩格斯．马克思恩格斯选集：第1卷．3版．北京：人民出版社，2012：210，204.

［15］MEW 2：138；CW 4：131；马克思，恩格斯．马克思恩格斯文集：第1卷．北京：人民出版社，2009：335.

［16］参见：CW 6：165－6；*Capital* 1：578.

［17］MEW 3：76，CW 5：79；马克思，恩格斯．马克思恩格斯选集：第1卷．3版．北京：人民出版社，2012：200.

［18］MEW 2：138；CW 4：131；马克思，恩格斯．马克思恩格斯文集：第1卷．北京：人民出版社，2009：335.

［19］CW 3：295．比如，马克思对新闻出版自由的讨论：CW 2：109－31，311－30；马克思，恩格斯．马克思恩格斯全集：第1卷．2版．北京：人民出版社，1995：107－135．同样，恩格斯赞扬“英吉利法把古代日耳曼自由的精华，即个人自由、地方自治以及不受任何干涉（除了法庭干涉）的独立性的精华，保存了好几个世纪，并把它们移植到美洲和各殖民地。这些东西在大陆上专制君主制时期已经消失，至今在任何地方都未能完全恢复”。SW 392；马克思，恩格斯．马克思恩格斯选集：第3卷．3版．北京：人民出版社，2012：766.

［20］MEW 3：70，CW 5：81；MEW 3：75，CW 5：80；马克思，恩格斯．马克思恩格斯选集：第1卷．3版．北京：人民出版社，2012：202.

［21］MEW 3：74，CW 5：77－8；马克思，恩格斯．马克思恩格斯选集：第1卷．3版．北京：人民出版社，2012：199.

［22］MEW 23：791，*Capital* 1：763；马克思，恩格斯．马克思恩格斯文集：第5卷．北京：人民出版社，2009：874.

［23］MEW 1：344，CW 3：142；MEW 3：35，CW 5：49；MEW 17：343，SW，294－5；马克思，恩格斯．马克思恩格斯文集：第3卷．北京：人民出版社，2009：159．在《1844年经济学哲学手稿》中，马克思的读者通常假装找到了马克思关于非异化社会的“设想”，马克思说：“**共产主义**是最近将来的必然的形态和有效的原则，但是，这样的共产主义并不是人类发展的目标”。（MEW Erg. 1：546，CW 3：306）．另见：SW 690，*Grundrisse*，387g，488e；马克思，恩格斯．马克思恩格斯文集：第1卷．北京：人民出版社，2009：197.

［24］MEW 23：25，*Capital* 1：17.

第二部分

历史唯物主义

第五章
生产与社会

1 “经济决定论”

马克思和恩格斯把唯物史观视为马克思主义最为基础和独特的原则之 63
一。恩格斯将之与剩余价值理论一同并列为马克思作为一个社会科学家的两大原创性贡献[1]。历史唯物主义的核心观点是：人们的经济行为，即“物质生活的生产方式”，是他们一般社会生活的“基础”，而这一“经济基础”通常“制约”或者“决定”了现存的社会制度、流行观点或社会意识的各种形式。

马克思的历史唯物主义经常被描述为“经济决定论”——他本人从未使用过这一术语[2]。这一标签本来是无伤大雅的，但是它鼓励了这样一种观念，即马克思的历史唯物主义是“决定论”的一种形式，这种理论形式认为人类的一切行动都是被一些完全超出了行为人控制范围的因素所决定的——对马克思而言，这就是“经济”因素。在这种解释中，马克思的论点就是：人们的思想、行动、政治、道德、宗教，以及哲学信念全都是由经济现实因果决定的，但是这些行动和信念自身对经济状况并无任何影响。

在这种解释中，究竟何种现实应该被看成“经济的”，是完全不明确的。（在这一点上，很多批评意见通过指责马克思在此处的不清晰或前后矛盾来粉饰他们自身的误读。）但是无论我们如何理解“经济的”这一术语，“经济决定论”都显然是错误的想法，并且是对马克思极为简单化的误解。这种观点不仅与常识和日常经验相抵触，而且还与马克思在他的政治历史
文本中表述过的许多内容或被他视为理所当然的事情相矛盾。无论人们的 64
观念、社会行为和政治决策在多大程度上被经济因素所影响，这些因素显

然也会在一定程度上反作用于经济领域。如果马克思真的否认了它们的影响力，那就无法理解他为何还把写作书籍、文章或者参与政治宣传鼓动视为有意义的，显然，这都是为了改变人们的观点，施加政治影响，从而改变社会的经济结构[3]。

在第八章中，我们将会考察马克思是否认为人类的行为是被因果性地决定的。就目前而言，需要说明的是，在我们刚刚所描述的那种意义上，马克思的历史唯物主义并不包含“经济决定论”。事实上，无论是马克思还是恩格斯都没有说过任何认可这种观点的话。马克思所说的是，社会“经济基础”“制约”甚至“决定”它的政治和思想生活进程。但这与认为社会生活中“被制约”和“被决定”的方面也对经济层面具有一定影响的观点并不冲突。特定地域的地理和气候当然“制约”甚至“决定”着能够生存于这一区域的物种。但是这并不妨碍生存于这一区域的有机体在其生命过程中也对这些“决定”因素产生某些影响。

恩格斯实际上明确否认了“经济因素是**唯一**决定性的因素”；“这并不是说，只有经济状况才是**原因，才是积极的**，其余一切都不过是消极的结果”。相反，他坚称“物质存在方式虽然是**始因**，但是这并不排斥思想领域也反过来对物质存在方式起作用，然而是第二性的作用”。恩格斯将经济因素与政治因素的相互作用描述为“两种不相等的力量的相互作用”，并且一再强调，意识形态或政治因素也许在决定历史事件**形式**方面的作用很显著，但它们的“内容”归根到底始终是由经济因素决定的[4]。有时人们会认为，恩格斯的这种评论是对他和马克思在之前著作中所阐释的历史唯物主义的修正。但这种观点是错误的。因为，本质上相同的想法早在马克思和恩格斯合著的《德意志意识形态》中就出现过，并包含了历史唯物主义的第一次自觉阐述：

65 这种历史观就在于：从直接生活的物质生产出发阐述现实的生产过程，把同这种生产方式相联系的、它所产生的交往形式即各个不同阶段上的市民社会理解为整个历史的基础，从市民社会作为国家的活动描述市民社会，同时从市民社会出发阐明意识的所有各种不同的理论产物和形式，如宗教、哲学、道德等等……这样做当然就能够完整地描述事物了（因而也能够描述事物的这些不同方面之间的相互作用）。[5]

我认为，马克思的“经济决定论”解释之所以被接受并不是因为马克思使用了“决定”（*bestimmen*）这一词来描述“经济基础”和社会“上层建筑”之间的关系，而是因为马克思的读者不能理解他怎么能够在不排除“被决定”层面和“决定”层面之间重要的“相互作用”的情况下，把体系性解释的首因归结到经济领域。如果政治和宗教可以“反作用”于经济状况，并且对之施加某些“影响”，马克思为什么又希望完全排除它们或许可以“制约”甚至“决定”社会经济结构的可能性呢？恩格斯的论述清楚地表明了历史唯物主义想要拒斥这种可能性（至少在“归根到底”的意义上），但是这些论述却并没有说明拒斥这些可能性的动机。它们强烈暗示了使经济因素成为“决定性”因素的原因是它相对于其他相互作用的社会因素的高度影响力。但它们却并没有解释为什么马克思和恩格斯将这种决定性的影响归结到经济层面。

我认为，将历史唯物主义的本质问题归结到物质生产因素与其他社会生活因素影响力大小的比较是正确的。但是，在考察这一问题所包含的内容之前，我们必须首先弄清楚社会的经济基础应该以何种方式解释社会构成和社会变迁。为了达到这一目的，让我们首先仔细考察马克思对社会所做的唯物主义分析的各种要素，以及这些要素之间应该具有的各种关系。

2　生产力、生产关系

在1846年给安年科夫的信中，马克思写道： 66

> 社会——不管其形式如何——是什么呢？是人们交互活动的产物。人们能否自由选择某一社会形式呢？决不能。在人们的生产力发展的一定状况下，就会有一定的交换［commerce］和消费形式。在生产、交换和消费发展的一定阶段上，就会有相应的社会制度形式、相应的家庭、等级或阶级组织，一句话，就会有相应的市民社会。有一定的市民社会，就会有不过是市民社会的正式表现的相应的政治国家。[6]

在这一段落中，马克思为社会因素或社会结构设置了一个系列，或者说层级序列，由他认为是最为基础的因素开始，逐渐向那些可以被序列中较为基础的术语所解释的因素推进。具体而言，这一段落表明了三组依赖关系：

（A）“交换和消费形式”依赖于“人们的生产力发展的一定状况”。

（B）“社会制度”或“市民社会”依赖于“生产、交换和消费发展的一定阶段”。

（C）“政治国家”依赖于“市民社会”。

马克思这里的术语与他在一些更为人们所熟知的历史唯物主义表述中使用的术语并不完全相同，一方面，这是因为这封信表明了他比较早期的理论表述；另一方面，也是因为这封信是用法语写作的。但是，这个段落中的不同要素，以及这些要素之间的关系，的确符合他对自己理论的各种解释。让我们依次来考察这些要素。

在唯物主义解释中最为基础的因素就是马克思在这个段落中称作社会“生产能力”（productive faculties）的因素。马克思使用的德语术语 *Produktivkräfte* 本来是对斯密和李嘉图使用的“生产力量”（produc-
67 tive powers）这一术语的翻译，但是它在翻译成英文时却更多地被译作“生产力”（productive forces）。这种区别是十分重要的。“生产力量”和“生产能力”都表明了人类的能力或才能，而无论是个人还是集体，其能力或才能都是在生产活动过程中得到体现和运用的。“生产力”却不同，它所指的是物理性的伴随物，是生产过程或促进生产过程所使用的物质和工具集合体[7]。当然，这两种 *Produktivkräfte* 的英文翻译所指涉的对象实际上是十分相近的。只要生产使用了工具，生产中合适的工具就成为人们运用生产能力的必要前提；反过来，工具一旦脱离了人类劳动者力量的掌控也就毫无生产意义可言了。人类的生产能力与工具的使用是伴随产生的，同样，劳动技术的传统也是与物质应用的传统并辔而行的。

根据马克思的看法，一个社会的生产依赖于它的生产力，并且被它的生产力所决定。然而，抽象叙述这一原则只不过是老生常谈。任何人类活动都依赖和取决于这一活动所使用的力量。但是，当我们考虑生产的社会特征时，这一原则就拥有了重要性，尽管这一重要性并不是那么显而易见。所有社会生产（原始阶段的除外）都包含了一定的社会劳动分工，个体分摊不同的活动。马克思说：

> 人们在生产中不仅仅影响自然界，而且也互相影响。他们只有以一定的方式共同活动和互相交换其活动，才能进行生产。为了进行生产，人们相互之间便发生一定的联系和关系；只有在这些社会联系和社会关系的范围内，才会有他们对自然界的影响，才会有生产。[8]

历史唯物主义认为，从生产力决定社会劳动分工的意义上讲，生产力决定着物质生产。马克思说："劳动的组织和划分视其所拥有的工具而各有不同。手推磨所决定的分工不同于蒸汽磨所决定的分工。"[9]对特定工具和各种生产能力的有效运用需要依靠特定的劳动合作方式（这种合作方式依据这些工具和生产能力来调整自身，与它们达到和谐一致）：使用手推磨和类似工具进行生产的社会，需要一定比例的彼此不同的劳动者群体。他们 68
通过训练获得必备的具体技能，并投身于与其必须从事的那种特定劳动类型相适应的生活模式中。而使用蒸汽机的社会，如果它想要有效地进行生产，同样也必须使它的劳动分工和生活模式适应生产力。但是这种适应的要求也许与手工工场的要求是非常不同的。

所以，当马克思说人们生产力发展的特定阶段给予我们特定的交换和消费形式时，至少在某种意义上，他是在说：特定的生产力要求特定的劳动分工，并且最终解释了这种劳动分工类型的存在本身。但这并不是马克思的全部意思。因为他告诉安年科夫"交往形式"意味着"经济形式"或"社会关系"，"例如：各种特权、行会和公会的制度、中世纪的全部规则"，以及取代了所有这些关系的现代资本与雇佣劳动关系[10]。然而，这些经济形式和社会关系并不直接属于"物质生产"，也不直接属于劳动分工或者各个个体间直接的工作关系。两个人做着相互区分但又相互补充的生产工作这样一个事实，并不能直接说明他们之间的**社会**关系，也不能说明他们的劳动是在何种**经济**形式中进行的。这不能表明他们是奴隶、劳役、雇佣工人或者是社会主义国家中的工人。如果其中一个人监督另一个人的工作，这也不能说明监督者是奴隶工头，监督熟练工人的行会会长还是雇佣工人的经理人。

如果马克思所说的"交往形式"意味着社会或经济关系，那么他就不仅会认为特定的生产力给予了我们特定的劳动分工，还会认为特定的生产力给予了我们从事生产劳动的特定社会体制和经济体制，给予了我们特定的权力、权威和所有权关系。

马克思在《德意志意识形态》之后的作品中经常使用“生产关系”而非“交往形式”，“生产关系”在任何社会中都形成一个有机整体，马克思称之为社会的“经济结构”[11]。一些马克思的批评者认为，生产关系概念混淆了社会关系、经济关系和工作关系，这就是说，混淆了人们之间“因为生产创造了需求而发生”的关系和“帮助生产顺利进行”的关系[12]。但
69 是，马克思显然意识到了生产的“自然”或“物质”方面和“社会”或“经济”方面的差别，并赋予了这一差别重要意义[13]。而资产阶级经济学家混淆了两者，并将资本主义社会或资本主义经济形式的独有特征视为生产的固有特征，马克思多次批评过这一点[14]。但马克思在解释自己的唯物史观时也很少做出这一区分，而且他很可能从未像我们所希望的那样清晰地表达这种区分。“生命的生产”，我们在《德意志意识形态》中看到：

立即表现为双重关系：一方面是自然关系，另一方面是社会关系……由此可见，一定的生产方式或一定的工业阶段始终是与一定的共同活动方式或一定的社会阶段联系着的。[15]

在这里，“自然”和“社会”之间的区分是明确的，但是社会关系（例如，行会特权和财产形式）与纯粹的物质关系（例如，不同人之间生产任务的分配）之间的界限却不明显。“共同活动方式”可以指这两者中的任一含义，也可以同时涵盖这两种含义。

我认为，必须承认马克思在阐述历史唯物主义时并没有经常提到这一问题，也没能足够明确地解决这一问题。但是，并没有理由认为，马克思没有意识到工作过程中的直接工作关系和经济关系之间的区别。重要的问题是：马克思是如何在社会生产关系或经济结构的意义上定义劳动分工、特定社会中的物质劳动关系和这一社会的交换形式之间的关系的呢？《德意志意识形态》中的另一个段落或许会帮助我们补充完善这一问题的答案：

由于这些不同部门内部的分工，共同从事某种劳动的个人之间又形成不同的分工。这种种分工的相互关系取决于农业劳动、工业劳动和商业劳动的经营方式（父权制、奴隶制、等级、阶级）。……分工的各个不

同发展阶段，同时也就是所有制的各种不同形式。这就是说，分工的每一个阶段还决定个人在劳动材料、劳动工具和劳动产品方面的相互关系。[16] 70

乍看起来，马克思和恩格斯在此处似乎是通过与“所有制形式”的对应关系来**判定**分工的各个不同发展阶段的。但是，他们通过进一步的解释澄清了这两者之间的差异和关联：现存劳动分工“决定”了与生产方式相关的个人相互之间的关系，正如不同社会分工的“相互关系”是由组织劳动的方式所“决定”的一样。因此，物质劳动关系和它所依赖的生产力较之于社会和经济形式更为根本，并且可以被用来解释这些社会和经济形式。正如马克思对安年科夫所说：“他们的物质关系形成他们的一切关系的基础。……整个内部组织……不都是某种分工的表现吗?”“分工和所有其他范畴都是社会关系”[17]。

马克思的这种想法并不难理解。就像特定生产力的有效运用需要相应的社会劳动分工一样，这两种物质因素也需要——或者至少偏好于某种特定的所有制模式，以及特定的经济控制与依赖关系。比如，某一农耕方式比另一农耕方式需要更大面积的土地，因而，它就偏好于大土地领主所有制而非小农场主的所有制。工厂生产与熟练手工劳动的制造业相比，不仅需要更深入的劳动分工，也需要更集中的生产方式：后者或许很适合于同业公会体系，但前者却只有通过资本的积累和雇佣劳动的使用才成为可能。

生产力在多大程度上决定普遍交往形式或社会关系，取决于它能提供的有效工作职位和进一步发展空间在多大程度上制约了社会形式。显然，我们并不能以物质生产来解释人们社会关系中的所有细枝末节，而马克思本人也从未阐述过这样的观点。他显然认为，生产在何种程度上决定了各种社会关系需要依靠详细的经验调查。但是，马克思的理论是基于如下理念的：社会生产力对所有权的各种形式、对支配与被支配的各种经济关系产生了至关重要的影响[18]。

3 “技术的”历史理论?

马克思说过“**生产资料决定**①劳动**组织**”，但是他谈到社会或经济关系 71

① “决定”二字黑体为作者所加。——译者注

时更经常采用的措辞是，它们与生产力“相适合”、“相应”或“密切相联”[19]。这种更谨慎的表达有什么重要的意义吗？一些学者认为，这种措辞其实并没有产生任何实质差别，因为马克思在其理论中实际上还是持有生产力决定生产关系这一观点。但另一些学者认为，这正是马克思不同意那种纯粹“技术的”历史理论的证据——而“技术的”历史理论将生产力视为最基本的解释要素。在这些学者看来，社会关系与生产力“相适应”，并不意味着生产力是各种社会关系的解释要素和产生原因，而只是意味着技术是一个社会最重要的特征之一，它是一个社会中占主导地位的社会关系的**指示器**[20]。

我认为，人们之所以持这样的观点并不是因为这是解读马克思的自然而然的方式，而只是出于一种过于仁慈的，想要将马克思从他们认为的简单化的、不稳固的观点中解救出来的意愿。由于被“经济决定论”的幽灵所困扰，他们很自然地想要说明，马克思实际上注意到了社会结构对技术变革的影响，而且他们认为这与把生产力视为所有唯物主义解释的基础是相互矛盾的。但是，正如马克思在认为社会经济基础决定上层建筑时，并未排斥上层建筑对经济基础的反作用和它们之间的相互作用一样，或许马克思也能够意识到，即使社会关系是被社会生产力所决定的，它也可以在经济基础内部对社会技术施加某种影响。马克思有可能认为，在几个彼此独立的因素中，某一因素较之于其他因素更具基础性的解释力，从历史上看来也是更加强有力的。

马克思确实持有这样的观点。无论他的措辞如何变化，在前文引述的马克思致安年科夫的信中（以及马克思著作的许多相似段落中），他清晰地表达了一个社会经济关系的本质依赖于这个社会拥有的可支配的生产力。何况，认为马克思从未明确地认可过这一更强的命题并不属实。比如，《德意志意识形态》告诉我们，“人们所达到的生产力的总和决定着社会状
72 况”；在《哲学的贫困》中，马克思说：“人们生产力的一切变化必然**引起**①他们的生产关系的变化”[21]。很明显，对马克思来说，生产力并不仅仅是社会关系的指示器，而且是社会关系的各种形式和这些形式的历史变迁的根本解释。

但是，马克思关于生产力和生产关系尤为谨慎的措辞仍然可能是具有重要意义的。一方面，经济关系并不像工作关系那样直接被生产力所影响。更重要的是，对马克思来说，生产力仅仅是决定生产关系的最为突出的因

① 黑体为作者所加。——译者注

素，但却不是唯一的因素。一个社会的经济结构依赖于它所拥有的生产力，但必须以这些生产力所需要的历史环境和社会形式为背景：“人们所处的条件……他们以前已经存在……的社会形式”。或者，像恩格斯所说，“由过去沿袭下来的先前各经济发展阶段的残余（这些残余往往只是由于传统或**惰性**①才继续保存着）”[22]。

因此，如果这一观点强调的是：只有考虑到生产力与它起源的特定社会历史环境的联系时，生产力才能解释各种社会关系，那么，认为马克思并不持有一种完全“技术的”历史理论或许是有道理的。在马克思的理论中，考虑到中世纪晚期西欧的物质和社会状况，工业社会只有通过采用资本主义社会形式才能获取并运用其生产力，比如商品生产、生产方式中的私人财产、资本与雇佣劳动的关系。在这一意义上，马克思认为，这样的生产力状况使得近代欧洲必须采用资本主义生产关系。但马克思并**没有**认为，不论历史情况如何，同样的生产力都必然需要资本主义制度才能获得使用和发展。20 世纪，西欧以外的很多国家（一部分是因为马克思理论的影响）在社会主义经济制度下完成了工业化，这一事实并不与马克思的理论产生任何冲突。马克思自己还特别推测说，俄国社会主义革命有可能使其完成生产力的工业化，而不必“遭受资本主义制度所带来的一切灾难性的波折”[23]。

另一个人们没有将马克思的历史理论称为“技术的”的原因是，马克
思将太多的东西包含在社会**生产力**之中。正如我们看到的那样，生产力这 73
一术语不仅包含了工具，包含了未经加工的原材料和其他物理性的伴随物，还包含了生产者的知识和技能。在一些段落中，“生产力”甚至还包括了各种社会因素——任何马克思的“技术的”解释者都会希望马克思将这些因素划分在那些需要用生产力来解释的事物中。在《哲学的贫困》中，马克思认为，“革命阶级本身”就是一种生产力。在《德意志意识形态》中，马克思说道，“一定的生产方式或一定的工业阶段始终是与一定的共同活动方式或一定的社会阶段联系着的，而这种共同活动方式本身就是‘生产力’”[24]。就《哲学的贫困》中的表述而言，我同意科恩和肖的看法，就其语境来看，它并不符合马克思的批评者们想要强加给它的“技术的”解释这一批评[25]。但是，科恩和肖都未曾讨论过《德意志意识形态》中的这一段落，在我看来，这一段落对“技术的”马克思理论的解读提出了更为严峻的挑战。并不是只有《德意志意识形态》将各种社会合作模式囊括在

① 黑体为作者所加。——译者注

“生产力”之中，同样的观点也出现在《政治经济学批判大纲》之中，甚至出现在《资本论》之中[26]。

乍看之下，这些段落似乎威胁到了马克思以生产力解释社会形式的整个理论，因为这些段落似乎把需要被解释的东西和一些本应该用于解释其他要素的东西简单地等同起来。（马克思的理论所受到的常见指责是认为他的理论具有根本性的混乱，是自相矛盾或者循环解释。）所以，完全可以理解为何像科恩这样条理分明的解释者会坚持认为，无论在何种情况下，生产关系或社会形式都不应被视为生产力的一部分。但是我不禁想，他是否真的有必要如此坚持这一观点。马克思之所以试图将“各种合作模式”纳入生产力之中可能是因为它们可以被看作（用科恩的话来说）“在生产过程中，或对生产过程具有物质性的贡献”[27]。但是，我们或许可以把合作关系中在这一意义上属于生产力的特征和其他（在逻辑上可分离的）不属于生产力的，但是可以用生产力来解释的特征（包括人们合作方式的特定特征）区分开来。如果马克思的理论是按照这样的思路建构的，那么我们就不应试图抛开对社会和历史情况的仔细考察而在生产力和生产关系之间
74 做出严格的界分。即使像科恩和肖那样的非常复杂的“技术化”解释版本也比合力论（resulting theory）更为简明，更有条理。在这样的理论中，我们应当谨慎地把社会关系中需要被解释的特征和用于解释其他社会关系的特征区分开来。

诚然，马克思并没有特别关注这些区别。但那些认为马克思混淆了**解释要素**（*explanans*）和**被解释物**（*explanandum*）的批评者们仅仅把他们的批评建基于马克思所列的标题式的声明，而没有证明，对于以经济史家身份进行工作的马克思来说，这种混淆何错之有。如果按照以上我所建议的方式来理解马克思，他的理论仍然可以在较弱的意义上（尽管仍可能具有误导作用）被称为“技术的”，因为它力图通过生产力来解释生产关系或社会形式。

马克思相信生产力决定生产关系。他的这一信条的基础在于特定的社会生产力状态会制约生产关系，生产力需要或偏好于某些生产关系，而排斥或牺牲另外一些生产关系。但是，仅有这一条根据是不够充分的。因为这一命题反过来也仍然可以成立，就像马克思经常表述的那样——生产关系也同样制约着生产力。大型的机器和工厂劳动无法存在于封建关系或行会关系占主导地位的社会中，而只能在劳动资本的社会关系中得到使用和发展。社会总是倾向于达到生产力和生产关系之间的和谐。马克思认为，从广泛的历史视角来看，生产力总是作为原因和自变量，而社会的生产关

系则必须被视为依据生产力来不断调整自身的因变量。但是由于生产力和生产关系之间的制约是相互的，所以据此并不能得出马克思如上的结论。那么，马克思的这一观点是否可以得到证明呢？

依据马克思致安年科夫的信，人们是无法自由选择他们生活的社会形式的，因为这一社会形式依赖于他们所具有的生产力，并且“这里不必再补充说，人们不能自由选择**自己的生产力**”。人们或许可以选择他们的政治制度，甚至可以选择经济制度，并依据他们的意愿来改变和调整这些制度。但是认为人们可以选择他们对自然界拥有何种力量，或认为人们可以仅仅依靠意愿来改变这些力量完全是无稽之谈。“任何生产力都是一种既得的力量……是人们应用能力的结果，但是这种能力本身决定于人们所处的条件……不是由他们创立而是由前一代人创立的社会形式”[28]。当然，75
生产关系同样不以人们的意志为转移，但这只是因为生产关系是被束缚在与生产力的相互制约关系之中的，而人们不能够自由选择其生产力。

当然，人们可能会选择对他们的生产力的作用加以限制，选择不让这些生产力发挥作用，甚至消除舍弃掉一部分生产力。如果这样做，他们也许就能保存或恢复那些与已经发展了的生产不相适应的社会关系。这种路德分子的路线甚至得到过卢梭和其他一些人的支持，因为他们正确地觉察到，现代资本主义社会的生产力是敌视自由、平等和友爱的，就如同它敌视淳朴敬神的农民和诚实独立的工匠们所依循的那种崇高生活方式一样。但马克思坚信，这些卫道士的反抗总是会被历史所忽略。“最重要的是”，马克思认为，“不使文明的果实——已经获得的生产力被剥夺”。历史进步根本上在于人类塑造和控制周围世界的能力的增长。这是人类发展和表达其本质的最为基本的方式。这恰恰也是他们最终获得自由的方式，是他们掌握社会产品的方式。在马克思看来，只要社会形式有助于生产力的巩固和进一步扩张，就能满足人类历史的需要。但是，任何社会形式都不能以其自身为终点，也没有任何社会形式是人类所不可缺少的。构成历史根基的是那种持续不断的、普罗米修斯式的人类创造能力的延续[29]。这就是为什么在马克思看来，即使社会主义也不是“最终的状态”，不是“理想的”社会形式，而仅仅是一个使得阶级社会时代向超阶级社会时代变化的历史“运动”。

4　生产力和历史发展

马克思认为，生产力决定一个社会的生产关系这一命题有两种相关的应用可能：第一，它能够解释特定社会、特定时期的经济结构。第二，它能够解释历史过程中经济结构的变迁。目前为止，第一种解释得到了大多数人的关注。正如此处说明的那样，这种解释背后的理论主要基于如下三
76 种考虑：（1）特定生产力的有效运用不仅需要一定的物质劳动分工，还需要在特定的历史环境下对个体之间的、个体与物质生产方式之间的社会和经济关系施加重要约束。（2）特定社会、特定时期的生产力具有最大限度内被有效使用的倾向性。（3）由于一个社会的生产力是一个相对稳定的整体，它并不以人们的意志为转移，所以在它与生产关系本质上相适应的这种紧密关系中，生产力应被视为自变量或决定因素。

然而，目前为止，马克思的历史唯物主义最重要的应用并不在于第一种解释，而是在于第二种解释，即关于不同历史时期更替的解释。马克思关于这一论题的经典表述来自他的《〈政治经济学批判〉序言》：

> 社会的物质生产力发展到一定阶段，便同它们一直在其中运动的现存生产关系或财产关系（这只是生产关系的法律用语）发生矛盾。于是这些关系便由生产力的发展形式变成生产力的桎梏。那时社会革命的时代就到来了。……无论哪一个社会形态，在它所能容纳的全部生产力发挥出来以前，是决不会灭亡的；而新的更高的生产关系，在它的物质存在条件在旧社会的胎胞里成熟以前，是决不会出现的。[30]

马克思在这一段落中所展现出的社会变迁理论看起来是建立在上文提到的三种考虑之上的，但它还包括了两个更深入的论题：（4）人类生产力具有扩张的基本倾向，无论这种扩张是否得到了现存生产关系的促进。（5）没有任何种类的生产关系（至少在阶级社会或前阶级社会）能够适应生产力的无限扩张。鉴于这两个论题，任何社会（至少在阶级社会或前阶级社会）都不可避免地具有在其主要生产关系中扩张自身生产力的倾向，直至这种生产关系不能适应生产力的扩张，而且生产力的扩张最终会超越
77 生产关系的限制。后面这种情况的生产力扩张必须通过已经发生了的社会生产关系变革才能实现，不然生产力就必须逐渐削弱早已不适合自身的各种关系，从而改变这些关系。在后面这种情况下，生产力和生产关系之间已经不存在高效的物质生产和社会稳定所需要的那种和谐的并且相互适应的关系了。这两个相互作用、彼此依赖的因素就有了冲突或“矛盾”了。占

主导地位的社会形式，从“经济发展的形式”变成了人类进步的“桎梏”。

马克思相信，生产力最终总是能够在它和生产关系的这种斗争中胜出。作为上文（3）的补充，这一点是马克思为什么认为生产力决定生产关系，并决定与此相关的整个社会生活和意识结构的强有力的理由。在马克思看来，不是不断扩张的生产力，而是那种限制性的生产关系更容易得到“上层建筑”的支持，更容易得到它的政治制度、道德习俗和既有意识形态的支持。为了战胜生产关系并使其适应自身，不断扩张的生产力必须成功挣脱其他这些社会力量的限制。整个社会用来保证和平与稳定的手段、法律与秩序、思维的自满与精神的平静都是孱弱的，它们并不足以对抗人类超越自身并最终实现掌握世界的新形式的那种力量。马克思的历史哲学正是建立在这种信念之上，他相信，人类精神的不屈不挠使得这些社会限制最终都无法阻碍它的发展。

马克思认为，社会是通过生产力的增长而得到发展的，在《资本论》第一卷接近结尾的部分，他通过对资本主义兴起过程的阐释很好地说明了这一理论。15 世纪末，中世纪生产形式下的封建生产遭到了极大的破坏。它让位于被马克思称为“小工场”的生产形式，让位于土地归私人所有的农业和生产资料归私人所有的手工业。对于这种特殊的社会劳动形式，这种独立个体和单个家庭的劳动，马克思说道：“只有在劳动者是自己使用的劳动条件的自由私有者，农民是自己耕种的土地的自由私有者，手工业者是自己运用自如的工具的自由私有者的地方，它才得到充分发展，才显示出它的全部力量，才获得适当的典型的形式。”①

但是一旦它最大限度地发挥了自己的潜能，小工场体系（资产阶级的卫道士是如此之喜爱它）就转而对抗它既有的内在局限了： 78

> 这种生产方式是以土地和其他生产资料的分散为前提的。它既排斥生产资料的积聚，也排斥协作，排斥同一生产过程内部的分工，排斥对自然的社会统治和社会调节，排斥社会生产力的自由发展。它只同生产和社会的狭隘的自然产生的界限相容。要使它永远存在下去，那就像贝魁尔公正地指出的那样，等于“下令实行普遍的中庸”。[31]

① 马克思，恩格斯．马克思恩格斯选集：第 2 卷．3 版．北京：人民出版社，2012：298．——译者注

小工场体系注定是不能永存的。“它发展到一定的程度，就产生出消灭它自身的物质手段。从这时起，社会内部感到受它束缚的力量和激情就活动起来。这种生产方式必然要被消灭，而且已经在消灭。”①

马克思以极其生动的（甚至是骇人听闻的）细节描述了这些桎梏在英格兰是如何被打破的，通过圈地和“强制驱逐农业人口进入城市”；通过新教的“剥夺教堂财产”，并破坏僧侣的生活方式；通过新农业技术的使用使得合作愈发广泛、农业劳动愈发集中，并使得更大比例的本来用于生产羊毛的牧场变为可耕种的土地；通过制造技术的进步和无耻的强盗殖民主义，欧洲得以积累了将这种技术投入实践所必需的财富；直至“个人的分散的生产资料转化为社会的积聚的生产资料，从而多数人的小财产转化为少数人的大财产，广大人民群众被剥夺土地、生活资料、劳动工具”[32]。正如马克思所描述的那样，这种转化是丑恶的；但是就马克思的理论来讲，这种转化又是必需的。尽管过程是骇人听闻的，然而同时又是令人振奋的（至少马克思这样认为）。因为这是崭新的、更高的人类生产力对限制着它的社会关系的胜利，这种生产关系再也不能束缚它了。

值得注意的是，在马克思的描述中，构成了封建制、小工业向资本主义转变的那些社会变化要比大部分成熟资本主义生产技术特征的变化更早
79 发生。但这并不意味着马克思不是通过生产力的变化来解释社会关系的变化。因为马克思很清晰地说明了，“物质手段”的发展以及与之相伴的“社会内部感到受它束缚的力量和激情”决定着小生产的“灭亡”和资本主义的兴起。这种描述只是意味着，在资本主义兴起的过程中，那些被决定和被解释的变化在其出现的时间上大大先于决定和解释它们的生产力。这要么意味着马克思相信结果可以与它们的原因同时进行，要么就意味着马克思将资本主义社会关系的兴起归于社会生产力发展的这一观点并不是一种**因果性**的解释。在第七章中我将会证明第二种理解是正确的[33]。

马克思从未详细地阐述他为什么认为物质进步与社会传统间的斗争总是以前者的胜利而告终。当然，在某种程度上，他这样认为是由于资本主义的兴起这一漫长而可怕的神话本身正是这种观点的佐证。但我们也可以猜测到一些影响着马克思看法的更具普遍性的理由。正如我们先前所看到的那样，马克思认为，人类的自我实现主要在于人类标志性的能力或者“人类本质力量”得到发展和运用。相应地，马克思确信，任何社会关系

① 马克思，恩格斯．马克思恩格斯选集：第2卷．3版．北京：人民出版社，2012：298．——译者注

的基本功能都是使社会可支配的生产力得到有效利用，这就是说，社会关系的基本功能是促进人类本质力量的发展和运用。他认为，所有以其他方式为社会体制进行辩护的尝试——无论这种辩护是通过宗教、道德，还是通过哲学思想——都仅仅是一种意识形态迷信。但马克思也相信，人类在其本质上大多是理性的。如果有足够的时间和机会，人类总体上会趋向于做出最符合理性的行为，即使在主观意愿上这种行为是出于其他的动机。因此，人类具有运用和扩展自身能力的倾向，并且会相应地调整他们的社会关系。正是这种倾向，这种马克思主义版本的黑格尔之**理性的狡计**（*List der Vernunft*），在根本上赋予了人类历史以可理解性：

> 后来的每一代人都得到前一代人已经取得的生产力并当做原料来为
> 自己新的生产服务，由于这一简单的事实，就形成人们的历史中的联系，
> 就形成人类的历史，这个历史随着人们的生产力以及人们的社会关系的 80
> 愈益发展而愈益成为人类的历史。由此就必然得出一个结论：人们的社
> 会历史始终只是他们的个体发展的历史，而不管他们是否意识到这
> 一点。[34]

但是，为什么马克思认为社会形式最终总是会阻碍人类的进步呢？举例说来，资本主义制度是思想开放的、永不停滞的，它对新事物充满了渴望，而且总是可以使任何争议都屈从于市场直接而自由的仲裁，为什么这样的制度不能成为永无止境的物质进步的社会载体呢？在《资本论》中，马克思试图以某些细节来展现各种资本关系为何会不可避免地约束生产力的发展，并且试图表明，这些关系其实已经开始约束生产力的发展了。然而更普遍地看来，马克思认为资本主义社会的**阶级**特征是为人类自由发展的机会设限，或者给人类自我实现的机会设限，而这种机会的增加是由生产力的增长转化而来的。在任何阶级社会，物质进步成果都是被统治阶级独占的，但物质进步却创造出了受压迫阶级获得解放的客观需要。这样的趋势一旦得到充分发展，就一定会导致阶级关系的根本性变革，抑或是阶级社会自身的彻底废除。

马克思的文字经常给人以这样的印象，仿佛他认为自己在《政治经济学批判》中描述的那种情形——生产力不可避免地向现存社会形式可容纳的最大限度发展，生产力与生产关系间的冲突，生产力和社会革命的

胜利——是适用于任何社会历史发展的主要解释模型，无论其具体环境或物质文化水平如何。但将这种理解归于马克思是不实的而且是苛刻的[35]。马克思社会变迁理论背后的一般性构想仅仅指向一种必然的趋向性，在这种趋向下，社会关系不断调整自身以适应生产力扩张。但这些一般性的构想从未涉及社会生产力的发展速度：这与马克思的理论是一致的——并且这也是他经常强调的一点——在特定的社会形式下，几个世纪以来，生产力的发展也许是细微的，甚至是几乎不存在的，因为这些社会形式十分有效地阻碍了生产力的发展；而另一些社会形式（比如资本主义的社会形
81 式）对社会生产力的发展起到了极大的推动作用，因此也最终在较短的时间内使它自身成为过时的[36]。马克思特别强调的这种经济发展的不规则模式有时会被他的批评者们用以反对他的生产力决定生产关系这一论点。这种矛盾其实是虚假的。承认生产关系或许会影响生产力扩张的速度，既不意味着否认这种扩张本身是历史发展的根本趋势，也不意味着否认任何既定的生产关系本身只是因为它可以适应内部生产力的发展才得以存在。

另外一点在于：必然趋势并不意味着必然获胜。它们也许会被其他的趋势，甚至是被外来的偶然因素所消除。因此，认为生产力的扩张是人类历史根本的、不可避免的趋势，与认为在某些情况下，比如，在自然灾难、外来者入侵或转化为内部阶级斗争的特殊灾难的情况下——社会将会失去其生产力基础并不互相矛盾（马克思和恩格斯在提到“斗争的各阶级同归于尽”[37]时可能正是想到了这一点）。

马克思相信，他的构想准确地描绘了资本主义战胜封建社会关系，以及社会主义最终战胜资本主义社会关系的情形。他确实将这两种胜利都视为历史的必然。这是因为马克思认为，在这两种情况下，没有任何能够阻碍根本的历史趋势得以实现的对抗趋势或者破坏因素，而马克思所描绘的图景依据的正是这一历史趋势。无论马克思确信特定的社会变化必然发生这一结论正确与否，这都是建立在他对影响该事件结果的整个经验环境的评估之上的。而绝不是像马克思的批评者们试图使我们相信的那样，仅仅是马克思在早期猜想性学说启发之下得到的武断猜测。

注 释

［1］SW, 374-8；马克思，恩格斯. 马克思恩格斯选集：第3卷. 3版. 北京：人民出版社，2012：722-726.

［2］此外还有其他一些马克思不曾使用过的术语，参见：A. D. Lindsay，*Karl Marx's* ‘*Capital*’（London，1937），32。

［3］恩格斯明确地意识到了这一点。参见：*Selected Correspondence*，424；马克思，恩格斯. 马克思恩格斯选集：第4卷. 3版. 北京：人民出版社，2012：613。

［4］MEW 37：463，*Selected Correspondence*，417；马克思，恩格斯. 马克思恩格斯选集：第4卷. 3版. 北京：人民出版社，2012：604. MEW 39：206，*Selected Correspondence*，467；马克思，恩格斯. 马克思恩格斯选集：第4卷. 3版. 北京：人民出版社，2012：649. MEW 37：490，*Selected Correspondence*，421；马克思，恩格斯. 马克思恩格斯选集：第4卷. 3版. 北京：人民出版社，2012：598. MEW 37：467，*Selected Correspondence*，415－17；马克思，恩格斯. 马克思恩格斯选集：第4卷. 3版. 北京：人民出版社，2012：609. Cf. MEW 39：96，*Selected Correspondence*，459；马克思，恩格斯. 马克思恩格斯选集：第4卷. 3版. 北京：人民出版社，2012：642.

［5］MEW 3：37－8，CW 5：53；马克思，恩格斯. 马克思恩格斯选集：第1卷. 3版. 北京：人民出版社，2012：171－172. 如果充分夸大这一简单论点，我们就可以得到［像阿尔都塞（Louis Althusser）所说的］"多元决定论"。

［6］*Oeuvres* 1：1439，*Selected Correspondence*，35；马克思，恩格斯. 马克思恩格斯选集：第4卷. 3版. 北京：人民出版社，2012：408. 法语 *commerce* 是马克思用来对应德文 *Verkehr* 这一术语的词语，出于这一原因，英译将 commerce 译作"交换"（intercourse）而非"贸易"（commerce）。

［7］马克思的法文用语表明了他同时考虑到了这两种意思：他通常使用 *forces productives*；但偶尔也使用 *pouvoirs productifs* 或者 *facultés productives*。

［8］MEW 6：407，SW，81；马克思，恩格斯. 马克思恩格斯选集：第1卷. 3版. 北京：人民出版社，2012：340.

［9］*Oeuvres* 1：99，CW 6：183；马克思，恩格斯. 马克思恩格斯选集：第1卷. 3版. 北京：人民出版社，2012：241.

［10］*Oeuvres* 1：1440，*Selected Correspondence*，36；马克思，恩格斯. 马克思恩格斯选集：第4卷. 3版. 北京：人民出版社，2012：409.

［11］CW 6：166；马克思，恩格斯. 马克思恩格斯选集：第1卷. 3版. 北京：人民出版社，2012：222. cf. *Grundrisse*，100e；马克思，恩格斯. 马克思恩格斯全集：第30卷. 2版. 北京：人民出版社，1995：114.

［12］John Plamenatz，*Man and Society*（London，1963）2：279；H. B. Acton，*The Illusion of the Epoch*（London，1955），159.

［13］关于这一区分的精彩讨论，可参见：G. A. Cohen，*Karl Marx's Theory of History*（Princeton，N. J.，1978），ch. IV，以及 William H. Shaw，*Marx's Theory of History*（Stanford，Calif.，1978），27－42。

［14］例如，马克思在《政治经济学批判大纲》和《资本论》中对约翰·斯图亚特·穆勒的批评，见 *Grundrisse*，86－8e（马克思，恩格斯. 马克思恩格斯全集：

第30卷. 2版. 北京：人民出版社，1995：27－28）；*Grundrisse*，831－3e（马克思，恩格斯. 马克思恩格斯全集：第30卷. 2版. 北京：人民出版社，1995：621）；以及 *Capital*（New York，1967）1：516－18（马克思，恩格斯. 马克思恩格斯文集：第5卷. 北京：人民出版社，2009：590－592）。科恩认为，穆勒的理论并不存在马克思所指责他的那种混淆（参见：*Karl Marx's Theory of History*，108－10）。即便这种指责是正确的，那也只能说明马克思过分苛求穆勒对自然/社会的区分，而不是穆勒没有意识到，或者混淆了这种区分。

[15] MEW 3：29－30，CW 5：43；马克思，恩格斯. 马克思恩格斯选集：第1卷. 3版. 北京：人民出版社，2012：160.

[16] MEW 3：22，CW 5：32；马克思，恩格斯. 马克思恩格斯选集：第1卷. 3版. 北京：人民出版社，2012：148.

[17] *Oeuvres* 1：1440，1442，*Selected Correspondence*，35，37；马克思，恩格斯. 马克思恩格斯选集：第4卷. 3版. 北京：人民出版社，2012：409－412.

[18] 马克思主义者往往认为这一论点是不证自明的真理，而一些马克思主义的批评者似乎却又认为这一论点是"不证自明"的谬误。在我看来，这两种判断都是错误的：我认为，这是一个十分值得讨论的经验论题。例如，普拉梅纳茨（Plamenatz，*Man and Society* 2：281）说道："对任意一种生产形式而言，都有许多极为不同的所有制体系与之相对应。不容否认，其中的一些对应关系是被排除的；比如部落社会的所有制关系与我们今天所认识到的那种工业生产是难以相容的。但是，能够与任意一种生产形式相容的所有制体系太多样了，以至于认为生产形式决定所有制关系是毫无意义的。"在我看来，普拉梅纳茨这一段落中的结论是十分轻率的。反驳理由之一可参见本章第22个注释。

[19] MEW 31：234，*Selected Correspondence*，180；马克思，恩格斯. 马克思恩格斯选集：第4卷. 3版. 北京：人民出版社，2012：462. 参见：SW，182；马克思，恩格斯. 马克思恩格斯选集：第2卷. 3版. 北京：人民出版社，2012：2. CW 6：166；马克思，恩格斯. 马克思恩格斯选集：第1卷. 3版. 北京：人民出版社，2012：222.

[20] 三个典型的例子可参见：M. M. Bober，*Karl Marx's Interpretation of History*（Cambridge，Mass.，1948），6－15；Sidney Hook，*Toward the Understanding of Karl Marx*（New York，1933），126；Angus Walker，*Marx*（London，1978），105－7. 当然，马克思确实说过："劳动资料不仅是人类劳动力发展的测量器，而且是劳动借以进行的社会关系的指示器。"（MEW 23：195，*Capital* 1：180；马克思，恩格斯. 马克思恩格斯选集：第2卷. 3版. 北京：人民出版社，2012：172）但是，显然生产方式和生产力之所以可以成为这样的指示器是因为它们决定或解释了社会关系。马克思诚然没有在这一段落中表明这一观点，但也很难确定这并非他的意思。

[21] MEW 3：30，CW 5：43；马克思，恩格斯. 马克思恩格斯选集：第1卷.

3 版. 北京：人民出版社，2012：160. *Oeuvres* 1：90，MEW 4：140，CW 6：175；马克思，恩格斯. 马克思恩格斯选集：第 1 卷. 3 版. 北京：人民出版社，2012：233. cf. *Selected Correspondence*，449.

［22］*Oeuvres* 1：1439，*Selected Correspondence*，33；马克思，恩格斯. 马克思恩格斯选集：第 4 卷. 3 版. 北京：人民出版社，2012：409. MEW 39：205，*Selected Correspondence*，466；马克思，恩格斯. 马克思恩格斯选集：第 4 卷. 3 版. 北京：人民出版社，2012：648. 这一点也有助于从普拉梅纳茨的反对意见（*Man and Society* 2：281）中拯救马克思的理论，普拉梅纳茨认为，对于每一种特定的生产形式，都有许多不同的所有制体系可与之相适应，因此，说所有制体系是被生产形式所决定的就毫无意义可言，除非我们早已将这一所有制体系视为此种形式的组成部分。对某一特定的生产形式而言，我们也许可以想象出许多不同的所有制体系，它们在抽象的意义上或许与当下盛行的这种所有制体系一样可以与该生产形式相适应。但是，想象中的体系与孕育现存生产形式的传统社会关系可能会存在极大的分歧，这使得这些传统有效地排除了除当下主流所有制体系之外的所有其他所有制体系。在这种情况下，特定历史条件下的生产力变化也许会在事实上决定从一种所有制体系向另一种所有制体系的转变，即便在理论上有许多不同的所有制体系可以与这种新的生产形式相适应。在马克思自己对历史变迁的真实分析中，他合理地将现存社会形式的限制作用视为理所当然的，并总是自然而然地将这些变迁视为反抗现存社会形式背景的。

［23］MEW 19：108，*Selected Correspondence*，312；马克思，恩格斯. 马克思恩格斯选集：第 3 卷. 3 版. 北京：人民出版社，2012：728.

［24］*Oeuvres* 1：135，CW 6：211；马克思，恩格斯. 马克思恩格斯选集：第 1 卷. 3 版. 北京：人民出版社，2012：274. MEW 3：30，CW 5：43；马克思，恩格斯. 马克思恩格斯选集：第 1 卷. 3 版. 北京：人民出版社，2012：160.

［25］Cohen，*Karl Marx's Theory of History*，44；Shaw，*Marx's Theory of History*，14－15.

［26］《大纲》的相关论述，参见：*Grundrisse*，528e；马克思，恩格斯. 马克思恩格斯全集：第 30 卷. 2 版. 北京：人民出版社，1995：378. *Grundrisse*，700e；马克思，恩格斯. 马克思恩格斯全集：第 30 卷. 2 版. 北京：人民出版社，1995：587.《资本论》的相关论述参见：*Capital* 1：308－17；马克思，恩格斯. 马克思恩格斯文集：第 5 卷. 北京：人民出版社，2009：374－389. *Capital* 1：340；马克思，恩格斯. 马克思恩格斯文集：第 5 卷. 北京：人民出版社，2009：417. *Capital* 1：344；马克思，恩格斯. 马克思恩格斯文集：第 5 卷. 北京：人民出版社，2009：422.

［27］Cohen，*Karl Marx's Theory of History*，33，34.

［28］*Oeuvres* 1：1439，*Selected Correspondence*，35；马克思，恩格斯. 马克思恩格斯

格斯选集：第4卷. 3版. 北京：人民出版社，2012：408，409.

［29］*Oeuvres* 1：79，CW 6：166；马克思，恩格斯. 马克思恩格斯选集：第1卷. 3版. 北京：人民出版社，2012：233.

［30］MEW 13：9，SW 182−3；马克思，恩格斯. 马克思恩格斯选集：第2卷. 3版. 北京：人民出版社，2012：2−3.

［31］MEW 23：789，*Capital* 1：761；马克思，恩格斯. 马克思恩格斯选集：第2卷. 3版. 北京：人民出版社，2012：298.

［32］MEW 23：789−90，*Capital* 1：762；马克思，恩格斯. 马克思恩格斯选集：第2卷. 3版. 北京：人民出版社，2012：298.

［33］参见第七章第二部分，特别是注释［6］的内容。

［34］*Oeuvres* 1：1440，*Selected Correspondence*，36；马克思，恩格斯. 马克思恩格斯选集：第4卷. 3版. 北京：人民出版社，2012：409.

［35］科恩对《〈政治经济学批判〉》序言的阐释（*Karl Marx's Theory of History*，172−4）清晰而明确，这十分令人赞赏，但是在我看来，他不仅夸大了马克思的信条，而且也夸大了历史唯物主义的基本原则将会使马克思得出何种衍生的结论。不过，这种夸大可能并非源自科恩的阐释，而是源自《〈政治经济学批判〉序言》的表述本身。

［36］参见：CW 6：487；马克思，恩格斯. 马克思恩格斯选集：第1卷. 3版. 北京：人民出版社，2012：403−404.

［37］MEW 4：462，CW 6：482；马克思，恩格斯. 马克思恩格斯选集：第1卷. 3版. 北京：人民出版社，2012：400.

第六章
阶　　级

1　社会关系、财产关系

马克思《〈政治经济学批判〉序言》中的一段著名论述告诉我们： 82

> 人们在自己生活的社会生产中发生一定的、必然的、不以他们的意志为转移的关系，即同他们的物质生产力的一定发展阶段相适合的生产关系。这些生产关系的总和构成社会的经济结构，即有法律的和政治的上层建筑竖立其上并有一定的社会意识形式与之相适应的现实基础。[1]

我们已经看到，马克思在社会劳动分工或工作关系体系与“交往形式”、社会或经济关系体系（比如资本家与劳动者之间、地主与佃户之间、行会所有者与熟练工人之间的关系）之间做了区分。上述引文清楚地表明，社会或经济关系组成了被马克思视为社会真正基础的“社会的经济结构”，而“社会的经济结构”在决定社会的法律、政治和意识形态等“上层建筑”时起到了最为重要的作用。因此，尽管马克思认为“社会组织的基础”是由生产力和直接的生产关系体系组成的，但在他的理论中，被纳入**“经济**基础”中的社会或经济关系体系才是理解其他社会现象的出发点[2]。

但是，什么才是马克思在这一语境中讲到的“生产关系”呢？他又是如何构想出诸如主人/奴隶、资本家/雇佣工人这样一些普遍的关系类型的呢？显然，对马克思而言，生产关系是和人类与土地的关系、人类与工具 83

的关系，以及人类与其他生产条件的关系紧密相连的。马克思经常声称生产关系是与所有权或所有制紧密相连的。例如，马克思在《德意志意识形态》中说道："分工的各个不同发展阶段，同时也就是所有制的各种不同形式。这就是说，分工的每一个阶段还决定个人在劳动材料、劳动工具和劳动产品方面的相互关系。"[3]这似乎意味着工作关系（"劳动分工"）是社会的经济结构的基础，而这一结构与盛行的"所有制形式"相一致。但在《政治经济学批判》中，马克思将"财产关系"描述为生产关系的"法律用语"，暗示了财产关系是属于"上层建筑"的，而"上层建筑"则建立在生产关系的"现实基础"之上[4]。在这一点上，马克思主义者经常依据《政治经济学批判》将各种生产关系与"表达"它们的财产关系区分开来。但是一些批评者要么否认马克思的分析包含着这样一种区分，要么否认这种区分的合理性。拉尔夫·达伦多夫（Ralf Dahrendorf）坚持认为，马克思的"各种分析本质上是建立在狭义的、法律层面的财产概念之上的"，并因此将它们视为错误的。而约翰·普拉梅纳茨则认为，像《政治经济学批判》那样试图将财产关系与生产关系区分开来是毫无意义的，因为

> 想要通过人与人之间相互需求并相互承认之外的方式，或者通过公认的权利和义务之外的方式来定义生产关系是不可能的。凡是有权利和义务的地方就有被接受的行为规范，这些行为规范要求一些事项，禁止另一些事项，并且得到各种措施的保障，这也就是宽泛意义上的法律。[5]

我们首先需要说明的是，达伦多夫的看法是大错特错的。我们在第三章中看到，对于马克思来说，"占有"（appropriation）比任何财产权利体系都更为根本，财产权利体系仅仅是由社会生产关系设定的"法律形式"。马克思经常区分"法律财产"（property *de jure*）和"事实财产"（property *de facto*），这使得任何熟悉马克思作品的人都明白他并不持有达伦多夫强加给他的那种立场。这种区分在《资本论》如下段落中十分明确：

> 84 土地所有权的前提是，一些人垄断一定量的土地，把它当做排斥其他

> 一切人的、只服从自己私人意志的领域。……用这些人使用或滥用一定量土地这样一种法律权力来说明问题，是什么问题也解决不了的。土地的这种使用，完全取决于不以他们的意志为转移的经济条件。[6]

这里，马克思显然是将土地所有权视为某些人对土地所具有的排他性的有效控制之总和。他将这种控制视为“经济条件”的功能，视为某些社会关系的功能，在这些社会关系中，土地所有者对其他人和土地而言是一种生产要素。法定所有权（legal ownership）和它的伴生物“法律权力”（juristic powers）与所有权不同，它从自己所表达的社会关系中获得它的实际内容。对马克思来说，社会关系不是以财产关系的方式得到理解的（更不必说法定所有权或财产权）。相反，（法律或道德的）财产关系是以社会关系的方式而被理解的：“给资产阶级的所有权下定义不外是把资产阶级生产的全部社会关系描述一番。”相反地，“每一种关系都可以被描写为财产关系的一个例子”[7]。

但普拉梅纳茨的担忧依然存在。马克思**可以**不凭借各种法律关系或司法关系（它们本应被用来表达社会关系）而构想出社会关系吗？还是马克思必须以“权利和义务”的方式，以“广义的法律”来规定社会关系呢？

马克思并未清晰地说明他的“社会生产关系”这一核心概念，也没有以上述引文中提到的那种方式“定义”资产阶级财产（或任何其他类型的财产）。但我认为，马克思理论的一般本质表明了他可能会如何回应普拉梅纳茨的批评。马克思说：“社会不是由个人构成，而是表示这些个人彼此发生的那些联系和关系的总和。”[8]社会是一个由截然不同的角色或职位构成的结构，这些角色或职位的占有者在社会生产过程中拥有不同类型和不同程度的控制权，他们对社会劳动或劳动成果有着不同类型的要求，而其他社会成员也对他们有着不同类型的要求[9]。我们可以用恩格斯对农奴和无产者之间的差别的描述来说明这一点：

> 农奴占有并使用一种生产工具，一块土地，为此他要交出自己的一部分收益或者服一定的劳役。无产者用别人的生产工具为这个别人做工，从而得到一部分收益。农奴是交出东西，无产者是得到报酬。农奴生活有保障，无产者生活无保障。农奴处在竞争之外，无产者处在竞争之中。[10] 85

农奴和无产者在生产中扮演了相似的角色，在这一角色中，他们都使用其他人（这些人在社会体制中与他们拥有不同的社会角色）所有（在有效社会控制下）的生产资料进行生产。由于这一原因，农奴和无产者都只能占有他们所生产出的产品的一部分。这两个角色是以他们分享到的产品份额的**形式**与确定这一份额数量大小的**方式**相区别的。

马克思显然认为，既定的社会角色或职位体系在一定时期内是相对稳定的，并且可以以独立于偶然占有它们的特定个人，独立于这些个人运用他们权力（来自社会角色）的方式而被定义。但他似乎也相信，社会关系体系可以通过对各种动机和约束力进行抽象来定义，这些动机和约束力确保了社会角色的占有者们能够满足这一体制强加给他们的要求。例如，我们也许会认为，地主之所以可以对佃户收租，是**因为**佃户正在使用的这块土地为他所有。他对土地的所有权和我们用以定义这一所有权的权利、道德或法律约束力**解释**了他为何可以对佃户收租，并且解释了佃户为何必须遵从这一索款要求。也许正是这种情形使得普拉梅纳茨认为马克思无法在不涉及权利、责任和（宽泛意义上的）法律的情况下定义各种社会关系或经济关系。

然而，在马克思看来，真相却恰恰相反。“地租是土地所有权在经济上借以实现即增殖价值的形式”[11]。土地所有权**存在于**（至少部分存在于）某人（所有者或地主）可以因另一人使用土地而向其收租的这一事实之中。如果我们探究为什么地主或佃户会处于这样一种关系中，那么马克思的答案将会是说明地主/佃户这一关系与他们的社会经济结构如何相适应，
86 并说明这一结构如何促进了社会生产力的运用。马克思认为以财产权和处罚性约束的方式来解释地租是肤浅的，因为它未能清楚解释为什么处罚性约束应当存在，为什么任何人都能够要求行使自身权力。即便是赤裸裸的武力，如果它要在社会系统中扮演决定性的角色，也必须使自身与它所处的经济状况相一致：“定居下来的征服者所采纳的共同体形式，应当适应于他们面临的生产力发展水平，如果起初情况不是这样……就应当按照生产力来改变。”[12]

与此同时，如果我们认为社会关系与道德、法律，以及其他约束力截然不同，并且认为后者起初是由生产关系创造的，那么我们就可以将这些事物解释为各种支撑了它们的所有权、道德意识形态，以及法律机制[13]。这是因为，我们可以将这些权利和处罚措施视为一个社会有效使用其生产力的手段。至于佃户是出于履行责任的目的而付给地主地租，还是由于被枪指着而不得不付给地主地租，这对地主与佃户之间社会关系的**定义**都是无

关紧要的。当然，在现实中，地主并不会使用可以确保佃户服从的某些手段，因为这些手段是低效而且不可靠的，或者因为这些手段会产生不必要的花费。这些作为特定社会关系体系约束手段的法律和道德制度的相对有效性的事实的展现，帮助我们阐明了法律和道德制度的特殊本质是社会性的。回想马克思的理论，他认为社会必将趋向于采用最能促进就业和最能推动生产力发展的社会关系体系。由于同样的原因，这一理论还认为，社会必将趋向于采用能最有效地支持其社会关系体系的政治工具、法律形式，以及道德或宗教的意识形态。这正是马克思将（法律的）财产关系称作社会生产关系的“法律用语”，并将生产关系体系称作法律、政治和意识形态等“上层建筑”的“经济基础”所要表达的意思。

至此，马克思主义者对普拉梅纳茨的回应就非常清晰了。如果“广义上的责任、权利和法律”指的是真实的需要和要求，而这些需要和要求又区分并关联着组成特定社会的各个角色，那么，社会关系就无法独立于这些术语而被定义。然而，马克思是将这种意义上“责任”和“权利”作为社会“经济基础”的一部分，而非“上层建筑”的一部分。与此同时，只要权利、责任和法律蕴含了保障社会角色的要求和需要得以实现的特定动机或约束力，那么它们就绝不能被用来定义社会角色和社会关系。正是由 87
于用以定义社会关系的要求和需要体系在逻辑上是独立于赋予它们权力的那些约束措施的，它们才有**可能**在定义中避免涉及这些概念。况且，如果要以各种法律形式所支持的社会关系为基础来解释这些形式，那就**必须**在定义中避免涉及这些概念。

尽管达伦多夫和普拉梅纳茨对马克思提出的批评意见是错误的，但他们确实指出了马克思历史唯物主义阐释中一些不够清晰的重要问题。正如马克思并没有始终清晰地区分社会生产关系和物质生产关系一样，他也始终没有在社会关系和财产关系间保持清晰的区分，而这些关系都是以道德或法权的方式来被理解的。普拉梅纳茨说，“除了在定义它们时，马克思和恩格斯提到各种生产关系时几乎总好像它们是与财产关系相同的”[14]，他在这一点上是正确的。而达伦多夫对马克思的误读也是合情合理的，这是因为马克思从未真正以资本主义生产社会关系的方式来定义资本主义财产关系这一事实。相反，马克思几乎总是将他的资本主义社会关系概念建立在他视之为理所应当的资本主义财产关系这个一般概念之上。这并不意味着马克思的理论本身是混乱的或不堪一击的，但它确实表明，想要以严谨的方式表达这一理论还有很长的路要走。

2　历史和社会阶级

马克思的理论认为，当各种社会关系不再能适应社会生产力，或它们变成生产力发展的桎梏时，就会发生革命。但该理论也认为，历史是由人类自身创造的。并不是生产力自身发动革命，而是人民在具有革命动机和机遇的历史条件下发动革命。

马克思的理论认为，历史是由人类个体所创造的，这些个体行为具有极其不同的动机。但该理论也认为，不能以具体个人的动机和行为方式来理解历史。也许理解马克思主义这一观点的最好方式就是参照恩格斯《路德维希·费尔巴哈和德国古典哲学的终结》中的如下段落：

> 无论历史的结局如何，人们总是通过每一个人追求他自己的、自觉预期的目的来创造他们的历史，而这许多按不同方向活动的愿望及其对
> 88 外部世界的各种各样作用的合力，就是历史。因此，问题也在于，这许多单个的人所预期的是什么。①

马克思主义理论并不否认历史是人类个体行为成果的累积，也不否认这些行为往往是出于行为人在解释自己行为时所说明的各种动机，恩格斯说，“愿望是由激情或思虑来决定的”，而激情或思虑是由各种各样的动机决定的，比如“外界的事物”，“精神方面的动机，如功名心、‘对真理和正义的热忱’、个人的憎恶，或者甚至是各种纯粹个人的怪想”②。马克思与弗洛伊德不同，他并不认为我们的行为是由那些被自身忽略或故意被自己隐藏起来的潜在精神冲动所驱使的。特别是马克思的理论并**不**会认为，当我觉得自己是被“对真理和正义的热忱”所打动时，我实际上只是被个人的经济利益所打动罢了。

尽管历史是个体行为成果的累积，但这些行为的自觉动机本身并不能给我们提供历史变迁的合理解释。恩格斯对此做出了两点说明：首先，个体经常无法得到他们所欲求的结果；他们的动机只能解释他们想要什么，而历史是他们实际上达成的结果的累积：“在历史上活动的许多单个愿望在

①② 马克思，恩格斯. 马克思恩格斯文集：第4卷. 北京：人民出版社，2009：302. ——译者注

大多数场合下所得到的完全不是预期的结果，往往是恰恰相反的结果，因而它们的动机对全部结果来说同样地只有从属的意义”①。其次，个体动机因其过于多样和偶然而无法解释作为大众长期持续行为之结果的历史变迁。所以，恩格斯认为，我们的理论必须找出被他称之为（我认为这是有误导性的）历史的“驱动力量”（driving powers）或“动力”（driving forces）的东西，这种动力也许在众多个体的自觉动机层面并不突出，但在他们行为的系统性结果方面却举足轻重：

如果要去探究那些隐藏在——自觉地或不自觉地，而且往往是不自觉地——历史人物的动机背后并且构成历史的真正的最后动力的动力……与其说是个别人物，即使是非常杰出的人物的动机，不如说是使广大群众……的动机；而且也不是短暂的爆发和转瞬即逝的火光，而是持久的、引起重大历史变迁的行动。[15]

当恩格斯说，人们对历史“动力”几乎毫无觉察时，他的意思并不是他们没有意识到（或错误地认为）每个个体的动机是什么。（这就是我为什么说恩格斯使用人们自觉动机“背后”的“杠杆”或“动力”这样的表达是极具误导性的。）他实际的意思是，人们往往无法认识他们的动机和行为的社会历史重要性：他们认识不到自己的动机和行为是如何作用于社会体系或大规模历史趋势的。比如，他们认识不到，自己之所以有可能参与到宗教狂热之中的主要社会原因在于宗教认可了世俗的现状。他们也觉察不到，自己对个体自由的崇高辩护是如何恰恰服务于将社会中的大部分人束缚于镣铐之中这一社会目的的。当然，如果他们最终理解了这一点，就很可能改变自身的动机和行为。马克思的理论意图就是使每一个摆脱了阶级偏见的人、每一个对变化持有开放态度的人，确确实实发生这样的改变。获取关于个体动机的社会意义的知识并不是要学习个人的心理构成。但它确实是获得自我认知的重要方式。因为这是将自身视作一个社会的、历史的存在物，并试图理解自身的某些重要方面。 89

在理解历史变迁方面，个体动机只是次要的，因为大规模历史变迁是大型团体、“人民”、“大众”，尤其是社会**阶级**的系统性的并且（有意或无

① 马克思，恩格斯．马克思恩格斯文集：第4卷．北京：人民出版社，2009：303．——译者注

意）协同一致的行为结果。

什么是阶级？遗憾的是，马克思没有能够完成《资本论》中研究这一问题的章节。比起给出正面的回答，马克思在拒斥特定回答时要更为明确一些。马克思反对那种仅仅依据贫富状况或有产和无产来划分阶级的理论。他说道，“钱包的大小纯粹是数量上的差别”，而“**无产**和**有产**的对立”就其本身来说仅仅是一种“无关紧要的对立”，这种对立没有从“**能动关系**”或“**内在**关系”上来理解阶级[16]。马克思也拒绝用收入来源的方式来定义阶级：

> 乍一看来，好像就是收入和收入源泉的同一性。正是这三大社会集
> 90 团……分别靠他们的劳动力、他们的资本和他们的土地所有权来生活。
>
> 不过从这个观点来看，例如，医生和官吏似乎也形成两个阶级，因为他们属于两个不同的社会集团，其中每个集团的成员的收入都来自同一源泉。对于社会分工在工人、资本家和土地所有者中间造成的利益和地位的无止境的划分，——例如，土地所有者分成葡萄园所有者，耕地所有者，森林所有者，矿山所有者，渔场所有者，——似乎同样也可以这样说。[17]

这里的问题似乎在于“收入来源”是一个太过宽泛的概念。马克思想要用与识别“各种大型社会团体”——历史进程所依赖的正是这些“大型社会团体”间的相互作用——相同的方式来给收入来源分类。但这种分类绝不能仅仅建立在“收入来源”这一概念之上。

埃里克·霍布斯鲍姆（Eric Hobsbawm）认为，“阶级仅仅是社会生产关系的特例”[18]。如果这指的是马克思认为是生产关系将人区分为不同的经济角色，从而产生出社会阶级的话，我认为他的观点是正确的。但由于生产关系本身是被自我对他人，以及他人对自我的种种要求所规定而成的，在原则上它似乎也可被用来以各种各样的方式给人群分类。真正的问题在于发现到底何种分类方式才能使我们识别出那些在理解大规模社会变迁时起到关键作用的群体。

马克思说阶级“起源于”生产关系，因为它“为这批人创造了同等的地位和共同的利害关系”[19]。他相信，社会变迁的动力在于对立阶级之间的利益斗争。正是这些利益成为大规模社会变迁的（使用恩格斯误导性的话语来说）“杠杆”或“驱动力”。因此，在寻找使阶级产生的各种社会关系时，我们应该特别注意那些系统地使人们的利益对立起来的关系。然而，

马克思也非常清楚同一阶级不同部分（技术工人与非技术工人之间或工业资本家与金融资本家）之间利益的系统性分歧。他在对重要历史事件的分析中（比如1848—1851年在法国发生的那些事件）往往对同一阶级内部的斗争和不同阶级之间的斗争给予同样的重视。马克思之所以将雇佣劳动者、资本家和土地所有者划分为现代社会最为重要的三大基本阶级，似乎是因为他认为这些社会团体之间的利益冲突在根本上比它们的内部冲突，或它 91
们和其他较弱的阶级（比如农民和小资产者）的冲突更具历史重要性。

一旦我们认同马克思最为根本的论点，即一个社会中非经济组织的构成和社会的历史进程是由有着不同经济利益的社会团体间的斗争决定的，那么在进一步的论述中就势必会得出，政治、意识形态以及历史变迁都是**阶级**斗争的结果。因为马克思并没有向我们提供孤立地辨识这些阶级的方法，辨识这些阶级需要把何种生产关系、哪些社会团体将在社会和历史方面起决定作用这一情况纳入考虑。

我们也许会认为，马克思对基本社会阶级的确认可能出自另一来源：它源于这样一个事实，即在任何特定的社会中都有某种主导的社会形式或生产关系，有某种有效控制生产资料的典型模式，还有把这些生产资料和人力结合起来的典型途径[20]。**阶级**就是需要通过这些主导关系来加以说明的群体。但这种观点实际上并不能成立。首先，它没有说明不包含在主导关系中的阶级（比如，那些由上一时代遗留下来的关系所规定的阶级）。此外，这里的"主导"究竟是何含义呢？我们也许会认为，这仅仅是一个量的问题：特定生产关系占"主导"地位意味着它们占据了社会总产品的较大部分或与大部分社会生产力都有关联。但马克思显然不这么认为。马克思知道农民是法国社会中数量最为庞大的阶级，但他认为，这一阶级只有当它愿意跟从（数量上较少但却更具历史重要性的）无产阶级的领导时才具有真正的历史重要性。

此外，马克思还说道：

在一切社会形式中都有一种一定的生产决定其他一切生产的地位和影响，因而它的关系也决定其他一切关系的地位和影响。这是一种普照的光，它掩盖了一切其他色彩，改变着它们的特点。这是一种特殊的以太，它决定着它里面显露出来的一切存在的比重。[21] 92

无论这段话是何含义，都并没有仅仅将"主导"的生产关系视为参与其中的劳动者或社会生产的比重大小的问题。我认为，只有当一种关系所产生的社会动力在解释社会上层建筑制度和历史发展根本趋势时具有决定性作用，马克思才会认为它是主导的。马克思之所以将资本与雇佣劳动的关系视为资本主义社会的主导关系，是因为他相信，通过关注这一关系可以“揭示现代社会的经济运动规律”[22]。我认为，马克思对一个社会阶级结构的分析与他对这一社会基本动力的判定是密不可分的。我们只有通过它在解释社会上层建筑制度和历史运动方面的有效性才能证明这一分析的正当性。

3　阶级利益

个人之所以形成阶级是因为他们具有“共同的利害关系”。而他们之所以具有“共同的利害关系”又是因为他们分享了“同等的地位”。由此，很自然就会认为，马克思只是把“阶级利益”视作阶级中的各个个体的利益，这些个体的利益因为他们生活境遇的相似而具有一致性。但这是一种过度简化了的观点。一方面，特定阶级成员的利益并不在方方面面都保持一致。同一阶级的成员在经济方面往往是相互竞争的关系。另一方面，某个事件的转变对某一阶级中大多数成员利益的影响或许恰恰与对这一阶级中其他成员利益的影响截然相反。进一步而言，马克思不太可能因为某一事态恰巧使一个阶级的成员（即使是全部成员）受益就认定它是代表这一阶级的利益的。只有在这一事态具有某种机制（无论是公开还是隐藏的机制）使得它系统性地偏向于这一阶级（而不是其他阶级）的成员利益时他才会这样认为。

但任何试图将马克思主义的阶级利益仅仅理解为阶级中各个个体成员利益集合的尝试都面临着一个更深层的问题。那就是，当人们仅仅因为以同等地位为基础的共同利害关系而团结起来时，他们还远不能构成马克思意义上的“阶级”。具有同等地位和共同利害关系的个体至多只能算作潜在的、无意识的阶级，或者说，只是一个“自在”的阶级；他们还不是一个真正的、有意识的阶级，尚未成为一个“自为”的阶级。在论及法国农民时，马克思说：

93 数百万家庭的经济生活条件使他们的生活方式、利益和教育（*Bui-dung*。——作者注）程度与其他阶级的生活方式、利益和教育程度各不相

同并互相敌对，就这一点而言，他们是一个阶级。而各个小农彼此间只存在地域的联系，他们利益的同一性并不使他们彼此间形成共同关系，形成全国性的联系，形成政治组织，就这一点而言，他们又不是一个阶级。因此，他们不能以自己的名义来保护自己的阶级利益，无论是通过议会或通过国民公会。[23]

马克思这里的观点并不仅仅是说农民不具备促进他们共同利益的政治能力，他还说正是因为农民之间没有"联系或政治组织"，没有彼此之间的"利益共同体"，所以也就没有完全意义上的真实的**阶级**利益。

马克思所设想的阶级并不是简单地与生产关系体系**相伴而生**的。当处于同等地位的人们因共同利益而产生了特有的政治运动和用以促进这些利益的阶级意识形态时，阶级就从这样的一个体系中"产生"或"发展"出来了。只有那时"他们所维护的利益"才"变成阶级的利益"[24]。"单个人所以组成阶级只是因为他们必须为反对另一个阶级进行共同的斗争"[25]。"进行共同的斗争"暗示了某种有组织的运动，而这一运动的目标超越了或高于引发运动的个体利益的目标。这些目标"违反个人的意志……发展为共同利益，后者脱离单独的个人而获得独立性，并在独立化过程中取得**普遍**利益的形式"[26]。马克思所构想的阶级意识形态的功能之一就是给它的单个成员灌输对这些"普遍"利益的信念：

在不同的财产形式上，在社会生存条件上，耸立着由各种不同的，表现独特的情感、幻想、思想方式和人生观构成的整个上层建筑。整个阶级在其物质条件和相应的社会关系的基础上创造和构成这一切。通过传统和教育承受了这些情感和观点的个人，会以为这些情感和观点就是他的行为的真实动机和出发点。[27]

当然，马克思并不认为，如果要成为一个"自为"的阶级，一个社会 94
团体必须认识到它的普遍利益和组织就是一个"阶级"的普遍利益和组织。在圣西门、梯叶里和基佐等历史学家的著作问世之前，大众的词汇中甚至根本不存在社会阶级这个概念。并且，（正如上述引文表明的那样）马克思认为人们往往无法意识到阶级运动和意识形态的本质，即使（从某种社会观点来看）意识形态构成他们行为的真正解释（或"出发点"）。这意味着，阶级本身和有组织的运动（它使阶级真正成为阶级）之间的联系往往并不是自明的。也许需要通过对该群体长期历史利益，对阶级运动与这些利益到底有何关联展开复杂理论分析，这种联系才能够建立起来。

马克思经常提及从属于某些特定运动和意识形态的阶级，尤其是那些伪装成代表无产阶级而实际上却行为不符的阶级。但他基本上没有提，在何种情形下社会运动才可以被视作代表了某个阶级。不过，马克思确信这一运动并不需要以本阶级的民众为主要构成。在论及小资产阶级民主时，马克思说道：

然而也不应该狭隘地认为，似乎小资产阶级原则上只是力求实现其自私的阶级利益。相反，它相信，保证它自身获得解放的那些**特殊**条件，同时也就是唯一能拯救现代社会并避免阶级斗争的**一般**条件。同样，也不应该认为，所有的民主派代表人物都是小店主或崇拜小店主的人。按照他们所受的教育和个人的地位来说，他们可能和小店主相隔天壤。使他们成为小资产者代表人物的是下面这样一种情况：他们的思想不能越出小资产者的生活所越不出的界限，因此他们在理论上得出的任务和解决办法，也就是小资产者的物质利益和社会地位在实际生活上引导他们得出的任务和解决办法。一般说来，一个阶级的**政治代表**和**著作界代表**同他们所代表的阶级之间的关系，都是这样。[28]

一场运动被视作代表了某一阶级并不是因为这一运动的参与者，也不
95 是因为这一运动公开声称的各种目标，而是因为它的实际行为系统性地提升了该阶级的历史利益。此外，政治运动自有其命运，它所追求的目标无法与特殊个人的利益或自觉目的直接等同。正如马克思所说：

问题不在于某个无产者或者甚至整个无产阶级暂时**提出**什么样的目标，问题在于**无产阶级究竟是什么**，无产阶级由于其**身为无产阶级**而不得不在历史上有什么作为。它的目标和它的历史使命已经在它自己的生活状况……中明显地、无可更改地预示出来了。[29]

就像我们在接下来的部分中将看到的那样，一个阶级的基本目标或“历史任务”就是建立并捍卫某种生产关系。被马克思视为“普遍阶级利益”的正是此类目标，并且只有拥有了一个促进这种利益的组织，一个阶级才能成为真正的或者说“自为”的阶级。

马克思认为，处于同等地位并拥有共同利益的群体，有着发展为具有代表性社会运动和普遍利益特征的真正阶级的倾向。他认为，在历史条件允许的情况下，阶级利益，尤其是普遍利益本身有着自我实现的倾向。而这些倾向在理解社会历史动力方面具有最为根本的重要性。然而，普遍阶级利益往往与阶级中特殊成员的个人利益相对立，并且需要个体做出牺牲。因此，这种被马克思归于普遍阶级利益的历史力量，不仅预设了民众倾向于通过组织来促进他们共同的利益，还预设了他们有时倾向于为了自己所创建的组织，为了那些团结并强化了组织力量的价值理念而牺牲个人私利。这意味着，马克思的历史唯物主义与任何一种形式朴素的心理利己主义都是**无法共存**的。相反，它预先假定人们的行为是利己、利他和理念动机共同作用的结果，而这些动机的本质在很大程度上取决于人们生活其中的社会和他们所拥有的社会关系。马克思非常清晰地阐明了这一点：“共产主义者……清楚地知道，无论利己主义还是自我牺牲，都是一定条件下个人自我实现的一种必要形式”，“［利己主义和无私］的两个方面就是个人发展的两个方面，这两个方面同样是个人生活的经验条件所产生的”[30]。马克思认为人们的行为是被理念、利他和利己的观念 96
共同驱使的，这使得他有关这一方面的理论并不像人们往往预期的那样出人意料，而更多的是一种对常识的反映。马克思不同于这种乏味论调的部分在于，他认为，历史真正有效的动机是那些致力于促进普遍阶级利益的动机。

马克思对于个人为了普遍阶级利益而自我牺牲的态度十分复杂。意料之中的是，他认为这是高尚的，并且在道德层面上是值得褒扬的。马克思赞美1871年巴黎公社的拥护者们是“自我牺牲的英雄主义”，他鄙视1848年法国资产阶级的堕落，“时刻都为最狭小最卑鄙的私人利益而牺牲自己的全阶级的利益即政治利益”[31]。但马克思也把为了普遍利益而牺牲个人利益视为异化的一个方面：“在个人利益变为阶级利益而获得独立存在的这个过程中，个人的行为不可避免地受到物化、异化，同时又表现为不依赖于个人的、通过交往而形成的力量”[32]。我想，马克思之所以如此，大体上还是因为他把阶级意识形态看作建立在本阶级代表了全人类的利益这种幻觉之上[33]。之所以说这种幻觉是异化的，是因为它等同于统治着人们的社会关系，人们创造了这种社会关系，却既不能理解它，也无法控制它。因此它就阻碍了通往自由的道路，阻碍了具备完全自我意识的那种人类活动。

马克思对自我牺牲的赞许和他认为因普遍阶级利益而牺牲私利是一种意识形态幻觉的观点并不矛盾。一旦我们意识到，人类历史不可避免地会以各种各样的体系性幻觉为其特征，我们就不再有合理的立场去责难任何特殊的社会现象了，因为它是受控于这些体系性幻觉的。我们无须因为忠诚、奉献和自我牺牲往往是阶级幻觉影响的结果就看轻它们。（如果我们因此而看轻这些品质，那或许是因为，我们认为这些品质应当服务于比促进阶级利益更有价值的目标。但在马克思看来，这种想法正是我们自身臣服于此类幻觉的表现。）马克思并不认为只有在幻觉中人们才会自我牺牲，因为他并不害怕揭露这些幻觉会削弱无产阶级的革命英雄主义。

有人质疑将利益归于非人类个体的正当性，特别是质疑将利益归于团
97 体的正当性（除非它以一种间接或标志性的方式指向个体利益）。但我个人并不认为这样的做法有任何困难。在我看来，某事物的利益这一概念与其他几个概念紧密相连：何物让它获益，何物对其有助，何物使之富有。当其他事物可以被认为属于这个事物时，它就可以被看作获得了利益。而我认为，这些事物可被认为是名副其实地属于阶级的。它们之所以可以被看作属于阶级的，不仅是因为它们可以被看作属于阶级成员的，更是因为它们可被看作属于（在马克思看来）使阶级成其为阶级的政治运动的。粗略讲来，对政治运动有所帮助的是使其达到目的的力量；而使政治运动受益的则是促进这一力量或帮助这一力量追逐其目标的东西。正如我们早已看到的那样，阶级运动的目的无法与阶级中任何特殊个人所认为的目的，甚至无法与整个阶级在某一历史时刻所认为的目的相一致。它们与阶级的“历史任务”相一致，即通过长时期的阶级运动而得以实现的那种历史潜能。因此，我们之所以可以谈论普遍的阶级利益，仅仅是因为事实上有这样一种强大的趋势使得特定的阶级运动产生特定的历史结果。或许普遍利益这一概念的真正反对意见在于，坚毅的个人主义者并不认为民众应当将他们的力量投入这种有自主目的的运动中去。但对马克思说来，一个极为重要的事实就是，历史从不留心这些个人主义者的意见。在个人主义者的意见都得到实现的世界中，人类历史将失去其意义——至少，人类历史将不再具有它在现实世界中所具有的这种意义。

4　阶级斗争

> 至今一切社会的历史都是阶级斗争的历史。自由民和奴隶、贵族和平民、领主和农奴、行会师傅和帮工，一句话，压迫者和被压迫者，始终处于相互对立的地位，进行不断的、有时隐蔽有时公开的斗争。[34]

为什么社会一定会被阶级对抗所扰乱？在某些段落中，马克思和恩格斯似乎是在论证，阶级斗争是任何生产力在某一时段内衰退的社会都不可避免的特征[35]。原始社会之所以没有阶级存在是因为那时劳动尚未分化，所有 98
社会成员都必须全天劳动以维持他们的基本生存。这一阶段之所以不存在阶级是因为没有使得非劳动（压迫）阶级得以存在的产品剩余。当生产力极大丰富，每一个人都能充分享受自由，并从事自我实现的活动时，无阶级社会将再度实现。而在这两个阶段之间，人类进步果实的不足使得享受只能属于某些阶级，而另一些（大多数）阶级仍旧只能是有限社会生产力的奴隶。

但这些考量并不能充分解释马克思归之于阶级对抗的那种历史必然性。因为它仍未能说明，为什么在漫长的历史过渡时期中没能产生使人们在经济进步成果有限的情况下仍可实行平均分配的生产关系。恩格斯试图通过论证早期社会的管理需要来补充这一基本命题，他认为，早期社会需要一个不同的、非劳动阶级的存在来照料他们[36]。但这还不能解释为何管理者必须压迫并制服从事生产的大多数。这也并不能解释统治阶级往往并不完全由（甚至不主要由）履行与生产相关的管理职能的人员所构成。

G. A. 科恩声称他在马克思的论述中发现了这样一个命题，即阶级压迫是强制劳动者将生产提高到共同劳动、民主控制水平（社会主义或共产主义）所必需的[37]。我认为，只要把马克思的历史解释限定在西欧范围内，科恩就是正确的。但马克思并不普遍性地认为阶级压迫是获得现代工业社会生产力所必需的。他声称（正如我们之前看到的那样）俄国有可能在社会主义制度下实现其工业化[38]。黑格尔显然认为，只有通过斗争和矛盾才可能达到辩证发展，而马克思正是通过黑格尔的这一假定来解释自己关于阶级的历史必然性的最具普适性的描述的："没有对抗就没有进步。这是文明直到今天所遵循的规律。到目前为止，生产力就是由于这种阶级对抗的规律而发展起来的。"[39]但马克思并没有就这一形而上学假设的正当性或自己将之应用于历史的做法的正当性做出任何说明。

我认为，马克思之所以如此确信阶级对抗的普遍性，主要是因为他相
99 信阶级斗争对解释现代欧洲社会发展动力是至关重要的，并且他希望这（建立在这个尚且存疑的理论成立的基础上的）可以给许多其他情形提供一个相似的说明性解答。"阶级斗争"，马克思说，"是历史的直接动力，特别是一贯强调资产阶级和无产阶级之间的阶级斗争，认为它是现代社会变革的巨大杠杆"[40]。

我们在第五章中看到，唯物史观是通过生产力增长的趋势和生产关系适应生产力的趋势来解释生产关系的变化的。而阶级斗争则是这些调节发生作用的主要机制。阶级社会中的社会关系是以牺牲一些人的利益为代价来服务于另外一些人的利益。既得利益者寻求维持有利于他们的社会关系的方式，而那些感到被这些社会关系激怒、限制并受到压迫的贫困者则寻求改变或推翻它们的方式。

当然，压迫与被压迫关系并不是阶级对抗的唯一形式。马克思之所以关注包含压迫的各种关系，是因为他认为这些关系对理解社会动力尤为重要。压迫的本质就在于压迫者的生活方式只有通过牺牲被压迫者几乎全部的利益才能维持。被压迫阶级的存在，特别是当其被政治性地组织起来时，就会迫使现行的各种生产关系不断地去证明它们是适合于社会生产运行与发展的手段的。在马克思看来，压迫阶级的优势根本上是源于压迫阶级的统治通过生产关系而与现阶段生产力相适应这一现实。在马克思看来，资本对劳动的压迫："决不是来自资产阶级的阶级政治统治，相反，资产阶级的阶级政治统治倒是来自这些……现代生产关系。"只要生产关系与这些生产力相适应，代表被压迫者利益的运动就不会胜利。即便取得了胜利，其创造崭新生产关系的尝试也是不成熟的，因而其胜利注定是短命的。"当使资产阶级生产方式必然消灭……的物质条件尚未……形成以前，即使无产阶级推翻了资产阶级的政治统治，它的胜利也只能是暂时的"[41]。当社会
100 的生产力发展到现存的生产关系已经成为其"桎梏"的时候，历史的基本趋势就会站在革命阶级的一边，而他们的利益则要求一系列适合于进一步生产发展的关系。

这一图景在《共产党宣言》描述的现代资本主义的崛起中是十分清晰的：

资产阶级赖以形成的生产资料和交换手段，是在封建社会里造成的。在这些生产资料……发展的一定阶段上，……封建的所有制关系，就不再适应已经发展的生产力了。这种关系已经在阻碍生产而不是促进生产了。它变成了束缚生产的桎梏。它必须被炸毁，它已经被炸毁了。

起而代之的是自由竞争以及与自由竞争相适应的社会制度和政治制度、资产阶级的经济统治和政治统治。[42]

而这种图景在《共产党宣言》设想资本主义的崩溃时愈加明确了：

现在，我们眼前又进行着类似的运动。……现代资产阶级社会……像一个魔法师一样不能再支配自己用法术呼唤出来的魔鬼了。几十年来的工业和商业的历史，只不过是现代生产力反抗现代生产关系……

资产阶级用来推翻封建制度的武器，现在却对准资产阶级自己了。

但是，资产阶级不仅锻造了置自身于死地的武器；它还产生了将要运用这种武器的人——现代的工人，即**无产者**。

……它首先生产的是它自身的掘墓人。资产阶级的灭亡和无产阶级的胜利是同样不可避免的。[43]

注 释

[1] MEW 13：8，SW，182－3；马克思，恩格斯. 马克思恩格斯选集：第2卷. 3版. 北京：人民出版社，2012：2.

[2] 至少，马克思并没有在同一段落中把“基础”这一术语运用于这两个不同的要素之上。但恩格斯并不这么认为。他在1894年写给瓦尔特·博尔吉乌斯（W. Borgius）的著名信件的开头就声称“我们视之为社会历史的决定性基础的经济关系”不仅包括“人们生产生活资料和彼此交换产品（在有分工的条件下）的方式”（包括“生产和运输的**全部技术**”），还包括“这些关系赖以发展的**地理基础**和事实上由过去沿袭下来的先前各经济发展阶段的残余”（MEW 39：205，*Selected Correspondence*，466；马克思，恩格斯. 马克思恩格斯选集：第4卷. 3版. 北京：人民出版社，2012：648）。我想，对这一段落最为宽容的解读就是把它理解成恩格

斯指出了“社会经济结构”（在《政治经济学批判》中它被称为“现实基础”）也是建立在自然、历史和生产的技术条件之上的。但这就需要把“经济关系”和恩格斯在此处归并到这一类别之下的各种因素区别开来。

［3］MEW 3：22，CW 5：32；马克思，恩格斯. 马克思恩格斯选集：第1卷. 3版. 北京：人民出版社，2012：148. 有关社会生产关系和所有制关系的相似论证可参见：CW 6：489；马克思，恩格斯. 马克思恩格斯选集：第1卷. 3版. 北京：人民出版社，2012：406. CW 7：469；马克思，恩格斯. 马克思恩格斯全集：第5卷. 北京：人民出版社，1958：503. CW 8：269. *Theories of Surplus Value*（Moscow，1971），1：408；马克思，恩格斯. 马克思恩格斯全集：第32卷. 2版. 北京：人民出版社，1998：355.

［4］MEW 13：9，SW 182；马克思，恩格斯. 马克思恩格斯选集：第2卷. 3版. 北京：人民出版社，2012：2-3.

［5］Ralf Dahrendorf，*Class and Class Conflict in Industrial Society*（Stanford，1959），21；John Plamenatz，*Man and Society2*：280-1.

［6］MEW 25：628-9，*Capital*（New York，1967）3：615-16；马克思，恩格斯. 马克思恩格斯文集：第7卷，2009：695-696. 对达伦多夫的更为充分的讨论和对法律与事实财产的区分参见：Shaw，*Marx's Theory of History*，39-47. 达伦多夫把“狭义的、法律层面的财产概念”归于马克思，主要是因为他相信，这一概念对于马克思认为私有财产的废除可以带来非异化、无阶级社会的观点是不可或缺的。达伦多夫显然认为这一观点建立在如下的认识上，即生产资料法律所有权的国家所有，必然会导致支配和压迫关系的废除，这种关系是阶级社会的典型特征，它使人们过着异化的生活。达伦多夫论证道，只有当我们认为，这种支配和压迫关系只在法律所有权的特权中存在时，如上观点才可能成立。“或许只有一个放弃了马克思主义历史哲学的马克思才能够认识到，权力和权威并不与财产的法定权利绑定在一起。马克思自己无法意识到这一点，并且肯定也不会承认这一点，因为这样会在经验中和思维中都使得他的无阶级社会这一哲学概念成为不可能的。”（Dahrendorf，*Class and Class Conflict*，31）或许某些社会主义国家的宣传者曾经声称或暗示，生产资料私人所有权的废除必然会带来一个非异化的、无阶级的社会。但马克思的作品从未出现过这种粗陋的诡辩。马克思非常清楚私有财产的废除可能只意味着“普遍的资本家的**共同体**”（MEW Erg. 1：535，CW 3：295；马克思，恩格斯. 马克思恩格斯文集：第1卷. 北京：人民出版社，2009：184）。马克思说道，生活在这样一个社会里的人们“不仅没有超越私有财产的水平，甚至从来没有达到私有财产的水平”。马克思仅仅认为，私有财产（当然也包括与之相适应的法权）的废除对于获得一个无阶级社会、对于异化的扬弃是不可或缺的一步。持有这种观点并不会使马克思必须否认，在法律所有权之外可以存在其他社会权力来源这一显而易见的事实。达伦多夫为了支持他的阐释引用了马克思如下的观点，马克思认为股份公司构

成了一个“过渡点”，在股份公司中，法律上的资本持有者并不参与公司的管理，“这是作为私人财产的资本在资本主义生产方式本身范围内的扬弃”（MEW 25：452，*Capital* 3：436；马克思，恩格斯. 马克思恩格斯选集：第2卷. 3版. 北京：人民出版社，2012：567）。但是在我看来，此类评论恰恰支持了完全相反的阐释，因为它们表明马克思把非所有者的管理人员所实行的行政权威包括进他的“作为私人财产的资本”这一概念之中。

［7］*Oeuvres* 1：118，CW 6：197；马克思，恩格斯. 马克思恩格斯选集：第1卷. 3版. 北京：人民出版社，2012：258. MEW 3：280，CW 5：298；马克思，恩格斯. 马克思恩格斯全集：第3卷. 北京：人民出版社，1960：338.

［8］*Grundrisse*，176g，265e；马克思，恩格斯. 马克思恩格斯全集：第30卷. 2版. 北京：人民出版社，1995：221.

［9］关于如何以社会角色和社会有效控制的方式来分析马克思主义的社会关系理论，更为详尽的表述可参见：Cohen，*Karl Marx's Theory of History*，217－30.

［10］CW 6：100；马克思，恩格斯. 马克思恩格斯选集：第1卷. 3版. 北京：人民出版社，2012：298.

［11］MEW 25：632，*Capital* 3：618；马克思，恩格斯. 马克思恩格斯选集：第2卷. 3版. 北京：人民出版社，2012：606.

［12］MEW 3：64，CW 5：85；马克思，恩格斯. 马克思恩格斯选集：第1卷. 3版. 北京：人民出版社，2012：207.

［13］MEW 25：784，*Capital* 3：776；马克思，恩格斯. 马克思恩格斯选集：第2卷. 3版. 北京：人民出版社，2012：641.

［14］Plamenatz，*Man and Society* 2：280.

［15］MEW 21：297－8，SW，623－4；马克思，恩格斯. 马克思恩格斯文集：第4卷. 北京：人民出版社，2009：304.

［16］CW 6：330；马克思，恩格斯. 马克思恩格斯全集：第4卷. 北京：人民出版社，1958：343. CW 3：293－4；马克思，恩格斯. 马克思恩格斯文集：第1卷. 北京：人民出版社，2009：182.

［17］MEW 25：893，*Capital* 3：886；马克思，恩格斯. 马克思恩格斯选集：第2卷. 3版. 北京：人民出版社，2012：655.

［18］Eric Hobsbawm，*Pre-Capitalist Economic Formations*（New York，1965），11. 如果我们接受这一观点，认为社会生产关系可以通过要求、需要以及对生产资料的有效控制等方式来定义的话，那么霍布斯鲍姆的观点就与科恩以“结构的阶级定义”之名提出的观点是相同的（*Karl Marx's Theory of History*，73－7）。

［19］*Oeuvres* 1：134－5，CW 6：211；马克思，恩格斯. 马克思恩格斯选集：第1卷. 3版. 北京：人民出版社，2012：274.

［20］*Capital* 2：36－7；马克思，恩格斯. 马克思恩格斯选集：第2卷. 3版.

北京：人民出版社，2012：309－310. *Theories of Surplus Value* 3：420；马克思，恩格斯. 马克思恩格斯全集：第34卷. 2版. 北京：人民出版社，2008：654.

［21］*Grundrisse*，27g，107e；马克思，恩格斯. 马克思恩格斯选集：第2卷. 3版. 北京：人民出版社，2012：707.

［22］MEW 23：15－16，*Capital* 1：10；马克思，恩格斯. 马克思恩格斯选集：第2卷. 3版. 北京：人民出版社，2012：83.

［23］MEW 8：198，CW 11：187；马克思，恩格斯. 马克思恩格斯选集：第1卷. 3版. 北京：人民出版社，2012：762－763.

［24］*Oeuvres* 1：135，CW 6：211；马克思，恩格斯. 马克思恩格斯选集：第1卷. 3版. 北京：人民出版社，2012：274. 这里的“自在”和“自为”这对术语显然是源于黑格尔。在亚里士多德的理论中，“自在”是指潜在，而“自为”是指实在。但对黑格尔来说，由于所有的现实在其根本上都是思维或精神为了自知的努力，潜在就代表了精神尚未达到完全自我意识的某些方面，因此，潜在就是仍然以不自觉的形式存在的事物。与此相应，实在就是精神的自我意识或“自为的存在”。马克思将这个术语与阶级联系起来意味着，他仅仅把一个有着同等地位和共同利益的群体看作潜在的阶级。只有当这个群体产生了代表他们共同利益的社会运动，当该社会运动产生了新的自身的普遍利益时才成为一个真正的阶级。这个必要条件显著地区分了马克思的阶级概念和其他相似的概念，比如，马克斯·韦伯的阶级概念。韦伯是通过“个人能否支配商品和服务，支配的种类和程度如何，以及在某一经济秩序下，他们剥削收入或所得的可能性如何”［Max Weber，*The Theory of Social and Economic Organization*，ed. T. Parsons（New York，1947），424］来确定阶级成员的。在某种程度上，这受到马克思阶级观的很大影响（比如，韦伯似乎十分清楚那些达伦多夫和普拉梅纳茨所没有注意到的观点）。但是由于“在性质上的巨大差异”，尽管存在着为阶级利益而斗争的运动，韦伯还是在是否将无产阶级视为单一的阶级这一点上表现出犹豫不决的态度（*ibid.*，427）。更为根本的是，韦伯并不希望使用诸如“团结”等概念来定义阶级。韦伯在这一点上对马克思的背离至少在某种程度上是因为他对普遍阶级利益这一概念的敌视态度，而这种敌视态度源于他对所谓“方法论的个人主义”的信奉。关于对于方法论的个人主义以及韦伯和马克思在此方面的差异的精彩讨论，可参见：Richard Miller，‘Methodological Individualism and Social Explanation，’*Philosophy of Science* 45（1978）.

［25］MEW 3：53，CW 5：77；马克思，恩格斯. 马克思恩格斯选集：第1卷. 3版. 北京：人民出版社，2012：198.

［26］MEW 3：227，CW 5：245；马克思，恩格斯. 马克思恩格斯全集：第3卷. 北京：人民出版社，1960：273. 马克思把为阶级利益而斗争的本质看作代表着阶级的政治斗争运动，证明该观点的更多证据请参见：CW 6：211；马克思，恩格斯. 马克思恩格斯选集：第1卷. 3版. 北京：人民出版社，2012：274. SW，683；

马克思，恩格斯. 马克思恩格斯选集：第 4 卷. 3 版. 北京：人民出版社，2012：498.

[27] MEW 8：139，CW 11：128；马克思，恩格斯. 马克思恩格斯选集：第 1 卷. 3 版. 北京：人民出版社，2012：695. 如果我们认为马克思是因为考虑到个人心理而把这种幻觉归于个体的话，我们就再次被误导了。其实，人们的幻觉是对主观上引导着他们的道德、哲学和宗教信念的社会功能认识不足所导致的。由于这种意识的缺乏，人们往往倾向于把他们认可的普遍信念归结到自己所以为的客观基础，或者至少归结为这些信念是与人们的道德知觉、精神需要或健康的常识相适应的。它之所以是幻觉，是因为其真实解释在于这些信念是服务于阶级利益的。

[28] MEW 8：141－2，CW 11：130－1；马克思，恩格斯. 马克思恩格斯选集：第 1 卷. 3 版. 北京：人民出版社，2012：698.

[29] MEW 2：38，CW 4：37；马克思，恩格斯. 马克思恩格斯文集：第 1 卷. 北京：人民出版社，2009：262. cf. CW 10：56；马克思，恩格斯. 马克思恩格斯选集：第 1 卷. 3 版. 北京：人民出版社，2012：454.

[30] MEW 3：228－9，CW 5：246－7；马克思，恩格斯. 马克思恩格斯全集：第 3 卷. 北京：人民出版社，1960：275，274.

[31] MEW 8：185，CW 11：173；马克思，恩格斯. 马克思恩格斯选集：第 1 卷. 3 版. 北京：人民出版社，2012：746－747.

[32] MEW 3：227，CW 5：245；马克思，恩格斯. 马克思恩格斯全集：第 3 卷. 北京：人民出版社，1960：273.

[33] MEW 3：53，CW 5：77；马克思，恩格斯. 马克思恩格斯选集：第 1 卷. 3 版. 北京：人民出版社，2012：198.

[34] MEW 4：462，CW 6：482；马克思，恩格斯. 马克思恩格斯选集：第 1 卷. 3 版. 北京：人民出版社，2012：400.

[35] SW，376；马克思，恩格斯. 马克思恩格斯选集：第 3 卷. 3 版. 北京：人民出版社，2012：724. 有趣的是，《共产党宣言》并未试图给阶级对抗的普遍性提供解释，而只是声称这是一个残酷的历史事实。

[36] *Anti-Dühring*（Moscow，1962），251－2；马克思，恩格斯. 马克思恩格斯选集：第 3 卷. 3 版. 北京：人民出版社，2012：561－562. 以及 CW 6：353；马克思，恩格斯. 马克思恩格斯选集：第 1 卷. 3 版. 北京：人民出版社，2012：307.

[37] Cohen，*Karl Marx's Theory of History*，213－5.

[38] *Selected Correspondence*，312－13，339－40；马克思，恩格斯. 马克思恩格斯选集：第 3 卷. 3 版. 北京：人民出版社，2012：728；马克思，恩格斯. 马克思恩格斯选集：第 3 卷. 3 版. 北京：人民出版社，2012：821.

[39] MEW 4：91－2，*Oeuvres* 1：35－6，CW 6：132；马克思，恩格斯. 马克思恩格斯全集：第 4 卷. 北京：人民出版社，1958：104.

［40］MEW 34：407；马克思，恩格斯. 马克思恩格斯选集：第3卷. 3版. 北京：人民出版社，2012：739.

［41］MEW 4：338，CW 6：319；马克思，恩格斯. 马克思恩格斯全集：第4卷. 北京：人民出版社，1958：331－332. 托马斯·闵采尔（Thomas Münzer）领导的农民起义、英国的“平等派”运动，以及1794年巴贝夫（Babeuf）在法国的运动都是被马克思和恩格斯称作条件尚未成熟的运动的典型例子。CW 6：319，514；马克思，恩格斯. 马克思恩格斯全集：第4卷. 北京：人民出版社，1958：334. 马克思，恩格斯. 马克思恩格斯选集：第1卷. 3版. 北京：人民出版社，2012：430－431. CW 10：469－71；马克思，恩格斯. 马克思恩格斯选集：第3卷. 3版. 北京：人民出版社，2012：22－23. 马克思对1871年巴黎公社的看法也是把它归入这一条件尚未成熟的类别（参见：*Selected Correspondence*，337－8；马克思，恩格斯. 马克思恩格斯选集：第4卷. 3版. 北京：人民出版社，2012：541－542）。

［42］MEW 4：467－8，CW 6：489－90；马克思，恩格斯. 马克思恩格斯选集：第1卷. 3版. 北京：人民出版社，2012：405.

［43］MEW 4：468－73，CW 6：490－5；马克思，恩格斯. 马克思恩格斯选集：第1卷. 3版. 北京：人民出版社，2012：405－413.

第七章
唯物主义的解释

1 作为经验假设的历史唯物主义

马克思的历史唯物主义在解释社会结构及其历史变迁时确定了一些主 101
导因素，并依据这些主导因素描绘出了历史变迁的图景。马克思假设人类的社会行为中存在着某些根本趋势：社会生产力将不断提高；社会关系会调节自身以实现生产力效用最大化，并随着生产力的变化而变化；拥有共同经济利益的社会群体倾向于组织起来，通过社会运动来建立并维护最有利于这一群体的社会关系体系。马克思相信，这些根本趋势是有效且持续的，它们足以为人类的历史提供某种根基意义上的可知性，这也是最为广泛和深刻的可知性。

马克思的这种假设与他的另外两个信条相一致：首先，人类的充分发展在于社会生产力的发展和运用；其次，人类的行为最终往往是符合其最深层和最长远利益的需求的（即使常常是以杂乱而且无意识的方式）。把马克思的这些假设集合起来就会得到一个历史的确定模式。在这里，有必要去考察在多大程度上可以从经验事实中发现这种模式，以及这种模式在多大程度上能够解释这些经验事实。一种假说的科学价值并不在于其本身的正确性，而在于我们在验证它的过程中可以有所发现。在这种意义上，即使历史唯物主义是大错特错的，它也理应被用来革新并推动历史学的研究。

当然，马克思本人肯定确信历史唯物主义是正确的。但马克思和恩格斯同时也都强调历史唯物主义不是要不惜一切代价来加以辩护的教条，而
是进行经验研究的“指导线索”，是一个“还处在襁褓之中”的研究领域 102

的“研究工作的指南”。他们严厉地批评了那些冒牌的“马克思主义者”将“历史唯物主义”“变成套语”并以其“当做不研究历史的借口”[1]。有些反对意见可能会认为，马克思证明唯物主义假设的正确性的渴望使得他有时会肆意剪裁事实，比如夸大一部分事实而忽略其他事实，而且他往往会过分简化史料以适应业已形成的理论。但如果马克思在这些事情上有所偏差，他就背离了自己对历史唯物主义在历史学研究中所扮演的角色定位。这种反对意见往往拒斥任何比它所偏好的那种历史研究更为深层的对历史可理解性的探寻。在方法论意义上，上述反对意见所诉诸的那种冷静的怀疑主义可能很容易就会被用来反对这种反对意见本身，这些反对意见在某种程度上正是建立在关于历史究竟有无意义的未加讨论的偏见之上的。

我认为，马克思的历史唯物主义的各种假设是合乎情理的，但它们并不是不证自明的。（即便它们是不证自明的，也只能给社会事实和历史变迁提供一些微弱的解释。）只有通过详细的经验调查，我们才有可能知道这种或那种社会生产力的有效运用在多大程度上显著制约了它的劳动关系和所有权关系，也才有可能知道这些关系所产生的社会分工在塑造社会的政治、文化、宗教和道德方面发挥了多大的作用。即使历史唯物主义假设的各种社会发展趋势都是真实且有效的，也不能保证它们就会比其他的社会发展趋势更为强有力，而这些其他趋势有可能也是根据相似的、乍看起来合理的情况而假定的。

例如，人们经常指责马克思高估了建立在经济阶层之上的社会运动的影响力，而低估了建立在种族、宗教、民族和文化遗产等纽带之上的力量。这些指责所提出的问题是复杂而又难有定论的。这些问题之所以难解的部分原因是它们无法与哲学性——在这一术语最为模糊的意义上——的问题分割开来。马克思相信，人具有追求自身真实的客观利益这一根本倾向（不论是有意或无意地），任何与马克思共享这一信念的人都会认为，哪些社会因素将具有重要且独立的历史效力这一问题无法与人们的基本需要和利益究竟是什么这一问题割裂开来[2]。有些人认为文化符号、宗教情感和
103 血缘与土地纽带的传承对人类生活有着真实的价值，而人类生活并不依赖于他们表达阶级利益和支持特定经济形式的能力。如果他们认可马克思的观点，承认客观利益的历史作用，那么就会承认这些价值在历史解释中有着不可削减的和经久不衰的地位。另外，一些人（比如马克思）认为宗教、种族或国家联系本身对人而言只是毫无价值的迷信，他们自然也会认为，一旦“人们终于不得不用冷静的眼光来看他们的生活地位、他们的相互关系”[3]，这些价值在历史中就将不再发挥作用。历史事实总是与这样的

争论相关，但却无法为这些争论画上一个句点。

当然，马克思和恩格斯从未否认经济之外的因素在决定历史事件进程方面发挥着重要作用。恩格斯认同，试图以经济的方式来说明所有社会事件（“每一个德意志小邦的过去和现在的存在”或者“高地德语音变的起源”）“很难不闹出笑话来”。他说，历史事件的“形式”是被各种各样的因素所决定的，而且事实上很大程度是被纯粹的“偶然事件”所决定的：历史唯物主义则自称只解释历史的“内容”[4]。不过，这里关于“形式”和“内容”的区分本身就是随意的和相对的。认为经济趋势决定了历史事件的“内容”，无非是说，经济趋势相对于其他趋势而言是决定性的，以至于在“归根到底”的意义上，历史的基本“运动”只有通过经济趋势才能得到解释，而通过任何其他趋势的解释都是一概不能成立的。但是，经济趋势的这种决定性地位并不是不证自明的，实际上，没有任何一种因素拥有这样的地位。由于马克思试图在历史中寻找的那种可理解性可能根本不存在，所以历史也许根本没有什么“推动力”或“基本运动”。

不仅历史唯物主义的正确与否不是不证自明的，而且也难以确认经验事实将会证实还是证伪这些唯物主义假设。马克思的批评者们普遍都认同这一论点。但是，他们据此推导出一种很可悲的倾向，即认为历史唯物主义完全不是经验性的假设，而只是一种贬义的“形而上学”理论。仅仅因为某一理论的主张过于复杂深远而难以简单地证实或证伪，就谴责其是一种非经验的学说是非常低级的错误。历史唯物主义是某种研究社会结构、制度本质、普遍观念及其流变的解释理论的方案或梗概。在某种程度上，如果出现了属于
这一类别的成功的理论，我们也许就会认为历史唯物主义被证实了，而如果 104
经验事实与唯物主义原则相悖，就意味着历史唯物主义被证伪了。几代马克思主义和非马克思主义的历史学家都讨论着马克思本人的理论和各种各样的对其进行发展补充的理论的价值。如果这些讨论到目前为止还没有得出任何确凿的结论，这就足以说明这些论题的内在困境，足以说明在讨论这些论题时理论认识水平的低下，也足以说明参与者之间明显的派系偏见。如果认为经验证据与对唯物主义社会理论的评价无关，那么也就用不着解释以上问题了。

2　唯物主义解释是目的论的

我曾将历史唯物主义基本的解释性假设称为“各种趋势”。我在第五章中提出唯物主义解释通常并不是**因果**解释。现在我要明确，这些解释是

目的论的[5]。

目的论解释与“目的导向体系”（goal-directed systems）相伴而生，目的导向体系是指展现出实现或保持某一特定状态的持续趋势，或者向某一具体方向发生变化的体系。我将这一“趋势”称作“持续的”，意在说明相较而言该趋势是独立于体系之外的各种条件的，因此，这种体系才能适应令人不安的各种潜在影响，并在面对这些影响时保持自身所特有的趋势。当我们通过展现体系中的某一要素或方面是如何体现或促成了标志着该体系特征的持续倾向，并论证它的存在正是**因**其体现或促成了这一趋势时，我们就是在以目的论的方式解释此类系统中的某一要素或方面。而当我们解释说，生物有机体的行为和特征是如何促进了它们维持生命并保持健康的趋势时，我们就是在以目的论的形式解释它们内在结构的许多特征。这种趋势是生物基本而普遍的事实，它解释了生物行为和结构的存在对于其生存和健康是必须的。目的论的**被解释物**的存在正是因为它们推动了这一趋势，自然选择论或许提供了对这一想法产生原因的更加缜密的描述。但我并不认为，目的论解释的合法性必须建立在类似理论的真实描述是有效的这一基础之上。（达尔文的理论阐明了
105 被生物学家沿用了几个世纪的目的论解释，并且帮助我们理解了目的论为什么能够，以及在何种限度上能够适用于生物结构、功能和行为的解释。这没有败坏目的论解释的名声，但也没能为这些解释提供多少合法性证明。）

历史唯物主义的解释恰恰就是前面所描述的那种目的论。马克思认为，共同体具有使其生产力效用最大化的趋势，所以，要解释一个共同体中普遍的社会关系，就要说明这些社会关系是如何体现或推动这一趋势的。马克思认为，这种趋势是各个社会的充分基础和普遍特征，通过它可以说明各种现象存在的依据。生产力“决定”生产关系，就是说：生产关系的存在**是为了**使生产力效用最大化；而且正**因为**实现了生产力效用最大化，生产关系才得以存在。历史唯物主义在解释各种大规模历史变迁时，要么是说明它们如何使得这些关系适应新的生产力，要么是说明它们（在当时的历史阶段）推动了人类生产力的持续扩张趋势。社会关系的变化是**由于**生产力的发展，也就是说，**为了**适应或产生这种发展[6]。此外，马克思还试图通过考察一个社会的法律体系、政治制度、道德观念以及宗教信仰如何支持了社会关系来说明它们的特征。许多上层建筑的特征可以通过其保证基本经济关系运行的作用而得到解释，正是在这一意义上，社会的“经济结构”是法律、政治和意识形态“上层建筑”的“基础”。最后，马克思试图通过说明它们是如何为阶级利益服务的来阐释某些政治团体的权力和某些观念的盛行。也就是说，生活在相似环境下的人们由于共同利益往往

会组织起来开展运动，并在阶级的历史状况允许的情况下实现这些利益，马克思想要通过说明某一政治团体的力量和某种观念的普及是如何体现这种趋势的来解释它们。由阶级斗争所引发的革命是**为了**社会生产力的进一步扩张，并让社会生产关系适应社会生产力。

许多对马克思理论的讽刺和失当的批评来自这样一种观念（往往是模糊的认识），即马克思的理论包含着许多目的论的思想，该观念与各种各样的关于什么是目的论解释的错误认识结合在了一起。为某件事情提供目的论解释并不是要断言某些事件把时间在后的事件作为自身的动力因（efficient causes），也不是要将被解释事件归因于人类或超人类作用者的主观意愿。目的 *106*
论解释是以一个体系中实现某一结果或向某一方向运动的（业已存在的）持续趋势来说明它的**被解释物**。这种趋势往往存在于无意识的事物中，而且即便是存在于有意识的存在物当中，这种趋势的结果也往往并非有意追求的那种结果。承认目的论趋势的存在（亚里士多德早就充分意识到了）并不意味着致力于说明这些趋势是某个有意识的作用者深思熟虑的结果。例如，认为人类具有扩张生产力的持续趋势，并不意味着一定要认同人类或个体是被“发展观念”所驱动的，也不意味着人类自觉地具有任何普遍的或共同的目标。

承认目的论的各种趋势也并不需要把它们实体化为任何种类的实体或超自然的作用者。（把历史看作由某种基本趋势所主宰的，并不意味着我们要相信“宿命的力量”。）马克思从早年开始就一直认为“人们的社会历史始终只是他们的个体发展的历史，而不管他们是否意识到这一点”①。他在《德意志意识形态》中明确地表达了这一观点：

哲学家们在不再屈从于分工的个人身上看到了他们名之为“人”的那种理想，他们把我们所阐述的整个发展过程看做是“人”的发展过程，从而把“人”强加于迄今每一历史阶段中所存在的个人，并把“人”描述成历史的动力。

……共产主义者实际上把迄今为止的生产和交往所产生的条件看做无机的条件。然而他们并不以为过去世世代代的意向和使命就是给他们提供资料。[7]

---

① 马克思，恩格斯．马克思恩格斯文集：第10卷．北京：人民出版社，2009：43．——译者注

人们往往认为，目的论解释要么就是把各个事件都归结为有意识的作用者的意志，要么就是把各个事件都归结为对神秘力量的信仰。这是为什么呢？撇开宗教的和形而上学的动机不谈，我认为主要的原因是人们倾向于混淆目的论解释模式和动力因解释模式。在达尔文之前，除了自然目的论的使用外，护教者也对错误理解各种目的论解释以及错误理解它们与迷信思想的联系起到了推波助澜的作用。

107 解释通常被看成是将**被解释物**追溯到世界中的某种规律性的或持久性的特征之上。各种因果解释（正如它们现今被普遍认为的那样）是通过把事件追溯至事物行为中某些法律般的规律来完成的。某一事件的动力因就是一系列该事件所遵照的、与某一因果律相吻合的条件的集合（或某一重要的子集）。而目的论解释则是通过把**被解释物**追溯至它所属体系的一个持续趋势来完成的。然而，这一趋势在解释中的功能，并不是像作用者或动力因那样使得**被解释物**与某些法则相吻合。这一趋势更类似于因果律本身，因为它正是**被解释物**溯源至的那种世界的规律性或持久性特征。把这一趋势自身视为神秘作用力或把它实体化为一个隐藏其后的有意识的作用者，就是把目的论解释与因果解释相混淆了，这实际上是坚持目的论解释必须是因果性的，不论其自身实际究竟如何。要求目的论通过上帝的意志来解释事物则是为了迷信信仰体系的利益而利用这种混淆。

当然，寻求持续倾向（persistent tendency）存在和运行的因果性解释或许是理所应当的，因为它们是目的论解释的根基[8]。这些倾向是否总是可以得到因果性的解释是饱受争议的，而且目的论解释是否像它们声称的那样，总是可以被“还原为”（或转化成与之对应的）非目的论解释也尚且未有定论。据我所知，没有任何论据可用来猜测马克思对后面这个论题所持的观点。至于前面一个论题，有迹象表明马克思和恩格斯都认为，所有的目的论倾向都可以用唯物主义（例如，通过达尔文进化论给生物的倾向以解释）的方式给予因果性的解释[9]。

不管上述这些问题是如何解决的，我们都没有理由认为目的论解释就一定“不科学”或者一定与马克思通常看待世界的“唯物主义”视角不一致。即使各种有机系统和它们的持续倾向的存在可以用因果性的方式来加以解释，也并不会减少这些系统和倾向作为世界的特征的客观性。即便目的论解释的内容总是可以（至少在原则上可以）用非目的论的方式叙述出来，目的论解释仍然以一种非目的论解释未能做到的方式，成功地使我们关注了有机系统的内部结构和总体倾向。只要我们对复杂有机系统运行方式的因果解释仍然
108 不够充分（显然我们在生物有机体和人类社会方面都仍旧如此），目的论解

释就或许是我们能够理解特定现象的唯一科学模式。即使在我们获得了所需的各种因果解释之后（假设我们真的可以），目的论仍然可以给我们提供一种理解组织系统的极具启发性的视角。这是当今科学哲学家的一个广泛共识。正如一个知名作者写道："在研究指向性组织系统时，不论运用目的论解释还是运用非目的论解释，都是与现代科学精神相一致的。"[10] 当然，总会存在反对马克思提出的那种特定形式的目的论解释的空间。那些否认社会是"指向性组织系统"或否认社会表现出了马克思归结于它们的持续趋势的人，也许就会全面反对马克思的各种目的论解释。然而，我们若仅仅因为马克思的各种历史解释采取了目的论形式就反对它们是站不住脚的。

3　马克思是历史目的论者吗？

马克思并未在哲学上检视他的唯物主义理论所采用的那种解释形式。我并不是因为马克思曾说过想要提出目的论形式的解释而认为历史唯物主义包含着目的论解释[11]。我这么说是因为（作为我对马克思理论的诠释），它所提供的解释形式在实际上就是目的论的。但如果马克思不赞成我归之于他的解释类型，那将是对我的诠释极为严重的反对意见。马克思看似在一些段落中表达过反对意见，而我的解释本来应该与这些段落相龃龉。但我坚定地认为，在每一个例证中，仔细检视就会发现，马克思其实并不是批评或拒绝一般意义上的目的论或我归之于他的理论的那种目的论解释，而是批评或拒绝自然神论者或思辨哲学家对目的论的滥用。我将试图通过讨论在我看来最易被混淆的两个段落来说明这一点。

第一个段落出自《德意志意识形态》：

历史不外是各个世代的依次交替。每一代都利用以前各代遗留下来的材料、资金和生产力；由于这个缘故，每一代一方面在完全改变了的环境下继续从事所继承的活动，另一方面又通过完全改变了的活动来变更旧的环境。然而，事情被思辨地扭曲成这样：好像后期历史是前期历史的目的，……于是历史便具有了自己特殊的目的并成为某个与"其他人物"……"并列的人物"。……"使命"、"目的"、"萌芽"、"观念"等词所表示的东西。[12]

109

马克思此段中的批判对象并不是一般意义上的目的论思想，他批判的只是（有意或无意）将社会后一阶段描绘成社会前一阶段目的的那种观点。马克思的理论与这种目的论是截然不同的。例如，马克思没有以目的论的方式把资本主义说成是为共产主义社会创造可能性（尽管马克思确实认为资本主义**实际上**为共产主义社会创造了可能性）。马克思使用了与之不同的关于资本主义社会关系的目的论解释，他将这些社会关系解释成服务于现存生产力的效用最大化，并促进这些生产力的进一步发展。马克思的理论建立在这样一种理念上，即存在着生产力效用最大化和生产力扩张的一般历史趋势。但马克思并不认为存在着某一特定社会形态（比如共产主义社会）必将到来的一般历史趋势。后面这一种关于历史趋势的观点才是上述引文所驳斥的。

第二个段落来自1861年马克思写给斐迪南·拉萨尔（Ferdinand Lassalle）的信，马克思在信中说道，达尔文的进化论“不仅第一次给了自然科学中的‘目的论’以致命的打击，而且也根据经验阐明了它的合理的意义”[13]。这一评论也许会被解读为达尔文的理论使一般目的论解释成为过时的（至少在自然科学中成为过时的），而且只有在这些解释所依据的各种趋势可以获得因果解释的情况下，它们才具有“理性意义”。但即便这种解读成立，马克思的评论也不意味着目的论在历史研究中已经过时了（在这个领域中尚未出现相应的成功的因果理论）。

但我并不认为这是对马克思这一评论的正确解读。马克思和恩格斯对达尔文的尊敬（这一点毫无疑问）并不是建立在达尔文提出了生物组织的因果解释这一事实之上的。这种尊敬建立在达尔文展现了自然界中的一种进步的历史运动，并提出了生物组织的纯自然主义说明，从而削弱了以神
110 学的或超自然主义来解释自然目的论的方式。我认为，马克思写给拉萨尔信中的“目的论”与恩格斯在其他地方所称的“旧的”或“外部的”目的论是同一个意思，它们都是指以超现实的造物者的意志来解释目的论的规律。恩格斯正确地看到康德和黑格尔所使用的“内在的目的”（inner purposiveness）概念与旧目的论并不相同，他还批评路德维希·毕希纳（Ludwig Büchner）、恩斯特·海克尔（Ernst Haeckel）和其他“机械唯物主义者”混淆了这两种目的论形式[14]。我们将会在第五部分中看到，辩证思维（无论是黑格尔主义的还是马克思主义的）都涉及各种组织系统，并以目的论的方式看待它们。恩格斯正是看到了这一事实。

一旦我们考虑到唯物主义解释的目的论特征，我们就可以清晰地看到许多对历史唯物主义的普遍误解和批评到底错在何处。总的说来，当我们

以目的论的方式来解释某一事物时，其实是在说明这一事物是如何体现或帮助该系统的趋势实现特定结果的，这种解释并没有否定（反而肯定地暗示了）目的论解释中的**被解释物**可以扮演同一结果的因果解释中的**解释要素**。因此，当马克思（以目的论的方式）用生产力的方式来解释社会关系，或者用社会经济结构或阶级斗争的方式来解释政治和意识形态现象时，这并不意味着他否认（反而肯定地暗示了）社会关系的某些特征可被用来对生产力状态和发展做因果解释，也不意味着他否认上层建筑的各种现象因果性地影响着社会的经济基础。因此，马克思的理论在其本质上与任何形式的“经济决定论”都**不相容**，因为这些“经济决定论”认定法律、道德、政治或宗教因素对物质生产或经济关系并无任何因果性的影响。事实上，马克思的理论试图以它们表现出的经济趋势来理解和解释的恰恰是这些影响因素。只有当各种上层建筑现象显示出与经济“基础”不同的趋势时，它们的因果影响才会开始威胁到马克思的理论。马克思和恩格斯都不否认（他们确实明确地肯定了）这些不同趋势的存在，但他们相信（因为我们早已检验过的那些十分合理的原因，如果不是决定性的原因），经济的趋势“归根到底”会占据决定性地位。

有批评认为，由于社会和历史包含着许多相互作用和相互决定的不同因素，所以在社会或历史中不可能有单一的“基础”或“主导”因素，但上文所述观点已经足以终结所有这些批评[15]。如果“主导因素”是指把经
济、政治或意识形态的事实看作**动力因**，那么马克思也认为，在历史中并 *111*
无单一的“主导因素”。但他并未因此而否认在确定相互作用着的各种不同因素的总体特征和作用结果时，那些源于物质生产的某些长期持续的趋势起到了决定性作用。当然，历史中不同趋势间的相互作用也许与不同因素间的相互作用一样复杂和无法确定。但是，承认历史中并没有占主导地位的因果因素，并不等于马克思也否认了历史中存在着占主导地位的目的论趋势。

注　释

［1］MEW 13：8，SW，182；马克思，恩格斯．马克思恩格斯选集：第 2 卷．3 版．北京：人民出版社，2012：2．MEW 37：436－7，*Selected Correspondence*，415－6；马克思，恩格斯．马克思恩格斯选集：第 4 卷．3 版．北京：人民出版社，2012：598.

［2］如果历史或社会科学应当是“价值中立”的这一命题意在否认人们真实的（与他们自己的主观看法相较而言）需要和利益永远都与对社会事实的解释相

关联，那么马克思显然必须拒斥这一命题。然而，某些著作者声称，就好像马克思没有关于人类一般本性的概念一样，他也没有人类一般需要或利益的概念。在第一部分中，我曾尝试反驳对马克思的这种解释。下面这一摘自《资本论》的段落（这个段落由于出现在对边沁的一些刻薄的评论过程中而十分著名）或许可以提供更充分的论据："假如我们想知道什么东西对狗有用，我们就必须探究狗的本性。这种本性本身是不能从'效用原则'中虚构出来的。如果我们想把这一原则运用到人身上来，想根据效用原则来评价人的一切行为、运动和关系等等，就首先要研究人的一般本性，然后要研究在每个时代历史地发生了变化的人的本性。"［MEW 23：637，*Capital*（New York，1967）1：609；马克思，恩格斯．马克思恩格斯文集：第5卷．北京：人民出版社，2009：704］由于这一段落的论辩性特点和马克思陈述的假设性的形式，我并不认为它以某种方式对马克思是否赞同任何形式的功利主义提供了很好的证据。但马克思很显然相信：（1）人在其本质上作为一个历史的存在包含了对根本的或"一般的"人类本性的历史修正。（2）人们的利益（何物对其"有用"）首先是被他们的一般人类本性决定的（根据我们之前的说明，作为社会生产性的存在），其次是被每一时代对这一本性的历史修正决定的（根本上是被那个时代由他们支配的生产力的本质决定的）。

［3］MEW 4：465，CW 6：487；马克思，恩格斯．马克思恩格斯选集：第1卷．3版．北京：人民出版社，2012：403－404.

［4］MEW 37：463－4. *Selected Correspondence*，417－18；马克思，恩格斯．马克思恩格斯选集：第4卷．3版．北京：人民出版社，2012：604－605.

［5］马克思关于历史唯物主义的目的论（或"功能性"）解释的精彩讨论可参见：Cohen，*Karl Marx's Theory of History*，chs. IX－X。

［6］唯物主义理论认为，由资本主义生产力"决定"的资本主义社会关系本应比大多数现代工业社会的典型资本主义生产力更早出现，现在我们可以看到为何这一论断是很有道理的。马克思的论点是，在生产力发展的那个阶段，即使封建的和小工业的关系可能充分地适应了现存生产力，但却没能促进，甚至阻碍了生产力的进一步发展。（就像马克思所说的，使此类关系永远地存在下去等于是"下令实行普遍的中庸"。）因为在当时的环境中，只有资本主义关系才能使那时马上要进行巨大扩张的社会生产力成为可能，所以资本主义关系代替了小工业关系。

［7］*Oeuvres* 1：1440，*Selected Correspondence*，35；马克思，恩格斯．马克思恩格斯选集：第1卷．3版．北京：人民出版社，2012：210. MEW 3：69，71，CW 5：88，91；马克思，恩格斯．马克思恩格斯选集：第1卷．3版．北京：人民出版社，2012：202－203. 此处，我认同查尔斯·泰勒（Charles Taylor）认为马克思的历史观是目的论的观点，但我并不接受他说明这一观点时所采取的粗陋形式："可以说，马克思主义似乎认为历史是遵照某一个计划进行的。历史具有通向无阶级社会的目的，而历史的不同时期代表了这一目标的各个阶段，尽管是尚未完成的阶

段，但是代表了当时所能达到的制高点。然而，认为历史是遵照一个计划进行的就意味着假定了历史具有某种主体和某种指导精神。但马克思主义排斥任何虚构出的超人类的主体。解决马克思主义的这一谜题的方案似乎是这样的：历史的主体是作为总体的人类种群，不仅仅此时此刻如此，在漫长的历史时期都是如此。正是总体意义上的人类种群指引着历史追寻其目标。"［Charles Taylor，'Marxism and Empiricism'，in B. Williams and A. Montefiore，eds，*British Analytical Philosophy*（London，1966），237］在马克思看来，历史是目的论的，但历史的根本趋势并不是获得某些决定性的社会形式，比如无阶级社会（如果根本趋势真的是这样，那么原始时期就是比现在更为接近这一"目标"的时期）。历史的根本趋势是对社会生产力的开放式扩展。马克思也并未从他的信仰中得出历史必须由"主体"或"指导精神"指引着"通向其目标"这种荒谬的、通往理想性结果的目的论倾向。马克思明确地否认了青年黑格尔派在此种意义上声称"人"或"人类"是"历史主体"的观点。

［8］我们往往认为，寻求各种目的论倾向的因果解释以及它们的运行机制是理所当然的，但却极少想要去寻求因果律的目的论解释。为何如此呢？我认为其原因在于，在目的论解释中，被解释物必须被视为属于某种说得清楚的有机系统，而我们并不认为所有动力因，更不必说所有因果律本质上都是应当地属于一个有机系统的。然而，谢林（Schelling）和黑格尔因为把一切事物都看作属于某个单一的、无所不包的有机系统，所以认为目的论可以用来解释动力因和因果律，他们甚至认为，这种目的论解释比因果律更具本体论的优先性。正如我们将要看到的那样，有理由认为，马克思和恩格斯在这一点上追寻了谢林和黑格尔的观点（参见第 14 章注释［23］）。

［9］马克思理论的根基在于某些趋势，而我们一般是通过人们偏好的行为方式背后的某种心理规律来寻求这些趋势的因果解释。然而，马克思和恩格斯经常批评资产阶级社会的思想家把本阶级的典型行为模式、当下时代的典型行为模式视为普适法则。某些此类批评可以被当作否认存在着任何相关的普遍因果律。参见：*Grundrisse*，156e；马克思，恩格斯．马克思恩格斯全集：第 30 卷．2 版．北京：人民出版社，1995：30．*Grundrisse*，606e；马克思，恩格斯．马克思恩格斯全集：第 30 卷．2 版．北京：人民出版社，1995：452．*Capital* 1：18；马克思，恩格斯．马克思恩格斯选集：第 2 卷．3 版．北京：人民出版社，2012：90．*Capital* 1：632；马克思，恩格斯．马克思恩格斯文集：第 5 卷．北京：人民出版社，2009：656.

［10］Ernest Nagel，*The Structure of Science*（London，1961），422.

［11］诚然，马克思和恩格斯使用的某些术语（"规律""决定""引起""驱动力"）具有因果含义。但当时的解释语言不可避免地要用到这些术语。一方面，"倾向"这一术语经常被马克思和恩格斯用在他们对历史唯物主义的说明中。在《资本论》中，马克思把资本主义的发展"规律"（这正是该工作要揭示的任务）与"正在实现的趋势"（*sich durchsetzenden Tendenzen*）等同起来。（MEW 23：12，

Capital 1：8；马克思，恩格斯. 马克思恩格斯选集：第2卷. 3版. 北京：人民出版社，2012：82.）

［12］MEW 3：45，CW 5：50；马克思，恩格斯. 马克思恩格斯选集：第1卷. 3版. 北京：人民出版社，2012：168.

［13］MEW 30：578，*Selected Correspondence*，123；马克思，恩格斯. 马克思恩格斯文集：第10卷. 北京：人民出版社，2009：179.

［14］MEW 20：466，479，*Dialectics of Nature*，（New York，1940），187，227－8；马克思，恩格斯. 马克思恩格斯选集：第3卷. 3版. 北京：人民出版社，2012：844－845. 马克思，恩格斯. 马克思恩格斯选集：第3卷. 3版. 北京：人民出版社，2012：910－911. cf. *Anti-Dühring*（Moscow，1962），96；马克思，恩格斯. 马克思恩格斯选集：第3卷. 3版. 北京：人民出版社，2012：443.

［15］例如，Acton，*Illusion of the Epoch*，164－5，Plamenatz，Man and Society 2：283－90. 马克斯·韦伯对如下想法的否认似乎蕴含着同样的批评，“这样一种想法，即作为一种历史性的必然结果，宗教改革或许可以从某些经济变革演变而来”，因为“无数的历史条件，特别是纯粹政治的发展过程，不能被归结为经济规律，也不能用任何一种经济原因来解释，它们必然共同发挥作用，才能使新建立的教派得以幸存下来”［Max Weber，*The Protestant Ethic and the Spirit of Capitalism*，*tr. T. Parsons*（New York，1958），91－2］。马克思或许会同意宗教改革的成功有赖于许多因素（比如政治因素），经济事实或规律并不能为这些因素提供因果性的解释。但这并不能得出，宗教改革的成功“不能用任何一种经济原因来解释”。马克思的理论所提出的那种目的论解释或许是可被接受的。

第八章
唯物主义、能动性与意识

1 马克思是决定论者吗?

很多学者认为历史唯物主义持有这样一种观点：个体的思维和行动是 112
被经济因素所因果决定的。他们将历史唯物主义视为因果决定论的一种，并且将之与自由意志论（libertarianism）相对立，因为自由意志论声称人类的选择是自由的，并且否认它们是被预先决定了的。据我所知，马克思并没有关于自由意志和决定论问题的明确阐述，而且他在这一问题上似乎也并不持有十分坚定的立场。那种认为历史唯物主义包含了某种关于人类行为的因果决定论的信条很可能是源于如下的错误观念：将生产力“决定”生产关系和经济基础“决定”上层建筑都看作动力因决定结果的某种例证。但是，现在我们已经清除掉了（我希望是这样）这种错误观念，这就使得我们可以重新来审视那些或许会让我们误认为历史唯物主义承认了某种因果决定论的文本证据。

马克思认为，经济关系“独立于”参与其中的个体“意志”，他也经常声称或者暗示说，人们是被“异己的”经济关系所控制或压制的。但是，这些论述中并没有包含着哲学意义上的决定论。马克思认为，经济条件会通过在人们实现其理想生活的道路上设置各种障碍，并且通过使人们服膺于那些妨碍他们为自己设定有意义的目标的幻觉而达到控制他们的目的。即便是最为极端的自由意志论者也会承认，人们有时会由于外部障碍而无法按照他们自身的意愿行动，并且无知和谬误有时也会使得他们不能很好地树立符合理性的目标。马克思的首要目标之一就是尽可能地把人们从那些控制他们、束缚他们的社会关系和意识形态幻觉中解放出来。如果

马克思关于存在于阶级社会中的人们受到外界控制的理论是某种决定论的
113 话，那么也不会是关于必然自然秩序的因果决定论，而是关于历史偶然性的决定论，而马克思最重要的实践目的之一就是使这种偶然性无法再继续发生作用。

马克思深信，资产阶级和无产阶级之间的暴力阶级斗争几乎是无法避免的，这是因为，资产阶级无法接受资本主义已经是一个过时的体系这一事实。但马克思之所以深信这一点，并不是因为他把每一个资产者的意识都看作像机器人一般被经济事实所决定的。马克思曾明确声明："正像过去贵族中有一部分人转到资产阶级方面一样，现在资产阶级中也有一部分人，特别是已经提高到能从理论上认识整个历史运动的一部分资产阶级思想家，转到无产阶级方面来了。"[1]如果马克思相信这种转变只能发生在资产阶级一少部分人身上的话，那是因为他考虑到了资产阶级意识形态的强大社会影响力，即便是最以事实为根据的科学知识也无法在尚未废除它们建基其上的社会条件的情况下，完全克服意识形态的影响。这里需再次强调，马克思的目的是尽可能地削弱这种影响。

马克思主义对意识形态的批判，以及更广泛的马克思历史唯物主义，可以被视为以追求某种类型的自由为目的。当人们并没有对自己当下的所作所为有充分认识的时候，就可以被视为不自由的，尤其是在他们意识到后就会停止这种行为的情形下更是如此。马克思认为，个体在阶级意识形态影响下而产生的社会行为就属于这种不自由的情形。马克思主义历史理论的任务之一就是给他们自身的行为以及这些行为被主流阶级意识形态伪装、混淆和歪曲了的社会历史意义提供一个正确的理论解释。马克思认为，这种行为解释会使他们（并且理性上也应当使他们）在很多情况下做出完全不同的行为。例如，那些认为自己是在维护人权的人正确地看到他们实际上维护的不过是阶级压迫，又或者，那些认为自己是在遵循上帝意志的人们意识到他们实际上只是心甘情愿地成为被剥削的受害者，那么他们就会改变自己的行为，所以具备了对自身行为正确的理论认识和这样行动的理性意愿，他们可以自明地（self-transparently）做出某种行为。以这种方式获取的自由不一定是使你随心所欲的自由，但是这种自由可以被更准确
114 地描述为使你能够意欲自己所为之事的自由。但是，这种自由必须被看作一个理性的、自我反思的社会历史主体所拥有的自由意志能力的一种能力。

恩格斯的某些评论看起来似乎是在赞同个体意志是被经济因素因果地决定了的这一论题。"各个人的意志"，他说道："希望得到他的体质和外部的、归根到底是经济的情况（或是他个人的，或是一般社会性的）使他

向往的东西”[2]。恩格斯真的相信个人总是会希求经济情况致使（“驱使”）他向往的东西吗？至少他并不是一直这样认为的。正如我们之前看到的那样，他同时也认为各个人的意志是被“激情或思虑”所决定的，“激情或思虑”并不是直接被经济因素驱动，而是被包括“纯粹个人的怪想”在内的“各式各样的杠杆”所驱动着。因此，或许恩格斯在上述评论中想要说明的仅仅是对个人行为的历史作用令人满意的解释必须始终考虑到“外部的、归根到底是经济的情况”，但这并不意味着经济情况总是“驱使”个人做出某种特定的行为。

但无论恩格斯怎样认为，后一种结论才是历史唯物主义的解释想要表达的。历史唯物主义试图以目的论的方式，通过说明政治事件或社会主流意识形态是如何促进社会或历史根本趋势的而对它们进行解释。这种类型的解释通常来说都是非决定论的。它们不会暗示说，该趋势必须要以特定的方式展现，或者这样的趋势需要某种特定**被解释物**发挥作用才能得以存在。事实上，需要（依赖于）特定事件或者特定个人的特定行为的“基本历史趋势”当然也就因其太过单薄脆弱而难副“基本历史趋势”之名。例如，法国大革命的唯物主义解释也许能够说明发生在1789年的各种事件，说明米拉波（Mirabeau）和西哀士（Sièyes）等人为了促成那种为当时法国经济情况和阶级斗争形势所需要的政治变化而采取的种种行动。但这一解释无须表明各种经济情况要求这些变化必须在那一特定时间或以那种特定的方式发生，而且几乎肯定也不会要求它们必须由特定的一些个人来执行。认为法国大革命的发生是由于某一基本历史趋势绝**不**等同于认为它必须以历史上业已发生的那种特定方式而发生。

一种唯物主义理论也许会试图提供包含了或多或少细节的历史解释。*115*
但无论这些解释如何详尽，也只有在特殊个人的思想或行为恰好极具影响力或者代表了某种重要社会类型的情况下才会将之作为考察对象。这种理论（举例来说）或许会试图说明拿破仑的政治目标如何与19世纪初法国阶级力量对比的实际相符合，并会以这种方式解释为什么法国倾向于选择一位具有这样政治目标的统治者，为什么这位训练有素且野心勃勃的领导者在政治上是成功的。但历史唯物主义并不会去解释为什么这一个体——拿破仑——会具有这样的愿望和目标。唯物主义解释完全认同拿破仑的目标是由不受他自己决定的选择所支配的。再次申明，历史唯物主义并不对单独个人的细节提供解释，比如它不会解释为什么卢梭支持小资产阶级共和国而非神权专制，也不会解释为什么卢梭选择进行政治写作而不是终其一生复制音乐或流连于那些神经质的贵妇人。历史唯物主义试图去解释的是，为什么某些个体（无论是谁）会提出像卢梭那样的政治哲学，为什么这种哲学如此之引人注目而影响深远。（举例来说，历史唯物主义或许会通过说明该哲学是如何被用作发展资产阶级、小资产阶级阶级意识的手段而解释这一点。）这意味着，唯物主义解释或许会着重关注那些大行其道的、早已被篡改了的、各色各样的“卢梭哲学”，而较少关注卢梭的那些被广泛误解并且没有太多社会影响力的真实思想。即便我们假设卢梭的思想与写作都是被因果决定了的（无论是被经济因素还是被其他因素决定），这一情况也不会在历史唯物主义对他思想或行为的解释中占有重要位置。

有时人们会把马克思看作因果决定论者，其中一个原因就是马克思相信某些历史发展趋势是**不可避免的**。但持有这一信念何以会使他成为因果决定论者却并不是那么显而易见的。或许，将这两者联系起来的最为合理的解释是：马克思把自己对历史必然性的信仰建立在特定社会趋势存在并占据主导地位的基础之上。不难理解（即使这并不是那么显而易见的）有人会认为，在马克思看来这些趋势必须要借由经济因素对各个个人的影响
116 来进行因果解释。因此，我们或许会得出这样的结论，即马克思把个体行为视为是被经济因素所因果决定的结果。

然而这种观点根本站不住脚。因为即使个体行为并不是被因果决定的，也仍然很可能会存在产生某种特定历史趋势，甚至是产生某种必然结果所需要的因果性的充分条件。自由意志论者通常也承认（这是显而易见的）人们的行为往往是可以被准确预测的。他们对这一能力的通常解释是说动机或环境影响了人们的行为或使他们倾向于某种特定的行为方式，但这并不等于认为人们必然会选择这种行为方式，也不等于认为人们不能选择另外一种行为方式。通过了解哪些影响或倾向正在作用于一个人，我们就往往可以猜测出（具有很大的可能性）这个人将会选择采取什么样的行动，即便这些选择本身是自由的、未被因果决定的。

假设我们是接受了类似解释的自由意志论者，那么这种哲学观念其实已经足以使我们对历史唯物主义假定的各种趋势进行因果说明，甚至还足以让我们相信某些事件进程是历史的必然。这是因为，假设我们知道（1）很多个人极其倾向于做出某种特定行动；（2）没有什么阻碍着他们这样去行动；（3）某些此类行动为特定结果提供了充分的因果条件。那么我们已知的这三点就已经足够为事实上存在着产生该特定结果的趋势提供因果解释，甚至还足够证明相信该结果必然产生是完全正当的。而这并无损于我们仍旧始终保持着自由意志论者的基本立场。

试想这样一个例子。某家剧院的经理知道，剧院中一些座位的使用率

比另外一些座位的使用率更高些——这是因为，并不是所有的表演都能够满场，而这些使用率高的座位可以给观众提供更好的舞台视角。她还知道，当某个座位被使用若干次之后它的填塞物就会因磨损而需要进行维修。所以她由此推断，某些座位**必然**会比其他座位更早地需要进行维修。这位经理显然并不需要成为一个人类行为的决定论者才能进行这样的推论。任何有理性的人都不会因此而指责她否认了观众选择座位的自由。

马克思确信西欧资本主义兴起和衰落的历史必然性所使用的推论与这位剧院经理所使用的推论其实大同小异。假设某位历史学家相信人们具有扩张生产力的普遍倾向，并且会调整他们的社会关系以适应这些生产力的 117
发展。这位历史学家由此认为，当现存生产关系无法再适应生产力的发展需要，而其他生产关系却能够充分适应生产力发展需要的时候，就产生了采用新的生产关系这一普遍倾向。现在，假设这位历史学家也相信，在资本主义历史早期，资本主义生产关系较之于封建制和小工场手工业更为适应生产的发展，但后来它却逐渐在某些方面成为发展的桎梏——而社会主义生产关系在这些方面则不会阻碍生产的发展。因此该历史学家推测，人们选择有利于生产发展的社会关系这一普遍倾向使得资本主义必然替代封建制和小工场手工业，同样也必然会使得社会主义替代资本主义。

这样的解释虽然过度简化了马克思的推论，但它基本上还是准确的。然而，这一推论在相关哲学层面上与上述剧院经理的推论并无二致，而且大多数自由意志论者也能够认可这样的推论过程。从而我认为，马克思相信历史具有必然性与他可以是一个自由意志论者这两点并不互相冲突。倘若真的有人想要把马克思关于资本主义兴起和衰落历史必然性的信仰解释成他承认了某些颇具争议的形而上学教条，那我想这也只是因为他们被马克思那些涵盖范围过于广泛的预言（还有令人费解的各种暗示）弄得摸不着头脑。我想这些人恐怕不会认为相似（但更无关社会、更符合经验）的预言中也包含了形而上学困境，比如剧院经理关于某些座位比其他座位需要更早进行维修的预言。

我认为，马克思的历史唯物主义中并不含有会使他认为人类思想和行为是被因果决定的内容。至于他实际上是否是一个决定论者那就是另外的问题了，然而我却并不认为我们能够给这个问题以确定无疑的答案。马克思看起来似乎赞同孔狄亚克（Condillac）和爱尔维修（Helvetius）的“唯物主义”论断——“人的全部发展都取决于……**外部环境**”，而这一论题大概是试图主张某种关于人类个性和行为的因果决定论[3]。但是马克思也坚持认为，之前的唯物主义犯了忽视“能动方面”的错误，忽视了“环境是由人来改变的”[4]这一事实。我们并不清楚这种修正是否与早期唯物主义者的决定论观点相关联，或如何与他们的决定论观点相关联。无论如何，
118 假若马克思真的是一个决定论者，那么他也极可能会是一个相容论者（compatibilist），这就是说，他相信人类行为的因果决定论并不意味着人们不能进行自由选择。当恩格斯对黑格尔“必然只有在它没有被理解时才是盲目的”的说法表示赞同时，他可能是意在认同某种形式的相容主义（同时也认同了其他一些观点）[5]。老实说，我不确定马克思和恩格斯是否认真思考过自由意志与决定论这一形而上学论题。他们何必思考这种问题呢？毕竟，他们的历史理论与这一问题并没有什么关联。

这里还有另外一个经常被用来针对马克思的指责，它虽然和自由意志与决定论问题并没有什么关系，但却与人们精神领域的自由意志问题密切相关，这一指责或许对那种认为马克思在自由意志与决定论问题上持有可耻立场的判断起到了推波助澜的作用。这一指责认为，历史唯物主义不能理解个体的独特个性，认为马克思把历史中“个体及其重要性最小化了”，并且“把个体淹没在阶级和历史运动的洪流中”[6]。虽然我并不认为他们找到了历史唯物主义的缺陷，但这些指责确实颇有几分道理。唯物主义解释是目的论解释。目的论解释通常关注的是一个有组织的系统中的各个元素对其总体趋势的作用。相应地，这样的解释就往往会忽视与诸元素在该系统中所发挥的功能不相关的属性。历史唯物主义以目的论理论来解释各种社会形式、政治运动，以及普遍流行或颇具影响的观念的发生发展过程。历史唯物主义的目的和方法都要求它从个体与这些社会形式关系的角度来对个体进行观察，也因此需要有意地忽视他们的“独特个性”。历史唯物主义从来就不是（也不想成为）个人传记或个人内在精神发展史的优秀撰写指南。

2 “意识形态”的三种意义

像“异化”一样，“意识形态”也逐渐成为马克思主义观点中最为流行的概念之一，尽管（或许应该说因为）马克思显然没有清晰地表明他所说的“意识形态”指的是什么，他的观点总是被各种各样的混淆和悖论的危险所困扰着。我想我们可以辨别出“意识形态”概念的三种基本用法以

及它在马克思和恩格斯著作中的那些同源词，如果我们理解了这三种用法 119
之间的关系以及它们和历史唯物主义之间的关系，就可以获得对马克思意识形态理论的基本认识。

尽管其他作者也曾使用过“意识形态”一词，但马克思是从德崔希伯爵（Destutt de Tracy）那里知晓这个术语的。马克思在1845—1846年写作的《德意志意识形态》中第一次使用了“意识形态”一词。在这份手稿中，该术语主要指某种类型的哲学信仰，指对“**思想的统治**”（*Gedankenherrschaft*）的信仰，即“世界是受观念支配的，思想和概念是决定性的本原”[7]。而“意识形态家”是指那些持有并鼓吹这种观点的哲学家。在该用法中，“意识形态”与“唯心主义”（马克思和恩格斯也赋予了这一术语众多含义，这里是指其中之一）是同义语。方便起见，我把这种“意识形态”称为“历史唯心主义”。

毋庸赘言，马克思和恩格斯认为“意识形态”或“历史唯心主义”是一种**虚假**的学说。但他们所说的“相信这种**思想的统治**”是指什么却并不清晰明了。他们似乎认可这样一种观点，即任何将终极实在视为宇宙精神的形而上学都相信“思想的统治”，比如黑格尔的形而上学，这种精神的“一定的思想是只有哲学家们才能理解的物质世界的奥秘”[8]。但马克思和恩格斯也把“意识形态”视为关于社会发展变迁如何发生的学说。他们写道，意识形态家们“相信他们的批判的思想活动一定会使现存的东西灭亡”[9]。显然，他们所指的是布鲁诺·鲍威尔、麦克斯·施蒂纳（Stirner）、费尔巴哈以及认为异化在于虚假意识或由虚假意识所导致的其他青年黑格尔派成员，这些意识形态家们认为，克服异化的方式就在于获得更为真实的或更为“批判的”世界观。但马克思和恩格斯对此所做的暗示却是有误导性的，他们暗示青年黑格尔派对异化症结的看法和他们带来社会变迁的策略是建立在终极实在是精神的这一形而上学论题之上，甚至是建立在历史进程是由世界精神的概念辩证法所决定的这一黑格尔式的论题之上。而事实上“唯心主义的”社会变革策略并不必要建立在唯心主义形而上学之上[10]。

《德意志意识形态》对历史唯心主义的批判主要集中在两个方面：首先，唯心主义者拒斥对自身哲学观念的任何唯物主义解释（马克思和恩格斯认为这种拒斥内在于青年黑格尔派轻蔑地远离政治斗争的态度）；其次，唯心主义者相信，仅仅通过人们观念的转变就可以促成社会进步，而无论生产的物质条件如何。如果我们把这两点视为“历史唯心主义”意义上
“意识形态”概念的特征，那么对马克思观点的反对意见显然就并不是 120

“稻草人论证”①。因为时至今日，自由主义和改革主义思想的精华仍然在于此种意义上的“意识形态”。

“历史唯心主义”意义上的“意识形态”概念对社会分析并没有什么作用。然而，即使是在《德意志意识形态》以及几乎所有其他的马克思主义者的著作中，“意识形态”都被用来为某些被广泛认可或颇具影响的社会意识的信仰或形式提供唯物主义解释。在《政治经济学批判》中，马克思把法律、政治、宗教、艺术以及哲学（有些其他的描述中还包括道德）都算作“人们借以意识到这个冲突（生产力和生产关系之间。——作者注）并力求把它克服的……意识形态的形式”。而马克思在《德意志意识形态》中写道，历史科学必须“从他们的现实生活过程中……描绘出这一生活过程在意识形态上的反射和反响的发展。甚至人们头脑中的模糊幻象也是他们的可以通过经验来确认的、与物质前提相联系的物质生活过程的必然升华物”[11]。

在这些段落中，“意识形态”这一术语被用于表达如下唯物主义观点：我们可以通过说明某些观念如何支持了被现存生产力所决定的各种社会关系，或者通过说明它们是如何表达并提升了阶级利益，而解释它们在社会中普遍流行或是颇具影响的原因。而“意识形态”就是指那些能够通过展现其如何推动基本社会历史趋势的发展而用唯物主义的方式加以解释的流行信念、理论或意识形式。我们把这里第二种意义上的意识形态称为“功能性意识形态”。当马克思把普遍意义上的法律、政治、宗教、艺术、哲学或道德都称为“意识形态”时，他意在说明，大多数占据人们头脑的此类观念都可以通过这样的方式来解释其之所以能够在社会中普遍流行并且颇具影响的原因。

然而，马克思著作中的很多段落都表明，意识形态仅仅可以被唯物主义地解释还不够，它还必须包含着某种虚假的意识或幻觉。恩格斯甚至直接声称，某种观念或意识形式只有在没有意识到自身的经济基础时才能被称为意识形态。这些段落中的意识形态是指对自身真实的社会和历史重要性毫不知晓的意识[12]。我们把这里第三种意义上的意识形态称为“意识形态幻觉”。

然而，该术语可能具有一定的误导性。因为我们通常用“幻觉”来形容确定无疑的错误，而不仅仅是用来形容由于无知或者不自知而造成的认识偏差。一种正当的观念，甚至一门十分成熟的知识完全有可能是我们刚
121 刚阐述过的那种“意识形态幻觉”——只要它能够被唯物主义所解释，同

① 指通过歪曲真实论点而驳倒对方的论证方式，是一种非形式谬误。——译者注

时那些已经接受了这种观念或知识的人又对唯物主义解释一无所知。但马克思显然认为，这种意识形态的不自知常常会以一种更加直接的方式支持许多“幻觉”。只要人们浑然不觉自己相信的观念之所以能在社会中广泛传播是由于它们执行着某种社会职能，他们就往往更倾向于相信这些观念是因为它们本身的正当性（它们要么是不证自明的，要么是被人类的长期经验所验证了的）才得以广泛传播的。对观念的物质基础的无知可以让许多被普遍接受的道德、宗教和哲学观念看起来更加可信，否则这些观念就可能只会被看作是废话连篇的。毫无疑问，如果马克思是正确的，那么这些观念就只是些幻觉罢了。

这三种意义上的“意识形态”（历史唯心主义、功能性意识形态和意识形态幻觉）之间有着非常明显的相似性和关联性。正如马克思所认为的那样，历史唯心主义者拒绝对他们自身意识的任何唯物主义解释。因此，如果他们的意识可以被解释为功能性意识形态，那么它也必定同时是一种意识形态幻觉。马克思和恩格斯显然认为，历史唯心主义是功能性意识形态的一种形式，它通过转移人们对自身异化真实原因的注意力而达到为统治阶级利益服务的目的。如此这般，历史唯心主义也就是一种普遍的，甚至是非常典型的意识形态幻觉形式，因为它在事实上把意识形态幻觉提高到了普遍准则的地位。

然而，这三种意义的“意识形态”仍然能够相互区分开来。历史唯心主义就其自身而言并不是某种功能性意识形态或意识形态幻觉的形式。如果它成为两者之一，那必定是经验建构的结果。此外，意识形态幻觉也无须包含任何形式的历史唯心主义。因为即使我们并不持有任何缺乏经济基础的哲学观，也仍可能对自身意识的经济基础一无所知，甚至可能对自身意识的社会重要性抱有某种虚幻的想法。意识形态幻觉必然是功能性意识形态，但功能性意识形态却不一定是意识形态幻觉。至少从原则上讲，历史的自我知识，甚至是历史唯物主义学说本身，都可能是功能性意识形态，这就是说，它可能是因为服务于某一阶级的利益而成为颇具影响力或社会流行的观念。事实上，马克思正是这样看待历史唯物主义和无产阶级利益之间的关系的。

3　意识形态与科学

马克思和恩格斯很少将他们的学说称作“意识形态”[13]。这一点或许 122

可以作为他们并不太想在功能性意识形态的意义上来使用“意识形态”这一概念的证据，他们总是轻蔑地用“意识形态”来描述历史唯心主义和意识形态幻觉。但是在这三种“意识形态”概念中，却只有功能性意识形态抓住了唯物主义社会分析中最为重要的概念。比起普遍信念的唯物主义解释不为人所知或者被原则上否定，普遍信念能够以唯物主义的方式得到解释这一事实本身更具理论重要性。这一点可以为后来那些使用“无产阶级意识形态”这一术语的马克思主义者，甚至为那些用这个术语来描述马克思主义本身的马克思主义者（包括列宁）正名。

也许有人会试图通过说明一切功能性意识形态都必定是意识形态幻觉来反驳后来的马克思主义者，从而为马克思本人的用法正名。此类说明或许会是这样的：只有当某种信念或意识形式不仅服务于一个经济体系或某一阶级的利益，它的存在本身也可以由于它所发挥的作用而得到解释时，它才能被称为功能性意识形态。但也许有人会进一步论证说，以这种方式来解释知识或合理信念没有任何意义，因为在这种情况下，信念的理性基础总是能够充分解释我们相信它的理由，从而使唯物主义解释显得画蛇添足。如果要使功能性意识形态不至成为意识形态幻觉，知识或合理的信念就不能建立在确定其真实性的客观基础之上，而必须建立在该信念为某一经济或阶级目的服务的事实之上。而且，在我们知道自己的信念服务于这种目的的情况下，我们认同它也不能是因为它的客观基础，而必须是由于它所服务于的阶级利益。实际上，我们必须把为阶级利益服务放在比客观事实更优先的位置上，并且确信这样做的正当性。或许有人会认为，这正是布尔什维克主义（bolshevism），但是若认为把它与马克思联系起来没有为马克思赢得声誉则是公然的思想欺骗。

然而，如果马克思的用法是建立在类似上文的论证的基础上的，那么它的根基就是错误的。因为该论证混淆了某一个体可能持有真实信念的基础、向该个体提供信念知识的基础和历史唯物主义者对特定真实信念广为
123 人知这一事实的解释。这个历史唯物主义者或许会解释道，某种正确的学说（比如历史唯物主义）正是由于被视为是服务于无产阶级利益的才会广为人知。他也许（实际上）会说明无产阶级意识的发展过程，这涉及他们如何第一次意识到这一真理，以及他们如何排除意识形态障碍（比如通过宗教、唯心主义以及其他各种迷信对大众进行的文化教化等障碍）而形成清晰客观的看法。那些用这种方式来解释历史唯物主义在社会中流行原因的历史唯物主义者们——如果在思想上具有最起码的真诚的话——或许十分清楚如下的事情：（1）他们对历史唯物主义认同的合理性是建立在纯粹

客观基础之上的；（2）像他们一样，人们对历史唯物主义的认同也服务于无产阶级的阶级利益；（3）第二点，即（2）解释了历史唯物主义被广泛认同的原因；（4）如果没有无产阶级运动，他们自己或许永远也不会知道历史唯物主义正确与否。对于这样的历史唯物主义，历史唯物主义就是功能性意识形态，但同时也是客观的历史科学——而非意识形态幻觉。此外，有理由认为，马克思正是把自己视为这样的历史唯物主义者。

许多学者都强调这样一个所谓的事实——马克思的意识形态观和科学观是互斥的，他们在自己对马克思意识形态概念的解释中将这一点视为不言自明的。正如我们已经看到的那样，根据马克思和恩格斯对“意识形态”的使用方式，这些学者的观点或许有其合理性，但他们的观点却与意识形态概念在历史唯物主义这一更深层面中所扮演的角色不相符合。有些学者甚至认为，对于马克思而言，由于“科学”显然无法以其他角色融贯地存在于他的学说之中，“科学”（作为社会生活的一般组成部分）就只能被视为一种“生产力”[14]。只要科学知识对社会生产力做出了贡献，那么科学当然可以被视作一种生产力。但这并不能说明科学就不是一种社会意识形式，甚至不能说明科学不是一种意识形态。在我看来，认为马克思同意“不合科学是意识形态的定义属性”[15]并没有充分的文本根据。

当然，历史唯心主义不可能是科学的，原因很简单，即马克思主义历史科学认为历史唯心主义是一种虚假的学说。但没有理由认为，科学不能
为阶级利益服务（马克思显然提供了一种为无产阶级利益服务的唯物主义 124
的历史科学）[16]。因此，没有任何理由认为科学不能是功能性意识形态。但同时也没有理由认为科学不能是意识形态幻觉，至少科学可能包含意识形态幻觉的重要元素。

显然，马克思和恩格斯都认为达尔文的自然选择理论对自然科学做出了划时代的贡献。但他们也都认为，该理论包含了某些明显的资产阶级意识形态幻觉：“值得注意的是，达尔文在动植物界中重新认识了他的英国社会及其分工、竞争、开辟新市场、‘发明’以及马尔萨斯的‘生存斗争’。”[17]或许没有任何意识形态幻觉——就幻觉本身而言，是一种科学。但对马克思而言，真正的科学或许是与意识形态幻觉紧密地关联或交织在一起的（正如达尔文的生物理论与马尔萨斯那可憎的迷信相关联一样）。无论在任何情况下，显然都没有任何办法可以防止我们通常意义上理解的那种科学忽视它自身的历史唯物主义基础。这样看来，意识形态与科学之间的区分是没有任何依据的，因为这种区分预先排除了同一个思想贡献既是经久不衰的科学理论，又是行之有效的意识形态幻觉的情况。

注 释

［1］MEW 4：472，CW 6：494；马克思，恩格斯. 马克思恩格斯选集：第1卷. 3版. 北京：人民出版社，2012：410.

［2］MEW 37：464，*Selected Correspondence*，418；马克思，恩格斯. 马克思恩格斯选集：第4卷. 3版. 北京：人民出版社，2012：605.

［3］CW 4：129—30；马克思，恩格斯. 马克思恩格斯文集：第1卷. 北京：人民出版社，2009：333.

［4］MEW 3：5—6，CW 5：3—4；马克思，恩格斯. 马克思恩格斯选集：第1卷. 3版. 北京：人民出版社，2012：134.

［5］MEW 20：106，*Anti-Dühring*（Moscow，1962），157；马克思，恩格斯. 马克思恩格斯选集：第3卷. 3版. 北京：人民出版社，2012：491.

［6］M. M. Bober，*Karl Marx's Interpretation of History*（Cambridge，Mass.，1948），88. 参见：Jean-Paul Sartre，*Search for a Method*（New York，1963），43—65.

［7］MEW 3：14，CW 5：24；马克思，恩格斯. 马克思恩格斯文集：第1卷. 北京：人民出版社，2009：510.

［8］MEW 3：14，CW 5：24；马克思，恩格斯. 马克思恩格斯文集：第1卷. 北京：人民出版社，2009：510. 然而，与形而上学唯心主义相冲突的似乎并不是这里所描述的历史唯物主义，而是其他“唯物主义者”强加给马克思和恩格斯的那种历史唯物主义。我认为，形而上学唯心主义者可以一贯地认可唯物主义的历史概念，但却坚持认为生产力、生产关系以及其他唯物主义解释要素（如同所有其他事物一样）仅仅是上帝的意志或世界的精神。而黑格尔唯心主义与唯物主义的对立则是出于完全不同的原因。黑格尔在承认历史具有某种基本趋势这一点上与马克思相一致，并且他也认为，历史运动可以用这些基本趋势来加以解释。但是在黑格尔看来，这种趋势并不是社会生产力不断扩张，生产关系与之相适应的趋势，而是人类精神获取科学或哲学知识的趋势。

［9］MEW 3：14，CW 5：24；马克思，恩格斯. 马克思恩格斯文集：第1卷. 北京：人民出版社，2009：510.

［10］历史唯物主义者无须否认（马克思和恩格斯所声称的）人们观念的变化可以作用于社会进步，并且在一定条件下，推动社会进步的最佳策略或许就是支持一种“革命意识”。同理，一个黑格尔式的形而上学唯心主义者也无须认为改变人们的观念是摧毁已经过时的社会条件的唯一的方式（甚或是最佳方式）。反过来说，相信批判思考是通往社会进步的光荣之路的人无须服膺于黑格尔的历史理论，或是任何类似的理论。（不过，有许多把普遍历史理论视为洪水猛兽的自由意志论的道德家们认同青年黑格尔派的论点，即提出一种更具启发性思考方式是促成社会进步的最佳途径。）

［11］MEW 13：8，SW，172；马克思，恩格斯. 马克思恩格斯选集：第2卷.

3 版. 北京：人民出版社，2012：3. MEW 3：26，CW 5：36；马克思，恩格斯. 马克思恩格斯选集：第 1 卷. 3 版. 北京：人民出版社，2012：152.

[12] MEW 21：303，SW 628；马克思，恩格斯. 马克思恩格斯选集：第 4 卷. 3 版. 北京：人民出版社，2012：260. MEW 39：97，*Selected Correspondence*，459；马克思，恩格斯. 马克思恩格斯选集：第 4 卷. 3 版. 北京：人民出版社，2012：642.

[13]《共产党宣言》确实将那些由于"已经提高到能从理论上认识整个历史运动"而转到无产阶级方面的资产阶级成员描述为"资产阶级思想家"（MEW 4：472，CW 6：494；马克思，恩格斯. 马克思恩格斯选集：第 1 卷. 3 版. 北京：人民出版社，2012：410）。就马克思和恩格斯而言，这大概正是他们的自我描述。如果确实如此，那么他们似乎就会把《共产党宣言》的内容本身看作与此相应的"意识形态"。

[14] Bober，*Karl Marx's Interpretation of History*，33；Plamenatz，*Man and Society* 2：290，以及 *Karl Marx's Philosophy of Man*，220.

[15] 参见：Cohen，*Karl Marx's Theory of History*，46.

[16] 马克思有时在某种确定的意义上使用"科学"概念，这种意义上"科学"的任务在于阐明社会现象背后的真实（参见：*Selected Correspondence*，210；马克思，恩格斯. 马克思恩格斯选集：第 4 卷. 3 版. 北京：人民出版社，2012：473；以及 Cohen，*Karl Marx's Theory of History*，326－44）。我想，从这种意义上的"科学"来看，意识形态幻觉就是非科学的。但在更为宽容的或不那么技术化的"科学"意义上（将这一术语所指的范围拓宽至马克思主义经济学和历史唯物主义理论之外，使它包括诸如物理学和生物学等知识领域），这种定义性的非难则是行不通的。

[17] MEW 30：249，*Selected Correspondence*，128；马克思，恩格斯. 马克思恩格斯文集：第 10 卷. 北京：人民出版社，2009：184. 马克思和恩格斯都非常认同在自然（就像在社会中那样）中存在着从低级到高级的进化和发展进步（他们在达尔文的理论中发现了这一点）。他们还认为，达尔文的自然选择理论为自然界的组织和目的论提供了自然主义的解释。但他们将达尔文的马尔萨斯主义视为他理论中的虚假意识形态累赘。参见：*Selected Correspondence*，171－2；马克思，恩格斯. 马克思恩格斯选集：第 4 卷. 3 版. 北京：人民出版社，2012：459. *Selected Correspondence*，239；马克思，恩格斯. 马克思恩格斯文集：第 10 卷. 北京：人民出版社，2009：338. *Selected Correspondence*，301－4；马克思，恩格斯. 马克思恩格斯选集：第 4 卷. 3 版. 北京：人民出版社，2012：516－519. *Capital*（New York，1967）1：372－3；马克思，恩格斯. 马克思恩格斯文集：第 5 卷. 北京：人民出版社，2009：429. 这种看法确有其道理，因为从原则上讲，并没理由认为进化甚至是自然选择必须通过竞争、稀缺和马尔萨斯的"生存斗争"才能起作用。

第三部分

马克思主义与道德

第九章
马克思论权利与正义

1 马克思主义是否具有道德基础？

从某个角度看，马克思清晰阐明了他批判资本主义制度的原因。他客 127
观地描述了工人阶级的现实困境——被剥削的工人阶级日渐贫穷，他们生活堕落且空虚，并且濒临崩溃的边缘。马克思认为这种境遇并不是自然形成或不可避免的，而是由一个落后与非理性的社会制度造成的，而这些问题之所以被掩盖着，仅仅是因为这个制度是服务于少数特权者的。无论我们是否赞同这一点，马克思至少阐明了他的立场，同时我们也很难反驳他的观点。马克思有着充足的理由批判资本主义制度并主张用革命推翻它。

但从另一个角度来看，马克思对资本主义社会的谴责却很难令人信服。他对哲学家们通常研究的社会制度评价问题不感兴趣。他没有详细阐述在判断资本主义是一个无法忍受的社会制度过程中采用的准则、标准或蕴含的价值观。在攻击资本主义的过程中，马克思可能表现出他对某些特定价值的认可，然而他极少论述这些价值是什么，或者这些价值如何在哲学上是合理的。无论这种沉默是否可以算作马克思思想中的严重缺漏，它都确实引起了读者在这一方面的困惑，当然也为马克思主义道德基础的各种理论提供了诸多议题。在接下来的两章中，我将谈谈马克思是如何对待道德问题的（尤其指权利与正义），以及道德对马克思历史唯物主义、资本主义批判的关系。

在第一部分，我认为马克思对异化与人类本质问题表达了一种确定的 128
观点，即在哪些条件下人们在他们的生命中能够对自我价值与生存意义形成一种合理的感知。更具体而言，我认为这些观点包括关于人类自我实现、关于“人类本质力量”发展与实践的亚里士多德式的观点。更进一步地分析，我认为马克思在根本上将这些力量视为社会生产力。很多学者认为这些观点（或相关推论）建构了马克思主义的“道德基础”，或至少建构了这个基础的重要部分。（但是）我认为有充足的理由来反对这种常识。

一方面，在马克思看来，异化或人类自我实现的失败不是资本主义的唯一罪行。在马克思成熟时期的著作中，这一点甚至不是马克思所要谴责的主要方面。无论如何，马克思所关注的罪行在哲学上毫无趣味，但工人阶级却饱受其害：饥饿、疾病、劳顿和生存资料的匮乏与不稳定。亚里士多德认为其他所有的善（包括生活必需品）只有在它们从属于人类终极善即幸福的意义上才是善，而这种终极善是人类潜能的实现。但是，没有任何证据表明马克思赞同亚里士多德的观点。因而我们也没有理由把通过社会生产完成的自我实现视为马克思价值体系的基础。我们最多能够确信的是，人的自我实现仅仅是马克思认为被资本主义摧毁的人类福祉中较为突出的一个元素。

于是，我们或许会质疑马克思的异化观与自我实现观是否是**根本性的**道德观。然而，我们同样需要质疑这些论点是否隶属于**道德**范畴。任何关于人类福祉的深远论述无疑都应该属于“道德”问题，在这个意义上，我并不否认马克思关于人类自我实现的观点是一个“道德”观点。然而，还有一种狭义的、我认为更恰当的“道德”意义，在这种意义上，我们区分**道德**的善恶与**非道德**的善恶。我们都知道，当我们进行价值判断或做出某些行为时，在动机上有这样的区别：一种是良知和“道德律”告诉我们“应该”去做，一种是因为它能够满足我们的需求、愿望，或符合我们关于善的观念（或者对任何我们想提高其福利的人而言——对非道德善的欲求，并不必然是自私的欲求）。这种差别大致区分了我提及的“道德的”善恶与“非道德的”善恶。道德的善包括德性、权利、正义、履行义务和
129 具有道德品质等。与之相对，非道德的善包括愉悦、幸福以及那些我们认为值得欲求的和拥有它会对我们有益的事物，即便是追求和占有它们对我们的道德并无增益[1]。

通过我对马克思的阅读，我认为他对资本主义进行批判的基础在于它毁灭了许多重要的**非道德**的善，如人的自我实现、生存保障、身体健康、舒适、共同体与自由。当然，马克思从未直接讨论过道德的善与非道德的善的区分问题，但是（无论是在哲学上还是日常生活中）这是一个常见的区分，我们有理由相信马克思可能默认了这个区分，并在无意之中大量使用了这个区分。

马克思常常直接谴责资本主义无法给予人们上面提到的诸多非道德的

善，并声称如果通过更理性与民主的社会组织形式（如社会主义），现有的社会生产力量足以向所有社会成员提供这种善。但马克思从未声明这些善是人类有**权利**得到的，或是由**正义**（或其他某种道德准则）决定必须要给予人类的[2]。事实上，正如我们所见，马克思明确否认资本剥削带给了工人不正义或者侵犯了他们的权利。有证据表明马克思对工人运动的关注也许部分与道德关切有关（或者至少是由于他无法容忍对人类遭受的灾难熟视无睹）[3]，但他却很少或从未在鼓动他人支持这些运动时诉诸这些道德关切。他确信，即使不诉诸常见的道德感与罪恶感，那些显而易见的非道德的善的价值也足以说服任何一个理性的人去推翻现有社会秩序，这种秩序不合理地摧毁了这些善，而秩序的重建必然会带来这些善。

另一方面，马克思自始至终都在避免从道德的善的角度进行社会批判，并对进行这种社会批判的学者颇为不屑。他批评皮埃尔·蒲鲁东与卡尔·海因岑（Karl Heinzen）的抽象人性论，拒斥哥达纲领中所要求的“公平分配”，他认为那是“**空想家**”的“**废话**”[4]。他同样不满那些把自己诠释成道德派资本主义批评家的人，如阿道夫·瓦格纳（Adolph Wagner）[5]。

马克思从未对他的这个观点做出明确的论证，因此，试图对其做出的 *130*
任何解读都将是一种推测，那么我在下面的解读中，将尽量对马克思的实际所言做出最合理的解释，并保证不会有悖其文本。

具体而言，马克思所说的非道德的善不同于道德的善。马克思相信，对非道德的善的判断能够从现实的、客观的（尽管在历史上，这种客观往往是有条件且多变的）人的潜能、需求与利益中得出。然而，他将道德准则对人类社会交往瞬态形式的适用性，尤其是对一种既有生产方式的社会需求的适用性，看成道德准则的最佳基础。基于对两种善的诉求，马克思对于社会批判的态度随之改变。资本主义使人类陷入饥饿、被奴役和异化，阻碍人的自我实现、繁荣与其他的非道德的善，即使没有意识形态的神秘化或幻觉，也应该谴责资本主义。但是，马克思不认为道德准则（如权利与正义）是社会批判或辩护的合理工具（至少在挑战或捍卫既定生产方式框架的基本社会变革中）。他之所以这样做是因为在他看来，这种准则只是司法和意识形态的手段——或被某一既定的生产方式用来强化其社会关系，或被某一阶级用来维护其利益。另外，道德意识通常掩饰了其准则的现实基础：按照它的表述，道德准则不是源于历史的瞬态社会形式而是源于上帝的意志，或一种理性的**先验**法则，或人类自然的道德感知，或有感知生物的一般幸福。当道德从其真正的社会基础中被剥离出来（正如革命者尝试揭露资本主义分配方式不公的行为），它将变得毫无意义且不堪一击。即使基于这种基础的道德判断得以建立，理解它们的最佳方式也不是神秘的道德语言，而是它们所服务的社会结构与它们所代表的阶级利益。

这个对于道德合理性基础极具否定性的观点，蕴于马克思对基于道德的社会批判的无情蔑视。然而，在某些文本中他似乎有更为明确的表述。例如，在《德意志意识形态》中他指出历史唯物主义通过展现道德与其发源的生存条件之间的联系，“对任何一种道德……宣判死刑”。当一个空想的资产阶级批评家控诉“共产主义要废除……宗教、道德，而不是加以革新”时，《共产党宣言》给出的回应不是拒斥这种谴责的真实性，而是宣
131 告“共产主义革命就是要最坚决地打破过去传下来的所有制关系；所以，毫不奇怪，它在自己的发展进程中要最坚决地打破过去传下来的各种观念”[6]。据此推测，“废除道德”就是“彻底颠覆”的一部分。

道德哲学家们已经清楚地察觉到了道德的善与非道德的善之间的区别。康德意识到了两者的差异，将“道德的”善从“自然的”（或“物理的”）善中，或者说把“善”（*Gut*）从“福”（*Wohl*）中区分开来。穆勒也研究了两者的差异，他区分了“生活的功利主义理论”（一种关于非道德的善的快乐主义理论）与“道德的功利主义理论”（这种理论认为，道德的善在于它有助于实现最大的非道德的善）[7]。实际上，这两者的区分使得康德和穆勒（的理论）对于以下两大基本问题存在着分歧：

（A）追求道德的善与追求非道德的善是否从本质上相背离？

（B）如果两者相冲突，哪一种善更基础、更重要？

对于问题（A），康德给出了一个肯定的回答，而穆勒的回答是否定的。康德不认为这两种善是不相容或者截然对立的，除非道德需求有时与最大的非道德的善（康德认为是人性感官部分的幸福）相冲突。穆勒则认为道德的善与特定的非道德的善相冲突（后者是指某一特定个人或群体的特定愉悦或者幸福）。然而，既然道德的善是由它有助于实现最大的非道德的善这一点所决定的，那么两者之间没有根本性的分歧。

对于问题（B），康德认为道德的善是一种无条件的善，当它与非道德的善发生冲突时具有优先权。而穆勒则将道德的善仅仅视为最大化实现非道德的善的工具，因此坚持认为非道德的善才更具基础性意义。

通过我对马克思的研究，我认为他在问题（A）上赞同康德，而在问题（B）上与穆勒一致。但这意味着马克思与上述两人都不相同。马克思认为非道德的善在特定情形中能够系统地超越道德的善。（我认为这实际上正是马克思既赞同资产阶级道德家对资本主义正义的辩护，又主张彻底推翻资本主义
132 的原因。）我认为马克思与康德、穆勒观点不一致的另一个原因是，康德与穆

勒的理论中都将非道德的善视为快乐主义的，而马克思并不这样认为。

马克思并未将资本主义对工人的非人性剥削视为不正义或侵犯人权，这种理论可能令人难以接受，甚至难以理解。然而，马克思在这个问题上的观点及其理由却是我解读的重要依据。因此，尽管我在其他地方更为充分地讨论过马克思关于权利与正义的观点，但我认为依然有必要在本章余下部分对此做简单的论述[8]。

2　马克思的正义概念

根据历史唯物主义，人的道德信念与坚持它的动机是他们所处社会"意识形态上层建筑"的一部分。恩格斯说："人们自觉地或不自觉地，归根到底总是从他们阶级地位所依据的实际关系中——从他们进行生产和交换的经济关系中，获得自己的伦理观念。"[9]历史唯物主义采用道德信仰促进其所处社会的基本经济趋势的方式解释道德信仰的社会影响，并主张用维持社会制度的稳定与保证阶级利益来解释道德信仰的内容。

历史唯物主义试图解释人们为何会具备他们现有的道德信仰。然而，这并不是去判定哪些信仰是正确的，或者为回答这种问题提供依据。可仍有迹象表明，这种替马克思做的唯物主义解释暗含了道德信仰和道德判断的正确性。更确切地说，马克思似乎认为某些道德判断的正确性取决于人类行为与现行生产关系的关联方式。

在这个推论下，马克思尤其关注权利（*Recht*）或正义（*Gerechtigkeit*）概念。在《资本论》中，他写道：

> 生产当事人之间进行的交易的正义性在于：这种交易是从生产关系中作为自然结果产生出来的。这种经济交易作为当事人的意志行为，作为他们的共同意志的表示，作为可以由国家强加给立约双方的契约，表 133
> 现在法律形式上，这些法律形式作为单纯的形式，是不能决定这个内容本身的。这些形式只是表示这个内容。这个内容，只要与生产方式相适应，相一致，就是正义的；只要与生产方式相矛盾，就是非正义的。[10]

这里马克思所说的正义的交易应"相一致"或"相适应"于当时的生产方

式，我认为，他是指这种“适应”为能够共生或作为机体功能而发挥作用。与之相反，一个不正义的交易与现行模式相“矛盾”、相抵触并为其制造障碍。因此，如果要对某个交易或实践是否正义做出科学判断，就需要理解与之相关的生产方式的运行方式，以及这种交易或实践对于生产制度的功能性关系。于是，恩格斯认为“社会的正义与否是由政治经济学决定的，那是一门研究物质生产与交换的科学”①[11]。

马克思的正义概念不是相对主义的。对他而言，一个既有交易是否正义取决于它与其所属的生产方式之间的关系，因而，对于某一生产方式正义的交易在另一种方式下可能是不正义的。但这并不意味着如相对主义者所认为的，一个行为正义与其发生时所处的环境相关。相对主义者认为，特定行为是否合理仅仅是与特定的个人、文化或时代有关；除非我们明确提出行为发生时的主观状况，否则无法做出任何判断。然而，马克思关于正义的概念与此截然不同。例如，如果对古代社会中奴隶制度所起作用的历史分析表明这个制度与当时主导的生产方式相一致，马克思式的观点则认为古人拥有奴隶的行为是**正义**的，不仅“对于当时的人”，“对于我们”，“对于”每一个人都是如此。那么，关于古代奴隶制不正义的判断将是完全错误的，不管这个判断是由制度同时代的人做出的，还是由从历史书上看到此情况的现代人做出的[12]。当马克思和恩格斯指出不同时代不同地域的人类群体对“永恒的正义”的看法各不相同时，他们并非陷入相对主
134 义，他们只是强调，正义根本没有普适于任何时代与环境的所谓“永恒的”理性准则或标准形式。正如恩格斯所言，道德真理属于历史范畴，它们是关于行为或实践对其所处社会结构的功能性关系的经验客观真理[13]。

马克思没有对他的正义观做出论证，但却给出了一些推论：历史唯物主义认为正义概念在社会中十分重要，因为它以某种方式认同了与当时社会生产力水平相一致的生产关系。这些标准的内容也被认为处于一个既定的时代，毕竟其认同的是生产的特殊形式而不是普遍形式。在唯物主义者所持主张可以成立的程度上，他们可以说，如果社会选择了与其实际不符的正义标准，并将不正义行为视为正义，那么在此条件下的社会生产将不能顺畅、有效地运行，并且发展趋势必然如历史唯物主义预测的那样。因此，基于历史唯物主义理论，那些与生产方式相一致的正义准则将势必普

---

① “社会的公平或不公平，只能用一门科学来断定，那就是研究生产和交换这种与物质有关的事实的科学——政治经济学。”马克思，恩格斯．马克思恩格斯全集：第25卷．2版．北京：人民出版社，2001：488．——译者注

遍化。进一步地讲，道德标准只有发挥了支持社会制度的功能，才是存在的。与既有生产关系相抵触的标准无法履行道德应有的功能。因而，它们必然是社会上无能的，而且是错误的，因为它们与道德应有的社会功能相抵触。物质生产从而为道德标准提供了基础，并且在马克思看来这是唯一可能的基础。马克思的观点与黑格尔一致，主张道德的合理性由社会现实决定。

3　资本主义和商品交换

我们看到，马克思在对待剩余价值转移是否造成了对工人的不正义或权利侵犯这个问题上，再次表现出他的正义概念。事实上，很多与马克思同时代的社会主义者［皮埃尔·蒲鲁东、托马斯·霍吉斯金（Thomas Hodgskin）、约翰·布雷（John Bray）等］都认为资本主义包含着工人与资本家之间不平等（因此也是不正义）的商品交换。他们的观点源于李嘉图的经济学原理——马克思也批判继承了这个原则——劳动是交换价值的唯一来源，并且“商品价值……取决于生产所需相关劳动的量”[14]，那些社 *135*
会主义者指出，工人为了获得一定的工资把自己出卖给资本家，资本家为其提供生产所需的生产资料。然而在生产过程的最后环节，工人创造的商品价值远远高于他们获得工资与消耗生产资料的成本。这些社会主义者表示，剩余价值（马克思对此命名）被资本家据为己有的行为是不正义的。根据李嘉图的经济学原理，工人劳动应得除了普通工资外，还应包含剩余价值本身。因此，剩余价值的产生在本质上是由于资本家支付了低于工人劳动价值的工资。如果资本家支付给工人与他们所付出劳动等值的工资，将不会有剩余价值出现，从而满足了正义和平等的商品交换的要求[15]。

马克思并不认同上述剩余价值起源的理论，也不认为剩余价值包含着工人与资本家之间的不平等交换。他表示，这种剩余价值学说在根本上与重农主义之前詹姆斯·斯图亚特等经济学家所言及的概念并无二致，他们认为剩余价值最初是由商品价格超过其自身价值而产生的[16]。而那些社会主义者仅仅是把这个结论颠倒了过来，从而宣称剩余价值是由于劳动被低价买卖造成的。马克思认为这些解释将剩余价值伪装成一个偶然结果，在理论上根本无法令人满意。

马克思认为，剩余价值包含一种不平等交换这个言论的主要缺陷，与“劳动价值”这个短语有关。马克思认为，在严格意义上不能称劳动本身具有价值[17]。在多数社会主义者的论述中，“劳动价值”的表述往往指两种不同的价值，一方面，它可以指**劳动创造的价值**，即耗费在商品中且附加到制造商品时所消耗的生产资料的价值上的社会必要劳动时间，也是在这个意义上，资本家支付给工人的工资才低于他的“劳动价值”。但马克思指出，资本家购买的不是劳动创造的价值。资本家并未从工人那里购买任何商品成品，更没有购买所消耗的生产资料，资本家购买的，实际上是另外一种形式的商品，即工人用以生产的个人能力，马克思称之为“**劳动力**”（*Arbeitskraft*）。在资本主义生产过程中，资本仅仅是在使用生产过程之
136 前就已经购买的东西，“当工人的劳动实际上开始了的时候，它就不再属于工人了，因而也就不再能被工人出卖了”[18]。

劳动力价值和其他商品价值一样，取决于生产所需的社会必要劳动时间，也就是说，劳动力价值取决于维持工人生存且能继续劳动所需的劳动量，或者说替换一个死亡或退休工人所需的劳动量。马克思的剩余价值理论**假定**包括劳动力在内的所有商品都能根据其自身价值被买卖[19]。因此，马克思的剩余价值理论假设资本家和工人之间的交换是等价的，恰好符合那些社会主义者所坚持的正义原则，所以，这种交换是**正义**的。毫无疑问，正如马克思经常说的，资本家从工人那里无偿占有剩余价值[20]，但是在这个交易过程中实际上不需要任何偿付。资本家与工人之间发生的唯一交换就是工资与劳动力商品的交换，而且这是一个公平交换，在生产的商品被销售、剩余价值被实现之前这个交易已经完成[21]。资本家按其价值（马克思假设如此）购买了一种商品（劳动力），并通过使用和剥削这种商品创造了比之前更多的价值。那么，剩余价值只能属于资本家，而不是其他人。马克思认为“这种情况对买者是一种特别的幸运，对卖者也绝不是不公平”[22]。

尽管如此，根据李嘉图的经济学原理，剩余价值的占有对于工人依然是不正义的。在李嘉图看来，只有劳动才是价值的本质与源泉，生产资料只有被耗费劳动时间，才会发生价值增长。这似乎就是说，生产过程所获的全部收益都应该归工人所有，因为工人的劳动创造了这一切。正如洛克所说：“他的身体所从事的劳动和他的双手所进行的工作，我们可以说，是正当地属于他的。”[23]引用马克思的描述，资本家并没有通过不公平的交换来获得剩余价值，而是通过“剥削”与“抢夺”工人“无偿劳动”的果实来实现这一目的。马克思当然认为这种剥削乃至掠夺是不正义的。正是通过这个论断，我们才试图将马克思对资本主义的谴责等同于对不正义的谴责。

137 这个论断有两个前提：其一，剩余价值必须是从工人的无偿劳动所创造的价值中转移出来的；其二，一个人由于付出了劳动而获得对其劳动产品的所有权。因此，一个人可以充分占有他的劳动产品的全部价值，而其

他人一旦破坏了这种所有关系，就是对这个人的不正义。对马克思而言，他明确地接受了第一个前提，但他真的认可第二个前提吗？我们在第三章发现，马克思与洛克一样将对劳动产品的占有视为人类劳动的一个基本功能，但与洛克不同的是，马克思并不认为这种占有能够决定社会财富的任何特殊形式，或者用一种正义论形式来表述，即这种占有无法决定所有权。

马克思当然认识到了对资本主义理论家而言，由劳动决定所有权是一个普遍共识，他甚至论证了这种观点为什么是合理的：

> 最初，在我们看来，所有权似乎是以自己的劳动为基础的。至少我们应当承认这样的假定，因为互相对立的仅仅是权利平等的商品占有者，占有他人商品的手段只能是让渡自己的商品，而自己的商品又只能是由劳动创造的。[24]

如果在一种生产方式中，个体生产者完全拥有他自己的生产资料，那么所有权的获得将仅仅直接取决于劳动本身，剩余价值将不复存在。但这仅仅是因为，既然劳动没有同生产资料相分离，那么生产资料就无须采取资产的社会形式，劳动也无须采取劳动力商品的形式。

但是在资本主义社会中，劳动力越来越广泛地成为一种商品，不过劳动力只有在有用的时候才会被购买，当它没有用的时候并不能产生其商品职能。如果商品的全部价值都等价于工资与生产资料成本之和，那么资本家购买的劳动力将毫无作用，而他们还不如把自己的购买力转化为个人消费品。如果没有剩余价值产生，资本家就没有动力去推动生产力，也不会去奉行宗教与社会价值观公认的节制与慎行，因此，劳动力作为商品出现导致了前面所说的所有权的转变，马克思称之为“辩证的转 138
变”，他表示：

> 现在，所有权对于资本家来说，表现为占有他人无酬劳动或它的产品的权利，而对于工人来说，则表现为不能占有自己的产品。所有权和劳动的分离，成了似乎是一个以它们的同一性为出发点的规律的必然结果。[25]

4 以正义之名的资本剥削

根据马克思的正义概念，资本家对工人的剥削是正义的。资本主义生产过程中的交易正义源于其能够与资本主义生产方式相适应。资本对劳动的剥削不仅与资本主义生产方式相一致，而且如果没有这种剥削，资本主义本身将不复存在。因此，资本家的剥削是正义的。

马克思对此态度非常明确。在《哥达纲领批判》中，他用一系列辞藻华丽的质疑回应哥达纲领所倡导的“公平分配”。

> 什么是“公平的”分配呢？难道资产者不是断言今天的分配是“公平的”吗？难道它事实上不是在现今的生产方式基础上唯一“公平的”分配吗？难道经济关系是由法的概念来调节，而不是相反，从经济关系中产生出法的关系吗？[26]

我认为，这里面提到的第二个与第三个问题应得到肯定的回答。资产阶级**确实**声称现有的分配方式是正义的，事实上，这也**是**基于资本主义生产方式的唯一正义的分配方式。为了防止其他因素影响我们对社会分配方式是否正义的判断，对第四个问题的引申回答提醒我们法权概念**无法**决定经济关系，恰恰相反，法权关系（生产主体之间交易的现实正义或不正义）**却是**从经济关系中产生出来的。

阿道夫·瓦格纳对马克思的解读激起了马克思更加强调的论述：

> 139 这个蠢汉偷偷地塞给我这样一个论断：**只是**由工人生产的“**剩余价值不合理地**为资本主义企业主所得”。然而我的论断完全相反：商品生产发展到一定的时候，必然成为“资本主义的”商品生产，按照商品生产中占统治地位的**价值规律**，“剩余价值”归资本家，而不归工人。[27]

> 在我的论述中，“资本家的利润”事实上**不是**“仅仅对工人的**剥取**或‘掠夺’”。相反地，我把资本家看成资本主义生产的必要的职能执行者，并且非常详细地指出，他不仅“剥取”或“**掠夺**”，而且迫使进行**剩余价值的生产**，也就是说帮助创造属于剥取的东西；其次，我详细地指出，甚至在**只是等价物**交换的商品交换情况下，资本家只要付给工人以劳动力的实际价值，就完全有权利，也就是符合于这种生产方式的权利，获得**剩余价值**。[28]

阅读这些段落，我们仍会禁不住去猜想，马克思也许并不是想阐述资本主义剥削是正义的，而仅仅是表达这种剥削被公认为正义的，或仅仅是符合（错误的）资产阶级的正义标准而已。但如果这样想，无疑肯定了除了适应生产方式的需要之外，还有其他的或更好的判断标准存在，并且比其现实的经济基础更能决定对正义的判断。然而，马克思的正义概念已经确凿地否定了这种可能性。

除此之外，瓦格纳笔记还消除了以下观点，即认为马克思之所以相信资本剥削是非法与不正义的仅仅是因为他（用早期蒲鲁东的话说）将这种剥削描绘为“掠夺”与“偷窃”。在上面的引文中，马克思的确认同资本家掠夺了工人，但是在同一句话中，马克思也明确表示了资本家“完全有权利”“获得**剩余价值**”。坦白地说，马克思并不认为资本家对工人的这种“掠夺”是非法或不正义的。那么，这种掠夺意味着什么呢？在很多地方，
马克思都暗示资产阶级与无产阶级的关系类似于征服者与他们经常掠夺、 140
索要贡品的被征服者之间的关系，后者与前者相比组织松散、装备落后（但更具生产性）[29]。如果这个类比成立，根据马克思的正义观，这种掠夺并不一定是非正义的。对马克思而言，掠夺者或征服者与他们的牺牲品之间的关系在经济上并非偶然，而是必定构成了由被征服者生产力发展水平决定的常规生产关系[30]。因此，从马克思的正义观来看，征服者与被征服者之间的关系（从军事入侵到征税）符合当时的生产方式，并且是正义的。同样，我们有理由相信，当资本家以类似的方式对工人掠夺时，正如瓦格纳笔记所言，他们完全享有这种行为的权利。

在第十六章，我们将考察强制性是不是所有经济剥削的本质特征。马克思认为，在资本主义剥削中，这种强制性被一种**法律上虚构**的自愿性质的契约所掩盖。正是在这一点上，马克思暗示资本家不仅掠夺了工人，并且欺骗了工人。然而，马克思从未据此推断资本家对工人的行为是不正义的，而且他也没有理由必须这样做。只有极少数人坚持认为这种强制性是

不正义的，但是没有迹象显示马克思属于这一群人。马克思确实打算攻击资本主义生产过程中的那些幻觉，尤其是那些拿工资的劳动者比奴隶、农奴或其他受压迫阶级更自由的幻觉。他攻击资本与劳动关系的法权观点，其原因之一就是它已经成为这一幻觉的载体。但是，这个幻觉并不在于工人与资本家间的交易是正义的这个信念（这个信念是正确的）。这个幻觉在于一种错误的道德主义的观点，即认为这种正义保障了工人的自由，或者使他们免于被剥削，或者让他们对自己的命运感到满意。

另一个让我们不禁去猜想的问题是：马克思批判资本剥削的不正义，可能是采用了一个适于后资本主义生产方式的标准。毫无疑问，在这个意义上资本主义应该被批判，但马克思却认为这类标准并不适用于资本主义，因此他也就不会认同以此为前提而得出的道德判断。“权利决不能超出社会
141 的经济结构以及由经济结构制约的社会的文化发展。”[31]马克思的确相信，共产革命将引入一个全新的生产方式，从而带来一个衡量权利与正义的全新标准，或者说，随着后资本主义社会的自身发展，这些标准会进一步发展。当马克思表述这些标准“高于”资本主义社会中的标准时，他并不是指这些标准更为接近永恒的道德理想，而仅仅是指这些标准应属于一个更高水平的社会，这里的水平高低是以社会生产力和提供给人们的非道德的善来衡量的。新的道德与法权标准无法创造一个新的生产方式，它们仅仅表达并支持着它，就像旧有标准对旧有社会那样。一个更高的社会生产方式并非比原有的生产方式“更加正义”，而只是在它自己的意义上正义而已。

当然，恩格斯的确提出了“未来的无产阶级道德”，并提及它与“基督教的封建的道德”和“现代资产阶级的道德”的竞争。他把相互竞争的道德模式解释为意识形态。“它或者为统治阶级的统治和利益辩护，或者当被压迫阶级变得足够强大时，代表被压迫者对这个统治的反抗和他们的未来利益”。他甚至说：“在道德方面也和人类认识的所有其他部门一样，总的说是有过进步的。”[32]这些评述可能误导我们认为，马克思与恩格斯幻想了一种“无产阶级”道德标准，将其置于资本主义社会将会表现出无产阶级对自身处境的愤慨以促进无产阶级的自身利益。然而，恩格斯明确否定了“未来的无产阶级道德”与它之前的封建和资产阶级道德相比是“正确的”。事实上，无论是马克思还是恩格斯都没有利用“未来”或“无产阶级”的道德标准来谴责现有的社会秩序。

为什么呢？我认为原因如下：资本主义是正义的（按照符合资本主义生产的标准）这个事实并不是对资本主义社会真正的辩护，同样，采用一

些外来标准来说明资本主义不正义也不能对资本主义生产关系进行有效的批判。所谓无产阶级的道德意识形态的理性内容无非就是无产阶级自身的阶级利益诉求而已，这种道德诉求的非道德的善能够通过阶级斗争的胜利成为现实。马克思倾向于直接依据这个理性内容来批判资本主义，因此，他不可能通过构建一种神秘的道德意识形态的手段来论证他的批判。

马克思没有因为一个观点属于无产阶级而给予其绝对正义的判断。即 *142*
使马克思真的以违背“无产阶级”正义标准谴责资本主义，那么他也要给予这些标准理性基础，并探究使它们适用于资本主义社会的理由。仅仅称某些标准为无产阶级的，或展示它们的传播与实现符合无产阶级的利益，并不能替马克思解决那些问题。对马克思而言，适应当时的社会生产方式才是构建正义标准的理性基础。“无产阶级”标准并不是。对他而言，更多的情况是，头脑中充满了这种无价值的意识形态的人会更容易皈依无产阶级事业。但正如马克思所设想的，这一事业的首要目标之一是要让人们摆脱意识形态幻觉的奴役，抛弃对这些幻觉的需要。如果工人阶级的煽动者通过传播一系列他们认为对政治有利的观点，创造“无产阶级道德”或“无产阶级正义概念”，那么在马克思看来，这场运动的进程会是目光短浅、弄巧成拙的。从长远来看，人们仅仅基于真正的（非道德的）理由而希望陈旧、不人道的社会制度被更高级的社会制度推翻和取代，这要安全、有效得多[33]。

注　释

[1] 道德的善与非道德的善虽然不同，但并非毫无关系。可以说，我们视为道德的善的诸多品质（诸如仁慈、勇气与自我控制等）也是我们所拥有的非道德的善。与此同时，一些道德理论家（如功利主义者）认为道德的善是由有利于最大多数的非道德的善决定的。他们也通常认为人类有权拥有非道德的善（如自由、经济机遇等），所谓正义只是要求非道德的善（如财富、社会权力等）的特定分配方式。但是，道德的善与非道德的善之间的种种关联（真实的还是想象的）无法消解它们之间的区别。

[2] 至少在 1843 年之后。1843 年，马克思在一篇著名的文章中写道：“对宗教的批判最后归结为**人是人的最高本质**这样一个学说，从而也归结为这样的**绝对命令：必须推翻**使人成为被侮辱、被奴役、被遗弃和被蔑视的东西的**一切关系**”（MEW 1：385，CW 3：182；马克思，恩格斯. 马克思恩格斯选集：第 1 卷. 3 版. 北京：人民出版社，2012：10）。他同时认为，批判的“主要情感是**愤怒**”（MEW 1：380，CW 3：177；马克思，恩格斯. 马克思恩格斯选集：第 1 卷. 3 版. 北京：人民出版社，2012：4）。与恩格斯的早期文章《国民经济学批判大纲》（*Outlines of*

a Critique of Political Economy, CW 3：418－43；马克思，恩格斯. 马克思恩格斯文集：第1卷. 北京：人民出版社，2009：56－86）相比，资本主义经济体系与马尔萨斯人口理论都被视为“不道德的”而遭到反复责难。对我而言，这些论述还不足以支撑起马克思的整个生涯的资本主义批判具备道德基础的论点。一般情况下，我没有理由假定马克思的早期思想与成熟时期思想［参见：Althusser, *For Marx* (London, 1977), 32－9, 249］之间存在某种不连贯［或者使用阿尔都塞自命不凡的术语——认识论的断裂（*coupure epistémologique*）］。但在很少情况下（这只是其中的一种），的确看起来好像存在一种明确的态度转变。如果上述引文被理解为资本主义批判的道德基础，然而马克思后期著作中却没有类似论述出现，而且始终轻视社会批判的道德基础，就能够有效证明马克思的观点的确发生了改变。

［3］*Selected Correspondence*, 185；马克思，恩格斯. 马克思恩格斯全集：第12卷. 2版. 北京：人民出版社，1998：139.

［4］CW 6：169, 319；MEW 19－23, SW 325; cf. *Selected Correspondence*, 148, CW 7：75, 81；马克思，恩格斯. 马克思恩格斯选集：第3卷. 3版. 北京：人民出版社，2012：360；马克思，恩格斯. 马克思恩格斯全集：第19卷. 北京：人民出版社，1963：18.

［5］MEW 19：382；马克思，恩格斯. 马克思恩格斯全集：第19卷. 北京：人民出版社，1963：396.

［6］MEW 3：404, CW 5：419；MEW 4：480－1, CW 6：504；马克思，恩格斯. 马克思恩格斯全集：第3卷. 北京：人民出版社，1960：490；马克思，恩格斯. 马克思恩格斯全集：第4卷. 北京：人民出版社，1958：489.

［7］Immanuel Kant, *Gesammelte Schriften*, Academy Edition, 5：59－60, *Critique of Practical Reason*, tr. L. W. Beck (New York, 1956), 61－2, J. S. Mill, *Utilitarianism* (Indianapolis, 1957), 10.

［8］参见：Allen W. Wood, ‘The Marxian Critique of Justice’, *Philosophy and Public Affairs* 1 (1972), 244－82；‘Marx on Right and Justice: A Reply to Husami’, *Philosophy and Public Affairs* 8 (1979), 267－95.

［9］MEW 20：87, *Anti-Dühring* (Moscow, 1962), 130－1；马克思，恩格斯. 马克思恩格斯选集：第3卷. 3版. 北京：人民出版社，2012：470.

［10］MEW 25：351－2, *Capital* (New York, 1967) 3：339－40；马克思，恩格斯. 马克思恩格斯文集：第7卷. 北京：人民出版社，2009：379.

［11］Marx and Engels, *Kleine ökonomische Schriften* (Berlin, 1955), 412；马克思，恩格斯. 马克思恩格斯选集：第3卷. 3版. 北京：人民出版社，2012：525.

［12］与此相似，恩格斯也批判了那些以不正义为由谴责古代奴隶制的人。参见：*Anti-Dühring*, 250；马克思，恩格斯. 马克思恩格斯选集：第3卷. 3版. 北京：人民出版社，2012：561.

［13］MEW 20：86，*Anti-Dühring*，130. Cf. *Selected Works*（in two volumes）（Moscow，1951）1：564－5；马克思，恩格斯. 马克思恩格斯选集：第3卷. 3版. 北京：人民出版社，2012：471.

［14］David Ricardo，*Principles of Political Economy and Taxation*，ed. P. Sraffa（Cambridge，1951）1：11；cf. MEW 21：76.

［15］参见CW 6：138－44；马克思，恩格斯. 马克思恩格斯全集：第32卷. 2版. 北京：人民出版社，1998：57.

［16］*Theories of Surplus Value*（Moscow，1971）1：41－3；马克思，恩格斯. 马克思恩格斯全集：第33卷. 2版. 北京：人民出版社，2004：13.

［17］*Capital* 1：537；马克思，恩格斯. 马克思恩格斯文集：第5卷. 北京：人民出版社，2009：615.

［18］MEW 23：559，*Capital* 1：537；马克思，恩格斯. 马克思恩格斯文集：第5卷. 北京：人民出版社，2009：615.

［19］这是一个假定，包括对马克思观点的有意简化。马克思认为，所有商品（包括劳动力）被销售的价格经常高于或低于由社会必要劳动时间衡量的价值（参见：*Capital* 1：166；马克思，恩格斯. 马克思恩格斯文集：第5卷. 北京：人民出版社，2009：616）。但是，即使劳动力以低于其价值的价格而出售，在马克思看来，这对工人也并非不正义。对马克思而言，社会必要劳动时间完全不像亚里士多德哲学中的"正义价格"。如果商品过剩（无论这种商品是什么）导致其价格低于价值，马克思当然认为我无权要求消费者支付更高的价格，如果他们拒绝支付与价值相等的价格，那么也未对我施加不正义。因此，即便劳动力真的总是以低于其自身价值的价格被购买，这也不能说明资本对劳动不正义。

［20］例如：*Capital* 1：176，611；*Theories of Surplus Value* 3：533；马克思，恩格斯. 马克思恩格斯文集：第5卷. 北京：人民出版社，2009：227.

［21］Ziyad I. Husami，'Marx on Distributive Justice'，*Philosophy and Public Affairs* 8（1978），53－4。这里胡萨米认为，劳动与资本的交换对马克思而言是不平等的，理由在于"工资是从工人身上榨取的剩余价值的一部分"。为支持这一观点，胡萨米还引证了《资本论》中的一段话："合并追加劳动力的生产资料，以及维持这种劳动力的生活资料，都不外是剩余产品的不可缺少的组成部分，即资本家阶级每年从工人阶级那里夺取的贡品的不可缺少的组成部分。如果资本家阶级用贡品的一部分从工人阶级那里购买追加劳动力，甚至以十足的价格来购买，就是说，用等价物交换等价物，那还是征服者的老把戏，用从被征服者那里掠夺来的货币去购买被征服者的商品。"（*Capital* 1：182；马克思，恩格斯. 马克思恩格斯文集：第5卷. 北京：人民出版社，2009：672）但是，这段话非但无法证明这种交换的不公平性，反而论证了相反的观点。

［22］MEW 23：208，*Capital* 1：194；马克思，恩格斯. 马克思恩格斯全集：第

21 卷. 2 版. 北京：人民出版社，2003：439.

[23] John Locke, *Second Treatise on Government* (Indianapolis, 1952), 17.

[24] MEW 23：609－10, *Capital* 1：583－4；马克思，恩格斯. 马克思恩格斯全集：第44 卷. 2 版. 北京：人民出版社，2001：673－674.

[25] MEW 23：610, *Capital* 1：584；马克思，恩格斯. 马克思恩格斯全集：第44 卷. 2 版. 北京：人民出版社，2001：674.

[26] MEW 19：18, SW, 321－2；马克思，恩格斯. 马克思恩格斯文集：第3 卷. 北京：人民出版社，2009：432.

[27] MEW 19：382；马克思，恩格斯. 马克思恩格斯全集：第19 卷. 北京：人民出版社，1963：428.

[28] MEW 19：359；马克思，恩格斯. 马克思恩格斯全集：第19 卷. 北京：人民出版社，1963：401.

[29] *Capital* 1：162, 582；see n. 21 above；马克思，恩格斯. 马克思恩格斯全集：第44 卷. 2 版. 北京：人民出版社，2001：672.（马克思，恩格斯. 马克思恩格斯文集：第5 卷. 北京：人民出版社，2009：672.）

[30] CW 5：84－5；马克思，恩格斯. 马克思恩格斯文集：第5 卷. 北京：人民出版社，2009：874－875.

[31] MEW 19：21, SW, 324；马克思，恩格斯. 马克思恩格斯文集：第3 卷. 北京：人民出版社，2009：435.

[32] MEW 20：88, *Anti-Dühring*, 131－2；马克思，恩格斯. 马克思恩格斯选集：第3 卷. 3 版. 北京：人民出版社，2012：471.

[33] 列宁说“我们的道德完全服从无产阶级斗争的利益”。这当然是一种扩大化，最可能是对马克思和恩格斯观点的修改。参见：Lenin, *Selected Works* (New York, 1971), 614－16；列宁. 列宁全集：第39 卷. 2 版增订版. 北京：人民出版社，2017：338.

第十章
作为意识形态的道德

1　道德的社会功能

根据马克思的正义概念，对他来说，很明显决定资本主义剥削是否应 143
该被废除的根本依据并非在于其是否正义，而在于资本主义社会关系是否与其现有的社会生产力水平相适应，在于这种关系是否有利于生产力的进一步发展。如果（正如马克思所坚信的）资本主义即将走向衰败并成为人类发展的累赘，那么它被取代得越快越没有痛苦，对人类就越有益。然而，由现有秩序产生的法律与道德规则被指控具有为这种秩序辩护的功能；它们可能会阻碍推翻这一秩序的一些必要步骤。一旦我们意识到资本主义道德辩护具备物质基础，这些辩护将不再有蒙蔽我们的效力。根据马克思的说法，我们将会像无产阶级那样，对他们而言，“法律、道德、宗教在他们看来全都是资产阶级偏见，隐藏在这些偏见后面的全都是资产阶级利益”[1]。

对马克思而言，在革命进程中，道德与其说是人类进步的武器，不如说是人类进步的障碍。在反驳蒲鲁东时，马克思坚持历史上的“结果总是坏的方面压倒好的方面。正是坏的方面引起斗争，产生形成历史的运动”[2]。在这一点上，恩格斯曾明确地指出马克思在追随黑格尔的脚步，对黑格尔而言，“恶是历史发展的动力的表现形式……每一种新的进步都必然表现为对某一神圣事物的亵渎，表现为对陈旧的、日渐衰亡的、但为习惯所崇奉的秩序的叛逆”[3]。

恩格斯对黑格尔的解读是正确的。黑格尔认为道德从本质上是一种守 144
旧的社会力量，是人类文化的一方面。人类文化必然周期性地遭到历史运动的暴力推翻，为更新、更高级与更加合理的文化所取代。对于黑格尔而言，道德的核心作用是维护一种精神、一种文化、一个民族或一种生活方式，当历史将一种精神形式变得陈腐，它必将摧毁这种精神形式而为新的精神形式让路：

> 在这里，一方面是持续存在的公认的义务、法律、权利，另一方面是那些反对、违背这一体系，甚至破坏其根基与现实性的可能性，它们之间发生着激烈的冲突……这些可能性现在成了历史；相比于那种构成民族或国家生存之基的普遍性，它们包含着另一种普遍性。[4]

在黑格尔看来，世界历史的可能性是由“世界历史性的个人”所掌控的，诸如亚历山大、尤利乌斯·恺撒、拿破仑·波拿巴等杰出而富有野心的英雄，他们“抓住了更高级的普遍性，将它作为自己的目的并将这个目的现实化，使其与绝对精神的法则相一致”。事实上，这些个体作为历史工具的有效性（宛如历史发展的车轮），在很大程度上被一种“全然不顾法律和道德加在它们之上的种种限制”的强烈“激情”（passions）所驱使。因此，他们也不受那些所谓的守旧力量的威慑，而正是这些力量严重阻碍了世界精神前进的步伐[5]。恩格斯解释道（再次阐述黑格尔），“正是人的恶劣的情欲——贪欲和权势欲成了历史发展的杠杆”[6]。

当然，马克思并未将“理性”“精神”“历史”本身看作历史行动者，他也不认为所谓的“伟人”是历史的主要推动者。然而，他赞同黑格尔将人类历史划分为若干时期，并且在相继两个时期的更替中，动乱的出现有效动摇了旧有社会的基础。而道德标准，以其在现实中被广泛认知和存在的形式，通常在历史斗争中扮演保守的一方。对马克思而言，一个正在形成中的社会阶级不可能是被所谓的“激情”（passion）驱使的，而是被阶级利益所鼓动的。然而，这些利益（类似黑格尔笔下英雄的野心）从根本上都是对于非道德的善的渴望，非道德的善恰好能够影响社会变革，因为
145 它们与社会旧秩序的道德和法律上层建筑相对立，并且比后者更加强大。

《共产党宣言》在描述资产阶级是如何废除封建社会的政治与宗教幻觉时写道：“把一切封建的、宗法的和田园诗般的关系都破坏了。……它把宗教虔诚、骑士热忱、小市民伤感这些情感的神圣发作，淹没在利己主义打算的冰水之中。”[7]这里尤其强调了资产阶级革命中的“非道德”因素。同样，在谈到无产阶级革命的时候，马克思表现出了同样的态度，他声称

革命运动不应该被“隐藏……资产阶级利益”的“资产阶级偏见”所威慑，并谴责那些假借无产阶级历史使命却暗中阐述“空洞的废话”与玩弄“陈词滥调”的人，这些人非常善于玩弄所谓“公平的分配”与“平等的权利”的概念[8]。对马克思而言，权利与正义的社会有效性准则（其现实的社会职能如果能够被正确理解）大部分都是压迫阶级的武器。无产阶级革命不可能以这些准则的名义得以推行，只有通过对“所有权和资产阶级生产关系实行强制性的干涉”[9]才能取得胜利。

马克思认为道德意识通常就是意识形态，道德家通常就是意识形态理论家。在第八章，我们区分了马克思将道德描绘为“意识形态”的三种含义。恩格斯则将对在后资本主义社会实现“社会正义”的关注指责为“唯心主义”[10]。我认为，马克思与恩格斯将基于道德规范的社会批判主义视为“历史唯心主义”的一种形式。换言之，他们认为社会批判的道德路径相信，个体忠诚地遵守正确的道德戒律，这是引起进步的社会变革和消灭社会压迫的正确方式，无论社会生产力和经济关系状况如何。没有证据表明社会批评家们在把批判建立在某种“正义”或其他的道德理想上时必定坚持着上述信念，但是不可否认的是，那些采用道德路径解决社会问题的人普遍持有这种信念（通常悄无声息且不加辨别）。并且，这种信念与历史唯物主义的一些主要观点存在着明显的对立。

马克思也认为这些道德理想、信念或情感在功能上都是意识形态的。正如我们所看到的那样，他认为对公认道德规范的内容可以通过它们认可现存社会关系的方式而加以解释。即使这种道德意识表现出革命性，其内容仍然由其所在的阶级利益决定。那么，道德意识必然成为一种典型的意识形态幻觉，在其中人们通常意识不到他们所持有的道德信念所履行的社 146
会功能，从而忽视了那些激励他们崇高情感的真正基础。这种忽视使得道德意识经常造成一些幻觉：由于看不到他们所秉持的道德责任与动机的本质，人们轻而易举地被哲学与宗教观点所俘获，后者对这些责任和动机的阐释比暂时的社会形式和阶级利益具有更加神圣和理性的基础。

在这一点上，马克思对道德意识的批判显然包含了一些无论历史唯物主义在经验上如何成功也难以独立证明的假设。也许历史唯物主义能够说明基督教的、康德的或者功利主义的道德理论有其支持者们所未意识到的社会功能，而且正是这些社会功能而不是支持上述理论的哲学证明解释了这些道德理论所具有的广泛吸引力。然而，历史唯物主义无法（完全独自）说明，公认的道德责任**并非**由上帝或纯粹理性指挥，或受构成人类本性的某一原则（人是追求快乐、逃避痛苦、天然合群的存在）命令。历史唯物主义也不能表明，不存在某些最重要的公正的善的品质，它们与正义、高尚的行为相关联，即使这些行为被证明能够系统性地有利于建立在阶级压迫之上的社会制度。仅依靠历史唯物主义自身，它最多只能通过向道德家展现公正的道德的善在历史面前终究是脆弱的来挫败他们，因为公正的道德的善总是与支配历史基本趋势的人类发展的长期非道德利益不一致。

《德意志意识形态》主张历史唯物主义“对任何一种道德……宣判死刑”，《共产党宣言》宣称考虑到人的意识只是他们的物质条件的产物，“从宗教的、哲学的和一切意识形态的观点对共产主义提出的种种责难，都不值得详细讨论了”[11]。这些论述中，马克思与恩格斯可能传达了一种被误解的观点，即历史唯物主义自身足以证明他们无情地摒弃长期广为流传的道德思维传统是合理的。虽然经过道德的社会功能的唯物主义描述，他们的看法似乎合理得多，但依然需要一种**哲学上的**辩护。马克思可能对某些人欠缺一些解释（这些解释他从未真正给出），那些人相信权利和正义的标准比唯物主义理论具有更广阔的范围或者更坚实的理性基础。显然，
147 要对马克思的观点进行辩护，需要对那些装作提供这个基础的哲学家做出某种回应。但是马克思的如下观点可能是对的：如果他真的能从社会功能的角度，以唯物主义的观点对道德内容做出解释，那么这将会引发很多对道德学家而言深刻且麻烦的问题，这同时意味着对道德价值和道德意识进行彻底的重新评估已准备就绪。

2　马克思主义和功利主义

人们普遍认为马克思主义的道德基础是某种形式的功利主义。尽管我不同意这个观点，但是我认为较之任何其他常见的道德哲学立场，马克思关于道德的思想与功利主义有更多的相通之处。这些思想能够在探究它们和功利主义之间的差异中得到阐明。

马克思关于功利主义的清晰论述能让我们研究的地方并不多。这些论述流露出对功利主义信条的轻蔑拒斥，但却无法证明马克思理解其拒斥的东西。《德意志意识形态》抨击施蒂纳的功利主义以及其背后的英法思想传统，在很大程度上是基于黑格尔《精神现象学》中对“功利立场”的批判。他们只攻击功利主义思想的夸张描述，而且暴露出他们对于功利主义（至少包括边沁、穆勒、奥古斯丁与西奇威克等哲学家的观点）事实上非常初级的误读[12]。马克思在《资本论》中对边沁（“资产阶级平庸理智的

这个枯燥乏味的、迂腐不堪的、夸夸其谈的圣哲”）及其效用原则（“朴素的平凡在任何时间和地点都不能如此满足地昂首阔步”）的著名评论已被过度滥用，但是经过更为仔细的观察可以发现，这些评论与边沁原则的实质性分歧，甚至比它们与对边沁原则的理解更少[13]。

功利主义认为，所有人（可能是所有有感情的生物）的非道德的善是根本上值得欲求的，道德的善是由有利于非道德的善最大化的因素决定的。这种非道德的善对于道德的善的决定关系通常是由多种方式（包括直接通过特定法案，或者通过规则、道德准则或实施制裁）表现出来，而且这种多样性刻画出功利主义的主要形式。尽管还有一些人对此持保留意见，绝大多数功利主义者（尤其是在功利主义原则的发展初期）往往持有一种对非道德的善的享乐主义理论。然而，所有功利主义者都认为非道德的善能够被衡量和积累，因此至少在原则上，一种明智的做法是通过精确衡量各 *148*
种法案或政策所产生的全部非道德的善，从而对它们进行比较。

马克思与功利主义者在以下两个问题上是一致的，即将最高价值赋予人类的非道德的善，并且否认非道德的善能够被道德考量所取代，这种道德考量较之于非道德的善而言对我们提出了更高的要求。我认为这在很大程度上构成了我们在前面提到的对马克思道德思想的普遍判断，即马克思是一个功利主义者。甚至，两者之间的相似之处还远不止这些。与功利主义者类似，马克思认为道德是一种确保个体服从于社会要求的工具。马克思关于权利或正义与既有生产方式的需要相一致的论述，与道德的功利主义主张最大化人类福利的条件这一描述，具有一定的相似性。

但是，马克思并不是一个功利主义者。没有任何证据显示马克思的非道德的善的观点是享乐主义。另外，马克思似乎不倾向于将非道德的善视为可量化的和可累计的，而这是功利主义理论所必需的方式。我认为，这正是《德意志意识形态》在批判功利主义合并了所有关系或消减了所有关系从而走向抽象的“利用”范畴时试图表达的真实想法[14]。当然，如果马克思被问及他是否会倾向于一个包含**更多**非道德的善（自我实现、繁荣、共同体、自由）的社会时，我认为他的回答应该是肯定的。他甚至会说：“未来社会中……花费在某种物品生产上的时间将由这种物品的社会效用大小来确定”[15]。然而在《资本论》中，马克思断然否定了将商品的使用价值视为交换价值的一个基础，原因在于他根本否认不同商品的有用性具有在量上的可比性：“作为使用价值，商品首先有质的差别；作为交换价值，商品只能有量的差别”[16]。在《政治经济学批判》中，马克思明确地指出，使用价值只有在同质的情况下才能进行量的比较，可以依据总的物理量来比较它们，例如长度、重量或体积，“不同的使用价值，按照它们的自然特征，具有不同的尺度，例如小麦论舍费耳、纸论刀、麻布论码，等等”[17]。对功利主义者而言，这些表述无疑是哲学上的无知，但我认为它们却是马克思拒绝用功利主义方式考察有用性的确凿证据。

然而，马克思与功利主义的最大分歧不在于他的非道德的善的观点，而
149 在于他的道德观。马克思认为道德准则（如权利与正义）是由与现有社会生产方式的一致性所决定的，而不是由有助于非道德的善的最大化的条件所决定的。根据马克思的社会变革理论，这必将导致他对道德需求的解释与一般的功利主义者之间存在系统性的差异，这种差异在社会革命中表现得尤其明显。

对马克思而言，道德标准的首要功能是认可现有生产关系，在社会发展的稳定时期，生产关系构成社会生产力的社会条件，使得其在现有生产力发展水平下能够得到更有效的使用和更充分的发展。在这个阶段（尽管不是自明的），道德的确规定着人类福利最大化的条件。假如事实的确如此，在社会压迫基础上建立起的社会，道德也规定着使得被压迫者的利益能够从属于压迫者的利益的条件。功利主义恰好通过思考累积的善和“普遍幸福”掩盖了这个事实，如此便直接论证了道德意识形态使统治阶级的利益表现为全人类的利益的趋势，即使统治阶级也为后者带来了一点好处。在社会革命时期，当现存的生产关系阻碍了人类发展时，马克思理论的道德指令将系统地偏离构建人类整体善的路径；马克思的道德论述将与功利主义的道德论述截然相反。当然，马克思与功利主义者一致认为，在这种情况下人类的非道德的善较之于道德指令（被马克思主义观点视作与生产方式相一致）更为可取，但是马克思则把这些道德指令视作**在道德上正当**，而功利主义者则对此予以否认。

我确信，在很多人看来马克思在这里的立场是不通情理的。功利主义者们无疑会声称，当一种生产方式已经落后时（对功利主义者们而言，这意味着这种生产方式无法为人类普遍幸福发挥积极影响），那么其相应的道德准则也应该失去合法性，一种新的道德准则（也许是一种能够适应全新社会形式并服务于被压迫阶级利益的道德准则）应该被建立。大多数像穆勒一样的功利主义者承认或切实维护这样一个事实，即人类在学习如何更有效地争取普遍幸福上还有很长的路要走，他们认为人们所认同的道德标准不是一种神圣的权利，这与马克思的观点相一致。功利主义仅仅认为构成幸福最大
150 化的道德标准**应当**占上风，无论人们迄今为止是否做到了这一点。

在这一点上，功利主义暴露出它对一些确定假设的坚持，这些假设显然与马克思的历史唯物主义不一致。第一，功利主义者们普遍认为道德的

社会功能始终在于提升人们的普遍幸福，过去它没有充分实现是因为人们的无知与迷信。（无论对手何时用看起来是源于功利主义的、在道德上令人反感的后果来威胁功利主义者，功利主义者几乎总是倾向于向以下保守的假设懦弱地妥协，即已被承认的道德都是功利主义的。）但是第二，即使是在他们改良主义的论调中，功利主义者依然暴露出他们信奉被马克思指责为“意识形态的”或“唯心主义的”观点。当功利主义者告诉我们有益于幸福最大化的道德标准**应当**占主导时，这个“应当”不能被解释为道德上的。若真如此，功利主义者应呼吁某些（虽然目前尚不合理）道德标准，来支撑他们所认为要为其赋予非道德基础的道德标准。但是在这里，他们为什么必须提到道德？他们为什么没有（像马克思一样）直接提出社会关系（包括现实的道德标准所符合的社会关系）“应当”被彻底变革从而更有利于人类的非道德的善？我认为，最主要的原因是功利主义者依然相信产生经济变革的正确途径是改革人们头脑中的道德观念。与此相反，马克思则坚持认为在一个特定社会中，现有的合理的道德意识形态与道德法律关系都脱胎于受社会生产方式制约的经济关系之中。现有的权利和正义标准的改变不会造成社会革命，而是伴随着社会革命发生的。

这当然不是否认制造道德、法律与政治等社会上层建筑上的变革，对马克思而言是革命实践的重要从属环节。正如我们之前看到的，上层建筑具有经济力量，它们之所以存在是因为其满足了相应生产方式的需要。如果没有政治或意识形态领域的革命，经济领域的革命也许不会发生。但是根据马克思的理论，权利与正义的全新标准之所以合法，正是**因为**在经济关系之中发生了革命性的变革。革命确实发生或理应发生，**并不是**因为革命后的道德标准在革命前的社会已经具有了合法性。 151

马克思认为，道德不是一张让我们随心所欲地将有利于自身的道德戒律书写其上的白板。道德和人类历史上的其他产物一样，是人类在特定条件和前提下创造的。在**道德**上命令、要求或禁止某种行为是以一种确定的方式命令、要求或禁止它，是在确定的社会意义上讨论它。说正义、美德，或道德上正确的事物——考虑到所有情况——是说它们应该被践行，这不是一个分析命题或常识性的真理。事实上，对马克思而言，这有时候却是一个恶毒的谎言。马克思主义明确切断同任何涉及道德标准（例如权利和正义）是“各社会……的基本原则”“衡量一切人间事物的标准”“在每一冲突下人们所诉诸的最高裁判官”[18]的观点之间的联系。

根据马克思的唯物主义理论，道德概念（公平、正义、责任、美德）与道德感（对美德的爱、责任的动机、正义感）的存在按照它们所履行的社会功能而得到解释。更确切地说，唯物主义理论主张从与社会生产方式的一致性来解释道德准则的具体内容。对马克思而言，无论权利和正义的有效准则是否恰好有利于人类长期利益，甚至即使这些利益要求我们忽视、违背这些准则，权利和正义只**是**在当下履行这个功能而已。正如功利主义者假设一种道德准则或道德规范实际上是有效的，无论如何采用这一准则都将最大限度地促进非道德的善（按照马克思的社会理论），无异于认可了有关人类社会中道德真正角色的虚妄与错误的观点。因为按照马克思的理论，任何社会要素的本质都由其社会功能所决定，这也就意味着接受了关于道德**是**什么的虚妄与错误的观点。

3 马克思是反道德主义者吗？

到这里，我们着重讨论了马克思作为“非道德论者”（amoralist）甚至是“反道德主义者”（immoralist）的一面。我认为，解读马克思关于权利与正义的明确论述以及他所说的关于道德的其他若干观点，最佳方法是假设他对道德价值与非道德价值做出了区分，并且（跟随黑格尔）将道德价值视为通常在革命形势中的保守一方。
152

马克思的道德观在很多方面还可以与尼采进行比较。马克思与尼采研究道德的方式都是试图定义道德在人类生活中的作用，以及根据其促进或是阻碍人类非道德潜能的发展来评估它的价值。在尼采的理论中，讨论的非道德价值包括强力、创造性、旺盛的生命等内容。尼采批判道德的基础性观点和长久以来以道德的名义被尊重的事物，因为他认为道德已经被证明不利于（甚至敌对于）这些非道德的善。与尼采一样，马克思也是一个道德批判家，他同样拒斥道德，因为它代表对根深蒂固的风俗习惯的盲目屈从，以及在保护落后于时代的社会结构中阻碍人类的发展进程[19]。

尼采对道德的一些最为严厉的批判直接指向他所认为道德在关于人类情感与行为的意义上展现和助长幻觉与自欺的方式。马克思的理论不一定将人的无意识心理动机或关于他们动机的自我欺骗归于人。但它同样指出道德意识形态往往通过向人们隐藏其社会功能，提供一种宗教的、形而上学的或虚假的人道主义基本原理以使人们遵守道德命令，从而达到发挥意识形态社会功能的目的。这些意识形态将某一阶级的利益掩饰为全人类的利益，或者将为这一阶级利益服务的事物描述为某种公正的善。同时，这些道德意识形态通常会助长关于进步的社会革命，以及实现革命的最佳方式的错误的、唯心主义的信念。鉴于道德所做的这些事情，马克思相信历史唯物主义与工人阶级运动的首要目标之一就是要破坏这种道德意识以及其他的虚假意识形态。

但是马克思的“反道德主义”并非其道德观的全部。因为无论马克思的社会理论如何理解道德，他也从未逃避对个人和广为接受的社会观点进行道德判断。他的作品充满道德愤慨，直接针对的是资产阶级和他们的辩护者。我们不难发现马克思批判资产阶级政府等敌人政治残忍、不择手段或阴险狡猾，并且为他所支持的个体和运动的荣誉辩护。和其他大多数人一样，马克思在道德上谴责资本市场的欺骗、政客的虚伪与唯利是图，以
及他的激进盟友的不忠与机会主义。马克思对于斐迪南·拉萨尔与凡·哈 153
茨费尔特伯爵夫人的私通，甚至也忍不住感到愤慨[20]。

我们如何将马克思社会理论显而易见的“反道德主义”与马克思像其他人一样说教的乏味事实协调统一起来呢？当然，有一种可能性是，我对马克思道德观点的解读是错误的。但我认为，要接受这个答案，这将要求我们对马克思关于道德本质、道德准则的内容、道德意识与历史唯物主义的关系等明确表述一概视而不见，或者做出歪曲的解读。

在我看来，另一个更切实可行的选择是认为马克思的观点是不连贯的：更准确地说，马克思从理论角度对道德的论述破坏了他常识性的道德判断。在马克思的著作中，他对道德的理论思考并不是全面或成熟的。即使他有如此敏锐的头脑，他可能也不会意识到，如果这些思考能够贯彻到底，它们也不可能与马克思绝大多数时间认为理所当然的常识性道德意识相一致，这是不难想象的。如果我们决定采用这种解决方案，它将支持我们不考虑我从马克思的文本中提取的道德描述，马克思几乎没有发展这个思路，乃至于它根本未被视为马克思原则真正的一部分。然而，如果这样做的话，就必须放弃所有关于马克思道德理论以及他的资本主义批判的“道德根基”的探究。因为这实际上等于承认了马克思根本没有任何关于道德的观点，承认他关于这个问题的论述没有连贯性，根本不足以称之为一个确定的理论。

然而，我怀疑我们是被迫做出这个结论的。因为我不相信马克思的日常道德判断与他关于道德的理论主张之间存在任何明显的不连贯。马克思自始至终都拒绝以不正义或道德上完全错误来攻击资本主义社会关系。这些社会关系一直是他首要的靶子，但他仅仅根据非道德的理由批判这些关系所施加在工人身上的非道德的恶（贫穷、异化、不自由）。毫无疑问，资本主义生产关系内在的“压迫”“剥削”，甚至“掠夺”是马克思抨击的重要目标。

但是毫无迹象显示马克思将资本主义的这些特征视为道德上错误或不正义的，它们是错误的或不正义的恰恰是马克思所始终否认的。我认为，如果我们继
154 续假设马克思批判社会压迫和剥削仅仅因为他将它们视为非道德的恶或者其原因，那么我们将不会在马克思中找到任何矛盾或不连贯。

那么，弥漫于马克思著作中的明白无误的道德说教是什么呢？《共产党宣言》坦率地承认共产主义者“一分钟也不忽略教育工人尽可能明确地意识到资产阶级和无产阶级的敌对的对立”[21]。正如马克思所言，至少这部分敌对性看起来包含有道德愤慨和谴责，直指资产阶级与其支持者。但是，如果不是压迫者的话，还有什么能够成为这种谴责的靶子呢？并且如果马克思没有找到他们所作所为有什么错误或不正义的话，那他又如何对他们进行谴责呢？

然而，马克思明确否认了因为阶级压迫的社会现实而对个体资产阶级的道德进行谴责的意图。他不仅否认他们因不正义而罪恶，还明确否认他们对剥削获利的道德责任。在《资本论》序言中，马克思说：

为了避免可能产生的误解，要说明一下。我决不用玫瑰色描绘资本家和地主的面貌。不过这里涉及的人，只是经济范畴的人格化，是一定的阶级关系和利益的承担者。我的观点是把经济的社会形态的发展理解为一种自然史的过程。不管个人在主观上怎样超脱各种关系，他在社会意义上总是这些关系的产物。同其他任何观点比起来，我的观点是更不能要个人对这些关系负责的。[22]

这里，马克思否认个体资本家和地主应该为从剥削中获利而受到指责，因为他们作为个体并不能创造剥削性的社会关系，而只能扮演社会关系赋予他们的角色。但是一定要仔细阅读马克思的这段论述。因为马克思并**没有**说剥削者因为“不知道他们的所作所为”而无须被谴责（正相反，他明确排除对那些“主观上超越”了他们的阶级地位，并了解他们所处社会关系的严重后果的人的指责）。我认为，马克思也没有说，因为剥削者的行为都是因果决定的（正如由经济事实决定），所以他们毫无选择。我认为马
155 克思的观点是，在资本主义制度下，个体剥削者不应被指责，因为经济体制使得他们除了剥削之外别无选择。如果一个个体资本家为了避免成为剥削者，就应该将其资本从生产中抽离（根据我的理解，马克思没有否认他能够自由地去做这样的选择），那么结果只是他将失去资本中的利润，他

拒绝运用的社会力量将被道德不那么高尚（也不那么无能）的资本家所控制。马克思从未强迫资本家去践行这种“自愿的贫困”或让他们为自己在社会系统中扮演的经济角色而感到内疚。当然，马克思从未敦促恩格斯在曼彻斯特放弃他的纺织厂，或者唤起他的良知。一些学者公开宣称他们发现马克思和恩格斯的伪善，这是因为马克思和恩格斯在谴责资本主义剥削的同时，恩格斯（马克思也这样做好多年）却依靠剥削的成果生活。也许，马克思与恩格斯的行为的确违反了这些人所持有的道德原则，但是没有证据显示这违反了马克思与恩格斯自己的道德原则。

马克思认为，无论是谁，无论他们的收入来源于哪里，只要他们认识到了资本主义的罪恶，并将时间、精力、资源投入推翻这种制度的革命之中，就是应该被赞扬的。因此，在我看来，马克思所要责难的不是这种剥削者，而仅仅是那些被阶级利益所蒙蔽而无视制度的非人道的人，以及那些面对这个不人道制度造成的不必要的悲惨与异化仍然冷酷无情和扬扬自得的人。如果我们料想到马克思的愤慨主要是针对那些“不管人类的痛苦，而只顾自己身上的皮”[23]的人们，那么我认为我们就能够很好地解释他作品中的语气和感情。面对人们遭受的痛苦而冷酷无情可能是一种道德上的恶，即使这种痛苦是非道德的恶。因此，如果马克思从道德上谴责那种在面临巨大的且能够拯救的非道德的恶时仍然扬扬得意的态度，与此同时拒绝在道德上谴责这种非道德的恶，马克思就不会陷入不连贯之中。

4 马克思主义者何以需要道德？

不过，也许真正令我们苦恼的不是马克思关于道德的理论主张直接与他所做的具体价值判断相冲突。相反，让人怀疑的是马克思的理论破坏了通常意义上的道德，使得在他不屈从于他自己所批判的意识形态谬论时，他对无情、不忠与机会主义的愤慨丧失了基础。

但是，要说明这种怀疑是有充分根据的，需要经过一些论证。马克思 156
认为我们的道德信仰和观点的理性基础只有一个，即它们是为当下的生产方式或提升某一特定社会阶级的利益而服务的。一旦我们认识到它们是如何这样做的，我们就极有可能发现部分道德是可有可无的，甚至是令人厌恶的。但是，马克思主义者们需要更加深入与广泛的论证表明唯物主义的自我意识对我们的道德意识的影响是毁灭性的，而非有限的和局部的。

这种主张也许可以从以下两个马克思式的观点中得出，即其一是认为所有道德都是阶级道德，其二是认为有效的道德标准（例如权利和正义）在于它与其所在的生产方式相适应。这些观点可以被用来解释资本主义社会中所有的有效道德标准都是为了促进阶级利益的发展，并服务于维护马克思所称的非人道体制。马克思自己说过，资本主义社会的道德只是“资产阶级偏见”掩盖了“资产阶级利益”。对于一个无产阶级，甚至任何一个像马克思一样能够看透资本主义的人而言，我们没有理由提升资产阶级利益和维护资本主义社会的稳定。那么，对这样一个人而言，也就根本没有必要去遵守资本主义社会的有效道德标准。对他而言，这些道德标准与资本主义一样是令人厌恶的。

这个论证有诡辩之嫌。当马克思说所有道德都是阶级道德，并且正义在于与现行生产方式相适应的时候，他所要表达的是作为整体的道德的作用是维护现行的社会生产关系，现行道德观念的某些特质（例如资本主义道德中对个体自力更生的赞颂，或者对私有财产神圣不可侵犯的强调）可以通过它们提升阶级利益进行阐释。但这并不意味着资产阶级道德的每一个要素都是资产阶级所特有的，是与整体相分离的，或者说资产阶级社会所宣扬的道德戒律在任何时候都是提升资产阶级利益的。譬如，资产阶级道德也教授诸如善良、慷慨、忠诚与诚信之类的美德。但不能据此认为，这些存在于赤裸裸的冷酷通则中的教义专属于资本主义社会，必然服务于资产阶级利益。只有当道德与其他一些观念和实践相结合的时候（例如，
157 当“慷慨”意味着在社会上毫无效力的“私人慈善”，而不是真的改善社会体制性贫困的革命性方案时，或者当“忠诚”意味着为资产阶级国家或“自由公司体制”而奉献时），这些道德明确成为资产阶级的道德。马克思显然希望无产者们在社会交往中也践行慷慨与忠诚，他也同时意识到，没有这些道德美德，无产阶级运动也不可能得到人们的支持，更不可能取得成功。

恩格斯在评论米哈伊尔·巴枯宁时说：“他的基本原则之一就是：信守诺言一类的事情纯系资产阶级偏见，真正的革命者为了事业必须始终加以蔑视。”[24]恩格斯显然并不支持巴枯宁（主张）的原则。马克思的理论中没有什么使得恩格斯应该那么做。

当《共产党宣言》中说道德对无产阶级而言仅仅是掩盖资产阶级利益的资产阶级偏见时，我们应仅仅这样来理解，即无产阶级应当用这种方式来看待所有那些要求或鼓励他们牺牲自己的阶级利益以

服务于资产阶级利益，或者抱有道德顾虑以阻碍推翻资本主义体制的道德诉求。马克思不可能愚蠢到将每一个不道德或违法的行为都作为对阶级压迫的反击，他对抱有这种想法的丧心病狂的恐怖分子只会充满蔑视[25]。马克思更倾向于把无产阶级犯罪和不道德行为——类似于资产阶级犯罪和不道德——视为资本主义社会令人厌恶的症状之一，而不是什么值得赞同的行为。没有任何理由可以说明，为什么马克思应该宽恕那些违背了道德戒律的人——即使它如此具有资产阶级性质，诸如尊重私有财产——除非这些道德真的在阶级斗争中另有他用。

在马克思看来，社会在其存在的特定的历史条件下正常运转的需求构成了道德的基础。社会的存在以及道德对社会成功运转的促进作用无疑证明了人天然有能力满足（社会）这种需求，证明了人天然易受道德要求的影响——即使这种要求与自身意愿和个人利益背道而驰。很明显，马克思强调了在阶级社会中，道德包括虚假意识，并且经常命令人们从事背离自身真实阶级利益的工作。但他并未质疑关于道德诉求所建立其上的基本人类趋势的合理性：人类能够在社会生活中满足施加在他们身上的要求这一趋势。

当然，这不是说马克思对哲学家的“人为何道德”这个问题做出 158
了某种独特的回答。马克思甚至不认为道德之事总是要做的事，因此我们无论如何也不会期待他对此给出一个普遍的答案。然而，我们也许会猜测，这个问题对马克思而言应当比其他哲学家更为艰难，毕竟他明确反对对此问题的一切神学与形而上学的解释。然而，在我看来，没有理由认为，“人为何道德”这个问题对马克思主义者所造成的困扰，较之于它对那些认为道德的根基在于凡间而非虚无缥缈的或先验的事物的人的困扰要多。马克思的观点将满足道德本质的自然趋势，即满足与生产力发展水平相适应的社会生活需要的自然趋势，归于人。尽管在阶级社会中，这些需要的满足往往依赖某些幻觉，但这并不是说一切诸如忠诚、诚实、慷慨与自我牺牲的行为都依赖这些幻觉。尤其是这些行为可能有时与我们的个人利益相背这一事实并不会产生任何问题。回想一下，对马克思而言，自私行为与利他或社会导向性行为相比并不内在地具有天然的合理性。道德所赞成的行为有时候不代表主体自身的利益这个事实，本身并不能说明这些行为的合理性存在任何特殊的问题。

马克思通过向人们展示道德意识形态对他们具有吸引力的真正原因，

将历史唯物主义视作“对任何一种道德……宣判死刑”。这样，历史唯物主义将人们从虚伪或神秘的观念桎梏中解脱出来。因为这种新的自由赋予人们重新评价道德合理性的力量，因此我们只能期盼它将改变人们对道德的看法，不再盲目接受传统道德的指令，并且抵御思想家们所设想的极好的动机和情感。在这个意义上，马克思必然将不受意识形态束缚的未来社会看作“废除道德而不是形成新的道德”的社会。但由于道德的经济基础本身根本上是合理的，那么有理由认为在很大程度上，按照唯物主义来理解道德的结果将是人们能够“自觉”且“人性”地做那些他们曾经在未了解为何如此做的原因时所做的事情。因此，我们有理由说（正如恩格斯所说），在未来社会，必将有一个“真正人的道德”来取代阶级社会虚假的意识形态道德[26]。

5　马克思对道德的态度以及我们的态度

159 马克思没有出于正义或其他道德理由（moral grounds）谴责资本主义。他之所以拒斥那些出于正义或其他道德理由来谴责资本主义的人的立场，是因为他认为这一立场是基于虚伪与错误的道德观，而他的唯物史观能够让我们揭露其中的错误与意识形态性。实际上，马克思提出了一种简化和凝练的关于道德价值与原则的观点，据此，道德观点与道德理由都将不再受批评社会秩序的人青睐，或至少不再受那些理性的、有洞察力的批评家青睐。具有理性和洞察力的人不会给道德以任何承诺，就如同他们对宗教、民族爱国主义或众多其他传统价值一样，这些价值在马克思看来是服务于社会幻觉和阶级压迫的有害的神秘化东西。

马克思的道德观是激进的。然而，虽然在《德意志意识形态》中马克思与恩格斯用带有轻视意味的论辩直接针对麦克斯·施蒂纳，但马克思关于道德的观念很明显直接受到施蒂纳的强烈影响，施蒂纳奇怪地（有些人甚至说是**疯狂地**）以个体忠于他自身本真立场的名义拒绝所有道德。施蒂纳的反道德主义时常陷入不连贯之中，甚至有的时候看起来反倒包括上述道德观。在本书的第三部分，我曾论证马克思拒斥道德是不连贯的，尽管看似激进甚至是相当地不合情理。它代表的是将马克思的历史唯物主义命题应用到道德思维和道德观点（例如社会主义）之中的一种颇具说服力的方式。我认为我们可以从马克思对道德概念和价值的批判，从他对这种批判与历史唯物主义的关系的认识，以及他对理论立场的总体一致性的把握中学到很多东西。

然而，马克思关于道德的高度凝练的观点是不是发展历史唯物主义理论的唯一途径是另一个独立的问题（这个问题的答案当然是否定的）。马克思对待道德观点的简化和轻蔑态度是不是我们最后所找到的为我们自身辩护的立场也是另一个独立的问题。我认为，没有多少人——无论他们是否认同马克思的社会理论和他关于资本主义的看法——能够发现马克思激进的道德批判是可信的且极具吸引力的，即使这种批判被认为完全属实。唯物史观要求我们将权利关系阐释为生 160
产的经济关系基础之上的上层建筑，将现行的正义观理解为社会意识形态的特征。但它并未暗示经济交易的正义**就是**与现行的社会生产方式相适应。我们大多数人认为马克思在批判资本剥削劳动和非人地对待工人的问题上是正确的，充满**道德**愤慨地反抗制造这些灾难的社会体制并给予回应是很自然的，同时说资本主义社会是极度**不正义**的社会制度来表达我们的愤慨也是很自然的。马克思显然与我们一样感到愤慨，但他没有理由不通过拒绝将他愤慨的内容道德化而保持观点的一致性。然而，如果马克思关于正义与道德的凝练论述看起来与我们在回应现实时所采用的道德形式相矛盾，那么我们自然就不会接受这种分析，而将它视为一种过度简化，无法理解我们根据正义和其他道德属性所指的一切事情。

这可能是我们最后对马克思道德观的最为合理的回应。至少，这是我个人的回应。如果我在前面的章节中搁置表达这一点，主要是因为我被马克思的道德观兼具的新奇和激进所迷住了，我想，如果只是因为我们最后决定反对马克思的结论而很快将它们忽略的话，那将是巨大的错误。

当然，如果不把马克思的资本主义批判置于道德理由上就不能保持他立场的一致性的话，那么就有理由将马克思对资本主义的反对解释为道德反对，即使这与他明确表示对资本主义的反对不是道德反对的观点相对立。但是在这一章中，我论证的是马克思的反道德主义是完全合理且动机良好的，即使我们在最后判定它过于激进而难以接受。我们会在第十六章中深入分析马克思的资本剥削劳动的主张，并且我会论证，即使这一主张或许会激发资本主义的道德批判，但是马克思的资本主义批判不是由道德考量所激发的假设也是说得通的。

在解释马克思时不把他理解为反道德主义者的最糟糕的理由可能是，如果马克思的反道德主义评论能够被搁置，那么马克思主义将会变得更加合理和受欢迎。同样糟糕的是，将马克思文本让步于被认为是绝对无误的注释限定，因此，如果一定要将它们解释为可以生效的，只能认定它们是正确的。

最后一点对一个诚实理性的人而言早已显而易见，诚实理性的人会思
161 考宗教人群看待神圣文稿时所采用的方式之中原则性的谬误。即使一些文本实际上是由绝对可靠的人所著的，我们也绝不敢说自己如此正确以至能够知道这一点。因此，如果我们阅读每一文本都带着区分真假的目的，并同时以为我们有能力做到这一点，那么这本身总是容易犯错的。如果有人在阅读任何文本时都**先入为主**地假设，他必须把他对文本的任何理解都当成真理，那么他从一开始就丧失了知识上的诚信。与其进行这种毫无价值的阅读，还不如什么都不要读。

注　释

［1］MEW 4：472，CW 6：494–5；马克思，恩格斯．马克思恩格斯文集：第2卷．北京：人民出版社，2009：42.

［2］MEW 4：140，*Oeuvres* 1：89，CW 6：174．Cf．CW 4：201，SW，617；马克思，恩格斯．马克思恩格斯文集：第1卷．北京：人民出版社，2009：613.

［3］MEW 21：287，SW 615；马克思，恩格斯．马克思恩格斯选集：第4卷．3版．北京：人民出版社，2012：244.

［4］Hegel，*Vernunft in der Geschichte*，ed. J. Hoffmeister（Hamburg，1955），96–7；*Lectures on the Philosophy of World History*：*Introduction*，tr. H. B. Nisbet（Cambridge，1975），82.

［5］Hegel，*Vernunft in der Geschichte*，*79*，*Lectures*，69–70.

［6］MEW 21：287，SW，615；马克思，恩格斯．马克思恩格斯选集：第4卷．3版．北京：人民出版社，2012：244.

［7］MEW 4：464–5，CW 6：487；马克思，恩格斯．马克思恩格斯选集：第1卷．3版．北京：人民出版社，2012：402–403.

［8］MEW 19：22，SW，325；马克思，恩格斯．马克思恩格斯选集：第1卷．3版．北京：人民出版社，2012：411；马克思，恩格斯．马克思恩格斯全集：第19卷．北京：人民出版社，1963：23.

［9］MEW 4：481，CW 6：504；马克思，恩格斯．马克思恩格斯文集：第2卷．北京：人民出版社，2009：52.

［10］MEW 37：436，*Selected Correspondence*，415；马克思，恩格斯．马克思恩格斯全集：第37卷．北京：人民出版社，1971：432.

［11］MEW 4：479，CW 6：503；马克思，恩格斯．马克思恩格斯全集：第3卷．北京：人民出版社，1960：490；马克思，恩格斯．马克思恩格斯文集：第2卷．北京：人民出版社，2009：50.

［12］马克思对功利主义的主要批判在于，他反对“愚蠢”地“把所有各式各样的人类的相互关系都归结为**唯一**的功利关系”（MEW 3：394，CW 5：409；马克思，恩格斯．马克思恩格斯全集：第3卷．北京：人民出版社，1960：479）。黑格尔将功利的立场描述为认为“任何事物都为其他事物做出牺牲，供其利用，为着它们而存在”，并且“无论他置身何处，他在那里都是正当的。他利用别人，同时也被别人利用”［G. W. F. Hegel，*Die Phänomenologie des Geistes*，ed. J. Hoffmeister（Hamburg，1952），399，400，*The Phenomenology of Spirit*，tr. A. V. Miller（Oxford，1977），342-3］。沿着黑格尔的论述，马克思将边沁的理论也归结为一种“相互剥削的理论”，按照这个理论，人们彼此之间只有相互利用与剥削。马克思说，这个荒谬理论或“字面上的伪装”的背后，实际上是对现实的相互剥削的社会关系的一种“自觉或不自觉的表现”，这里“功利关系具有十分明确的意义，即我是通过我使别人受到损失的办法来为我自己取得利益”（MEW 3：395，CW 5：409；马克思，恩格斯．马克思恩格斯全集：第3卷．北京：人民出版社，1960：479）。但是在马克思的辩护中必须说明的是，马克思所描述的功利主义理论并非对施蒂纳的准确理解。但是对施蒂纳的讨论无法适用于边沁及其追随者所提出的功利主义理论。

［13］MEW 23：636，*Capital*（New York，1967）1：609；马克思，恩格斯．马克思恩格斯全集：第44卷．2版．北京：人民出版社，2001：703．在批判费尔巴哈的“幸福道德论”（happiness morality）时，恩格斯更加清楚地传达了马克思对功利主义的抵触：“它是为一切时代、一切民族、一切情况而设计出来的；正因为如此，它在任何时候和任何地方都是不适用的，而在现实世界面前，是和康德的绝对命令一样软弱无力的。”（MEW 21：289，SW，617；马克思，恩格斯．马克思恩格斯文集：第4卷．北京：人民出版社，2009：294）

［14］CW 5：409-11；马克思，恩格斯．马克思恩格斯全集：第3卷．北京：人民出版社，1960：478-479.

［15］*Oeuvres* 1：37，CW 6：134；马克思，恩格斯．马克思恩格斯全集：第4卷．北京：人民出版社，1958：105．然而，根据语境，这段文字很难被认为是对功利主义的认可。马克思批评蒲鲁东把“构成价值”（凝结在商品中的社会必要劳动时间）当成本应（道德上）控制商品生产的“自然价格”，从而在这个意义上控制商品的“社会效用”。相反，马克思只是坚持认为商品的有用性与其劳动成本无关，在当今社会，“社会效用”由低成本商品（例如，土豆

而不是肉类）的生产决定，因为在工人被迫以廉价劳动商品为生时，统治阶级就能够最大限度地剥削工人。马克思认为，在未来社会，生产将不受这种卑劣的骗人把戏的控制（而蒲鲁东则认为仍会如此）。“社会效用”这个术语源于马克思的批判的理论，而且马克思在使用这个术语时没有特指任何种类的功利主义。

［16］MEW 23：52，*Capital* 1：37-8；马克思，恩格斯. 马克思恩格斯全集：第43卷. 2版. 北京：人民出版社，2016：28.

［17］MEW 13：15，*Critique of Political Economy*，tr. S. Ryazanskaya（New York，1972），27；马克思，恩格斯. 马克思恩格斯全集：第31卷. 2版. 北京：人民出版社，1998：420.

［18］MEW 18：274；马克思，恩格斯. 马克思恩格斯文集：第3卷. 北京：人民出版社，2009：319.

［19］马克思与尼采在处理一些更特殊的道德问题时也惊人地相似。尤其值得注意的是马克思在《神圣家族》中对欧仁·苏《巴黎的秘密》的非常重要的讨论。尼采所谓“犯罪行为就是强人处于不利的环境中”［Walter Kaufmann，ed.，*The Portable Nietzsche*（New York，1954），549］的观点与马克思讨论苏小说中角色的观点基本一致。［比较尼采将道德“进步”描绘成“驯服”或“驯养”（*Portable Nietzsche*，501-5），而马克思将苏笔下的英雄鲁道夫作为刺客的转变描述为“屠夫批判地变成了狗”（CW 4：163；马克思，恩格斯. 马克思恩格斯全集：第2卷. 北京：人民出版社，1957：208）］。尼采批判基督教精神中暗含的非自然的、对生命的否定影响，尤其是基督教美德中的贞操与悔悟，在马克思拯救妓女玛丽的描述中早已预见。马克思将“拯救者”鲁道夫视作实际上是用一种“宗教的伪善”和“忧郁自责”取代了“自由地表露自己固有的天性”（CW 4：169-74；马克思，恩格斯. 马克思恩格斯全集：第2卷. 北京：人民出版社，1957：217-223）。

［20］仅在马克思与恩格斯的书信来往中就包含了大量的道德评价性质的表达。参见：*Selected Correspondence*，72，123，147，152，157，160，164，167-8，170，174，185，188，269-70，278，329，429-30；马克思，恩格斯. 马克思恩格斯选集：第4卷. 3版. 北京：人民出版社，2012：308-407.

［21］MEW 4：493，CW 6：519；马克思，恩格斯. 马克思恩格斯文集：第2卷. 北京：人民出版社，2009：66.

［22］MEW 23：16，*Capital* 1：10；马克思，恩格斯. 马克思恩格斯文集：第5卷. 北京：人民出版社，2009：10.

［23］MEW 31：542，*Selected Correspondence*，185；马克思，恩格斯. 马克思恩格斯文集：第10卷. 北京：人民出版社，2009：253.

［24］MEW 33：393，*Selected Correspondence*，278；马克思，恩格斯. 马克思恩

格斯文集：第10卷. 北京：人民出版社，2009：383.

［25］恩格斯在给泰奥多尔·库诺的信中提及涅恰耶夫时说道："涅恰也夫即使不是俄国奸细，至少也进行过这种人的活动"（MEW 33：392，*Selected Correspondence*，278；马克思，恩格斯. 马克思恩格斯全集：第33卷. 北京：人民出版社，1973：396）。

［26］MEW 20：88，*Anti-Dühring*（Moscow，1962），132；马克思，恩格斯. 马克思恩格斯全集：第20卷. 北京：人民出版社，1971：103.

第四部分

哲学的唯物主义

第十一章
唯物主义的自然主义

1 什么是唯物主义？

马克思认为他的社会理论包含某些关于终极现实（ultimate reality）的 165
本质、人类知识本源以及哲学家们将之划分到“形而上学与知识论”研究范畴中的其他问题的明确观点。他这样做是因为他将自己的观点视作无产阶级运动的载体，他坚信存在一种与众不同的唯物主义世界观将与无产阶级的历史实践相一致，并与使无产阶级解放成为可能的现代科技的生产力水平相一致。马克思的“唯物主义”散布在他的著作中，但其主要集中在他的早期作品（1844—1846 年创作）之中，并且马克思对这一概念的理解是有迹可循的。然而，马克思在写作过程中从未就这个主题展开详细论述，或者给予其唯物主义思想系统性的关注。在《关于费尔巴哈的提纲》中，马克思煞费苦心地将**自己的**唯物主义与他之前的唯物主义区分开来，但是他从未告诉我们“唯物主义”本身应该是什么样子的。

恩格斯晚期的一些著作中包含了对此问题更具启发性的论述，尤其是在他写的有关费尔巴哈的文章，以及《社会主义从空想到科学的发展·1892 年英文版导言》（简称《导言》），都在某些方面对马克思的唯物主义做了详细的阐释，尽管它们的实质与马克思所明确表述的内容差别不大（《导言》大量引用了马克思在《神圣家族》中对现代唯物主义做出的解释）。然而，与马克思不同的是，恩格斯的确尝试对唯物主义世界观给予一定程度的关注，并将其体系化。对他而言，“全部哲学，特别是近代哲学的重大的基本问题，是思维和存在的关系问题”，或者是（他也如此表述）“精神与自然界”的关系问题。问题是“什么是本原的，是精神，还是自

166 然界?”，“哲学家依照他们如何回答这个问题而分成了两大阵营”[1]，即“唯心主义”与“唯物主义”。唯物主义者断言存在或自然界的第一性，而唯心主义者则认为思维或精神才是首要的。但物质对精神的“第一性”或精神对物质的“第一性”究竟是什么呢？初读起来，恩格斯给出的答案令人迷惑而多变。他告诉我们，唯物主义者把“自然界看做唯一现实的东西”，它“是不依赖任何哲学而存在的”，“在自然界和人以外不存在任何东西”[2]。唯心主义者主张世界是神创造的，而唯物主义者坚持世界是从来就有的[3]。唯心主义者相信“他们的思维和感觉不是他们身体的活动，而是一种独特的、寓于这个身体之中而在人死亡时就离开身体的灵魂的活动”；与之相反，唯物主义者宣称“物质不是精神的产物，而精神本身只是物质的最高产物”以及“**不能把思想同思维着的物质分开**”[4]。此外，唯物主义者认为运动是物质固有的，整个世界由自然法则支配，除此之外没有任何形式的外来干预。最终，我们知道，唯物主义的最初形式是经院哲学的唯名论[5]。

很明显，“唯物主义”与“唯心主义”的这些特征涉及许多不同的哲学争论。恩格斯的描述说明所有这些争论都可以归结为这两种不同的观点，而这两种观点是对一个简单的基本哲学问题的两种可能回答。费希特在《知识学引论》第一篇中将“唯心论”与“独断论”对立起来，而恩格斯则是将这种对立倒置了。但是，我认为恩格斯的结论是不可能得出的。很多哲学家既在某些问题上持“唯心主义”观点，又在其他问题上持“唯物主义”观点，而这并没有明显的不一致。黑格尔就认为自然依赖于心灵，但否认对身心关系的二元论解释。唯名论信仰上帝，以及灵魂的独立存在。有神论者认为运动是（被创造的）物质本质所固有的，而无神论者否认世界自始至终存在。

但在恩格斯的表述中也许有些内容值得注意。假设我们将马克思的唯物主义基本原理理解为我所称的**自然主义**（马克思也使用这个词描述他的世界观）。自然主义认为唯一的实在就是自然世界，这个世界纯粹是由物质构成的。自然主义者是无神论者，因为上帝是一种超自然与非物质的存在。自然主义当然否认世界是由其外的东西创造的，也否认自然运动需要上帝［或任何其他超自然的能动性（agency）］作为它的原因。自然主义也意味着实在论，其观点是物质的存在或本质不依赖于某一精神（mind）或某些精神（minds），因为这种精神必定外在于依赖它们的对象，并且具有另一种本质。自然主义者否认任何将思考或感知视为超自然或非物质实体（immaterial substances）的作用的理论，因为它否认这些超事物的存在。只要唯名论者否认柏拉图的理念形式或其他抽象实体的存在（柏拉图的理念是超自然或非物质的)，它就可能被视为一种自然主义。

显然，唯物主义的自然主义有很多可能的版本，同时也有无穷多的背离它的道路。然而，恩格斯的诠释恰恰相反，这无疑是一种哲学上的幼稚和误导。但恩格斯的真正目的是将关注点放在唯物主义世界观与其最流行的、最具影响力、最牢不可破的对手——传统宗教观的对立上，前者以自然主义为基础，后者的主要原则是自然界是由超越现实的神所创造的，以及灵魂是不朽的。如果一个“唯心主义者”坚信作为整体的世界依赖于精神（换言之，他反对实在论)，那么恩格斯甚至有权将这种更占优势的反唯物主义观描述成“唯心主义”。因为传统的有神论的确认为上帝是精神，除上帝外的所有事物的存在及本质都完全依赖于他的精神活动（他的创造性知识与意志)。恩格斯对唯心主义和唯物主义的摩尼教式区分可能过于简单化或缺乏哲学上的考量，但也并不是完全错误的。

一回到认识论问题上，恩格斯就立刻意识到唯物主义世界观的对手除了唯心主义世界观之外还有其他对手。“思维和存在的关系问题还有另一个方面：我们关于我们周围世界的思想对这个世界本身的关系是怎样的？我们的思维能不能认识现实世界？我们能不能在我们关于现实世界的表象和概念中正确地反映现实?”[6]在这个问题上，恩格斯承认很多唯心主义哲学家（如黑格尔）与马克思的唯物主义共同给出了一个肯定的答案。这里反唯物主义哲学家包括怀疑论者与不可知论者（例如休谟与康德)，他们否认人类能够认识事物的真正本质，声称“物自体”是不可知的。

马克思关于知识的主要观点除了坚称人类能够获得知识之外，还认为知识不是**先验的**。在《神圣家族》中，马克思声称现代唯物主义的全部传 168
统是“反对……形而上学的**公开的、旗帜鲜明的**斗争”，在这个语境中传统形而上学看起来是指试图在先天或**先验**的知识上构建科学或哲学体系。与形而上学不同的是，17 世纪唯物主义建立在“培根关于知识和观念起源于感性世界的基本原理上”。培根是“**英国唯物主义**和整个**现代实验**科学的真正始祖”，因为他认为“科学是**经验的科学**”以及“**感觉**……是一切知识的**源泉**”[7]。在《巴黎手稿》中，马克思用他的语言阐述了相同的观点：“**感性**（见费尔巴哈）必须是一切科学的基础。科学只有从**感性**意识和**感性**需要这两种形式的感性出发，因而，科学只有从自然界出发，才是**现实的**科学。”① 即使逻辑与数学命题对马克思而言也是经验知识，这些知识都

① 马克思，恩格斯. 马克思恩格斯文集：第 1 卷. 北京：人民出版社，2009：194. ——译者注

是现实结构在人的观念中的“反映”或“重建”。他坚持认为，即使“最纯粹的”数学概念也是“自然界诸规定的抽象概念”[8]。

虽然马克思和恩格斯都认为所有知识都是基于感觉，但他们从不自诩为经验主义者。对他们而言，经验主义意味着对偶然观察的幼稚依赖，是一种毫无批判地全神贯注于事物的表象，而无法抓住（甚至是忽视）隐藏在事物表象之下的现实本质，因为它没有对“在思想中重建具体”所需要的概念与理论构架给予足够的重视。所有这一切使得经验主义成为“狭隘的形而上学的”，一种“狭隘的思维方法”。经验主义将世界看作“僵死的事实的汇集”，既没有组织性也没有辩证联系[9]。我想我们如同今天反对科学实在论一样传达马克思拒斥经验主义的精神，他会批评经验主义者过于重视观察而牺牲了理论性，仅仅把科学概念和理论看成联结零散事实而不是试图掌握现实结构的实用的机械论。我们在后面的章节中会看到，这些认识论上的信念对马克思《资本论》中的理论构建产生了深远影响。

在恩格斯的部分著作中，似乎**历史**唯物主义已经成为“物质决定精神”的另一个直接结论。当然，对马克思和恩格斯而言，历史唯物主义（至少是它的意识形态功能理论）自然也就是表明不是意识决定生活，而
169 是生活决定意识[10]。较之传统神学和唯心主义，历史唯物主义也许更受自然主义的信服，只要它是基于这个观念，即人类最深远且历史上最有效的利益在于积极发展人类的自然生产力并改造世界，而不在于照看他们灵魂的超自然目的。但是，历史唯物主义与自然主义或其他相关理论的关系相去甚远。很多哲学上的唯物主义显然不接受历史唯物主义，相反，将对神等不朽事物的信仰和马克思的社会变革理论结合在一起并不矛盾，也可能没有明显的理论冲突。

马克思和恩格斯如此命名“历史唯物主义”，部分是因为它强调了人类的社会行为能够在多大程度上被人的自然（“物质”）向度而不是精神向度所解释。然而他们这样描述该学说的另一个（也许是更好的）原因是，在解释人们进行生产活动的社会关系或“形式”时，历史唯物主义提出根据这些形式的内容（或者“物质”）——（人类个体）生产**什么**以及他们**如何**生产——来解释[11]。就这个动机可以成立而言，“物质”在历史唯物主义理论中并非与“精神”（mind 或 spirit）相对，而是与（社会）“形式”相对，那么将历史唯物主义与任何关于存在相对于思维或自然相对于精神的“第一性”问题的具体观点联系在一起则根本是不合理的。

马克思与恩格斯在形而上学或认识论问题上的任何观点都是相当粗糙

的。例如，他们认为思维只是特定的有生命的有机体中自然发生的一种过程。但这究竟是一种怎样的过程？恩格斯认为“我们的意识和思维，不论它看起来是多么超感觉的，总是物质的、肉体的器官即人脑的产物”，这个观点可能被看作对物理主义（physicalism）或集权国家的唯物主义的拥护，而一些关于语言的较为独特的论述，如“思想的生命表现的要素”或意识表现于其中的物质[12]则可能暗示某种形式的语言行为主义。然而这里唯一合理的说法是，我们无法根据这些文本去认为马克思与恩格斯具有任何明确的精神理论（theory of mind）。

然而，马克思与恩格斯的哲学观点又的确有其典型的（并且有时是令人惊讶的）特征。需要再次强调的是，精神理论的唯物主义——至少根据恩格斯对它的表述——是一个典型的好案例。恩格斯坚持认为思维是“物质运动的一种形式”，同时又拒绝任何将思维过程“归结”为机械的物理或化学过程的尝试。他说，机械还原论“抹杀了”非机械运动的“特殊 *170*
性”与“质的差异”。他认为，思维的“本质”不会被“伴随”着思维的、作为思维“发展”源泉的机械的、化学的、热的、电的运动所“包括无遗”[13]。恩格斯指责还原论的背后，实际上遵循了这样一种观点［源于谢林和黑格尔的《自然哲学》（*Naturphilosophie*）］，即自然过程构成了一种目的论体系或“内在序列”，在这个秩序中，物质“展示这种运动的全部多样性”，从运动的机械形式、经过化学和生物形式，到“物质的最高的精华——思维着的精神”[14]。每一种运动形式都对应一门独特的科学，每门科学都有与其适应的方式和概念，但又通过主题的辩证发展而与一切其他科学相关：“正如一个运动形式是从另一个运动形式中发展出来一样，这些形式的反映，即各种不同的科学，也必然是一个从另一个中产生出来。”[15]

本书第四部分的剩余内容将讨论马克思哲学思想中几个有特色的和对其阐释可能会引发争论的观点。本章的其他部分将围绕《巴黎手稿》中无神论自然主义的两个论点展开。第十二章将探讨人类思维的真理性与实践紧密相连这个马克思的著名论断，并捍卫马克思相信客观自然世界独立于人关于它的思想这一论断，以反驳大量的现代的解读。

2　马克思的无神论

毫无疑问，马克思自从踏上一个作为作家与革命者的征途伊始，他就已经是一位无神论者。马克思拒绝信仰上帝的理由所具有的一般本质也同样明确。现代实证科学的新发现已经把对超自然力量的信仰转移到原始迷信的范畴，世界的科学图景中没有上帝或神的存在空间，甚至连它们的抽象可能性也没有。马克思则习惯于把这些问题划入超越理性质疑的范畴而否定它们被讨论的价值。然而在《巴黎手稿》中，马克思的确对其无神论观点做出了一些哲学上的辩护。他的论证是晦涩的，而且是否马克思在其中形成了一个连贯的立场也是不清楚的。但是这些论证却展示出它们相当依赖于独具黑格尔特色的形而上学观点，以及基于这些观点的一些有趣推理。

171 在手稿的“对黑格尔的辩证法和整个哲学的批判”部分，马克思的主要关注点是批判黑格尔关于“**绝对知识**”涉及“**克服意识的对象**”和“扬弃这种外化和对象性”的说法[16]。马克思的首要目标是要表明，黑格尔将外在的感性客体视为思维着的精神的显著表现的看法是一种异化的观点，是异化的生存方式的一种症状。为了实现这个目的，马克思极有可能认为黑格尔的这种看法存在谬误。因此，他也必须攻击黑格尔哲学认为终极实在是无所不包的神圣精神的观点，这个观点将所有有限的对象看作那一精神自身创造力的表象，从而取消或扬弃了对象的“外化”（externality）与“异在”（otherness）。黑格尔的神或绝对精神被马克思描述为一种“非对象性存在”（non-objective being），与“对象性”的甚至在“本质规定”中具有“对象性的东西”的人类存在相反。根据马克思的理论，只有“对象性的存在”才真正存在，“非对象性的存在物是**非存在物**［*Unwesen*］”，是一种“抽象的东西”[17]。

在这里，马克思的“对象性存在”意味着“异己的对象”存在。但马克思也用该词语来指“需要对象”的存在物，它对那些对象是“**受动的**”（*leidend*），其“**本质力量设定**为异己的对象”[18]。换句话说，一个对象性存在是指其正常活动甚至其存在都必须依赖于外部事物，且深受外部事物因果关系影响的存在。如果马克思是说所有存在都是“对象性存在”，或者说“非对象性存在不存在”，那么他也就是表明黑格尔的宇宙精神这类事物不存在。但是，他也表明作为传统神学概念一部分的“全备”（allsufficiency）、“不受动”（impassibility）、“自足”（aseity）、“自在”（self-existence）等属性不适用于任何存在。因此，如果马克思是成功的，那么意味着他否定了传统一神论意义上的上帝存在。

马克思关于“非对象性的存在物是**非存在物**”的论断出自以下段落：

> 假定一种存在物本身既不是对象，又没有对象。这样的存在物首先将是一个**唯一的**存在物，在它之外没有任何存在物存在，它孤零零地独自存在着。因为，只要有对象存在于我之外，只要我不是**独自**存在着，那么我就是和在我之外存在的对象不同的**他物**、**另一个现实**。因此，对这个第三对象来说，我是和它不同的**另一个现实**，也就是说，我是**它的**对象。这样，一个存在物如果不是另一个存在物的对象，那么就要以没有**任何一个**对象性的存在物存在为前提。只要我有一个对象，这个对象就以我作为对象。而**非对象性的**存在物是一种非现实的、非感性的、只是思想上的即只是想象出来的存在物，是抽象的东西。说一个东西是**感** 172
> **性的**即现实的，是说它是感觉的对象，是**感性的**对象，也就是说在自身之外有感性的对象，有自己的感性的对象。说一个东西是感性的，是说它是**受动的**。[19]

在看这个论断时，我认为它是对黑格尔的内在批判：这个论断反对黑格尔的一元神论，并且源于黑格尔自己被认为会接受的基本原则。这段论证的基本结构非常简单：

（A）如果有非对象性的存在，它将是唯一的存在物，那么没有任何对象性的存在。

（B）然而，有对象性的存在。

因此，（C）没有非对象性的存在。

这段论证在形式上有效。我们需要理解的是（A）与（B）两个前提的意义，以及马克思提出它们的原因。

以上表明，一个对象性存在需要其他存在，其存在取决于并在因果关系上受它们影响。那么相比之下，一个非对象性存在不需要其他存在，它独立于其他存在并且在因果关系上不受它们的影响。因此，（A）所表述的是：如果的确有一个全备的、不受动的、自在的存在，那么这就是唯一的存在物；不存在那种本性上需要其他存在，或依赖其他存在，或受到其他存在影响的事物。在这个意义上，黑格尔接受（A）。因为他认为只有上帝或精神才是终极实在；有限的事物仅仅是精神的表象，自身中没有绝对的实在或真理。从对它们的形而上学根基的抽象中考虑，有限性存在具有一个“现象性”的存在，它们构成一个不存在或半存在的领域，就如同柏拉图所认为的感性特殊性所构成的暂时世界那样。然而，对于更加正统的有神论者而言，需要让他们信服（A）。因为他们认为上帝创造了与自己不同的现实事物，它们因果性地依赖于上帝和其他有限存在物，因果性地受其影响并迫切需要它们。

马克思提出（A）的原因在于黑格尔哲学。黑格尔认为世界是一个有机系统，任何一个有限的事物都是这个系统的一部分，并依赖于这个系统以及其中的其他有限事物。对于任何两个事物而言，每一方都从根本上需要、依赖于且受影响于另一方。用马克思的话说，任何事物“都包含着它
173 的对立面”。对于任何两个事物 **a** 与 **b** 而言，如果 **b** 是 **a** 的对象，那么 **a** 同样也是 **b** 的对象。“一旦我有了一个对象，我也成了它的对象”。要被“感知”（能够作用于其他事物的可感能力）就是要成为“受动的”（反过来被他们作用）。让我们称这种观点为**相互性原则**（reciprocity principle）。

（A）基于相互性原则。那么，首先假设存在不止一个非对象性存在。接下来，相互性原则认为每一个非对象性存在是有机系统的一部分，并在其中相互依赖于其他存在。但是，这个结论违反了正在讨论的存在是非对象性的这个假设。或者再次假设存在一个非对象性存在 **n** 和对象性存在 **o**，根据相互性原则，**n** 和 **o** 必须是相互依赖的，如果 **o** 需要、依赖于并且受影响于 **n**，那么 **n** 也需要、依赖于并且受影响于 **o**。因此，**n** 最终也是对象性的，这与假设矛盾。因此，一个非对象性存在既无法与另一个非对象性存在共存，也无法与一个对象性存在共存，那么它必然是“孤零零”的存在。

黑格尔接受有限性事物的相互性原则，但他明显希望否认绝对精神因果性地依赖于或受影响于有限性事物。然而黑格尔坚持认为它们之间也有一种相互作用。精神是有限事物的特殊存在，没有精神，有限事物就是无。但精神为了自身所必需的自我完整性也需要其他事物，因为只有通过它们，绝对精神才能达到显现现实及具体存在的阶段。正如黑格尔所言：“如果没有世界，上帝就不再是上帝。”[20]黑格尔有可能质疑（A）的地方是马克思对相互性原则与“对象性存在”的依赖关系的狭隘的因果性诠释。这种诠释明显蕴含在马克思将感性作为事物间互相依赖的范例中。

更加正统的有神论者不会采取类似的回应。因为他们坚持认为有限存在因果性地依赖于上帝，并且受上帝影响，同时上帝是自在、自足且不受动的（impassible）。为此，他们唯一依赖的就是否认相互性原则。马克思的这个论证的作用是唤起对潜存于黑格尔形而上学某些方面（如相互性原则）中的在神学上严重的非正统性甚至是隐晦的自然主义的关注。

一旦我们理解了马克思“对象性存在”的含义，（B）就很难被否认，除非有人准备接受感性世界纯粹是阴影与幻觉这个观点。马克思轻蔑地归之于黑格尔的正是某种神秘主义。也许这并不公平，因为黑格尔更倾向于 174 认为感性世界是真实的，只要将其视作精神的一方面或一种表现；只有当它被认为（以庸俗的实在论的方式）是自我存在领域的事物时，它才是虚幻的。但是需要注意的是，在给出（B）的时候，马克思使用了黑格尔自己的某些理论来批判他。黑格尔确实认为上帝只有在有限、感性的事物中表达自身，才不再作为一种“抽象”，并获得真正的“现实性”。当马克思称非对象性存在是一种“抽象”，并将“现实”等同于“感性”时，他是以黑格尔的学说作为自己学说的依据的，即使他故意忽略一些他自己不赞同的观点。

3　人类和自然的本质

马克思在《巴黎手稿》的“私有财产与共产主义”一节的靠后部分，再次对有神论进行抨击。此处，他又一次将主要关注点放在揭露有神论世界观的异化表征上，而他的主要哲学动力则是（经过选择的）黑格尔哲学。然而，这一次马克思批判的是宗教意义上的“创造”，即人类与整个自然界对上帝的依赖；以及这种宗教意义上的哲学表达，即对上帝存在的宇宙论证明。马克思将这种对依赖的宗教直觉（religious intuition of dependence）阐释为不自由的人们在资本主义社会中形成的神秘意识，他们意识到他们生活的进程不是由自己决定的，而是由凌驾于人类之上的社会力量所控制这一事实。

任何一个**存在物**只有当它用自己的双脚站立的时候，才认为自己是独立的，而且只有当它依靠自己而**存在**的时候，它才是用自己的双脚站立的。靠别人恩典为生的人，把自己看成一个从属的存在物……因此，**创造**［*Schöpfung*］是一个很难从人民意识中排除的观念。自然界的和人的通过自身的存在，对人民意识来说是**不能理解的**，因为这种存在是同实际生活的一切**明显的事实**相矛盾的。[21]

马克思对宗教上的造物观念和偶然性的解读，在相当程度上和很多宗

175 教思想家一样，他们也强调我们对上帝存在的最亲密的感知往往来自自然上的贫困感与匮乏感，特别是我们自身的存在感——一种需要上帝存在的感觉，如果没有上帝，生命将面临空虚。像马瑞坦（Maritain）与蒂利希（Tillich）这样的现代神学家认为我们关于世界依存于上帝的观点来源于我们对自身生存状态的“孤独与脆弱”的“原始直觉”，我们意识到这种存在是不完整也是不充分的，并时时刻刻被荒谬感威胁，时时刻刻被“虚无”（nothingness）与“不存在”（nonbeing）所拖累着（这些思想家很喜欢如此表达）[22]。

马克思与那些神学家们唯一真正的分歧，已经远远超出宗教意义上的生物依赖性的真实性这个问题。对马克思而言，宗教意识在将我们引向宇宙困境时，是一个毁灭性的错误，并且只有在它被解读为人类生活目前所遭受的社会环境的表现时，这种宗教意识才包含真理性。对于这个立场的辩护自然将引出马克思对于宇宙论证明的批判。马克思认为，这个证明依赖于从关于具体自然事物成因的合理问题“前进”到关于作为整体的自然的成因这一宇宙论问题上。然而，这些问题是一种“抽象的产物”。这个问题“来自一个因为荒谬而使我无法回答的观点”，因为它是基于：

那个无限的过程本身对理性的思维来说是否存在。既然你提出自然界和人的创造问题，你也就把人和自然界抽象掉了。你设定它们是**不存在的**，你却希望我向你证明它们是**存在的**。那我就对你说：放弃你的抽象，你也就会放弃你的问题，或者，你想坚持自己的抽象，你就要贯彻到底，如果你设想人和自然界是**不存在的**，那么你就要设想你自己也是不存在的，因为你自己也是自然界和人。[23]

这些言论初读起来似乎是愚蠢的。但实际上，宇宙论证明的支持者并没有“设想人和自然界是**不存在的**”。相反，他们坚称自然事物是存在的，但需要本体论的支持或因果论的解释。他们也在寻求一种充足的解释，不仅针对具体的自然事物，还包括整个自然界。为了理解马克思的这段观点，我们必须要领会它背后隐藏的黑格尔式假设。对黑格尔而言，只有宇宙精神才是终极实在，因为只有它是“自由的”或“**自我完成的**”（*bei sich selbst*）或“**本质的**”（*wesentlich*，*wesenhaftig*），也就是说，它是自我依存或（正如马克思所说的）“**通过其自身存在**”（*Durchsichselbstsein*）的存在。

除绝对精神之外的一切仅仅是它的表象，仅仅是一种现象性的存在或不完 176
全的实在。

在上述引文中，我想马克思赞同黑格尔派的论点，即只有本质上或者通过其自身而存在才是真正的终极实在。让我们将这个观点称为**本质性原则**。根据本质性原则可得出，要求整个自然界的超自然根据实际上是“假定自然作为不存在”，也就是说将我们的感观对象（甚至我们自己，因为我们是有限的自然存在，而且不等同于绝对精神）作为并非终极实在的。马克思驳斥宇宙论的有神论，他的论证要传递给那些准备接受本质性原则但不接受黑格尔所坚信的自然存在与人类的存在仅仅是现象的“神秘”信仰的人。

那么当马克思声称“人类与自然”是“本质性的”（essential）或“依靠自身存在”时，究竟是何含义？很明显这个言论涉及一个观点，即自然界并非偶然的存在，而在一定意义上是自在的或具有形而上学意义上的必然性。唯物主义者接受这种必然性存在（necessary existence）的观点也许会令我们惊讶，但是物质世界必然存在的观点在18世纪唯物主义者中并不罕见，主要是基于笛卡儿与斯宾诺莎的著作[24]。这种观点的明显优势在于它允许人们一方面在足以对宇宙论的有神论有用的程度上接受充足理由律，另一方面成为唯物主义者与无神论者。宇宙论的有神论者表示除非有一个必然存在物（necessary being），否则事物将无法得到它们作为可知宇宙的一部分所必须有的这种完整解释。如果唯物主义者准备证明物质世界自身是必然的或自在的，那么他们就有可能承认以上所有观点。

但是，为什么将“人类与自然”描述为“本质的”（essentially）或“通过自身”存在的呢？尤其是为何“人类”包含在其中？这里再一次说明马克思的思想是非常黑格尔式的。对黑格尔而言，自然过程形成一种等级体系，在其中，精神从对象性与感性的最简单形式（机械运动、物理过程、化学过程），经过生命与意识，发展到人类思想，从而世界精神在其中实现一种理性的自觉。《巴黎手稿》中也包含有类似的观点，尽管马克思已经将重点从人类对世界的理论理解上挪开，转移到人类按照自己意志对世界的实践改造上。马克思表示，通过创造性劳动，人类“把整个自然界——
首先作为人的直接的生活资料，其次作为人的生命活动的对象（材料）和 177
工具——变成人的**无机的**身体……人再生产整个自然界”[25]。在一个真正的人类社会或共产主义社会，“对象性的现实在社会中对人来说到处成为人的本质力量的现实，成为人的现实”，或“对象性的人”[26]。马克思表示，只有在这样的社会中，“人的**自然的**存在对他来说才是人的**合乎人性的**存在，并且自然界对他来说才成为人”。共产主义社会是“人同自然界的完成了的本质的统一，是自然界的真正复活”[27]。

马克思在这里的语言是高度隐喻与夸张的。当他称自然成为“人类自身”或“对象性的人”时，他清晰指明的是这么一个过程：劳动赋予对象新的形式，使它们适宜人类使用，并将它们转变为人类自我表现的工具。委婉地说，“整个自然”“人化”，或由人类“再生产”整个自然界的说法未免有些夸张。很明显，无论是现在还是曾经，人类通过劳动改造的自然界将永远是庞大宇宙中的一小部分，而且马克思也意识到了这一点。然而马克思仍惊叹于现代工业的能力，它从人类利益出发去驾驭自然力，重塑人类生存环境，并创造了一个供人类生存的、本质上人为的世界。马克思期待终有一天，自然过程与人类需求能够更加和谐，以至于人类作为自然存在不仅与自然，而且与他们自身都是亲密无间的。不难看出，这些愿望在马克思夸张与隐喻的语言中呈现出来。

对马克思而言，在人类与自然之间存在一种相互依存的关系，尽管这种依存关系并非在双向上都是因果关系。男人与女人是自然的一部分，他们为了肉体上的生存、为了自我实现和自我表现的方式和对象，依靠自然生存并依附于自然。与此同时，人类劳动通过“人化”使自然“复活”；通过人类劳动，自然自身有了意义。只有人类“懂得处处都把固有的尺度运用于对象；因此，人也按照美的规律来构造”[28]。人类是自然的一部分，依靠自然生存并获取力量；自然依靠人类获得圆满、意义。总体来看，“人类与自然”因而成为一种自足的或者“本质性的”整体。这个整体无需自身之外的事物，无需内在精神或者超验的上帝来解释整个自然过程体系，
178 或者赋予自然意义和圆满。

马克思深信人类与自然之间的这种相互依存蕴含在每一个人的实践意识（practical consciousness）中，他们开展现代科学与工业使其成为可能的生命活动。他探讨宇宙有神论的最终目的就是让这种意识清楚明白，同时向我们在陈旧迷信的惰性与非人社会的异化意识中发现的“非本质性”观点宣战。

人和自然界的**实在性**，即人对人来说作为自然界的存在以及自然界对人来说作为人的存在，已经成为实际的、可以通过感觉直观的，所以关

> 于某种**异己的**存在物、关于凌驾于自然界和人之上的存在物的问题，即包含着对自然界的和人的非实在性的承认的问题，实际上已经成为不可能的了。[29]

一旦人类与自然的“本质性”贯穿于实践意识，我们就只有通过避开实践意识，将自己从中“抽象”出来，才会提出陈旧的宇宙论问题。马克思坚持认为，一旦终止这种“抽象”，这些问题也就消失了。固执地强调这个问题就是在否认我们每一时刻、每个感觉、每个行为、每一个自我意识想法所暗中确证的事物：

> 你想坚持自己的抽象，你就要贯彻到底，如果你设想人和自然界是**不存在的**，那么你就要设想你自己也是不存在的，因为你自己也是自然界和人。不要那样想，也不要那样向我提问，因为一旦你那样想，那样提问，你就会把自然界的存在和人的存在**抽象掉**，这是没有任何意义的。[30]

于是，马克思的观点再次在20世纪的宗教思想中得到了强有力的共鸣。对于一大批现代神学和宗教理论家而言，现代人类无法选择而只能持有一种与传统宗教信仰极为不一致的世界观，这是不证自明的，这些思想家包括诸如鲁道夫·布尔特曼（Rudolf Bultmann）、保罗·蒂利希等受人尊敬的学者乃至鲁宾逊主教（Bishop Robinson）、莱斯利·德瓦特（Leslie Dewart）和“上帝已死”学派（‘death of God’ school）等更加受欢迎的作家。即使宗教保守人士也不反对我们的意识具有这种特性，他们只是排斥现代主义者对其容忍的态度。C. S. 路易斯（C. S. Lewis）关 179
于现代圣经学的隐性自然主义（tacit naturalism）的论述很好地表明了这一点：

> 当你从新约转向当代神学研究，记住你是一只走入狼群的羊。自然主义的诸多命题会与你不期而遇，甚至在神职人员的笔下你也能发现它们。这并非意味着神职人员的虚伪背叛——虽然我曾经怀疑过——正相反，

> 我们每个人其实都固有一种自然主义倾向，即使它所带来的影响还没有显现。这意味着你必须真正重建自我：必须持续努力，根除伴随我们成长的那种思想。[31]

在本章中，我们考察了马克思在《巴黎手稿》中反对有神论的两个不同论证。两者都没有表述清楚，但看起来都依赖于黑格尔的形而上学思想。然而，除非我对这些论证的理解完全不着边际，否则它们所包含的两种思路显然是不相兼容的。源于“对黑格尔的辩证法和整个哲学的批判”的论证试图说明，“非对象性存在”不存在，也就是说，一个在因果意义上不依赖于其他事物并且也不涉及与其他事物之间的相互关系的实体不存在。源于“私有财产与共产主义”的论证声称“人类与自然”“本质性地”存在着或**自在着**（have *Durchsichselbstsein*）。前一个论证排除了所有自在或必然存在的可能性，而后一个论证则肯定了“人类与自然”就是这种存在。

也许有人会尝试帮马克思摆脱这个公开的矛盾，声称这个矛盾仅仅是由于马克思对是否将整个世界视为一个“存在”这一问题举棋不定（这当然是可以理解的）。也许马克思的意思是，出于本质性原则的目的，应该把整个世界当作一个“存在”，而出于相互性原则的目的，则不应该如此。但这无法做到。无论多么独特，都不应该存在被排除在相互性原则之外的非存在物，这对马克思批判黑格尔而言意义重大。因为如果“人类与自然”被排除在相互性原则之外，那么黑格尔的绝对精神为什么不被排除呢？在我看来，最基本的问题是，一个人无法在前后一致的情况下同时坚持相
180 互性原则、本质性原则，以及特殊的有限事物是终极实在的观点。当然，存在诸多可以避免这种不一致的方法，但我认为任何一种方法都将需要对马克思在《巴黎手稿》中提出的观点进行修改。

注 释

［1］MEW 21：274－5，SW，603－4；马克思，恩格斯．马克思恩格斯选集：第4卷．3版．北京：人民出版社，2012：229，231．

［2］MEW 21：272，SW，602；马克思，恩格斯．马克思恩格斯选集：第4卷．3版．北京：人民出版社，2012：228．

［3］MEW 21：275，SW，604；马克思，恩格斯．马克思恩格斯选集：第4卷．3版．北京：人民出版社，2012：231．

［4］MEW 21：274，SW，603－4；MEW 21：277－8，SW，607；SW，383；马克思，恩格斯．马克思恩格斯选集：第4卷．3版．北京：人民出版社，2012：230，

234；马克思，恩格斯. 马克思恩格斯选集：第3卷. 3版. 北京：人民出版社，2012：755. 这些文字直接引用了马克思在《神圣家族》中的论述（CW 4：127−9）。

[5] SW, 382, 384；马克思，恩格斯. 马克思恩格斯选集：第3卷. 3版. 北京：人民出版社，2012：753. （更多来自马克思的直接引用。）联系上下文，这里显然是指经院哲学的唯名论是唯物主义出现在近代欧洲的最初形式。但这并不意味着在此之前的古代世界和非欧洲文化中没有唯物主义，也不意味着马克思本人赞同唯名论。即使唯名论的确是马克思所主张的唯物主义的最初现代欧洲形式，也不代表马克思持有这种形式的观点。

[6] MEW 21：275, SW, 605；马克思，恩格斯. 马克思恩格斯选集：第4卷. 3版. 北京：人民出版社，2012：231.

[7] MEW 2：133−4, CW 4：128−9；马克思，恩格斯. 马克思恩格斯文集：第1卷. 北京：人民出版社，2009：327，332，331.

[8] MEW Erg. 1：543, CW 3：303；MEW Erg. 1：587, CW 3：345. Cf. *Anti-Dühring* (Moscow, 1962), 58, 464；马克思，恩格斯. 马克思恩格斯文集：第1卷. 北京：人民出版社，2009：221.

[9] MEW 3：27, CW 5：37；MEW 20：14, *Anti-Dühring*, 22；cf. *Dialectics of Nature* (New York, 1940), 113；马克思，恩格斯. 马克思恩格斯选集：第1卷. 3版. 北京：人民出版社，2012：153；马克思，恩格斯. 马克思恩格斯全集：第26卷. 北京：人民出版社，2014：16−17.

[10] SW, 182；CW 5：37；马克思，恩格斯. 马克思恩格斯选集：第1卷. 3版. 北京：人民出版社，2012：152.

[11] MEW 3：21, CW 5：31. 参见：*Grundrisse*, 304e, *Capital* (New York, 1967) 1：177. Cf. Cohen, *Karl Marx's Theory of History*, 98−102；马克思，恩格斯. 马克思恩格斯全集：第3卷. 北京：人民出版社，1960：33.

[12] MEW 21：277, SW, 607；MEW 3：30, CW 5：43−4. Cf. *Dialectics of Nature*, 228, CW 3：304 and *Anti-Dühring*, 55；马克思，恩格斯. 马克思恩格斯全集：第28卷. 2版. 北京：人民出版社，2018：335；马克思，恩格斯. 马克思恩格斯全集：第3卷. 2版. 北京：人民出版社，2002：308；马克思，恩格斯. 马克思恩格斯全集：第3卷. 北京：人民出版社，1960：34.

[13] *Dialectics of Nature*, 174−5, 166−7, 228；马克思，恩格斯. 马克思恩格斯全集：第26卷. 2版. 北京：人民出版社，2014：611，614−615，544.

[14] MEW 20：327, *Dialectics of Nature*, 25；MEW 20：514, *Dialectics of Nature*, 178；MEW 20：325, *Dialectics of Nature*, 21；马克思，恩格斯. 马克思恩格斯文集：第9卷. 北京：人民出版社，2009：424，426.

[15] MEW 20：515, *Dialectics of Nature*, 179；马克思，恩格斯. 马克思恩格斯文集：第9卷. 北京：人民出版社，2009：505. 恩格斯尝试了一系列不同形式的自

然科学及其研究对象的等级分类。大致可以这样划分：

1 力学运动
　a 天体力学
　b 个别天体上较小物体的力学
2 分子运动
　a 物理学中的：
　　i 热
　　ii 光
　　iii 电
　　iv 磁
　b 化学运动
3 有机运动
　a 生命
　b 意识

这个列表与唯一出版的版本最为接近（*Anti-Dühring*, 95）。也可以参考：*Dialectics of Nature*, 21, 35, 156, 165－8, 186, 260－1, 267, 269, 320；马克思，恩格斯. 马克思恩格斯全集：第26卷. 2版. 北京：人民出版社，2014：71.

［16］MEW Erg. 1：575, CW 3：333；MEW Erg. 1：581, CW 3：339；马克思，恩格斯. 马克思恩格斯文集：第1卷. 北京：人民出版社，2009：202；马克思，恩格斯. 马克思恩格斯文集：第1卷. 北京：人民出版社，2009：206；马克思，恩格斯. 马克思恩格斯文集：第1卷. 北京：人民出版社，2009：212.

［17］MEW Erg. 1：577－9, CW 3：336－7；马克思，恩格斯. 马克思恩格斯文集：第1卷. 北京：人民出版社，2009：209－211.

［18］MEW Erg. 1：578, CW 3：336－7；马克思，恩格斯. 马克思恩格斯文集：第1卷. 北京：人民出版社，2009：209－211.

［19］MEW Erg. 1：578－9, CW 3：337；马克思，恩格斯. 马克思恩格斯文集：第1卷. 北京：人民出版社，2009：210－211.

［20］G. W. F. Hegel, *Begriff der Religion*, ed. G. Lasson（Leipzig, 1925）, 148.

［21］MEW Erg. 1：544－5, CW 3：304；马克思，恩格斯. 马克思恩格斯文集：第1卷. 北京：人民出版社，2009：195.

［22］J. Maritain, *Approaches to God*（New York, 1954）, 4－5；P. Tillich, *Systematic Theology*（Chicago, 1950）1：209.

［23］MEW Erg. 1：545, CW 3：305；马克思，恩格斯. 马克思恩格斯文集：第1卷. 北京：人民出版社，2009：196.

［24］“自然是一切的原因。它自我存在着，也将永远存在着。它是自身的原因。自然运动是其自身必须存在的必然结果。”［Baron d'Holbach, *Système de la na-*

ture (Paris, 1821) 2: 155] 可以与大卫·休谟的《自然宗教对话录》[*Dialogues Concerning Natural Religion*, ed. H. D. Aiken (New York, 1969), 59] 作比较。

[25] MEW Erg. 1: 515-16, CW 3: 275-6; 马克思, 恩格斯. 马克思恩格斯文集: 第1卷. 北京: 人民出版社, 2009: 161-162.

[26] MEW Erg. 1: 541, CW 3: 301; 马克思, 恩格斯. 马克思恩格斯文集: 第1卷. 北京: 人民出版社, 2009: 190.

[27] MEW Erg. 1: 538, CW 3: 298; 马克思, 恩格斯. 马克思恩格斯文集: 第1卷. 北京: 人民出版社, 2009: 187.

[28] MEW Erg. 1: 517, CW 3: 277; 马克思, 恩格斯. 马克思恩格斯文集: 第1卷. 北京: 人民出版社, 2009: 163.

[29] MEW Erg. 1: 546, CW 3: 306; 马克思, 恩格斯. 马克思恩格斯文集: 第1卷. 北京: 人民出版社, 2009: 196-197.

[30] MEW Erg. 1: 545, CW 3: 305; 马克思, 恩格斯. 马克思恩格斯文集: 第1卷. 北京: 人民出版社, 2009: 196.

[31] C. S. Lewis, *Miracles* (New York, 1947), 197-8.

第十二章
唯物主义实在论

1　知识与实践

181 马克思的文本中极少直接讨论认识论问题。仅有的一些段落涉及的主题也只是人类的"思维"或"理论"与实践的密切关系问题，其中最突出的一段出自马克思《关于费尔巴哈的提纲》中的第二条：

> 人的思维是否具有客观的［gegenständliche］真理性，这不是一个理论的问题，而是一个**实践的**问题。人应该在实践中证明自己思维的真理性，即自己思维的现实性和力量，自己思维的此岸性。关于思维——离开实践的思维——的现实性或非现实性的争论，是一个纯粹**经院哲学的**问题。[1]

这些晦涩的论述为创造性的阐释提供了沃土。也许，对它们最常见的解读是"实用主义的"。据约翰·麦克默特里（John McMurtry）所说，这段论述以下述方式"直接定义了知识的本质"："对于一个概念 x，当且仅当 x 被用来按照人类的需求物质性地改变世界时，x 才是知识。"[2] 但是说马克思在这里定义了"知识"则是不准确的，因为论述中连"知识"或"定义"的字眼儿都没有出现。马克思似乎将"思维的真理性"与它的"现实性和力量"**相等同**。如果这种等同意味着一种定义，那么这也是"真理"或"思维的真理性"的定义，而不是"知识"的定义。莱谢克·科拉科夫斯基（Leszek Kolakowski）对此解释说，对马克思而言，“一个判断的真理性被定义为接受或者拒绝它的有用性的一种实践功能”[3]。

虽然很难排除马克思认可这种定义的可能性，但更难让人信服的是马克思在《关于费尔巴哈的提纲》第二条中的确表达了这种定义。马克思将 182
思维的真理性等同于其现实性和力量，并且认为人必须在实践中证明这种现实性或力量。在这个等式中，重点显然在于“现实性”，而“力量”则是后续生成的（as an afterthought）。只有在我们早已确信马克思的真理理论是实用主义时，“力量”才很有可能是指任何能够使思维实现其“现实性”的事物，才能被称为“实践的有效性”。在理解这段论述时，我们很自然地不将它作为真理的定义，而是作为如何判断我们的思维是否拥有“真理性”或“现实性”（无论这些术语是如何被定义的）的建议。这个建议就是：我们的判断应以思维的实践效用为基础。当马克思将“离开实践的思维”这个问题指责为“**经院哲学的**问题”时，他建议我们无须为此自寻烦恼。但是马克思不是说关于脱离实践的思维的真理毫无意义，他所说的并没有使他将缺乏实践引入的判断视为荒谬的、无意义的和缺乏真理内容的，从而以一种明确的实用主义态度加以拒斥。

科拉科夫斯基将“真理的实用主义概念”归于马克思，是为了对马克思进行一种唯心主义解读，按照他的观点，马克思坚持认为“事物的存在与其在人的意识中作为一个描述而出现，两者同时发生”[4]。这个观点看起来是，因为（科拉科夫斯基宣称）“真理的实用主义概念与传统的真理定义（即我们的思维或判断与不依赖于它们的现实之间相符合）明显不兼容”，马克思必须否认存在这一现实[5]。我们将在本章后面讨论马克思是不是一个唯心主义者。目前，我们可能注意到即使马克思的确接受了真理的实用主义概念，科拉科夫斯基在这一问题上的看法依然是相当可疑的。真理的实用主义理论与真理符合论无法调和这一观点并不明显。威廉·詹姆斯就将他的实用主义真理观看作真理符合论的一个版本，因为它提供了一个关于判断与现实是否符合的标准[6]。即使詹姆斯是错误的，仅仅从真理不是思维与独立的现实相符合这个前提就推导出这种现实不存在的结论，这种论证也将是无效的。在任何情况下都没有迹象表明，马克思的推理是这样的。

在《关于费尔巴哈的提纲》第二条中，马克思以某种方式来处理哲学
上的怀疑论，即关于“思维是否具有客观的真理性”的“经院哲学”争 183
论。这种方式显然也是恩格斯诠释马克思关于思维与实践的关系问题的精神所在。恩格斯将它们作为对“不可知论者”的回应，这些不可知论者承

认所有知识都是以感觉为基础，但怀疑“我们的感官所给予我们的是感官所感知的事物的正确反映”，因此恩格斯认为：“当他讲到事物或事物的特性时，他实际上所指的并不是这些他也不能确实知道的事物及其特性，而是它们对他的感官所产生的印象而已。”恩格斯承认：

> 这种论点，看来的确很难只凭论证予以驳倒。但是人们在论证之前，已经先有了行动。“起初是行动。”在人类的才智虚构出这个难题以前，人类的行动早就解决了这个难题。①

很明显，恩格斯对怀疑论的回应**并非**基于真理的实用主义定义，因为这将会把怀疑主义的质疑当作无意义的东西而加以拒斥，从而“仅通过论证”击败那些怀疑论者。除此之外，认为恩格斯相信真理的实用主义定义是由人类行动创造的或早于怀疑论难题而存在的，这也是不合理的。恩格斯对怀疑论者的回应是这样的：

> 当我们按照我们所感知的事物的特性来利用这些事物的时候，我们的感性知觉是否正确便受到准确无误的检验。如果这些知觉是错误的，我们关于能否利用这个事物的判断必然也是错误的，要想利用也决不会成功。可是，如果我们达到了我们的目的，发现事物符合我们关于该事物的观念，并产生我们所预期的效果，这就肯定地证明，**在这一范围内**，我们对事物及其特性的知觉符合存在于我们之外的现实。[7]

恩格斯在最后一句加入限定词“**在这一范围内**”，因为即使理论本身与现实很不一致，这些理论也可以在一定条件下作为实践指南充分发挥作用。但是，有了这个必要的限定，恩格斯所说的实践为我们感知提供“准确无误的检验”究竟还有什么意义，这是不清楚的。在任何情况下，对理论的实践应用都仅仅是一种可能的对理论的检验，常常比实验室里所设计的检

① 马克思，恩格斯．马克思恩格斯全集：第29卷．2版．北京：人民出版社，2020：367-368.

验方案还要简单。

当然，随着我们积累更多更丰富的理论证据（包含那些源于日常实践应用的证据），怀疑主义哲学对理论的质疑在那些有常识的人看来会变得越来越难以当真。恩格斯在其他地方提到，17—18 世纪自然科学相对落后状态是造成经验主义关于真实本质、第一性、因果推动力或物自体的不可知论具有吸引力的部分原因，我认为这是正确的[8]。但只要怀疑论依然挑战着常识本身，恩格斯对此问题的回应就没有切中要害。如果在《关于费尔巴哈的提纲》第二条中存在针对怀疑论的有趣回应的话，我们将不得不继续探索。 184

2　直观的态度

对马克思《关于费尔巴哈的提纲》第二条的理解，不能脱离提纲的其他内容，尤其是第一条。马克思控诉费尔巴哈在《基督教的本质》中“仅仅把理论的活动看做是真正人的活动，而对于实践则只是从它的卑污的犹太人的表现形式去理解和确定”[9]。费尔巴哈对“宗教的本质”的首要批判在于，宗教对世界的看法是介入的（engaged）、有利益的（interested）、“实践的”（“practical”），而且如此“偏颇”（“biased”）、“自我中心”（“egoistic”）与“非审美的”（“unaesthetic”），仅仅“从主观上”以“现象”的形式理解事物。他在这一点上不适宜地将犹太教（与基督教）与远古崇拜进行对比，并提倡他们所代表的“客观性”和“理论或反思活动的纯洁性”[10]。（因此，马克思的矛头——并且我认为完全不公平——指向费尔巴哈观点中可能存在的反犹主义。费尔巴哈只是认为人们所相信的事物只能符合其依据，而不应该被他们的情感或意愿所支配。这一点是马克思没有理由反对的。）马克思拒绝这个观点的原因是，对他而言，人类本质力量的整体运用应该从人与自然的实践关系角度将其理解为劳动和自我表现的存在。社会劳动是人类生活的基本表现。但是“说生活还有**别的**什么基础，**科学**还有别的什么基础——这根本就是谎言”[11]。如果人类在本质上是实践的，那么知识必须作为他们与世界的实践关系的必要组成部分，而不应该被追溯到本应中止这种关系的一种态度。

对马克思而言，直观是真正的人类实践的一个方面，当人“不仅像在意识中那样在精神上使自己二重化，而且能动地、现实地使自己二重化， 185
从而在他所创造的世界中直观自身”[12]时，直观（*anschaut*）得以实现。另一方面，对费尔巴哈而言，他对“理论”或者“**直观**”（*Anschauung*）的态度与实践不同，甚至与之对立。当马克思指责“脱离实践的思维”时，他不是主张一种知识或真理的实用主义定义，而是反对关于人类本质的支离破碎的理解——将“真正的人”对自然的态度与作为人类生活组成部分的人与自然所必需的实践关系对立起来。如果《关于费尔巴哈的提纲》的第二条对怀疑主义的“经院哲学”问题有什么看法，那只能是这些问题源自对作为认识主体的人类的错误的、支离破碎的理解。

那么，怀疑主义是怎样根植于关于人类本质的错误观点中的呢？马克思对此没有说明，但是我们可以做一些合理的推测。首先，在从事生活实践事务时，认真对待怀疑主义的质疑是非常困难的。（例如，笛卡儿和休谟等著名的怀疑论者尤其强调这个观点，这也似乎是上文提到的恩格斯反对怀疑主义的重要内容之一。）因此，只有在我们倾向于将那些分离的、直观的态度（在这种态度看来，怀疑论看起来很有吸引力）视为某种认识论上的特权，比实践的态度（在这种态度看来，怀疑论看起来牵强可笑）“更加纯粹”或更符合“真实的人”时，将怀疑主义作为一种严肃的哲学立场才是可能的。如果我们不赋予直观态度这种特权地位，如果我们实际上下定决心将实践态度作为唯一真正的人的态度，那么我们会毫不犹豫地将所有怀疑主义问题斥为无意义的和“经院哲学”的。

我认为，这就是我们在马克思和恩格斯的著作中找到的对怀疑论的基本批判。然而，在上面所述的批判形式中，这种批判可能更容易被指责为低俗的甚至是反智的。通过抨击怀疑主义所预设的图景、观点或认识优先性（epistemic priorities）来对怀疑主义进行批判可能是合理的。然而，马克思的批判未能向我们清晰地展示出怀疑主义是如何预设直观的态度的，或者这种态度为何是错误的。它看起来只是迫使我们无视怀疑主义，或者在一定程度上迫使我们采取一种态度，从而在心理上否定我们对这些观点进行认真思考的可能性。

我相信，这些指控能够得到一个尚可接受的反驳。马克思对怀疑主义
186 的批判基于这样一个普遍观点（被席勒与黑格尔等先驱所拥护），即人类如果想要对其自身有一个健全的认识，就必须将他们的力量与功能视为统一的整体。更具体地说，马克思对怀疑主义的批判基于马克思特有的观点，即认为这种统一性是从劳动与社会实践的概念中把握到的。任何将“真正的人”的看法视为与实践相分离的观点（类似费尔巴哈的观点），都会被视为有害的甚至是异化的观点。虽然马克思没有对此提出详细的证据，但是他的确用某种方式将它们阐述得可信且极具吸引力。如果他能说明怀疑

主义的质疑是如何根植于费尔巴哈所提倡的直观态度，那么马克思就能够提出一个对怀疑主义相当好的批判。

一个可以被反驳的观点认为，马克思通过将直观的态度指责为异化的或不健全的，以逃避问题的方式反驳了怀疑论。因为，正如马克思设想的，"实践"的态度实际上视之为理所当然的是：人类是与其他物质存在相互作用的物质存在，人类在这些相互作用中的实践成功很大程度上是因为他们具备关于这些事物的知识。但是有待解决的整个问题是，这些假设能否被赋予一个稳固的认识论基础。根据马克思的立场，我们可能会回应说，我们不清楚是否有任何独立于某些健全人类机能概念的"稳固的认识论基础"。相信某事的良好理由无非是让心智健全且机能完好的人相信这件事的理由。但如果不假定关于一个正常的、机能完好的人会相信什么的观点，我们就没有可以相信的关于良好理由的观点。马克思的健全人类机能（conception of healthy human functioning）这一观点也许从一开始就很好地排除了怀疑论在认识论上的顾忌，但这是否存在任何不合法的或回避问题（question-begging）的地方是不清楚的。这可能仅仅是将合理的优先次序应用到哲学问题上的一种情况。

马克思和恩格斯所主要攻击的那种怀疑论是关于客观物质的存在和本质的怀疑论。我相信详细了解《关于费尔巴哈的提纲》的第一条，能够让我们看到他们是如何将这些怀疑主义的标准形式追溯到直观的态度的。

从前的一切唯物主义（包括费尔巴哈的唯物主义）的主要缺点是：对对象、现实、感性，只是从**客体**的或者**直观**的形式去理解，而不是把它们当做**感性的人的活动**，当做**实践**去理解，不是从主体方面去理解。因此，和唯物主义相反，唯心主义却把**能动的**方面抽象地发展了，当然，唯心主义是不知道现实的、感性的活动本身的。费尔巴哈想要研究跟思想客体确实不同的感性客体，但是他没有把人的活动本身理解为**对象性的**[*gegenständlich*]活动。因此，他在《基督教的本质》中仅仅把理论的活动看做是真正人的活动，而对于实践则只是从它的卑污的犹太人的表现形式去理解和确定。因此，他不了解"革命的"、"实践批判的"活动的意义。[13] 187

这一段的核心在于马克思对**对象**（*Gegenstand*）与**客体**（*Objekt*）做出的区分。我认为马克思在这里做的，实际上是他在其他地方所谈到的，在人类意识中“用日耳曼语源的词表示直接的东西，用罗曼语源的词表示被反映的东西”[14]。他在此想说的是，仅仅从直观［按字面意义讲，*Anschauung* 就是旁观（onlooking）］的角度审视一个真实可感的客体，它只是被理解为一个**客体**，作为对现实的意识上的（mental）反映。正如直观脱离与实践的联系一样，所以它的客体被切断了与现实世界的关系，并且我们意识中的世界图像在意识看来是在认识上与现实相分离的，而前者的恰当功能是反映后者。直观的唯物主义者与一般的经验主义者坚持认为，我们作为认知者只是在与**客体**打交道，它们只是真实的物质对象（*Gegenstände*）的意识上的反映或幽灵般的表现。因此，如果真的有这么一种东西，那么在认识论上，他们只能将自己永远与现实世界相分离。他们禁不住总结认为，他们的知识只能适用于事物的表象，而无法真正深入事物自身和它们的“内在”本质中去。

当然，马克思与恩格斯也将我们的观念称为物质事物的“反映”或“**复制的像**”（copy images）或“**复印版**”（offprints，*Abbilder*）。对这两位思想家而言，有关知识的标准描述是思维“反映”（reflecting）、“镜像”（mirroring）或“重建”（reproducing）现实的结构[15]。但是他们并未用这种理解方式所谓的怀疑论后果来恐吓我们，他们也从未从中推出我们无法正确地认识或了解心灵之外的事物。对于他们而言，说一个人在思维中有关于现实事物的可靠图像、副本或反映，完全等于说这个人熟悉或知道这个现实事物自身（至少，我认为是在这个意识反映源自正常的方式时）。这是因为马克思与恩格斯经常将我们关于现实的意识反映看成我们的实践与现实沟通的一个组成部分，这样的话，就无法提出关于思维能否发挥其
188 实践功能的普遍问题。只有在我们采纳直观的态度并将我们的思维与实践分离开来时，我们才能开始将现实事物和我们对它们的意识反映之间的关系视为互不相干的而不是相互依存的。对直观的态度而言，思维与现实在实践中所经历的自然和谐，也非常容易屈服于怀疑论质疑那样的非自然异化。

于是，马克思将直观的态度及其引起的认识论难题视为异化的表现，并将直观的唯物主义描绘成资产阶级或市民（*bürgerliche*）社会的立足点[16]。直观的态度之所以是异化的表现，是因为它将现实世界与我们关于现实世界的思维之间的简单自然的区别转变为马克思称为的“主观与客观之间的对立”，我们的意识与我们经历的现实世界之间的一种毁灭性张力或一道不可逾越的鸿沟。直观的态度将我们的思维与思维的现实客体之间的差异作为质问并怀疑我们的认知能力的机会，而不是在我们的认知能力与外在于我们的客体之间的自然、积极的关系中肯定我们的认知能力。这样，

它为现实生活中异化的人们提供了一个发泄他们潜在的挫败感与自我质疑感的出口。

一种能够将感性（sensuousness）把握为实践的新唯物主义，需要一个全新社会的视角——“人类社会或社会人”。如同异化的宗教意识，异化的哲学意识只有在变革作为其诉求之基础的生活条件后才能被克服。

我们看到，主观主义和客观主义，唯灵主义和唯物主义，活动和受动，只是在社会状态中才失去它们彼此间的对立，从而失去它们作为这样的对立面的存在；我们看到，//**理论的**对立本身的解决，**只有**通过**实践**方式，只有借助于人的实践力量，才是可能的；因此，这种对立的解决绝对不只是认识的任务，而是**现实**生活的任务，而**哲学**未能解决这个任务，正是因为哲学把这**仅仅**看做理论的任务。——//[17]

这段文字中对“理论”与“实践”的区分并不仅仅是对费尔巴哈“直观的态度”和更具包容性和整体性的“实践”态度的区分。这里的“理论”是指那种认为仅仅依靠正确思维并用一个不同的方式“解释世界”就可以克服异化［和它在哲学对立与困境中的知识表达（intellectual expression）］的观念。而“实践”则是投入社会条件——它们在现实生活中引起异化——的变革中。和他处理宇宙有神论的方式类似，马克思在此像某些更晚近的哲学家（如维特根斯坦）一样，认为很多哲学问题是无法通过论证与理论来解决的，而应当通过放弃引起这些问题的错误观点来解决。然而对马克思而言，摒弃一个错误的视角不仅是哲学转换的问题或“正确看待世界”的方式问题，它需要变革我们的日常生活，根本上改变我们的社会关系。 189

我们很可能会问，马克思对怀疑主义的诊断是否考虑全面，甚至是否考虑到了怀疑论质疑物质世界可知性背后的主要动机。例如，人们认真对待怀疑论的质疑，至少部分是由笛卡儿式的渴望与决心所导致的，他渴望将所有知识建立在一个确凿无疑的基础之上，并决心要消除所有无法赋予知识这种确定性基础的伪装。马克思的诊断并不明显能在根本上帮助我们理解这种动机，或发现它错在哪里（如果有的话）。但是马克思对待直观唯物主义的态度，的确为我们理解常见的认识论问题在社会与人类方面的重大意义，以及把握那种严肃考察这些问题的哲学态度，提供了一种原创性的视角。尤其是，如果英语世界的哲学家比他们实际的做法更为严肃地采取这一视角，那么他们的研究会做得很好。

就认识论而言，马克思新唯物主义或实践唯物主义的内容并不是让人震惊的或革命性的。它们看起来仅仅属于常识实在论的常见原则（tenets of common-sense realism）。对马克思而言，新的东西在于人类能够用关于自身和自然的健全的常识性观点自在地感知，而无须用唯心主义理论遮蔽这种观点，并且不再用怀疑论的质疑破坏这个观点。

3　马克思是唯心主义者吗？

常识性的实在论（common-sense realism）认为，物质对象与自然世界区别于人们关于它们的意识而存在，它们的特征不依附于任何它们借以被设想或认识的精神活动。鉴于马克思对“唯心主义”所有形式频繁而猛烈
190 的抨击，很明显他在这个方面是常识实在论者。然而令人惊讶的是，针对马克思的著作，有相当一部分评论认为他并不相信存在独立于人的实践意识的现实。也许这一阐释的来源是乔治·卢卡奇的《历史与阶级意识》，其中晦涩且非马克思的实践概念谴责“思维与存在”之间的区分是一种“错误和僵化的二元论”（false and rigid duality）[18]。既然更晚近的针对马克思的反实在论诠释很大程度上依赖于《巴黎手稿》，那么注意到以下情况将会很有意思，即正是在1930年对《巴黎手稿》的第一次接触使卢卡奇相信，他早年在反对马克思实践概念所基于的“自然的本体论客观性”（ontological objectivity of nature）时已经违背了马克思的根本立场[19]。

对马克思在本质上是唯心主义者的诠释如今广泛流传，并被一些著名的评论家所支持。例如施洛莫·阿维内里（Shlomo Avineri）指出，对马克思而言，“现实性不是外在的、客观的资料”。与马克思不同，恩格斯的唯物主义“根本就不是辩证的”，因为它“将自然从意识的主体中分离出来”。根据阿维内里的观点，“马克思的认识论认为，认识现实的过程既改变被观察的对象，也改变观察的主体”。西尼·胡克（Sidney Hook）将以下观点归于马克思，即认为“唯心主义者正确地认识到，构成知识的既定材料中也包含着知识主体的因素”。而根据内森·罗滕施特赖希（Nathan Rotenstreich）的观点，马克思相信“现实不是给定的……人类凭借其存在的力量创造现实……马克思的理论基于人和现实之间的根本同一性假设”。A. 詹姆斯·格雷戈尔（A. James Gregor）认为，对马克思而言，“丧失主体

的客体，与丧失客体的主体一样难以想象”。简-伊夫·卡尔贝斯（Jean-Yves Calvez）则将以下观点归于马克思，即认为“没有人，自然便失去了意义，它不再运动，只是一片混沌不堪的东西，因此最终是无”[20]。

这些作家中没有一个人直接得出结论认为马克思是唯心主义者（这实在太荒谬）。但他们所有人都好像坚持认为在马克思那里，要么在人类以及作为实践存在的主体之外不存在自然世界，要么在人之外自然事物没有确定性。这种观点在某种程度上是新奇且难以界定的，不论是马克思所在时代的，还是我们现代的，我认为它们在某种意义上作为“唯心主义”而为哲学家们所接受。

支持如此理解马克思的文本依据很少。确实，马克思所言的自然作为
人的“创造”或“对象化”让人联想到，黑格尔的自然是宇宙精神“设定 191
的”作为其自身的“外化”的观念。但这种相似很难证明这些唯心主义观点属于马克思。马克思强调人类“创造”自然或对象化自身的过程是劳动，并且批判黑格尔将这种劳动简化为“**抽象的精神的**劳动”[21]。显然，马克思认为自然及其特征依赖于人的唯一方式是，自然对象的属性能够被人类智慧所指导的人类手指（或其他身体部位）的直接活动或间接活动所改变。在人类劳动改变它们之前与之后，自然对象都是独立于人类的存在而存在的，它们的属性也不依赖于任何人关于这些属性的意识（不论是否实际）。

经常被用来支持对《巴黎手稿》进行唯心主义解读的一段话，在《巴黎手稿》靠近结尾的地方是这样写的：“被抽象地理解的、自为的、被确定为与人分隔开来的**自然界**，对人来说也是**无**”[22]。这段论述的背景（很多引用这段文字的人从未思考过它的背景）是对黑格尔自然哲学的内在批判，不清楚的是，马克思究竟在多大程度上表达自己的观点，在多大程度上仅仅表达从黑格尔错误立场必然得出的结论。在后面某段中，马克思说道：“**作为自然界的自然界**，这是说，就它还在感性上不同于它自身所隐藏的神秘的意义而言，与这些抽象概念分隔开来并与这些抽象概念不同的自然界，就是**无**，是**证明**自己为**无的无**，是**无意义的**，或者只具有应被扬弃的外在性的意义。”[23]这里，马克思显然是从黑格尔的立场上来说的。但是即使马克思表达了自己的观点，称“与人分隔开来的**自然界**，对人说来也是**无**”，他最可能表达的是，离开人类自我对象化的视角，自然**对人类而言**无意义。他不是说离开了人类的意识或劳动，自然就不存在了，或它将成为“无差别无运动的混沌”。在手稿的前面部分，当马克思谈及人类意识与人类欲望的对象“作为不依赖于他的**对象**而存在于他之外”[24]的时候，

他坦率承认了庸俗的实在论立场。

支持对马克思进行唯心主义解读的人很少明确指出马克思批判实在论背后的推理路径。这里我们要感谢科拉科夫斯基使得这一思路得以公开，我认为这极大地推动了类似观点的发展。科拉科夫斯基指出，“所有的马克
192 思认识论思考的基本出发点在于坚信人与环境的关系就是人类与其所需对象之间的关系；它还关系到人与事物的认知联系”。因此：

> 自然作为人的对立面出现。有意识的人和他能够感知的外部对象可以产生某种交流，而这种交流的实现构成了人类可能发生的所有认知……这说明，人类基本上不可能认识纯粹的“外在性”，它以此方式存在于自身。

从这些考察中，科拉科夫斯基总结出“物自体”不存在，存在的只能是“为我们存在之物”（things for us）。这种事物的“存在”，他说，

> 呈现，与它在人的意识中出现同时发生……在这个意义上，世界可以被看作人创造的。在这个世界中，太阳与星星之所以存在，是因为人类把它们作为自己的认知对象，它们本质上没有任何现实属性……只要它们被刻上人类组织能力的印记，它们就是主观的或社会的……在这一点上，人必要地对其进行有用性的改造……与我们在现实中获取的相比较，任何事物，即使是那些与我们习以为常的事物相较最不可思议的事物，在理论上的合理性和真实性也没有丝毫减少。[25]

在这些论述中，只要在必要的程度上将注释者自己的哲学困惑归于马克思，我想我们能够很明显地看出，马克思如何就能被转变为一个唯心主义者（甚至是相当痴狂的）。马克思的确认为人类知识是人类对自然运用其认知能力的结果。他也认为，与经验主义者和“直观的唯物主义者”不同，人类积极地去认识，这种认识是他们实践改造世界的组成部分，这种认知是一个我们在其中构建概念和理论的创造性过程，而借助概念和理论，现实结构能够被我们的认知活动完美地再现或反映。但这绝没有暗示，现

实自身是由我们的认知活动所创造的，或者人类知识绝不是试图对现实结构——它是独立于我们构想它的那种方式而存在着并且是其所是——的反映、复制或再现。马克思很可能认为，如果现实的“自我存在”是什么样子这一问题是在问，假设不运用我们的认知能力或者是已有的概念或理论就能认识现实，**我们会认识到**什么样的现实，那么提出这一问题就是毫无意义的。由此，“自我存在的现实”被定义为一种“知识”的对象，这种“知识”几乎得到了自相矛盾的描述。而真正的知识需要我们积极动用能力与概念去构建一个图式（image）或概念上再现现实（conceptual reproduction of reality），如果这种现实没有“自在的”存在或结构，那么知识将没有意义。当然，怀疑论者一直都想知道我们如何凭借思维认识现实的本质，毕竟思维与它所代表的东西还是不同的。而唯心主义者已经通过现实——或者至少是所有可知现实——与我们心灵中的思维或观念相一致来试图避免这个问题。但这不是对怀疑论的唯一可行的回应，或者说，这无论如何都不是马克思的回应。 193

的确，黑格尔以认知是创造被认知事物的概念的主动过程为前提，推出被认知事物本身是认知主体的创造物这个结论：“因为客体的真实本质在反映思维（reflective thought）中呈现，并且由于这种反映思维是我的活动，那么就得出这种本质是作为思考主体的我的意识的产物。”[26]马克思赞同这个前提，但是否定得出这个结论。他认为，正确的科学方法需要：

> 抽象的规定在思维行程中导致具体的再现。因此，黑格尔陷入幻觉，把实在理解为自我综合、自我深化和自我运动的思维的结果，其实，从抽象上升到具体的方法，只是思维用来掌握具体、把它当做一个精神上的具体再现出来的方式。但决不是具体本身的产生过程。……实在主体仍然是在头脑之外保持着它的独立性；只要这个头脑还仅仅是思辨地、理论地活动着。[27]

很多赋予马克思唯心主义理解的学者也坚持认为，马克思不可能认可恩格斯的知识“反映”论，因为这种反映论是“非辩证的”而且将认知主体当作“被动的”[28]。而上述引文并不支持这种观点。马克思不仅说我们的知识是在思维中“再现”现实，而且还将他自己的“辩证法”作为“物质生活完美的反映”[29]。另外，这种解读也未得到对马克思与恩格斯所使

194 用的复制（copying）与反映（reflection）隐喻的任何合理解读的支持。根据我的判断，这些隐喻所涉及的无不是坚持现实世界与我们关于它的思想之间的区别（因而否定了唯心论），同时融合了一些传统真理符合论的形式（马克思明确表明坚持这种真理符合论，无论他是否坚持真理的实用主义理论）。这些隐喻一方面与人类知识是人类实践的组成部分这一观念相一致，另一方面又与现实在思维中的反映是经过我们创造性地运用自己的认知能力而产生的这一观念相协调。

注 释

[1] MEW 3：5，CW 5：3；马克思，恩格斯．马克思恩格斯选集：第1卷．3版．北京：人民出版社，2012：134.

[2] J. McMurtry，*The Structure of Marx's Worldview*（Princeton，N. J.，1978），70.

[3] L. Kolakowski，*Toward a Marxist Humanism*，tr. J. Z. Peel（New York，1968），40.

[4] *Ibid.*，42.

[5] *Ibid.*，41.

[6] W. James，*Pragmatism*（New York，1955），132. 如果马克思在真理问题上是实用主义者，那么这可能是构建马克思实用主义理论的最佳方式。

[7] SW，385；马克思，恩格斯．马克思恩格斯选集：第3卷．3版．北京：人民出版社，2012：758.

[8] SW，605-6；马克思，恩格斯．马克思恩格斯选集：第3卷．3版．北京：人民出版社，2012：387.

[9] MEW 3：5，CW 5：3；马克思，恩格斯．马克思恩格斯选集：第1卷．3版．北京：人民出版社，2012：133.

[10] Ludwig Feuerbach，*Sämtliche Werke*，ed. F. Jodl and W. Bolin（Stuttgart，1959）6：223-7；*The Essence of Christianity*，tr. George Eliot（New York，1957），185-92.

[11] MEW Erg. 1：543，CW 3：303；马克思，恩格斯．马克思恩格斯文集：第1卷．北京：人民出版社，2009：193.

[12] MEW Erg. 1：517，CW 3：277；马克思，恩格斯．马克思恩格斯选集：第1卷．3版．北京：人民出版社，2012：57.

[13] MEW 3：5，CW 5：3；马克思，恩格斯．马克思恩格斯选集：第1卷．3版．北京：人民出版社，2012：133.

[14] MEW 23：50，*Capital*（New York，1967），1：36；马克思，恩格斯．马克思恩格斯选集：第2卷．3版．北京：人民出版社，2012：96.

［15］SW，605，*Anti-Dühring*（Moscow，1962），56，*Capital* 1：19，*Grundrisse*，101e；马克思，恩格斯．马克思恩格斯选集：第3卷．3版．北京：人民出版社，2012：396；马克思，恩格斯．马克思恩格斯选集：第2卷．3版．北京：人民出版社，2012：81；马克思，恩格斯．马克思恩格斯选集：第2卷．3版．北京：人民出版社，2012：6.

［16］MEW 3：7，CW 5：8；马克思，恩格斯．马克思恩格斯全集：第3卷．北京：人民出版社，1960：5.

［17］MEW Erg. 1：542，CW 3：302；马克思，恩格斯．马克思恩格斯文集：第1卷．北京：人民出版社，2009：192.

［18］G. Lukács，*History and Class Consciousness*，tr. R. Livingstone（Cambridge，Mass.，1971），204.

［19］*Ibid.*，xvii.

［20］S. Avineri，*The Social and Political Thought of Karl Marx*（Cambridge，1968），65，136；S. Hook，*From Hegel to Marx*（New York，1936），275；N. Rotenstreich，*Basic Problems of Marx's Philosophy*（New York，1965），48，52；A. J. Gregor，*A Survey of Marxism*（New York，1965），21；J. -Y. Calvez，*La Pensée de Karl Marx*（Paris，1957），380.

［21］MEW Erg. 1：574，CW 3：333；马克思，恩格斯．马克思恩格斯文集：第1卷．北京：人民出版社，2009：205.

［22］MEW Erg. 1：587，CW 3：345；马克思，恩格斯．马克思恩格斯文集：第1卷．北京：人民出版社，2009：220.

［23］MEW Erg. 1：587，CW 3：346；马克思，恩格斯．马克思恩格斯文集：第1卷．北京：人民出版社，2009：221－222.

［24］MEW Erg. 1：578，CW 3：336；马克思，恩格斯．马克思恩格斯文集：第1卷．北京：人民出版社，2009：209.

［25］Kolakowski，*Toward a Marxist Humanism*，42－9.

［26］G. W. F. Hegel，*Werke*（Frankfurt，1970）8：80，*Hegel's Logic*，tr. W. Wallace（Oxford，1975），35.

［27］*Grundrisse*，22g，101e；马克思，恩格斯．马克思恩格斯文集：第8卷．北京：人民出版社，2009：25－26.

［28］See Kolakowski，*Toward a Marxist Humanism*，39；Avineri，*Social and Political Thought of Karl Marx*，67，86；Rotenstreich，*Basic Problems of Marx's Philosophy*，47，68.

［29］MEW 23：27，*Capital* 1：19；马克思，恩格斯．马克思恩格斯选集：第2卷．3版．北京：人民出版社，2012：93.

第五部分

辩证的方法

第十三章
黑格尔的辩证法

1　黑格尔的现实观

也许马克思思想中最令人费解的方面是他对“辩证方法”（dialectical method）的使用。这种方法是什么？马克思式的辩证方法与其黑格尔先驱（Hegelian precursor）之间的关系是什么？马克思在多大程度上是一个真正的黑格尔主义者？ 197

在《资本论》中，马克思说：“我公开承认我是这位大思想家①的学生”[1]。一些马克思的读者相信（而且其他人也曾经这样希望）这个论断仅仅是一个做出来的姿态而已，就像马克思经常用黑格尔式的术语来表达他自己的观点一样。但是，不同的马克思主义者，从列宁到卡尔·柯尔施，都坚持认为马克思思想中的黑格尔成分对其来说是根本的，更有甚者认为，如果不弄清楚黑格尔哲学，就不可能真正理解马克思主义。

马克思的社会理论，与任何独创思想一样，必须依据其自身来理解，而且对任何有理解力的学者来说应该都是可以理解的，无论他们是否了解黑格尔哲学。但是马克思与黑格尔的关系并不是这么肤浅的。对这种关系的探讨具有一定的启发性，尤其是当我们的目标集中在马克思思想的哲学方面时。我们要避免出现这样的错误，即将黑格尔的辩证法当作某种神秘的智慧（或者模糊的伎俩），或将这个问题看成是在理解马克思之前是否就必须掌握（或相信）的隐晦的形而上学教条。黑格尔的哲学很难理解，有些部分对于一个逻辑清晰的人来说可能是难以当真的。但是如果我们凭

① 指黑格尔。——译者注

借耐心和开放的思维进行研究，也不是完全没有希望去理解其基本原则。我在本章中勾勒出来的大致图景并不妄称完全照顾到了黑格尔哲学的微妙性与复杂性，我的目的是尽最大努力简单而又直接地呈现出那些对我们理解马克思的辩证法而言最有用的部分。

198 “辩证方法”和“辩证逻辑”这两个术语很容易令人误解。无论是在黑格尔还是在马克思那里，辩证思维都不是一套用于研究的程序，更不是一套用于生成或证明结果的法则。将辩证法说成与形式逻辑或数学相类似只会产生危害，例如亚历山大·赫尔岑（Alexander Herzen）将黑格尔的辩证法视作“革命的代数”那个著名而愚蠢的描述。相反，辩证法最好被视为关于现实世界所具有的某种可理解结构的普遍观点，因而（辩证法）是这样一种理论结构的逻辑程序，这种理论结构最能够去解释世界的结构。但是，这意味着黑格尔辩证法不能跟黑格尔的现实观（vision of reality）相分离，并且最好按照后者来展现自己。

黑格尔时代的德国唯心主义者通常被认为（并且自认为）是康德的追随者。但是，对于理解他们的哲学同样重要的是，在18世纪晚期德国对斯宾诺莎的研究兴趣复兴，这种复兴表现在莱辛、门德尔松、雅各比、赫尔德和歌德等人的著作中。德国唯心主义者将斯宾诺莎理解（或者误解）为思辨的一元论者，对他而言终极实在（ultimate reality）是一个单一的、不可分的神圣实体（divine substance），而有限的、特殊的和可感的杂多事物仅仅属于现象领域，并以绝对实体为其真正存在或形而上学意义上的根据。唯心主义者接受了斯宾诺莎的一元论，对他们而言，哲学的根本问题是如何构想或者描述形而上学意义上的绝对（metaphysical absolute）。

费希特将基本问题视为在哲学根本问题的两个可能答案之间的选择。一个答案（费希特称其为“教条主义”）将绝对作为“客体”或“实体”，客体按照其本质必然地被一切因果性地决定，同时又因果性地决定一切。另一个答案是唯心主义的，它将绝对理解为“主体”或“自我”，主体自由地创造自身和它的客体。这个选择在于将我们自己（和世界的其他部分）当作无生命的客观性的产物，还是当作自我自由创造的体现。费希特当然倾向于唯心主义，因为（他声称）只有它能恰当地解释我们作为认识主体的自发性或者作为自由道德主体的尊严感这些体验。尽管康德把费希特的问题与相应回答都当作危险的哲学浮夸而加以拒斥，但费希特仍然将他的唯心主义阐释为在本质上是康德式的。

谢林和黑格尔延续“康德”传统，将绝对根本上视为心灵（mind）的自由创造活动，但是都认为费希特的唯心主义过分强调单方面的主体性而

对其加以拒斥，并且都试图更加恰当地把握客体性在塑造终极实在时所起 199
的作用。谢林的绝对结合或超越了主体性和客体性，绝对是终极的“同一性”或“无差异性”，从中产生了原初的主客二元。黑格尔对这一思辨主题的思考演变（variation）更加复杂且具有原创性。对他而言，绝对是“一种自我设定的运动”（a movement of self-positing），即“作为主体的有生命的实体”通过变成客体来实现自己，然后逐渐将这个客体视为它自身的自由表达或反映进而恢复自身主客体的统一。对黑格尔而言，心灵或者精神（*Geist*）意味着这种“自我复归的同一”的运动[2]。

对我们大多数人而言，“唯心主义”是贝克莱的观点，它认为只有心灵及其内容真实存在，不存在物质或者独立于心灵的实在，我们错误地认为存在于心灵之外的不过是心灵中的观念或印象。应用在黑格尔的唯心主义上时，这个描述也许不是绝对错误，但是它只是部分的事实，而且也可能造成误导。黑格尔抨击“唯心主义”（他也许指的是费希特的唯心主义）仅仅做出空洞的“论断”，即称理性自我就是全部现实，但是它没能“理解”这个论断的意义[3]。对黑格尔来讲，心灵或者精神根本上是一种包含自我表达、自我实现和自我认识的活动或者过程。说精神是全部现实或者绝对就是精神，也就是说这个过程是现实的最根本特征。“理解”唯心主义的真谛就是认识精神的运动如何在世界的细微之处表达自己，精神的全部客体如何打上它们所表现的那一创造性过程的烙印。黑格尔的唯心主义强调的是这一世界观。

黑格尔的精神概念是复杂的，他尝试着将几个重要的哲学观点融合为一个单一的有说服力的图景。精神与亚里士多德的“灵魂”（soul）是相似的，它们都是事物固有的、赋予事物形式的原则或力量。说精神“设定自身”部分意味着它赋予自身表现形式（expression）、具体化（embodiment）和现实性（actuality），正如亚里士多德认为的，有生命的类的形式或者本质在有生命的有机体中赋予自身表现形式、具体化和现实性一样。然而，无论精神的“形式”是“概念”还是“纯粹的本质性”，即哲学家们通过抽象思维了解的普遍本质，它们（在柏拉图哲学意义上）比作为它们例证的暂时的感性的特殊事物更加真实和实在[4]。对黑格尔而言，感性的特殊事物是精神为了自我实现而创造或“设定”的必要中介；如果没有它们，精神的思维仍然是“抽象的”、不完整的，而且未得到完美的表达，仅仅是一种缺乏完满性的潜能。概念是真实存在的，但是概念需要范例来实现 200
它们全部的现实性。因此，黑格尔的形而上学独树一帜地实现了柏拉图的论断和亚里士多德的观点之间的和解，柏拉图断言形式或普遍比特殊更真实，而亚里士多德坚持认为形式实际上只存在于特殊之中。

这很多都取决于黑格尔关于精神思维活动和精神在客体中自我表达的典型模式的观点。黑格尔关于精神活动的观点是基于康德的概念，即思维是赋予经验材料统一性和可理解性的综合活动。但是，黑格尔的思维模型似乎并不依据《纯粹理性批判》和康德哲学的“知性”（understanding）能力，而是依据康德的《判断力批判》，“正是在《判断力批判》中，（黑格尔指出）康德哲学呈现了它自身的**思辨性**”[5]，“开辟了**生命**的概念和**理念**的概念，因而对哲学开始做出**积极**的贡献，而《纯粹理性批判》对于哲学所做的仅仅是以一种不完美的、非直接的或者**消极**的方式呈现”[6]。黑格尔提到的观点是关于一个有生命的有机体或“有组织的存在”的，康德通过这个概念引入自然目的论。

在一个有生命的物体中，康德说“每一个部分，唯有通过其余一切部分才存在”，因此“（有机体）的部分全是相互地生产彼此”[7]。同样，相互性也适用于有机体本身与它的各个部分的关系。一个东西要成为有机体，“**首先**就要求：各个部分（按照其存在和形式）唯有通过其与整体的关系才是可能的……**其次**就要求：它的各个部分由于相互交替地是彼此形式的原因和结果，而结合成为一个整体的统一体”。凭借这一点，一个活的物体就不仅仅是“有机的”，而且是一个“自己使自己有机化的存在者”[8]。

不难理解为什么黑格尔将有组织的存在物这一概念作为其精神活动观点极有潜力的典型。一个有生命的物体的组织恰恰是亚里士多德所说的自我实现的和给予事物形式的原则，这被黑格尔作为精神的基本特征。进一步讲，有机体的结构吸引着黑格尔，在他看来是关于思想的综合活动和它给予事物合理的可理解性的最高观点。一个有机整体不仅展示出黑格尔用来作为精神的自我设定标志的内在必然性和自足性，而且也容纳无穷多样的可能形式，因而也把握了精神的自由创造性。

最后，正如康德呈现的那样，有机整体概念看来非常恰当地表达了黑
201 格尔的唯心主义信念，即世界秩序的根源是思想性的或精神性的，甚至他的观点认为，精神的终极实现在于理解了精神和它设定的客体之间的同一性。康德认为，有机体的各个部分“彼此之间相互依赖，……因此通过它们自身的因果关系造就了一个整体”。此外，他还说“整体的概念反过来按照一个原则而被视为该物体的原因”，而且有机物的“理念的那种统一性甚至应当用作复合物的这样一种形式……的先天规定根据”[9]。由于康德把自然目的作为我们运用反思判断力去反思自然时的一种调节性原则，他

甚至更进一步认为作为有机物的“原因”或者“基础”的“理念”存在于认识者的心灵当中，对认识者而言，理念作为“包含在被给予的质料中的一切杂多的形式和结合之系统统一的根据”[10]。总体而言，这些观点（正如黑格尔所理解的）意味着主体和客体的最终同一，进行认识的心灵（the knowing mind）的创造性活动与世界的可知秩序（the knowable order of the world）的最终同一。

将终极现实理解为精神，意味着将现实理解为一个有机的系统，一个各个部分都展示出无穷多样的生命形式的有生命的整体。既然任何有组织的存在的根据是它体现并维持一定形式的趋势，那么理解精神与其表现的最适合的解释方式就是目的论解释。将现实理解为精神就是表明它存在于精神的可能的辩证过程的秩序里，就是通过精神自我实现的趋势来解释它的存在。黑格尔的哲学因而是一种神义论，它将揭示出世界是上帝的创造力及其兼具的严格必然性与最完满自由的呈现。

用这种方式来理解世界，不仅仅是将精神理解为已经实现的，而且使得精神（在现实上）得以实现。因为精神的辩证过程是这样一个过程：首先设定一个展现其本质的世界，然后通过将这个世界理解为自身的创造来恢复其统一性。精神本质上是自我认识的（self-knowing），但是它的自我知识（self-knowledge）只能通过有限的心灵实现，这种心灵将自身合理地视为精神的表达。简而言之，精神是一个极度完满的上帝，它的完满性只延伸到它所创造的世界。因此精神也是一个全知的神，它的知识存在于人类心灵对它的理性理解中。完全自我实现的上帝是黑格尔式的思辨哲学家。用黑格尔的话说：“上帝只有就其自知本身而言才是上帝；进而上帝的自知就是上帝在人里面的自我意识和人**对于**上帝的知，而人对于上帝的知则进展到人在上帝中的自知。”[11] 202

2　有机发展或辩证法

黑格尔的精神创造活动的模型是一个有生命的事物的组织结构。但是，一个有生命的有机体只能让我们初步接近于精神，更确切地说，它自身不过是精神的理性可理解性自我展示时的不充分形式。正如黑格尔所言，“生命”“是一个直接的理念”[12]。在一棵植物或一只动物中，灵魂或理性原则始终与物质自身所呈现的“直接性”相斗争。“生命的过程在于克服困扰它的直接性”，而这正是生命机体的“有限性”[13]。处于真实形式的精神就像一个生命有机体，这种有机体完全主宰自己所具有的物质，丝毫不违背自己的生命原则。更真实的形式就是黑格尔所谓的“概念”，“概念又是一个全体，这全体中的每一环节都是构成概念的一个整体，而且被设定为和概念有不可分离的统一性”[14]。概念即刻成为内在于现实世界的理性可理解性的原则以及进行认识的心灵把握这种可理解性的思维活动的原则。

概念只对理性的自我意识具有可能性，在黑格尔那里，它是一个与世界打交道的人格，同时它也进行自我认识和自我实现的斗争。或许阐明生命有机体在充当精神模型方面的不完满性的最好方法，就是将有生命的事物与自我意识进行对比：

> 凡只局限于度过着一种自然的生活的东西，就不能够由它自己来超越它的直接的实际存在；但它会被另外一种力量迫使超出它自己，而这个被迫超出自己的就是它的死亡。但是意识本身就是它自己的概念，因此它直接就是对于界限的超越，而且由于这个界限属于它自身，所以它就是对它自身的超越。[15]

一棵植物或一只动物的有机体，一旦生长成熟就会有一个单一的稳定的有机结构。它的全部生命在于将这个结构施加于它的物质这一斗争过程，当它不能这样做的时候，它就死亡了。黑格尔也把人类自我的人格、价值和生命计划看作某种有机结构，但是这种结构是有自我意识的。因而，有
203 自我意识的人格就像有机体一样，它的结构或者理念是有意识地自我施加的。（它是“为了自身的自我的概念”。）但是一个能够反思的人，按照一定的自我观念、一套目标和价值，也能够为这些观念、目标、价值本身带来改变。因此，自我意识就像一个有机体，能够在有机结构根本改变的情况下生存，甚至能够引起这种变化。（它的本性是“超越限制”，也因而“超越它自身”。）

因此，自我意识的存在就像有机体一样，它的最终趋势并不局限于其结构的成熟和自我维持，还包括用意识去废除并改变其结构的系统性趋势。它的生命过程不仅仅与“直接性”（immediacy）或者“有限性”（finitude）做斗争，而且甚至跟它们自己做斗争。它们倾向于在它的要素或功能性部分之间制造冲突，然后施加给有机体以新的结构来（至少暂时）解决之前

结构所无法解决的这一冲突。其中的一个典型就是人格的变化和发展，这个人格试图同时实现自身的完满并探索自己究竟想实现何种完满。随着人格努力实现它的目标，它学习了更多关于自己和关于应该追求什么样的目标的知识。它关于自我和它的目标的观念也就因此改变了，虽然有时候经历各种阶段的危机和深层的精神性冲突。

黑格尔把这种有机发展模式看成所有表达精神本质的变化的基本模式，比如，历史上国家或民族文化和道德的转变。“一个民族必须知道它的道德（*Sittlichkeit*）所依靠的普遍性……一个民族的文化（*Bildung*）最高点是在其生活与环境的思想中把握关于它的法律和道德的科学知识。”但是这种自我知识也意味着已知事物的衰败，并且要求人们实现新的更高级的生活模式：“作为普遍性的思想有一种消解能力……精神就好比这个，是所有确定内容的消解。”通过对它的道德的反思，寻求为其辩护的原则，人们开始意识到它们的局限，“因而有意识地发现抛弃它们的理由，这早已是理性的要求”。然而，同时，“这一通过思想的消解必然是新原则的出现……获得新的内在规定的精神，具有其他更进一步的兴趣与目的”[16]。

因此，精神性存在（一个人格、一个历史民族、一种哲学观）的全部 *204*
本质不存在于单一的有机结构或者理念中，而是存在于这种结构的一定序列中，存在于其内在有机发展的各个确定阶段中，这些阶段中的每一个都作为最终趋势包含在前一阶段里面。如果我们要理解这一存在的本质，我们必须同时做两种完全不同甚至相反的事情：第一，我们必须根据它的概念或自我维持的有机结构来理解每个独立的阶段；第二，我们必须关注以下过程，在这种过程中，每一个这样的结构最终会通过它自身的运作逐渐削弱自己，并转入下一个特定的阶段。这意味着，我们必须以一种双重视角和双重目的论来看待每一个阶段。我们必须看到在它和它的要素中同时存在的两种趋势：短期的自我维持趋势和长期的冲突、消解并转化到更高阶段的趋势。

这样一个有机发展的过程，黑格尔称为“辩证法”。他选择这个术语是很自然的。在通常的哲学用法中，辩证法指的是在平等讨论中，通过辩论来证明或反驳观点的活动。黑格尔把有机发展根本上设想为宇宙理性的过程（a process of cosmic reason），精神通过这个过程检验和“反驳”其不完美的具体化形式，依次上升至更高级的形式。对康德而言，辩证法是理性陷入与自身不可避免的冲突之中，继而解决这些冲突的过程。黑格尔认为精神的有机体在抛弃每个阶段从而升至下一阶段时经历这个过程。（在康德看来，辩证的二律背反问题的解决不是通过更高的洞见，而是抛弃知识的伪装；在黑格尔看来，这当然是康德对待辩证法最主要的失败之处）[17]。对于柏拉图和亚里士多德而言，辩证推理的标志是它不从自明的第一原则开始，而仅仅是从“假设”或共同意见出发。通过提出这些意见中的矛盾并揭示它们哲学上的预设，辩证法以坚实的理性基础朝着第一原则前进。同样，有机发展从处于直接性中的精神有机体出发。它是有机体通过经历内在于其本质的冲突，并采用新的能够保证其解决这些冲突的有机结构，进而走向完美的过程。

黑格尔的所有主要著作和演讲篇目的结构都是辩证的。在它们每一篇中，他都按照一个发展序列安排主题内容，将最低的或者“直接的”阶段
205 作为起点，然后试图展示每一相继阶段是如何被前一个充满内在冲突或不完备性的阶段所要求或者必然地引发出来的。正如黑格尔所强调的，这种方法的全部要点就在于呈现“内容自身的内在灵魂”。他强烈批判那种堕落为“形式主义”的虚假辩证方法，“同一个公式的单调重复，人们仅仅是以一种外在的方式把它运用到不同的材料上面”（谢林很可能就是他这些批评所针对的对象）[18]。黑格尔自己是否完全躲过了这个陷阱，有待进一步讨论。但是，他的意图明显是要基于他研究的每一主题所独有的特殊内在联系来展开论证，而不是遵循“辩证逻辑”的普遍规则，或者用同一个简洁的辩证系统去解读一切事物。这个意图在有关辩证法的肤浅讨论中被扭曲了，它们将辩证法简化为单调且毫无内容的“正题、反题、合题”术语。（实际上，这种特殊术语的使用不仅是无内容和扭曲的，甚至是不准确的，这种用法黑格尔本人**从来没有**用过。马克思曾经用过一次，而且那只是出于滑稽的模仿这一目的。真正使用这种方法的主要哲学家是费希特和谢林。）[19]

大体说来，黑格尔有两种辩证法，我们可以分别称为**时间性**和**等级性**。就像我们到目前所描述的有机发展，从字面上看就是一个时间过程。在黑格尔的历史哲学讲演中，他将社会道德、政治制度、艺术、宗教和哲学的历史作为一个辩证序列展示出来，把给定主题历史中的各个前后相继的时代作为代表精神在时间中的各个发展阶段。《精神现象学》将哲学知识的概念从它最直接的形式一直发展到黑格尔的思辨逻辑立场，似乎将不同的哲学观点作为一个哲学的头脑在追求真理的过程中可能要经历的不同阶段体现出来。辩证法并不严格按字面意义去追溯一个时间过程，但是它的显现是准时间性的（quasi-temporal），而且《精神现象学》包含着对西方哲学、宗教和文化的历史的大量暗示，这些暗示被期望按照黑格尔叙述的哲学观点的内在序列将那一历史展现出来。

在《逻辑学》、《哲学科学全书纲要》和《法哲学原理》中还有另外一种辩证法。在这些著作中，黑格尔完全没有考虑时间性发展（temporal development）。他辩证地呈现事物的目的在于展现出他的主题的合理结构，并确保它们得到系统的探究。这里，辩证法的各个阶段不再是时间过程的分期，而是一个在某一主题上逐渐更为充分的观点的等级序列，或者是单一 206
理念在世界中实现自身时所采取的逐渐更为充分的形式的等级序列。黑格尔的逻辑体系就是一个诸观点的目录清单，通过它，思想把握住现实（黑格尔告诉我们，这些观点“也许被当作绝对的定义，作为上帝的形而上学定义”[20]）。这个目录清单之所以是辩证的，是因为这些概念或定义对现实不具有同等的充分性，而是构成了一个等级序列——从最为贫乏和空洞的概念（比如**存在**和**虚无**）一直到最为真实和最为清晰（most articulated）的概念（比如**生命**，**知识**，以及以自身为客体的**绝对理念**）。黑格尔的方法是，通过展示每个更为充分的定义以解决内在于前一个定义中的特定困难，依次产生更为充分的定义。通过这种方式，黑格尔的逻辑呈现给我们的是一系列关于现实的观点，每一个观点都比产生它的前一个观点更加接近真理。这样一个等级性的辩证法对马克思具有一定的重要性，因为在它的普遍观点中（尽管没有在更为详细的细节上），《资本论》的理论框架无疑与之相类似。（这里有着足够的证据说明这种相似性是刻意的。）[21]

黑格尔的《哲学科学全书纲要》的最后两个部分把自然和有限心灵或者精神展现为宇宙精神从客观世界复归自身的不同阶段。尽管自然各种各样的过程（机械的、物理的、化学的、生物的）同时存在，并且未表现出时间性的发展（黑格尔在这方面完全是非达尔文的），但它们的确形成了一个等级秩序，哲学能够将它们表现为将外在客体中的精神理念加以现实化的逐渐更为充分的尝试。同样的事情也适用于主观的精神生活（感觉、意识、欲望、知识、实践理性）阶段和“客观精神”或社会生活阶段。《法哲学原理》通过一个完整的等级序列把现代国家描述为一种自由意志原则的展现：作为抽象法的主体的自由人，这些法在所有权、契约、犯罪和惩罚中的形式；关注目的、意图、责任和良心指引的道德主体；以及道德在其中有一席之地的社会制度，即家庭、经济领域（“市民社会”）和政治国家。黑格尔把这些道德和社会结构——它们同时存在于现代国家中——当作正在发展的一系列表现方式，相同的基本原则通过这些表现方式表达自身。这个原则的每一个相继的（而且更加“具体”的）表达都被理解为对在前阶段的必然发展，即一种满足在前阶段要求或解决在前阶段 207

困难的方法。（正如我们将要看到的，《法哲学原理》中黑格尔的程序与《资本论》中马克思从“抽象”到“具体”的方法之间，远不止有一个偶然的相似之处。）

很明显，黑格尔特殊的辩证法理论的全部价值在于，他能够在特殊要素和主题的阶段之间建立起具体的内在联系和发展趋势。黑格尔第一个坚持认为，只按照三段论安排一个给定的主题或者用希腊术语对其进行图式化是毫无价值的。一个辩证系统的普遍观点也许是建设性的、启发性的，甚至是给人以灵感的（这点体现在马克思那里就很明显）。但是，对于一个辩证系统的哲学或者科学价值而言，一切都取决于它执行的细节，取决于“内容的生命”（life of the content）是否真的展现了辩证的内在联系和趋势，取决于辩证方法的实践者如何能够通过好的论证去建立每一个具体联系和转化。

恩格斯强调了这点与马克思的辩证法的联系。他说，辩证法不是一种构造证据或者用特殊案例去适应普遍规则以构造解释的技术。对恩格斯而言，辩证“法则”的功能纯粹是描述性的；求助于辩证的内在联系和趋势的解释，取决于“每一种情况的特殊性质”[22]。在《资本论》中，马克思将从几乎没有工业的个人私有制到资本主义私人所有制再到社会主义所有制的历史进程描述为“否定之否定”的辩证“法则”的一个例子（“资本主义占有方式……是对个人的、以自己劳动为基础的私有制的第一个否定。但资本主义生产由于自然过程的必然性，造成了对自身的否定。这是否定的否定”）[23]。恩格斯批评欧根·杜林把通过将某一过程纳入“辩证法则”之内来“证明这一过程是历史地必然的”的意图归于马克思。“相反，他在历史地证明了这一过程一部分实际上已经实现，一部分还一定会实现以后，才又指出，这是一个按一定的辩证法规律完成的过程。”[24]

3 辩证逻辑与形式逻辑

208 也许黑格尔哲学最令人困惑的方面是他对传统逻辑的否定，他公开否定同一律、矛盾律和排中律。因为马克思和恩格斯似乎同意黑格尔学说中的这一点，而且这经常会妨碍人们理解和接受辩证思维，黑格尔对形式逻辑的拒斥在这里至少值得进行一个简要的讨论。

在本节，我将尽力为以下观点辩护，即黑格尔并没有否定（或者认为他自己否定）逻辑学家通常所指的形式逻辑原则。相反，黑格尔对形式逻辑的批评最好被理解为一种分离。我们要么将逻辑原则理解为形式逻辑学家们所指的：在这种情况下，它们是对的，但却是微不足道的、愚蠢的和在哲学上是无意义的，因为它们使用的“同一”和“差异”概念没有表达任何事物的真实本质。要么将它们替换成不那么矫揉造作（artificial）的概念，为逻辑原则提供一种具有哲学意味的阐释：然而在这种情况下，那些原则被证明是错误的，因为它们跟黑格尔思辨形而上学所呈现出来的现实观不相容。如果形式逻辑的原则是对的，那么它们一定是非哲学的；如果它们是哲学意味的，那么它们一定是错的。

黑格尔哲学一个重要的观点就是一切事物在本质上都要成为“对立面的统一体”。黑格尔甚至把“思辨”或者“辩证”也定义为“在它们的统一中把握对立”[25]。什么是“对立面”？假设你和我在玩一个很愚蠢的游戏，在这个游戏中，我们当中的一个人说出一个词语，另一个人就说出一个与它意思“相反”的词语。对许多词语（比如“热”“高”“上”）而言，这个问题似乎只有唯一的正确答案，但是对其他的词语而言，也许一个也没有，也许有很多可能的答案。比如，我说“红色”。如果你在考虑色谱上互补的颜色，你会回答说是“绿色”。但是这不是你唯一的选项。如果你想到法国葡萄酒或者“玫瑰战争”或者俄国革命，你可能会回答“白色”；如果你恰巧刚玩了纸牌或者阅读了司汤达的小说，你可能会回答“黑色”。你有这些选择是因为我们在考虑任何两个对立的事物时，总是与某种分类或对比的系统相关联，在其中两个事物要么是相互排斥且完全互补的，要么是系统的两极。在色谱的互补体系里，绿色是红色的对立面，是因为它包含了红色缺少的全部色调而且只包含这些色调。当我们想到俄 209
国革命的时候，白色是红色的对立面，因为白色所代表的运动与红色所代表的运动处于两个相反的极端。

有机整体和有机发展的系统为对立双方提供了生长的沃土。此外，它们将这些对立面当作必然的统一体呈现出来。有机结构往往通过活动或者进程——作为与有机体相关的功能性对立面——的互补和平衡来维持它们的稳定状态（homeostatistically）。而且，这些对立面相互支撑并彼此互为条件。比如，一个恒温动物具备的身体机能，既能产生身体的热量，又能将热量散失到环境中。抽象地来看，它具有两种相互对立的趋势，这些趋势甚至互相“抵消”、消灭对方的效果。然而在有机体中，它们被如此安排是为了让彼此互补，最大限度地维持生命过程中合适的动物体温。它们中的任何一方都是有机体的生命所必需的要素，因而最终对它的对立面而言也是必需的。在有机发展中，一个事物没有充分发展的或“直接的”形态，与它的已充分发展的或完美的形态，处于一个特定过程的两个对立极端。事物的完整本质包含着全部过程，对它而言，两个极端（也包括所有中间阶段）都是必要的。

黑格尔相信现实有着一个有机结构，是因为它是精神的思想的表达。相应地，他相信通过说明在每一对对立面中，一方的存在在逻辑或概念上要求另一方的存在，他能够在思想中**先验地**确证他的现实观。他说，所有对立面“在本质上都是互为条件的，而且只能与对方相联系才能存在”[26]。甚至最为“琐屑的例子”，黑格尔说，也确证了这一点：“上**是**那个**不是**下的东西；上被规定为只是这个而不是下，并且只是**在**有了一个下的**情况下**才**有**的，反过来也是如此；在每一个规定中就包含着它的对立面。”[27]

在许多情况下，黑格尔的观点是正确的。许多对立（上/下、胜利/失败、前/后）仅仅是同一事物或同一事态的互补方面。在逻辑上，对立一方脱离于另一方而存在是不可能的。一个物体不会有前面，除非它有后面。一场战役不存在胜利方，除非存在失败方。就像赫拉克利特说的，向上的路和向下的路是同一条路。另外一类对立面是比较性的双方（大/小、快/慢、明亮/黑暗）。每一次比较只有与和它相反的例子相对比才具
210 有参考性。假设这个世界只包含了对比的一方而没有另一方是没有任何道理的：例如只有快的运动而没有慢的运动，只有大的物体而没有小的物体。

但是也很明显，黑格尔的观点并不是普遍有效的。男人和女人是对立面，但是一个性别的存在依赖于另外一个性别的存在最多只是生物学意义上的真理。惯用右手和惯用左手是对立面，但是一个世界里只有左撇子这种情况并不一定是不可能的。可朽的存在并不必然要求任何不朽的存在。我认为黑格尔忽略了这些例子，因为他的真正目的不是构造一个概念性的观点，而是要说明他关于现实的有机观点（organic view of reality），其中对立统一只是一个方面而已。

正如黑格尔所阐明的，他的对立统一原则已经产生了意想不到的结果。它暗示了在事物中有“矛盾”，甚至一切事物的本质都是由其包含的矛盾构成的。此外，它暗示了没有简单的与自身同一的事物，一切事物都是与自身相异的，即与自己的对立面相同一的，这就是对它自我的否定。一个有机整体本质上是由存在差异的、功能上相反的甚至相互否定的过程构成的，它们通过它们的互补性或动态平衡（complementarity or homeostasis）构成事物。既

然这些过程并不只是对立面，而且直接趋向否定或者消灭另一方，黑格尔将它们描述为“矛盾”，并且得出事物的本质由矛盾构成的结论。更进一步说，有机地发展着的事物的本质包含了一系列不同阶段，每一个阶段都跟前一个阶段相斗争并最终否定它。这些阶段都属于事物的本质，彼此之间相互矛盾。发展中的事物也包含矛盾是就这个意义而言的，即当它们从发展着的一个阶段到达下一个阶段，崩溃中的这个阶段的要素不再和谐地发挥作用。它们之间的关系渐渐变得不再是互补的和相互依赖的，而是相互冲突、互不兼容且（在此情形下）相互矛盾的。当然，相互冲突的因素之间的不相容性不是就它们不能暂时共存于同一事物而言的。相反，之所以认为它们不相容，是因为它们之间的对立直接损害了结构的稳定，并最终摧毁了结构以及构成它的矛盾。

在一个有机整体中，相对或者相反的因素是相互依赖的，彼此不能单
独存在。此外，在任何一组对立中，双方都体现了同一个本质、同一个有 211
机形式或原则，而它赋予整体活力。在这个意义上，对立就是**同一**，任何一方的本质都是它的对立面的本质。需要再次说明，一个有机地发展着的事物的各个阶段是不同的、对立的、相互否定的和矛盾的。然而，它们全部都必然地属于同一个本质，这一本质通过这些对立展现出来。因而，自我相异（self-difference）和自我否定构成一切事物的本质——只要它的本质包括发展的过程。根据黑格尔的形而上学，这样的一个发展（不论是时间性的还是等级性的）属于精神的每一个表达的本质，因而也属于所有的现实。

> 对一切事物本身的考察表明：它在它的自身等同中就是不等同而矛盾的，并且在它的差异中，在它的矛盾中，又与自身同一；它本身就是其一个规定过渡为另一个规定的运动。[28]

黑格尔的语言故意充满了自相矛盾。但是除非我的解读离题太远，否则显而易见的是，黑格尔不是在否认传统逻辑学家所指的同一律或矛盾律。同样地，一旦我们透过黑格尔自相矛盾的表达方式就会发现，他的形而上学尽管并不是完全清楚或者没有争议的，按照这些原则也不可能被判定为不可理解的语无伦次（incoherence of unintelligibility）。

形式逻辑学家所理解的矛盾律通常也不否认事物可能是由功能价值极

不相同的有差异的部分或元素组成的。它并不否认有机过程中动态平衡（homeostasis）的自然事实。这个规律没有说不存在可以改变它的结构的东西，甚至没有否认事物有发生这种变化的内在或者本质趋势。事物之间或者单一事物中的各个部分或元素之间的真实冲突，或者事物在不同时间或不同方面存在不同结构和属性，并不意味着形式逻辑意义上的"矛盾"。矛盾律只规定，如果我们肯定一个给定主词的给定谓词，并且如果我们同时又在同一个方面否定上述主词的这个谓词，那么我们所说就不为真。

同样地，逻辑的同一律只规定，如果我们否认一个给定的事物是它本
212 身或者断言它与一个完全不同的事物是同一的，这不可能是真的。这个规律没有说不同的事物或趋势不能属于一个大的整体，或者它们不能体现同一本质或解释原则。同一律没有否认同一事物可能有不同的部分、方面或者阶段。形式逻辑没有排除对事物的有机统一性或它们发展趋势的连贯性论述，也没有阻止任何把有机本质和趋势作为基本解释原则的形而上学。有些哲学家（比如伯特兰·罗素）就把对形式逻辑的热情和黑格尔毫无疑问会将其谴责为死的、抽象的和原子论式的形而上学结合起来。但是形式逻辑原则本身在黑格尔和这些形而上学家之间的争端中是中立的。

我认为黑格尔对所有这些都很清楚。他对形式逻辑原则的形而上学解读（或者错误的解读）不是建立在无知或者误解的基础之上的。黑格尔承认按照形式逻辑学家对它们的**意谓**，那些原则是无可怀疑的，实际上它们是"无内容的同义反复"（empty tautologies）[29]。然而，这样理解的话，黑格尔将形式逻辑原则看作比错误更糟糕的，并将它们看作轻率的、"无内容的"和"找不到出路的琐屑"[30]。更加深入理解就会发现"这些规律包含的比它们本身所意谓的更多"，（它的）形而上学内容——尽管是错误的——至少还值得哲学讨论。通过重新解读（形式逻辑的）原则并因此证明它们是假的，黑格尔相信他是在给形式逻辑帮忙[31]。

根据黑格尔的观点，形式逻辑的粗浅是由于它采用了关于同一性和差异性（矛盾、否定）的人为概念。形式逻辑的同一性概念被黑格尔称为"抽象的同一"。这一概念"由相对的否定而产生，那样的否定是在它外面进行的，而且被区别开的东西不过是和它分开而已。此外，这个被区别的东西始终还是作为**有**之事物，留在它的外面"[32]。按照这个同一性概念，一个人可以任意选取一部分现实，将现实从它与其他事物的有机联系中和它自身发展的本质趋势中抽象出来，不仅将它视为具有"同一性"的事

物，而且甚至坚称它的同一性不考虑其他任何事物的结构，或者也不考虑任何被选中的这一部分现实参与其中的变化过程。但是，这（正如黑格尔所认为的）是一种对同一性概念的肆意曲解。一个事物的同一性使它是其所是，决定了它的真实本质。为了达到逻辑学家的抽象同一性概念，我们必须或者“把差别**排除**到自身外”，或者“忽略它的差异，把 213
这些属性**合并**为一个单一体”[33]。无论哪一种情况，我们都将篡改唯一能够应用到现实的同一性概念。另外，如果我们将正确的同一性概念代入形式逻辑学家的原则中，那么逻辑原则所说的会是每个事物就其真实本质而言都是静止的，只取决于它自身，而本质上不是由它依赖的其他事物或者它自己的发展趋势构成的。这种观点，尽管是错误的，却是极为重要的错误，而且（不像形式逻辑原则最初所**意谓**的）值得哲学家注意。

黑格尔对逻辑学家关于差异、否定或者矛盾的抽象观点同样持反对意见。对黑格尔而言，某一事物的对立面是另一确定的事物，后者在有机系统环境下与前者的关系是互补的或者对立的。一个事物的否定或者矛盾是另一个与之相冲突或者斗争的确定性事物，就像火的热与水的冷之间的关系，或者就像一株植物的成熟形态与它发展之前的种子形态之间的关系。但是在这里，形式逻辑学家再次为了一套人为的抽象而放弃了现实世界。一个属性的“否定”或者“矛盾”不是处于真实关系之中的某一确定性事物，而仅仅是“抽象的否定”，即这种属性的不足或者不在场——这几乎涉及一切事物。“在矛盾论中，一个概念，比如说**蓝色**……和另外一个概念**非蓝色**，那么后者不具有某种确定性，也许是**黄色**，但必须作为抽象的否定牢牢把握。”[34]这种观点拯救了矛盾律和排中律的正确性，但是付出的代价仅仅是幼稚的平凡性（childish triviality）。在这些规律中“对立仅仅意味着缺乏，更准确地说是**不定性**；这个论断是如此地微不足道以至于不值得费力地去阐述它”[35]。“抽象的否定”概念是完全人为的；它无法进入事物的真实构造之中或阐释它们的进程：“实际上，无论在天上还是地下，无论是在精神世界还是在自然世界，都无法容下由知性所主张的那种抽象的‘要么/或者’。”[36]

如果我们再次用不那么空洞的概念阐释矛盾律，那么它将表达出哲学上更为重要的内容。它认为没有实体是由实际上相互对立或者冲突的部分、过程、趋势或阶段构成的。它表达了一种世界观，认为世界由毫无生命的、 214
静态的原子构成，而原子之间的相互作用是外在的和偶然的，缺少有机的内在联系，不体现任何本质规律或者发展趋势。这种现实观在哲学上有重要意义，因为它正是黑格尔的哲学所致力于否定的观点。

正如我对黑格尔的理解，他对形式逻辑（正如形式逻辑学家所**意谓**的）的真实控诉不在于它的原则是假的，而在于它在哲学上的贫乏（philosophically sterile）。也许说形式推理的技术——无论是黑格尔所了解的，还是从他那个时代发展出来的——对于阐述他的形而上学观没有发挥特殊的作用是正确的。但是，这并不必然意味着它们没有哲学上的价值。也许在马克思和恩格斯写作的时候，仍然可能有博学而且思想开明的人赞成黑格尔的观点：形式逻辑是枯燥的和经院哲学式的学科，几乎没有哲学上的趣味和前途。但是在今天，当黑格尔主义者和马克思主义者重复黑格尔19世纪对形式逻辑的责难时，只不过暴露出他们的无知和教条主义。我们从后来者的观点看，黑格尔严重低估了以关于同一、否定等概念的“抽象”观点为基础的逻辑在哲学上的潜在意义。如果形式逻辑的基本规律（正如黑格尔想的）是微不足道的，它已经充分地展示了它们不是“无足轻重”的以及它们并不是“走向死胡同”。恰恰相反，在数学和语义学的基础上，20世纪的形式逻辑已经取得了一些非常有意思的、常常是反直觉的甚至是革命性的成果。此外，这些发展在黑格尔写作的那个年代还没有露出一点曙光，因而他很难因为没有预测到后来的发展而被指责为无知或者哲学上的盲目。对于黑格尔关于形式逻辑的观点的唯一不幸的事情，就是那种观点导致了误解，即黑格尔主义者与形式逻辑学家相互之间存在着毫无必要的偏见。

注　释

[1] MEW 23：27，*Capital*（New York，1967）1：19；马克思，恩格斯. 马克思恩格斯文集：第5卷. 北京：人民出版社，2009：22.

[2] G. W. F. Hegel，*Die Phänomenologie des Geistes* ed. J. Hoffmeister（Hamburg，1952），20，*The Phenomenology of Spirit*，tr. A. V. Miller（Oxford，1977），10.

[3] Hegel，*Phänomenologie des Geistes*，176－7，*Phenomenology of Spirit*，140－1.

[4] Hegel，*Phänomenologie des Geistes*，101，*Phenomenology of Spirit*，78.

[5] G. W. F. Hegel，*Werke*（Frankfurt，1970）8：140，*Hegel's Logic*，tr. W. Wallace（Oxford，1975），88.

[6] Hegel，*Werke* 6：440－1，Hegel，*The Science of Logic*，tr. A. V. Miller（London，1969），736.

[7] Immanuel Kant，*Gesammelte Schriften*，Academy Edition，5：371，*Critique of Judgment*，tr. J. H. Bernard（New York，1951），218.

[8] Kant，*Gesammelte Schriften* 5：373－4，*Critique of Judgment*，219－20.

[9] Kant, *Gesammelte Schriften* 5: 373, 377, *Critique of Judgment*, 220, 223.

[10] Kant, *Gesammelte Schriften* 5: 373, *Critique of Judgment*, 220.

[11] Hegel, *Werke* 10: 374, *The Philosophy of Mind*, tr. A. V. Miller, (Oxford, 1971), 298.

[12] Hegel, *Werke* 6: 470, *Science of Logic*, 761.

[13] Hegel, *Werke* 8: 374, *Hegel's Logic*, 280.

[14] Hegel, *Werke* 8: 307, *Hegel's Logic*, 223.

[15] Hegel, *Phänomenologie des Geistes*, 69, *Phenomenology of Spirit*, 51.

[16] G. W. F. Hegel, *Vernunft in der Geschichte*, ed. J. Hoffmeister (Hamburg, 1955), 177—9, *Lectures on the Philosophy of World History*: *Introduction*, tr. H. B. Nisbet (Cambridge, 1975), 145—7.

[17] *Hegel's Logic*, 77.

[18] Hegel, *Werke* 5: 17, *Science of Logic*, 28; *Phänomenologie des Geistes*, 17—18, *Phenomenology of Spirit*, 8.

[19] 参见：CW 6：164，172，194—5；马克思，恩格斯. 马克思恩格斯选集：第1卷. 北京：人民出版社，2012：219。对这种神秘性的奇特历史思考可以在下面的文章中找到：G. E. Mueller，'The Hegel Legend of "Thesis-Antithesis-Synthesis"'，*Journal of the History of Ideas* 19 (1958).

[20] Hegel, *Werke* 8: 181, *Hegel's Logic*, 123.

[21] *Selected Correspondence*, 100; cf. *Selected Correspondence*, 187；马克思，恩格斯. 马克思恩格斯选集：第4卷. 3版. 北京：人民出版社，2012：340.

[22] MEW 20: 132, *Anti-Dühring* (Moscow, 1962), 195；马克思，恩格斯. 马克思恩格斯全集：第20卷. 北京：人民出版社，1971：155.

[23] MEW 23: 791, *Capital* 1: 763；马克思，恩格斯. 马克思恩格斯选集：第2卷. 3版. 北京：人民出版社，2012：299—300.

[24] MEW 20: 125, *Anti-Dühring*, 185；马克思，恩格斯. 马克思恩格斯全集：第26卷. 2版. 北京：人民出版社，2014：142.

[25] Hegel, *Werke* 5: 52, *Science of Logic*, 56.

[26] Hegel, *Werke* 8: 245, *Hegel's Logic*, 173.

[27] Hegel, *Werke* 6: 77, *Science of Logic*, 441.

[28] Hegel, *Werke* 6: 40, *Science of Logic*, 412；黑格尔. 逻辑学：下卷. 北京：商务印书馆，1976：31.

[29] Hegel, *Werke* 6: 41, *Science of Logic*, 413.

[30] Hegel, *Werke* 8: 244, *Hegel's Logic*, 172; Hegel, *Werke* 6: 73, *Science of Logic*, 438.

[31] Hegel, *Werke* 6: 45, *Science of Logic*, 416.

[32] Hegel, *Werke* 6: 39, *Science of Logic*, 411.

[33] Hegel, *Werke* 8: 236, *Hegel's Logic*, 166.

[34] Hegel, *Werke* 8: 244, *Hegel's Logic*, 172.

[35] Hegel, *Werke* 6: 73, *Science of Logic*, 438.

[36] Hegel, *Werke* 8: 174, *Hegel's Logic*, 246.

第十四章
马克思的辩证法

1 “神秘外壳”中的“合理内核”

关于马克思对黑格尔辩证法的态度，能够确信的是他接受了某些部分， 215
但不是全盘接受。马克思承认黑格尔哲学（尤其是他的逻辑学体系）对他建构《资本论》中的经济理论发挥了巨大的作用。他甚至把黑格尔的辩证法描述为“整个哲学的最新成就”[1]。然而当他这样赞扬黑格尔的时候，他从来没有忘记攻击黑格尔方法的“神秘主义”或者强调黑格尔辩证法并不如它表现的那样完美。马克思从来没有实现他的“用两三个印张把黑格尔所发现、但同时又加以神秘化的方法中所存在的**合理的东西**阐述一番，使一般人都能够理解”[2]的意图。相反，他想要去完成的理论工作给我们留下了两个图景或隐喻。一方面，黑格尔的辩证法包裹在或者隐藏在“神秘主义”之中。它必须“剥除”这个虚假的形式，“发现神秘外壳中的合理内核”。另一方面，黑格尔的辩证法是“倒立着的”。在它呈现出合理形态之前，它必须被“倒过来”[3]。这两幅图景生动形象，但是它们自身在我们判断黑格尔哲学中哪些是“合理的内核”，判断马克思接受和拒绝了黑格尔的哪些学说的过程中几乎没有起到任何作用。

在黑格尔的哲学中，我们可以区分两件事情：第一，解释“现实世界是如何构造起来”的观点，以及随之而来的，足以去描述这种“现实世界的结构”的理论的逻辑进程；第二，旨在解释为什么现实是按照这种方式被构造的形而上学理论，这意味着（在黑格尔看来）它对于描述“现实世界的结构”的理论而言暗含着某种特定的认识上的地位。黑格尔将现实世界视作有机和发展地构造起来的。当事物被视为有组织的整体或系统，或者被视为一个更大的整体或系统中的元素时，它们会展现出它们的本质。
216 这些系统的特点是不仅趋于自我和谐与自我维持，而且趋于在时间上和等级上的发展。历经时间而存在的事物有发展的本质趋势，通过持续不断地改变或革新自身的有机结构来展现其本质。有机结构本身表现为一个等级序列，发展出或表现出特定的抽象本质或基本原则直至完全具体化。一个能够把握现实结构的理论必然将事物设想为有机的整体。它必须注意到事物的时间性发展的本质趋势，而且必须通过概念或观点的总体的等级序列来分析它们的有机结构，这些概念和观点的等级序列能够反映属于其本质的所有层次或阶段。

黑格尔基于纯粹的形而上学的根据，确信现实具有这一结构。黑格尔认为绝对的现实就是自我设定的精神。思想及其创造性的自我表达的标志是有机的相互联系和发展。因而，任何表现得真实或者实际上是真实的事物，都必然是精神的一种表达或者表现，而且必然体现出其起源于精神的痕迹。此外，思想的创造性活动同时也是上帝最初造物的活动；人类思想活动能把握思维的内在结构，因而将上帝的思想带给了自我意识。既然思维的辩证结构是通过理性而非感性被理解的，那么理解现实结构的关键就不是偶然的感性观察，而是思想的必然活动，这是哲学家能够在他们的头脑中形成的。哲学的任务就是透过这些观察并“赋予科学内容最主要的成分：思维的**自由**（思维的先天因素）”[4]。

在我看来，马克思接受黑格尔的现实观，但是否定支撑这一观点的黑格尔主义形而上学，以及理应由它们所推导出来的知识论结论。对马克思而言，世界是一个系统，这个系统是一个有机联系的过程，以发展的内在（固有）趋势为特征，周期性地受有机结构的根本变化影响。因为马克思认为世界是以这种方式构建的，他也相信反映这个结构的最好方法是辩证的理论，它有机地观察它的主题，通过其所处的具体性阶段来追溯这一主题的等级结构，并且根据内在于其中的发展趋势来解释这一结构的系统性
217 变化。因为黑格尔是第一个捍卫这种现实观并提出能够用它来理解事物的理论程序（theoretical program）的人，马克思赞扬他“第一个全面地有意识地叙述了辩证法的一般运动形式”[5]。

但是，对于马克思而言，世界的辩证结构是关于物质现实本质的复杂的经验事实。它不是上帝创造本质的残余，而且它不能通过**先验的**思辨原则得到解释和理解。尤其是，并不是因为组织和发展的现象和思维过程的本质之间存在着特殊的联系，才导致事物的结构是辩证的。相反，辩证思维只是对它所思考的世界的辩证结构的一种反映。如果人们辩证地思考时

能思考得最好，那是因为他们的思想反映现实世界时，他们思考得最好。如果他们依据普遍概念进行思考，那是因为思维的本质是从特殊中抽象出来，并掌握了它们的共同属性。如果人类的思想本身是辩证的，那是因为人类的官能通过时间（也许通过自然选择）已经与独立于思想之外的现实世界保持和谐一致。根据马克思的观点，正是这些与黑格尔的差异使得马克思的辩证法区别于黑格尔的辩证法，甚至是二者“直接对立”：

在黑格尔看来，思维过程，即甚至被他在观念这一名称下转化为独立主体的思维过程，是现实事物的创造主，而现实事物只是思维过程的外部表现。我的看法则相反，观念的东西不外是移入人的头脑并在人的头脑中改造过的物质的东西而已。

正如恩格斯的论述：“马克思把存在于事物和关系中的共同内容概括为它们的最一般的思维表现，所以他的抽象只是用思维形式反映出已存在于事物中的内容。”[6]

黑格尔辩证法的“合理内核”是他将现实视为有机地构造的，并且以内在发展趋势为特征。“神秘的外壳”是黑格尔的逻辑的、泛神论的形而上学，将现实的辩证结构描述为思维着的精神的创造性活动的结果。马克思对黑格尔的“颠倒”在于将思想的辩证结构不是视为现实的辩证结构的原因或者解释，而是仅仅将其作为思想的功能正是反映辩证建构的世界这样一个事实的结果。

黑格尔和马克思同意现实是辩证地构造的，世界是由具备内在发展趋 *218*
势的有机整体组成的。但是我们也许对这个理论关于世界说了什么，甚至它是否说了任何内容感到疑惑。像“有机整体”和“发展趋势”这样的概念都是非常模糊的。目的论的哲学处理方法在分析“有机体”（organism）和“目的导向体系”（goal-directed system）概念时鲜有成功。我们可能会怀疑以下这点，即这仅仅属于哲学家们在分析有哲学意味的概念时无法避免出现反例这种一般情况。一个有机整体之所以具有有机性，是因为它具有一定的内在可理解性，而不是因为它与其他有机整体共有任何特定的属性。因此康德认为，目的论系统（teleological organization）的发现要求心灵的创造活动，与艺术天才一样，“产生唯有按照终极因概念才能被我们所设想的产品的能力”[7]。为所有有机体确定一个共同属性的尝试，只在它能达到不增进任何知识的程度时才有可能成功。

甚至这个概念的外延也有些模糊，可能是本质上就这么模糊。系统就是对等级的认可。一个脊柱动物展示出来的比一个单细胞生物展示出来的要多，任何生物所展现的都比具备单一反馈机制的简单人工装置展现得要多。一个组织至少要达到多么初级的程度我们才能不否认它的存在？我怀疑这个问题根本就没有确定答案。真相似乎是，当我们讨论有机体范围的最低界限时，与其说问题是某物是否为有机整体，不如说问题是在我们看来将某物视为有机体会具有多大的启发性。如果我们足够宽泛地理解这些概念，并且有足够强烈的愿望去把这些概念应用在事物上，也许几乎任何事物都能够描述为一个有“发展趋势”的“有机整体”。相应地，我们可能会开始担心，按理说是激进且有深远影响的这个论断，即现实是被辩证地构造的，是否表达了任何东西。

但是，我认为这种担心大部分是被误导的。至少对黑格尔而言，说现实是辩证地构造的，它的一部分意义是将有机整体和发展概念作为理性理解的范式[8]。即使从经验上看，现实存在某种辩证结构或其他说法是毫无内容的，但是这个主张，即在一定程度上具有理性的可理解性的世界必须展现出有组织和有发展的模式，是有很重要的哲学意义的。

但是我们能够看到，现实是辩证地构造的这一理论，在我们为了追问
219 真理而考虑其含义时，就不是自明之理了。例如，说一个社会结构是有机整体，就是在建议对其采用目的论的研究方式。说社会通过内在发展趋势而变化，就是暗示我们应该尽量基于这种趋势而不是因果律去理解它们。无论这些论断是什么，它们都不是微不足道的或者没有争议的。在任何一个最好遵循这些论断的可能世界中，都必然有某种程度的组织和内在发展，这比众多社会理论家所想的存在于现实世界中的组织和内在发展程度都要高得多。如此看来，现实是辩证地构造的理论，尽管具有模糊性，但毫无疑问在经验层面具有重大意义。

这些考虑也许可以帮助我们理解这样一个事实，即马克思把关于世界是什么的基本看法作为一种“方法”。辩证法是一种方法，不是就其作为追问真理的一套准则或程序这一意义而言的，或者就其作为达到培根式或笛卡儿式的科学的一般序言而言的——它们试图指出运用我们自身认识官能的正确方式，使之不受我们知识对象构成方式的影响。但是辩证法的确包含一些建议，这些建议是关于科学如何了解世界，要在世界中寻找什么样的秩序，需要运用怎样的解释，乃至应该遵循怎样的一个理论程序。在这种意义上，辩证法是一种方法，而且也许当辩证法被理解

为一系列方法论建议时，我们能更清楚地认识到辩证现实观所具有的重大经验意义。

2 “颠倒”黑格尔

按照我对马克思的阐释，马克思接受了黑格尔关于现实之建构方式的观点，但是他拒绝了黑格尔哲学中启发这一观点的形而上学。我认为无论“怀疑”或“支持”上述解读都可以在马克思的文本中找到依据。马克思对黑格尔的批判性考察最初准备于 1842 年或 1843 年，这是一些并未出版的对黑格尔《法哲学原理》第 261～313 节内容所做的批判性注释。马克思后来的著作表明他从未放弃对黑格尔的这种批判，甚至还继续将这种批判作为通向他自己的辩证方法的有效论点。随后，在《神圣家族》和《哲学的贫困》中对黑格尔哲学的批判，实际上相较于早期的批评文本所呈现出的批判几乎未增加实质性的内容，尽管在后来的著作中马克思以高超的讽刺智慧的确让它们增光不少[9]。

马克思对《法哲学原理》的批判清楚地表明，他的批判基本是形而上 220
学的，主要针对黑格尔的“逻辑的、泛神论的神秘主义”[10]。黑格尔论述的真正主题是现代国家和它的政治制度。黑格尔的讨论中有价值的是他对构成这种制度的有机联系的深刻洞察。“把政治国家看作机体，因而把权力的不同……看作有生命的和合乎理性的不同，——这是前进了一大步”[11]。黑格尔的重大理论缺陷是他在处理经验事实的有机联系时，将它表述为“同事实本身有区别的主观的观念活动……认可经验的现实性的现状：这种现实性也被说成合乎理性，然而它之所以合乎理性，并不是因为它固有的理性，而是因为经验的事实在其经验的存在中具有一种与它自身不同的意义”[12]。

黑格尔的逻辑过程中的辩护性偏见部分引起了马克思的不满。将现存社会视为“观念的产物”，黑格尔“按其所是”将这个社会“接受”，**先验**地决定它是合理的。但是这只是马克思批判黑格尔的一个粗浅的方面[13]。马克思并没有否认现代国家中存在着合理性，而且称赞黑格尔将其公之于众。他真正批判的是黑格尔曲解其本质和来源使得这个合理性神秘化。

马克思著名的“颠倒”隐喻的起源是他批判黑格尔“颠倒主词和谓词”，也就是说，将反映现实辩证结构的理性概念转变为创造了那个结构的主体：

> ［黑格尔］本来的思想是：国家……的发展是**有机的**发展。前提、主体是**政治**制度的**现实的差别**或**各个不同方面**。谓语是这些不同方面作为**有机的东西**而具有的规定。观念反而成了主体；各种差别及各种差别的现实性被设定为观念的发展，观念的产物。[14]

这种批评与对黑格尔的柏拉图主义批判紧密相连，后者成为马克思在《神圣家族》和《哲学的贫困》中嘲弄的对象。黑格尔的柏拉图主义观点，即真正的辩证的主体（agency）是抽象的普遍概念或者观念，通过它在特殊事物的有机发展中的“自我运动”（self-moving）和“自我差异化”（self-differentiating）的表现形式获得现实性和具体性。恰恰相反，对马克思而言，在辩证思维中使用的概念只是对特殊事物的真实属性的一种抽象，这
221 种抽象是概念去反映事物属性的一种功能。在《哲学的贫困》中，马克思诊断抽象哲学家们的错误在于，将终极的和最基本的抽象误认为是他们刻画出的现实的终极构成。

> 抽去每一个主体的一切有生命的或无生命的所谓偶性……我们就有理由说，在最后的抽象中，作为实体的将只是一些逻辑范畴。所以形而上学者……在进行这些抽象时，自以为在进行分析，他们越来越远离物体，而自以为越来越接近，以至于深入物体。[15]

在对黑格尔的《法哲学原理》的批判中，马克思认为，黑格尔在这一点上的形而上学错误也使得他在辩证法上的正确性被歪曲。在将国家作为有机体时，黑格尔的起点是有机体的“抽象观念”，它被假定在国家中得以区分并实现它自身。然而，仅仅表明国家是一个有机体，“关于政治制度的**特殊观念**，我还毫无了解。关于**动物**机体和**政治**机体都可以根据同样的理由讲出同样的命题”[16]。只要黑格尔重视他的柏拉图主义，他的辩证方法就必然无法把握它的主题所特有的合理性，而且必须沉浸于站不住脚的抽象之中：“黑格尔力图达到的真正结果，是要把**机体**规定为**政治制度**。但是，**从机体的一般观念通向国家机体或政治制度的特定观念**的桥梁并没有

架设起来，而且这座桥梁永远也架设不起来。”[17] 如果我们相信黑格尔的话，他将他的方法所应用于的实际主体“则变成它们的简单**名称**，这样就只能得到真正认识的假象，因为这些主体——由于没有从它们的特殊本质加以了解——依然是不可理解的规定”[18]。黑格尔的方法仅仅在如下情况下是有效的，即他不再始终如一地坚持自己的思辨立场，而是将辩证联系作为它们经验地展示自身加以处理，并且将他的理论概括作为对外在于它们的经验主题的抽象。

能够证实我的解读的证据不会如此直接，仿佛马克思已经明确地定义了黑格尔辩证法的“合理内核”。然而，在马克思和恩格斯的著作里都存在着关于这个的证据。我认为，最强有力的证据就是马克思在《资本论》中所自觉展现出的辩证理论结构，这一点我们会在后文详述。但是马克思 222
在他所有的著作中都向我们展示出他的确遵循黑格尔的辩证观。

正如我们刚刚已经看到的，在对《法哲学原理》的评论中，马克思热情洋溢地赞成社会结构应该被视为有机体或者有机整体的观点，而且经常用这种方式来描述社会结构[19]。他公开关注社会现象之间的“内在相互联系”，“追溯它们的发展形式”，把握支配它们的历史的内在“规律”或者“趋势”。他将这些趋势描述为来自构成特定社会整体的对立或“矛盾”。马克思经常强调自我维持（self-maintenance）和暂时性（transitoriness）是任何有机体都具有的相互必然的两方面，而辩证法的任务就是在它们的统一性中理解它们。“辩证法在对现存事物的肯定的理解中同时包含对现存事物的否定的理解，即对现存事物的必然灭亡的理解；辩证法对每一种既成的形式都是从不断的运动中，因而也是从它的暂时性方面去理解”[20]。

马克思的历史唯物主义明显是关于社会的辩证理论。它将社会秩序视为经济关系的有机整体，这种有机整体经过历史发展的特定阶段，并且受到基本趋势驱动而发生变化。它将这些趋势的动态变化理解为从构成社会的基本经济关系中发展出来的阶级对立。尽管历史唯物主义并没有提出明确的黑格尔式的解释因素，但是它仍受到黑格尔的哲学观的启发。

恩格斯更加直接地赞成黑格尔关于现实的辩证观，很大程度上因为他更加关注辩证法的哲学阐释。对恩格斯而言，黑格尔哲学的伟大之处就是它提出来的**任务**，那就是“把整个自然的、历史的和精神的世界描写为一个过程，即把它描写为处在不断的运动、变化、转变和发展中，并企图揭示这种运动和发展的内在联系”[21]。“我们所接触到的整个自然界构成一个体系，即各种物体相联系的总体”。辩证法是“关于联系的科学”，在这一体系内，“本质上是整理材料的科学”，“把这些自然过程结合为一个伟大整体”，“本质上是从它们的联系、它们的联结，它们的运动，它们的产生和消逝方面去考察的”[22]。我们在第十一章看到，恩格斯与谢林和黑格尔类似，把自然看成一个关于过程或者“运动的各种形式”的目的论等级序列。有很强的证据表明恩格斯与谢林类似，将有效因果联系（efficient cau-
223 sality）视为建立在事件之间更加基础的、更为有机的相互作用之上，因此终极原因或者目的论是比有效因果联系更为基础的阐释范畴[23]。恩格斯的三个著名的“辩证规律”（对立统一、质量互变和否定之否定）都或多或少地直接源自黑格尔，并且被认为是阐述其有机地和发展地建构的世界观的最好载体。

有些学者称马克思并没有沿着恩格斯的道路，将辩证范畴应用到自然上。像其他试图在马克思和恩格斯之间进行哲学划界的尝试一样，这个观点最初因为卢卡奇的《历史与阶级意识》而为人所熟知，通常被对马克思的本质上唯心主义的解读所支持，并且没有任何马克思文本中的基础。的确，马克思并没有经常沉溺于恩格斯的**自然哲学**沉思中，甚至是只关注于将辩证思维应用在社会理论上。但是，马克思不止一次清楚地声明辩证的原则“在历史上和自然科学上都是同样有效的”[24]。他从未在任何地方说过或者暗示过相反的观点。马克思的确赞成卓万尼·巴蒂斯特·维科（Giambattista Vico）的观点，即“人类史同自然史的区别在于，人类史是我们自己创造的，而自然史不是我们自己创造的”，而且在这一语境下，他批评了“排除历史过程的、抽象的自然科学的唯物主义”[25]。但是，这只是针对将有机发展的辩证范畴从自然之中驱除出去的唯物主义的批判，而绝不是赞同卢卡奇的主观理解——只有有意识的人类实践才能赋予事物辩证的结构。正如我们所见，马克思与黑格尔产生分歧，正是因为黑格尔将思想的辩证本质作为现实辩证结构的基础，而马克思则持有恰恰相反的观点。

当然，恩格斯也有自己的方法来将马克思的辩证法和黑格尔的辩证法区分开来。他认为马克思接受了黑格尔的“方法”，但是丢弃了他的“体系”[26]。这不一定是错误的，但是它是肤浅的，而且可能会误入歧途。一方面，它（很明显地）强调马克思没有接受黑格尔的全部哲学（如恩格斯所言，“在细节上也有许多东西不能不是牵强的、造作的、虚构的，一句话，被歪曲的”）[27]。但是它也能表明（这是错误的观点）辩证的“方法”能够明确地从黑格尔关于世界存在方式的观点中分离出来。恩格斯在区分“体系”和“方法”时，关注于强调马克思主义对任何“绝对真理”的否定；或者更加准确地说，强调马克思主义反对科学认识有尽头，能够被完
224 成，坚持认为科学始终最接近于反映现实，始终处于永恒的发展和周期性

的理论革命中。黑格尔是否真的持有与此相反的观点是一个很难回答的问题，但是，如果认为一个构建理论体系的思想家会致力于把自己的体系视为永不过时或无须修改的，那么这个论断是过于简单武断的。马克思在建构《资本论》的体系时从来没有这么想过。

3　在思维中再现具体

也许对《资本论》产生误解的最为普遍的原因是，它的读者没有理解书中所提出的理论框架（theoretical project），而且将马克思的某些基本理论（比如价值规律和剩余价值理论）视为答非所问。这些误解有时候是刻意的，就如同某些人翻开马克思的著作时，主要是为了寻找理由反驳他的危险观点。但也并不总是如此，在《资本论》中，马克思忙于发展他的理论，以至于没有提醒读者关于该书的一般目标和结构。为了辨明这些内容，它可能（就像马克思警告我们的那样）需要有同情心的读者，需要"那些想学到一些新东西、因而愿意自己思考的读者"[28]。

马克思在《资本论》中最重要的关于方法论的思考可以在第二版的"跋"中找到。它们时常被一个俄国的评论者提起，他发现马克思的"研究方法是严格的现实主义的，而叙述方法（*Darstellung*）不幸是德国辩证法的"。马克思承认他的方法是辩证法的，而且他坚持认为"在形式上，叙述方法必须与研究方法不同"。正如马克思所描述的，《资本论》中所使用的"研究方法"和"叙述方法"都具有可辨识的辩证性。研究的任务是"充分地占有材料，分析它的各种发展形式，探寻这些形式的内在联系"。这假设了材料是辩证地构造起来的，资本主义经济结构是一个由"内在纽带"有机地联系着的"发展形式"的等级序列。一旦研究发现了这种结构，马克思指出，"现实的运动才能适当地叙述出来。这点一旦做到，材料的生命一旦在观念上反映出来，呈现在我们面前的就好像是一个**先验**的结构了"[29]。

关于马克思头脑中"建构"的一个更为详细的描述可以在《政治经济学批判大纲》中，在为《政治经济学批判》而起草的导言（但是没有一起出版）中找到。这个文本勾勒出的经济体系在细节上跟《资本论》中最终 225
呈现出来的有一些不同，但是从形式上来看，其基本理论框架是相同的。马克思认为，在经济学中从"现实和具体"开始思考，考察一个国家的人口、不同生产部门的分布、进口和出口、年产量和年消费、相对商品价格体系是很自然的。他表示，绝大多数政治经济学家都是这样开始的。但是，当他们开始理解一个具体社会的运行时，他们被迫“从简单得不能再简单的概念分析下去”，到“抽象得不能再抽象”，直到他们到达极少基础的、抽象的经济概念。根据马克思的观点，只有当完成了这些，他们才能够开始发展出一套真正的经济学理论，即从简单的抽象（如劳动、劳动分工、价值和交换）上升、回到作为他们出发点的具体经济，从而使他们的路径返回具体。因而，马克思相信经济学家的“第一条道路”，从具体和直观的事实（the immediately observable）出发，是一条理论上错误的道路。“科学上正确的方法”是“第二条道路”，它是从精心挑选的抽象出发，展示直观的事物是如何发源于它们所代表的基本经济结构的。

> 具体之所以具体，因为它是许多规定的综合，因而是多样性的统一。因此它在思维中表现为综合的过程，表现为结果，而不是表现为起点，虽然它是现实的起点，因而也是直观和表象的起点。在第一条道路上，完整的表象蒸发为抽象的规定；在第二条道路上，抽象的规定在思维行程中导致具体的再现。[30]

这看起来是将“叙述方法”描述为不同于“研究方法”[31]。设想马克思反对我们从具体的经验直观开始研究经济体系是毫无理由的。他要避免的是把直接观察到的事物作为他的理论叙述的出发点。对黑格尔和马克思而言，科学的任务是透过经验观察，通过“概念”和“思维中再现具体”
226 来理解它们。马克思经常批评“庸俗经济学家”“紧紧抓住了现象”，“反映在他们头脑里的始终只是各种关系的直接**表现形式**，而不是它们的**内在联系**”。他认为，“如果事物的表现形式和事物的本质会直接合而为一，一切科学就都成为多余的了”[32]。马克思区别于黑格尔的地方仅在于他没有将思维过程视为“处于直观和表象之外或驾于其上而思维着的、自我产生着的概念”，而是把思维过程看作对我们经验观察得到的独立现实的内在联系的反映[33]。

对马克思而言，正确地构建的经济学理论是一个“范畴体系”，从社会最简单、最抽象和最基本的概念出发，朝着那些能展示社会整体的更完满的、更具体的概念上升，并且反映更易被直接观察的“发展形式”。马克思在这里强调的“发展形式”并不是时间性的，理论中范畴的顺序不会像各种相应的社会形式在历史上出现或成为历史决定因素的顺序一样。当然，马克思理论的最终目标是揭示资本主义社会的内在变化趋势。但是，他的范畴体系的直接目标是理解社会的内在结构，而不是追溯它的历史："问题不在于各种经济关系在不同社会形式的相继更替的序列中在历史上占有什么地位……而在于它们在现代资产阶级社会内部的结构"[34]。

很显然（正如马克思所明确承认的），适用于这种经济理论的模型是在黑格尔的逻辑体系或者他的《法哲学原理》中找到的等级性辩证法（hierarchical dialectic）。当然，马克思效仿的只是这一体系的总体理念，而不是它的细节。（恩格斯曾在马克思从商品到资本的转化与黑格尔逻辑学中从存在到本质的转化之间寻找相似点。）[35]因为马克思抛弃了黑格尔的唯心主义形而上学，这一转化在他的辩证理论中也具有不同的含义：它们表达了事实的或者因果的必然性，通过它们，一系列相互联系的因素和趋势产生一个结果；而没有表达**先验**可知的概念必然性。尽管如此，《资本论》中的黑格尔主义存在于基本概念和理论结构之中，正如某些作者想要相信的那样，它不仅仅是一个术语的问题。

注　释

［1］MEW 29：561；马克思，恩格斯. 马克思恩格斯全集：第29卷. 北京：人民出版社，1972：540.

［2］MEW 29：260，*Selected Correspondence*，100；马克思，恩格斯. 马克思恩格斯文集：第10卷. 北京：人民出版社，2009：143.

［3］MEW 32：538，*Selected Correspondence*，199；MEW 23：27，*Capital*（New York，1967）1：20；马克思，恩格斯. 马克思恩格斯全集：第23卷. 北京：人民出版社，1972：24. 对比SW：619。足够讽刺的是，"首足倒立"这个隐喻恰恰来自黑格尔本人，参见：Hegel，*The Phenomenology of Spirit*，tr. A. V. Miller（Oxford，1977），15.

［4］G. W. F. Hegel，*Werke*（Frankfurt，1970）8：58，*Hegel's Logic* tr. W. Wallace（Oxford，1975），18.

［5］MEW 23：27，*Capital* 1：20；马克思，恩格斯. 马克思恩格斯文集：第5卷. 北京：人民出版社，2009：22.

［6］MEW 23：27，*Capital* 1：19；MEW 36：209，*Selected Correspondence*，379；马克思，恩格斯. 马克思恩格斯全集：第44卷. 2版. 北京：人民出版社，2001：22；马克思，恩格斯. 马克思恩格斯文集：第10卷. 北京：人民出版社，2009：523.

［7］Immanuel Kant，*Gesammelte Schriften*，Academy Edition，5：307，*Critique of Judgment*，tr. J. H. Bernard（New York，1951），150.

［8］当恩格斯把辩证法描述为“运用这些概念的艺术”，这些概念是“经验概括起来的结论”时，他也许对这一点表现出同意［MEW 20：14，*Anti-Dühring*（Moscow，1962），21；马克思，恩格斯．马克思恩格斯全集：第20卷．北京：人民出版社，1971：17］。把握经验就是在概念中抓住它们，概念的结构是辩证的。这些主张可以被解释为对科学理解的合理目标的意见。当然，这些目标只是在概念所反映的现实结构是辩证的情况下才有意义。

［9］SW，181－2；*Capital* 1：19；CW 4：57－61；CW 6：162－5；马克思，恩格斯．马克思恩格斯全集：第23卷．北京：人民出版社，1972：24.

［10］MEW 1：206，CW 3：7；马克思，恩格斯．马克思恩格斯全集：第3卷．2版．北京：人民出版社，2002：10.

［11］MEW 1：210，CW 3：11；马克思，恩格斯．马克思恩格斯全集：第3卷．2版．北京：人民出版社，2002：15.

［12］MEW 1：207－8，CW 3：9；马克思，恩格斯．马克思恩格斯全集：第3卷．2版．北京：人民出版社，2002：12.

［13］在我看来，它也是一种没有根据的批判。黑格尔宣称他关注现存的国家，仅仅在于现存国家代表了所有现代国家中所内在的理性结构，正好比马克思在《资本论》中关注英国仅仅是因为英国是所有现代资产阶级经济的普遍类型的一个最好的例子而已。黑格尔承认在任何一个现存国家中，他所描述的理性形式或“现实性”都无法充当完美的典型例子。参见：Hegel，*Elements of the Philosophy of Right*，258A，and *Hegel's Logic*，9－10.

［14］MEW 1：210，CW 3：12；马克思，恩格斯．马克思恩格斯全集：第3卷．2版．北京：人民出版社，2002：15.

［15］*Oeuvres* 1：76，CW 6：163；马克思，恩格斯．马克思恩格斯选集：第1卷．3版．北京：人民出版社，2012：219.

［16］MEW 1：210，CW 3：12；马克思，恩格斯．马克思恩格斯全集：第3卷．2版．北京：人民出版社，2002：16.

［17］MEW 1：212－3，CW 3：14；马克思，恩格斯．马克思恩格斯全集：第3卷．2版．北京：人民出版社，2002：18.

［18］MEW 1：211，CW 3：12；马克思，恩格斯．马克思恩格斯全集：第3卷．2版．北京：人民出版社，2002：16.

［19］关于一些与“有机体”及其发展的最为著名的参考，参见：CW 6：166，*Grundrisse*，100e，278e，483e和*Capital* 1：8－10，18－20；马克思，恩格斯．马克思恩格斯文集：第5卷．北京：人民出版社，2009：21.

［20］MEW 23：28，*Capital* 1：20；马克思，恩格斯．马克思恩格斯全集：第44卷．2版．北京：人民出版社，2001：22.

［21］MEW 20：22－3，*Anti-Dühring*，41；马克思，恩格斯．马克思恩格斯选

集：第3卷. 3版. 北京：人民出版社，2012：398.

［22］MEW 20：355，*Dialectics of Nature*（New York，1940），36；MEW 20：348，*Dialectics of Nature*，27；MEW 21：294，SW，620－1；MEW 20：21，*Anti-Dühring*，36；马克思，恩格斯. 马克思恩格斯全集：第26卷. 2版. 北京：人民出版社，2014：590，534；马克思，恩格斯. 马克思恩格斯全集：第21卷. 北京：人民出版社，1965：339；马克思，恩格斯. 马克思恩格斯全集：第26卷. 2版. 北京：人民出版社，2014：25.

［23］根据恩格斯的观点，自然的终极结构是物质存在之间的"相互作用"，他们"彼此互相制约"。因此，相互作用是"事物的真正的终极原因。我们不能比对这种相互作用的认识追溯得更远了，因为在这之后没有什么要认识的东西了"（MEW 20：497，*Dialectics of Nature*，71；马克思，恩格斯. 马克思恩格斯选集：第3卷. 3版. 北京：人民出版社，2012：920）。有效成因概念就在我们与这种原始相互性之间的实践关系中产生。"我们也发现：只要我们造成某个运动在自然界中发生的条件，我们就能引起这个运动……**因此**，由于**人的活动**，就建立了**因果**观念的基础，这个观念是：一个运动是另一个运动的**原因**。"（MEW 20：499，*Dialectics of Nature*，173；马克思，恩格斯. 马克思恩格斯全集：第20卷. 北京：人民出版社，1971：573）与谢林对因果性和相互性的观点进行比较，参见：*System of Transcendental Idealism*，*Werke*，ed. O. Weiss（Leipzig，1907），2：141－65.

［24］MEW 31：306，*Selected Correspondence*，189；也可参见：*Capital* 1：309；马克思，恩格斯. 马克思恩格斯全集：第31卷. 北京：人民出版社，1972：312.

［25］MEW 23：393，*Capital* 1：372－3；马克思，恩格斯. 马克思恩格斯全集：第23卷. 北京：人民出版社，1972：409－410.

［26］*Anti-Dühring*，37－40，SW，598－602；马克思，恩格斯. 马克思恩格斯全集：第20卷. 北京：人民出版社，1971：387－388.

［27］MEW 20：23，*Anti-Dühring*，38；马克思，恩格斯. 马克思恩格斯全集：第20卷. 北京：人民出版社，1971：27.

［28］MEW 23：12，*Capital* 1：8；马克思，恩格斯. 马克思恩格斯全集：第44卷. 2版. 北京：人民出版社，2001：8.

［29］MEW 23：27，*Capital* 1：19；马克思，恩格斯. 马克思恩格斯全集：第44卷. 2版. 北京：人民出版社，2001：21－22.

［30］*Grundrisse*，21g，100e；马克思，恩格斯. 马克思恩格斯文集：第8卷. 北京：人民出版社，2009：25.

［31］在描述《政治经济学批判大纲》理论的通信中，马克思称它为"对资产阶级经济学体系的批判"和一个"科学的""叙述"（MEW 29：550－1，*Selected Correspondence*，103；马克思，恩格斯. 马克思恩格斯全集：第29卷. 北京：人民出版社，1972：531）。

［32］MEW 32：553，*Selected Correspondence*，210；MEW 31：313，*Selected Correspondence*，191；MEW 25：825，*Capital* 3：817；马克思，恩格斯．马克思恩格斯全集：第32卷．北京：人民出版社，1974：542；马克思，恩格斯．马克思恩格斯文集：第10卷．北京：人民出版社，2009：266；马克思，恩格斯．马克思恩格斯文集：第7卷．北京：人民出版社，2009：925.

［33］*Grundrisse*，22g，101e；参见：CW 6：165；马克思，恩格斯．马克思恩格斯选集：第2卷．3版．北京：人民出版社，2012：701.

［34］*Grundrisse*，28g，107－8e；马克思，恩格斯．马克思恩格斯选集：第2卷．3版．北京：人民出版社，2012：708.

［35］*Selected Correspondence*，439；马克思，恩格斯．马克思恩格斯全集：第38卷．北京：人民出版社，1972：203.

第十五章
《资本论》的辩证法

1 《资本论》的结构

马克思经济理论的辩证结构也许最应该被视作一个理论模型的等级序 227
列，即从表征了现代资产阶级社会中基本社会形式的极为抽象的模型逐次逼近，升华至关于这个社会的更加完备、细致的模型[1]。这个想法就是用更为抽象的模型去解释我们能直接观察到的一些事物，而且说明它的运行是如何产生复杂的功能，从而在我们将这些特征整合进理论中时，能够构造出更为丰富的模型，能够更接近于可观察现实的其他方面。然而，那些更为抽象的模型并没有因为这个原因而变得更不现实；在某种程度上，它们对马克思而言变得更加现实，因为它们更接近隐藏于外在表象后面的本质。马克思的理论朝着一个能够反映经验事实的具体细节的模型发展，但是他并未把经济理论或者理论模型仅仅看作总结和预测观察结果的工具。马克思理论的任务是在思维中再现具体的结构。更为抽象的模型的功能是透过复杂的表象，从基本生活形式中可观察到的现象所引起的内在趋势去理解基本的社会形式。

一种辩证法只有在分析具体客观事物的内在联系和发展趋势时，才能被恰当地理解或评估。要理解马克思《资本论》的叙述辩证法，不能离开经济分析细节，但这不在本书的讨论范围之内。但是，为了使我所讨论的马克思的方法更加具体，我将尝试简单地描述马克思的理论，强调马克思的价值规律、剩余价值理论和相对价格理论分析路径。忽略马克思的辩证法会导致对其经济学理论的误读和无根据的指责，正统的学院派经济学家 228
对这些马克思主义学说的普遍误解就是一个明显的例子。

《资本论》起始于对商品的分析。根据马克思的观点，“商品”是满足人类需求并且用来交换的劳动产品[2]。继亚当·斯密之后，马克思区分了商品的使用价值（满足人类某种需要的自然能力）和交换价值(以一定比率与其他商品相交换的社会能力)[3]。马克思对资本主义生产的最为基本的模型做出了如下假定：商品的交换价值与“价值”，与生产该商品所需的社会必要劳动时间总量成正比。这便是马克思所说的“价值规律”[4]。

这个模型是非常抽象的。实际上，它是一个基于私有财产的商品生产模型，假定市场完全竞争，生产对劳动成本的变化极度敏感，但是有意忽略了除劳动之外的所有生产成本的影响，并且把所有商品视作可以自由再生产的[5]。马克思的最终目标是解释从现实资本主义社会中发现的与该模型最为重大的系统性偏离，方法是运用模型来解释产生偏离的因素。价值规律**不是**一种能够解释资本主义社会所有表面复杂性的一般相对价格理论。正如马克思明确提出，他的辩证法**要求**他不要在如下意义上试图创造这样一个理论：“如果想一开头就‘说明’一切表面上与规律矛盾的现象，那就必须**在**科学**之前**把科学提供出来。”“如果我想把所有这一类怀疑都预先**打消**，那我就会损害整个辩证的阐述方法。”[6]

采用他的简单模型，马克思接着提供了一个冗长的“价值形式”说明，目的是要表明在一个符合模型的社会中，“普遍的价值尺度”这一需求是如何自然地出现的，从而“追溯货币形式的起源”并消除“货币的谜”[7]。将依据货币进行交换引入模型之后，马克思为自己安排的任务是解释货币如何变成资本，也就是说，货币如何在被投入流通过程之中实现价值的增殖。

229 资本家交换货币主要是为了两样东西：生产资料和雇佣工人的劳动力。资本主义生产过程只是资本家从他们购买的物品中获取使用价值的过程[8]。这种使用价值的特殊之处在于它涉及资本主义商品交换价值的增殖，因而（根据价值规律）涉及蕴含在商品中的价值或者劳动时间的增加。这是怎么发生的呢？生产资料的价值是已经消耗在商品中的劳动时间，它不是在劳动过程中增加，而只是转移到产品中。劳动力的价值是提供给工人以工资来购买生活资料的必要劳动时间。但是，劳动力的使用价值就是劳动时间本身，它融入产品之中并通过在劳动中消耗生产资料而增加到现有价值中。在马克思的理论中，资本能够增殖是因为工人的劳动时间超出了他们的工资所对应的劳动时间。换句话说，资本扩张是因为工人们只用了每天的部分时间去再生产他们的劳动力的价值（这就是马克思所谓的“必要劳动”）并将剩余时间用在了（没有报酬的）

“剩余劳动”上面[9]。

资本能够从工人身上抽取剩余劳动，主要是因为资本主义社会中的绝大部分生产资料为某一阶级所有，因此资本家在与人数众多的阶级议价时具有决定性的优势，后者只能通过出卖劳动力，在挣取比他们劳动所创造价值少得多的工资的情况下获得工作机会以维持生计[10]。马克思转而通过展示在特定发展阶段下，社会生产力只有集中在少数人手中才能够被有效使用并进一步发展，唯物地解释了这个历史事实[11]。因为在劳动过程中，花费在生产资料上的资本不能增殖，而花费在劳动力上的资本能增殖，马克思就将前者称为“不变资本”（c）并且将后者称为“可变资本”（v）[12]，将剩余劳动创造的价值称为“剩余价值”（m）[13]。因此资本主义的劳动过程就是资本的价值从 $c+v$ 到 $c+v+m$ 的增殖过程[14]。

基于他的第一个抽象模型，马克思现在说明了价值如何以货币形式表达自身，以及经过简单商品生产的特定历史变化，货币是如何转变为资本的。马克思将模型解释过的因素融入模型中，得到一个不太抽象的模型，新的模型与资本主义社会中可观测到的现实更为相似，并且有可能解释更多这样的现实。根据马克思的观点，资本运用它对于劳动的优势来尽可 230
能提高“剩余价值率”（m/v）[15]。这主要通过两种途径实现：延长劳动时间（创造马克思所谓的“绝对剩余价值”）和减少工资这种劳动成本去缩短必要劳动时间（创造马克思所谓的“相对剩余价值”）[16]。马克思通过资本创造绝对剩余价值的趋势，来解释资本已经把工作日延长到了非人的程度，并且讨论了依法开展限制它的政治斗争[17]。马克思通过制造相对剩余价值的趋势，解释了劳动分工和引入机械劳动时的资本扩张[18]。在马克思看来，资本也趋向于积累，趋向于将社会权力集中在有产阶级手中。马克思证明了这个趋势，探讨了它在人口增长和失业方面的显著影响[19]。

至此，马克思只关注于资本对于价值和剩余价值的**生产**。在《资本论》的第二卷，他转向资本的“流通”，即资本通过销售商品“实现”剩余价值以及资本通过将收益再投资“再生产”自身这一互补性过程（the complementary process）。马克思用生产剩余价值在“生产”和“实现”两个环节的条件上的“分歧”，尝试解释困扰资本主义的贸易周期和周期性危机[20]。

在《资本论》第三卷中，马克思将他的生产模型和剩余价值实现模型合为一个“揭示和说明**资本运动过程作为整体考察**时所产生的各种具体形式”的模型，是“生产过程和流通过程的统一”[21]。他揭示了剩余价值在资本那里如何表现为利润，讨论了将利润划分为利息和“企业利润”，并且揭示了一部分剩余价值是如何转化为地租的。马克思对利润的讨论包括他著名的（尽管经常被误解）《利润率趋向下降的规律》[22]。它也包括他对商品价值和“生产价格”之间关系的讨论，使得马克思能够构造比第一个模型中的“价值规律”更为复杂的相对价格理论[23]。

2　价值与生产价格

根据马克思的理论，资本家的货币通过生产实现扩张，取决于可变资本
231 的数量（v）和剩余价值率（m/v），前者使劳动运转，后者与企业有关。但是，没有资本家会直接对这些数量感兴趣。原因之一是资本家感兴趣的是实现的剩余价值，而不是生产的商品。他们关心的不是剩余价值相对于生产它所花费的工资的比例，而是剩余价值同被马克思称为商品的“成本价格”——投入的总资本（$c+v$）——的比率[24]，这个比率（$m/[c+v]$）就是马克思所说的“利润率”。在《资本论》第三卷的第二部分，马克思注意到，即使假设 m/v 在所有产业中都是一样的，但是利润率在不同产业中也会不一样，因为不同的生产技术要求不同的不变资本与可变资本的比例（c/v，马克思称之为“资本的**有机**构成”）[25]。由于剩余价值取决于可变资本而不是它的成本价格，因而 c/v 较低的产业（在其他条件一样的情况下）将会比 c/v 较高的产业获得更高的利润率[26]。

但是，利润率之间的这种差异，只有在我们假定资本家们无法在不同产业之间转移投资，即假定资本家之间的竞争只存在于每一个产业内部而非不同产业之间的情况下才能保持下去。在第三卷中，马克思丢弃了这个不现实的假设，进一步发展了他的资本主义模型[27]。他认为，因为竞争的存在，资本家销售产品所**实现**的利润率与他们**生产**的利润率有系统性的差异。如果在竞争条件下，我们设想低 c/v 产业努力生产出的所有剩余价值，那么我们会看到较高的利润率将吸引从高 c/v 产业转移出来的投资，导致低 c/v 商品（将会以低于它们的价值被卖出）供过于求，而高 c/v 商品（将会以高于它们的价值被卖出）供不应求：竞争将使得剩余价值在所有产业之间公平分配。

按照马克思在第三卷中发展的模型来看，这实际上就是现实发生的情形：“不同生产部门中占统治地位的利润率，本来是极不相同的。这些不同

的利润率，通过竞争而平均化为一般利润率，而一般利润率就是所有这些不同利润率的平均数”[28]。这当然会对商品的相对均衡价格产生系统性的影响。在第三卷的模型中，高 c/v 商品“高于它们的价值被卖出的比率同（低 c/v 商品）低于它们的价值被卖出比率相同”。因此，商品的价格不是与他们的价值（成本价格和生产的剩余价值之和）相一致，而是与成本价格和平均利润之和相一致：“不同生产部门的不同利润率的平均数，把这个 232
平均数加到不同生产部门的成本价格上，由此形成的价格，就是**生产价格**”[29]。

传统悠久的新古典主义批判家［从 1896 年的欧根·冯·庞巴维克（Eugen von BöhmBawerk）开始］无视马克思在第一卷中的警告——“平均价格不直接与商品中价值的大小相一致”，认为第三卷的理论不是将一个基本不连贯的东西引入马克思的体系，就是相当于马克思在第一卷和第三卷之间对其做了一个基本的修订。关于马克思修订或部分改变其观点的猜测，最终都有力地被他的文本所驳倒。第三卷的理论不仅在第一卷中有暗示，而且它早已在马克思 5 年之前的通信中就详细发展起来。在《剩余价值理论》，甚至在《政治经济学批判大纲》（早于第一卷约 10 年）中就多次提到平均利润率和生产价格[30]。

然而，只有当我们忽视了马克思理论的辩证结构，并且将价值规律误解为发展成熟的相对价格理论时，认为“卷一与卷三是不连贯的”，这一指责才说得通。第一卷和第三卷未给我们矛盾的价格理论，而只是商品交换模式有所差异，一个更加基本和抽象，另一个更加复杂且接近于表象。马克思的确坚持生产价格“依赖于”和“规定于”，甚至是“决定于”价值，并且生产价格对价值的偏离只是“表面上”与价值规律相矛盾[31]。通过这种方式，他认为价格可以从价值中“发展”出来，以价值规律开头的辩证理论可以解释实际资本主义中引起价格与价值相偏离的因素[32]。一个专注于相对价格理论而排斥马克思的其他关注点的经济学家可能会觉得他的价格理论研究路径麻烦而且拐弯抹角。然而，对马克思思想不连贯的指责，只是源于对他观点的误解。

对马克思更为中肯的一个指责是说他在第三卷中的理论本身是有缺陷的。马克思明确打算把商品的价值“转换”（convert）或者“转型”（transform）为价格，而且表明他意识到这么做会遇到的困难[33]。但是马克思实际上并没有解决“转型难题”。在《资本论》中，马克思看似既主张在一个经济体中商品的总价值与它们的总价格相等，又认为总的剩余价值与总的利润相等[34]。第一个提出“转型难题”解决方法的路德维希·冯· 233

伯特科维奇（Ludwig von Bortkiewicz）称，我们不能同时接受上述两个观点。此类观点确有见地，即马克思第三卷中的理论看起来是有缺陷的，为完善这个理论、进行必要的修订时不要求完全放弃第一卷中的价值分析。但是，这些修订在多大程度上使得价值分析变得没有意义，因而使得放弃它更为明智的问题仍然存在着意见分歧。但是，在这里不可能将“转型”的思考与其他关于马克思价值分析方法优缺点的问题分离开来[35]。

3　价值规律

在《资本论》第一卷中，马克思对价值的分析是从两个主要观点出发的。第一，马克思的“价值定义”：商品的**价值**是由生产该商品的社会必要劳动时间决定的[36]。第二，马克思的“价值规律”：商品的交换价值由劳动时间（根据它的价值）决定[37]。这些观点已经被普遍误解。首先，它们绝不是规范性的或者“评价性的”观点。马克思并不认定劳动是唯一“有价值”的东西[38]。他的价值规律不是关于“公平价格”的理论。马克思也不认为人们有权享有他们的商品价值（由劳动时间衡量），或者商品**应该**根据它们的价值进行交换[39]。他不认为未来社会中的商品会按照它们的价值进行交换，也从未提出它们应该这样被交换[40]。价值规律是关于经济科学的一个命题，是用来解释资本主义所实际发生的一切。但是，正如我们所见，它不是资本主义的相对价格理论，而仅仅是作为基本的并且极为抽象的商品交换模型的假设——有了它，马克思的辩证理论才开始展开[41]。

一旦理解了马克思关于价值的基本理论的意义和理论作用，我们就可以忽略绝大多数对马克思所谓的“劳动价值理论”的传统反对意见。一类反对意见是所谓的价值规律的“反例”，即交换的商品的相对价格并不明显地与它们的劳动成本成比例这样的例子[42]。有些例子似乎依赖于对社会必要劳动同实际劳动消耗之间的混淆（比如庞巴维克所举的在家中进行针织工作温馨却低效一例）[43]。其他交换的例子要么在马克思看
234 来根本不算作“商品”（如未开垦的土地或其他“自然的礼物”），要么是不能自由再生产的其他东西（如地位、绘画和其他“稀有商品”），而马克思的简单模型则假定所有商品都是可以自由再生产的[44]。尽管新古典主义批评者已经认识到此类例子无法真正“反驳”马克思的价值规律，马克思的价格规律也并不打算包括它们，但也许是为了使人们关注自身

价格理论所具有的普遍性优势，因此他们仍经常性地进行此类举例[45]。马克思将原始模型限定在可自由再生产的商品之中，因为他将这种商品的生产看作资产阶级社会中的首要经济形式，由于他将商品交换规律当作理解社会形式的基础，在这种形式中，土地、稀有商品等也可以成为交换的对象。马克思因而有意避开了新自由主义理论的普遍性，因为具有这种普遍性的理论不能敏锐地关注作为资本主义基础的具体社会形式。

另一类批评指责马克思的价值是一个无用的概念，这是因为商品的价值总是随着劳动生产率的变化而持续改变，或者因为价值无法在实践中被精确地衡量，甚至因为价值原则上不能独立于需求而被决定[46]。前两种批评误解了马克思理论中价值的作用，对马克思的攻击实际上只是因为他采用了与其他学派经济学家不同的方法和优先次序。对马克思而言，价值处于基本的、抽象的商品生产模型中，而不是表面上决定相对价格的因素的经验衡量中。按照古典传统，马克思实际上假设了需求变化本身并不会导致商品均衡价格的变化，而且他的原始模型把劳动分配始终正好满足总需求当作理所当然[47]。但是，这并不意味着马克思的价值规律取决于任何关于需求的具体假设。马克思理论的一个终极目标就是理解在资本主义社会控制有效需求的收入分配模式[48]。

我们为什么要接受马克思的价值规律仍然是有待解决的问题。在《资本论》中，马克思通过展示他的批评者所谓的“证明”（或“辩证的证明”）来详细阐述他的价值规律[49]。马克思的阐述的确看起来像演绎论证，这可以总结为下述引用：

(1)（商品）是交换价值的物质承担者。 235

(2)（两件商品的）交换比例怎样，总是可以用一个等式来表示。

(3)（这个等式告诉我们）在两种不同的物里面……有一种等量的共同的东西。因而这二者都等于第三种东西……二者中的每一个只要是交换价值，就必定能化为这第三种东西。

(4)（因此）有效的交换价值表示一个等同的东西……交换价值只能是可以与它相区别的某种内容的表现方式，“表现形式”。

(5) 各种商品的交换价值也同样要化成一种共同东西。

(6) 这种共同东西不可能是商品的……天然属性。商品的物体属性只是就它们使商品有用，从而使商品成为使用价值来说，才加以考虑。

(7) 如果把商品体的使用价值撇开，商品体就只剩下一个属性，即劳动产品这个属性……（但不是）劳动的各种具体形式……（而是）抽象人类劳动。

(8) 这些物，作为它们共有的这个社会实体的结晶，就是价值——商品价值。

(9) 因此，在商品的交换关系或交换价值中表现出来的共同东西，也就是商品的价值。[50]

(1) 至 (5) 目的在于确立商品的交换价值可以简化为任何两件交换商品中都必须彼此拥有某些等量且可确定的事物，(6) 大幅排除了这一事物的候选对象，而且 (7) 将它确定为“抽象人类劳动”。我将 (8) 当作马克思把价值“定义”为社会必要劳动时间的说明。在这种意义上，通过将“抽象劳动”等同于“价值”，(9) 实际上总结了马克思的价值规律，断言商品的交换价值是由劳动时间（或价值）来衡量的[51]。

如果我们只关注于这个论证，我想我们很难去指责马克思的批评家误解了马克思价值规律的含义以及他提出这个规律的理由。这个论证没有提醒我们这个规律的限定范围，或者提醒我们用价值（或者劳动时间）来衡量的“交换价值”不能直接与商品的均衡价格画等号这一事实。这个论证看起来是试图从关于商品交换普遍本质的几个抽象理论中推导出一个**先验**的普遍价格理论。

236 这个论证包含一些值得质疑的步骤。(6) 看起来是从使用价值概念不同于交换价值概念这个前提推导出交换价值不能基于使用价值或者任何与之相关的“自然”属性这一结论。而明显的是无论在任何情况下它都不是由前提推导出的，因此自然会受到效用理论家的质疑。(7) 不是自明的。除了是抽象人类劳动的产物之外，商品可能具有许多其他的“非自然”属性（除非作为劳动产物之外的所有属性都按照定义被排除在外）。最值得怀疑的前提是 (3)。为什么我们要假设可以交换的商品在任何方面都是“相等”的（除了也许人们愿意为购买它而支付一定的货币总量）？当然，(3) 大致与早期的边际效用理论家［比如杰文斯（Jevons）和埃吉沃斯（Edgeworth）］的观点类似，即当一个特定的人对两个事物没有特别偏好时，可以得出这两个事物对其而言拥有同等数量的精神影响（比如“快乐”、“价值”或者“效用”），但是马克思的前提没有从类似于这种可悲的迷信中获得任何合理性[52]。

尽管价值规律在《资本论》中地位突出，但马克思对其“证明”仍未给予足够的重视。我想最好是将它视为一个解释工具，一种马克思“普及”《资本论》价值讨论的公开尝试[53]。在致路德维希·库格曼（Ludwig Kugelmann）的一封重要信件中，马克思强调他的论证不是价值规律的“证明”，而且价值规律的成立根本不需要证明：“胡扯什么价值概念必须加以证明，只不过是由于既对所谈的东西一无所知，又对科学方法一窍不通。”同时，马克思教给我们支持价值规律的真正原理：一方面，他坚持“即使我的书中根本没有论‘价值’的一章，我对现实关系所作的分析仍然会包含有对实在的价值关系的论证和说明”。另一方面，他简要说明了他坚持商品价格必须根本上约等于它们的价值这一观点的非常抽象的考虑。他说，“要想得到与各种不同的需要量相适应的产品量，就要付出各种不同的和一定量的社会总劳动量”，这是不证自明的。他坚称，这种“按一定比例**分配**社会劳动的**必要性**”是一种“自然规律”，“决不可能被社会生产的**一定形式**所取消，而可能改变的只是**它的表现方式**”：
在一个通过产品的私人交换的劳动的社会性来表现的社会，这个规律宣 237
称自己就是这些产品的交换价值。马克思总结说，“科学的任务正是在于阐明价值规律是**如何**实现的”[54]。

对马克思价值规律的辩护有两方面的任务：第一，为在特定商品生产的抽象模型中关于相对价格的假设或假定的辩护；第二，证明这个模型是资本主义生产的辩证理论的出发点。马克思使用的模型是一个简单商品生产系统，其中所有商品都可以自由再生产，劳动按照产品交换分配，如此，使有效需求恰好得到满足。在这样一个系统里，商品必须按照它们所蕴含的劳动时间总量成比例地交换。如果它们没有这样被交换，那么劳动就将从价格低于价值的商品被吸引流向价格高于价值的商品中；有效需求（“社会需要”）就无法恰好得到满足[55]。

马克思表明，将这个模型作为出发点的理由，可以在基于这一模型而开展的“现实关系分析”中找到。这就意味着用简单模型去“发展”或者解释表面上造成价格偏离价值的因素和趋势。但是，马克思给了我们一个思考，即在**任何**商品生产作为首要经济形式的社会里，价值（社会必要劳动时间）是价格的**基本**决定因素。按照社会需要对劳动进行分配是一条基本的“自然规律”，它对所有社会有效。价值规律仅仅是这一自然规律在商品生产中借以自我表达的具体“表现形式”。

这里的“自然规律”实际是一个历史唯物主义规律。商品之间的交换关系实际上只是生产者之间社会关系的隐蔽形式。因此，社会必要劳动决定交换价值实际上是社会生产关系的一个例子，它的存在是因为它有助于社会劳动按比例分配，也就是说，有助于形成生产者之间的一套物质劳动（work）关系。因此，价值规律是社会生产关系由物质生产关系与社会生产力相一致所决定的一个特殊案例。

我们现在可以看对诸如本尼迪特·克罗齐（Benedetto Croce）等批评者的马克思式回应。克罗齐承认劳动的交换价值的决定是“一个事实，但只是存在于其他事实中间的一个事实；即被其他事实所对立、限制和歪曲而
238 经验地呈现在我们面前的事实，差不多像处于其他力量中的一个力量……它不是完全处于支配性的事实”。因此克罗齐认为，我们在马克思的理论之外需要“一种普遍的经济科学，它可以决定价值的概念，从与马克思的特殊原则大相径庭且较其更加全面的原则中推导出它”[56]。就劳动时间决定相对价格是“其他事实中的一个事实”而言，克罗齐是正确的。但是它的确是一个基本的甚至是“支配性的”事实，不仅因为它表达了历史唯物主义的一个根本事实，而且因为（如果马克思在《资本论》中的方案成功的话）建立在这个事实上的理论能够解释其他最为重要的“事实”，它们参与决定相对价格，明显地“反对、限制和歪曲”劳动时间对它们的决定性。一个更加“普遍”的经济理论只有在它不遮蔽马克思理论所强调的“事实”的基础意义时，才是值得欲求的。

马克思的价值规律与他著名的“商品拜物教”思想紧密相关。在《资本论》第一版中，对商品拜物教的讨论紧接在“价值”部分之后，因为马克思在犹豫是否将他关于“价值形式的发展”的长篇论述插入其中[57]。实际上，“商品拜物教”这一部分发展出的逻辑思路同致库格曼的信中的思路一样，这表明价值规律背后的一个主要考虑就是它如何揭示了隐藏在商品形式背后的商品生产的现实社会关系：

在一切社会状态下，人们对生产生活资料所耗费的劳动时间必然是关心的，虽然在不同的发展阶段上关心的程度不同。……在私人劳动产品的偶然的不断变动的交换比例中，生产这些产品的社会必要劳动时间作为起调节作用的自然规律强制地为自己开辟道路……价值量由劳动时间决定是一个隐藏在商品相对价值的表面运动后面的秘密。……商品形式

> 的奥秘不过在于：商品形式在人们面前把人们本身劳动的社会性质反映成劳动产品本身的物的性质……这只是人们自己的一定的社会关系，但它在人们面前采取了物与物的关系的虚幻形式。……在交换者看来，他们本身的社会运动具有物的运动形式。不是他们控制这一运动，而是他们受这一运动控制。……我把这叫做拜物教。劳动产品一旦作为商品来 239
> 生产，就带上拜物教性质，因此拜物教是同商品生产分不开的。[58]

马克思的价值规律的一个重要功能就是引起对这种拜物教的关注，洞察它强加给我们的社会幻觉，并激励我们废除我们创造的商品形式，将自身从社会关系的支配中解放出来。价值规律的这个方面就是保罗·斯威齐(Paul Sweezy)所说的马克思对交换的“定性分析”，这个分析与关于价值和价格的“定量”的理论同时存在于《资本论》中[59]。

4 价值和剥削

马克思明显确信，将价值概念定义为与社会必要劳动时间相关，是任何合格的资本主义生产理论都必不可少的。同样明显的是，基于某种劳动价值理论的古典价格理论已经被主流经济学抛弃了一个多世纪。经济学家经常把这种情形描述为前科学观念被科学观念推翻，即与之前占主导地位的前科学谬误和混淆相比，作为真正科学的经济学建立起来。但是，就为这些自命不凡的思想辩护而言，经济学从来都不是一门“科学”。对马克思价值理论的拒斥通常是由意识形态和政治所鼓动的，这丝毫不亚于由对“好科学”的关心所驱动。

对马克思劳动价值观的新古典主义批判，其背后（甚至通常多数新古典主义价值理论背后）或多或少公开的意图是破坏马克思的剩余价值理论，从而抵制资本的利润是从对劳动的剥削中产生的这一思想。这些努力背后预先假设马克思相信资本剥削劳动的原因取决于他的价值分析，尤其是他所认为的劳动是创造商品“价值”的唯一源泉的观点。这种预先假设是基于马克思将资本的利润视为从“剩余价值”中产生这一认识——按照马克思的观点，剩余价值是由劳动创造但是被资本所占有的价值——以及马克思正是将这种占有视为构成资本剥削劳动这一假设之上的。因此，资本剥削劳动的论点被认为依赖于某种关于商品“价值”在于什么（社会必要劳 240
动时间），什么创造这种价值（劳动），以及哪些生产主体最后占有价值的哪一部分（劳动者只占有体现在工资中的价值，而资本家占有其余部分）的特定观点。这些误导性的和煽动性的图景被认为可以通过重新思考价值是什么而被推翻，这要求关注创造价值的除劳动之外的其他必要因素，并且恰当地意识到要使这些因素聚集，不仅需要支付工人工资，而且需要让资本家的投资有利可图。

然而，我在下一章将论证，资本剥削劳动的指控基于劳动价值理论（或者任何特定的价值理论）的假设是错误的。它依赖于对马克思断定资本剥削劳动的理由的误解，和对马克思继承古典价值理论并将商品价值定义为与社会必要劳动时间相关的原因的误读。

某些勉强赞同马克思观点的人称，斯威齐所谓的马克思理论的“定性”和“定量”任务，都可以由一种以更为正统的方式来处理价格或者［按照皮耶罗·斯拉法（Piero Sraffa）的投入-产出分析］研究实物商品的理论完成得一样好甚至更好[60]。他们在这一点上无疑是正确的，而且其他研究价值理论的方式的胜利（从历史上看，至少是根深蒂固的社会制度相对于激进反对者的政治胜利，就像任何形式的“科学”的发展一样）可以给我们充足的理由去寻求这种重述。

但是，在一本以理解马克思的思想为目标的书中，我们不应该用某种对马克思而言陌生的、后来的理论来翻译马克思的主张，而应该思考其理论是如何被构成和激发的，以及它是如何寻求解决它为自身设定的问题的。我在本章从始至终要论证的是，马克思的方法和理论路径与他构建资本主义理论来作为简单商品生产的变体并从历史唯物主义角度来理解商品生产的理论目标相适应。理解相对价格是从社会必要劳动时间作为交换价值的根本衡量标准这一根本分析中产生的，其实就是将商品生产社会中的社会
241 生产关系理解为生产力状态的一个根本功能，理解为社会劳动者对它们的采用，这些劳动者的合作在根本上受他们互为他们产品的交换者的关系所调节。毫无疑问，马克思认为资本剥削劳动，并且认为这个观点能够依据他对商品生产和交换的劳动价值分析得以呈现和捍卫。但是马克思从未否认在资本主义生产条件下，资本家也是生产过程的必要人员，他们对剩余价值的占有同工人对工资的占有一样是资本主义制度下社会关系的本质性组成部分。

注 释

［1］对马克思方法的这种阐释已经由罗兰德·L. 米克和托马斯·索维尔提出。参见：Ronald L. Meek，*Studies in the Labor Theory of Value*（London，1973），299－

318；Thomas Sowell，'Marx's *Capital* after One Hundred Years'，in M. C. Howard and J. E. King，eds，*The Economics of Marx*（New York，1976），49－75.

［2］*Capital*（New York，1967）1：35，39－41；马克思，恩格斯．马克思恩格斯文集：第5卷．北京：人民出版社，2009：47.

［3］*Ibid.* 1：35－6；马克思，恩格斯．马克思恩格斯文集：第5卷．北京：人民出版社，2009：48－49.

［4］*Ibid.* 1：38－41；参见：*Selected Correspondence*，209和*Theories of Surplus Value*（Moscow，1971）2：57；马克思，恩格斯．马克思恩格斯文集：第5卷．北京：人民出版社，2009：49－52.

［5］在有些地方，马克思将价值定义为生产商品所必需的劳动总量，使得自由再生产要求更为明确，参见：*Grundrisse*，673e和*Capital* 3：870；马克思，恩格斯．马克思恩格斯文集：第7卷．北京：人民出版社，2009：290.

［6］MEW 32：553，*Selected Correspondence*，209；MEW 31：313，*Selected Correspondence*，191；马克思，恩格斯．马克思恩格斯文集：第10卷．北京：人民出版社，2009：290，266.

［7］*Capital* 1：47－8；马克思，恩格斯．马克思恩格斯文集：第5卷．北京：人民出版社，2009：62.

［8］*Ibid.* 1：185；马克思，恩格斯．马克思恩格斯文集：第5卷．北京：人民出版社，2009：230.

［9］*Ibid.* 1：217；马克思，恩格斯．马克思恩格斯文集：第5卷．北京：人民出版社，2009：251.

［10］*Ibid.* 1：167－70；马克思，恩格斯．马克思恩格斯文集：第5卷．北京：人民出版社，2009：194－196.

［11］*Ibid.* 1：761－3；马克思，恩格斯．马克思恩格斯文集：第5卷．北京：人民出版社，2009：743.

［12］*Ibid.* 1：209；马克思，恩格斯．马克思恩格斯文集：第5卷．北京：人民出版社，2009：243.

［13］*Ibid.* 1：195；马克思，恩格斯．马克思恩格斯文集：第5卷．北京：人民出版社，2009：251.

［14］*Ibid.* 1：213；马克思，恩格斯．马克思恩格斯文集：第5卷．北京：人民出版社，2009：246.

［15］*Ibid.* 1：216；马克思，恩格斯．马克思恩格斯文集：第5卷．北京：人民出版社，2009：249.

［16］*Ibid.* 1：315；马克思，恩格斯．马克思恩格斯文集：第5卷．北京：人民出版社，2009：366.

［17］*Ibid.* 1：213－302；马克思，恩格斯．马克思恩格斯文集：第5卷．北京：

人民出版社，2009：320−350.

［18］*Ibid.* 1：322−507；马克思，恩格斯. 马克思恩格斯文集：第5卷. 北京：人民出版社，2009：363−580.

［19］*Ibid.* 1：612−712；马克思，恩格斯. 马克思恩格斯文集：第5卷. 北京：人民出版社，2009：668−765.

［20］*Ibid.* 3：244；参见：*Ibid.* 2：76−9，185−9，316−22，396−415，453−73，496−500；马克思，恩格斯. 马克思恩格斯文集：第7卷. 北京：人民出版社，2009：278.

［21］MEW 25：33，*Capital* 3：25；马克思，恩格斯. 马克思恩格斯文集：第7卷. 北京：人民出版社，2009：29.

［22］*Capital* 3：211−66. 这个主题参见：Meek，'The Falling Rate of Profit'，*Economics of Marx*，203−18；马克思，恩格斯. 马克思恩格斯文集：第7卷. 北京：人民出版社，2009：235−296.

［23］*Capital* 3：157；马克思，恩格斯. 马克思恩格斯文集：第7卷. 北京：人民出版社，2009：176.

［24］*Ibid.* 3：26；马克思，恩格斯. 马克思恩格斯文集：第7卷. 北京：人民出版社，2009：30.

［25］*Ibid.* 3：144−5；马克思，恩格斯. 马克思恩格斯文集：第7卷. 北京：人民出版社，2009：163.

［26］*Ibid.* 3：154−5；马克思，恩格斯. 马克思恩格斯文集：第7卷. 北京：人民出版社，2009：173−175.

［27］在马克思的理论中似乎有一个中间模型，它包括由于不同资本在不同的周转时间下不同的商品价格（参见：*Capital* 2：129，*Capital* 3：144，*Grundrisse*，546−7e；马克思，恩格斯. 马克思恩格斯文集：第7卷. 北京：人民出版社，2009：169−170）。从商品价格的角度来看，马克思认为理论的这个阶段是受到了第三卷当中的生产价格理论的“影响”，尽管周转时间依然对不同生产部门的不同利润率起决定作用，它们的平均水平决定生产价格（参见：*Capital* 3：161；马克思，恩格斯. 马克思恩格斯文集：第7卷. 北京：人民出版社，2009：176）。

［28］MEW 25：167，*Capital* 3：158；马克思，恩格斯. 马克思恩格斯文集：第7卷. 北京：人民出版社，2009：177. 在我看来，这篇文章确认了米克的观点，即在马克思没有发展起来的模型中，假设的是资本在产业之间并不竞争，而且在不同的产业中资本的有机组成是一样的（*Studies in the Labor Theory of Value*，xvi）。关于进一步的证明，参见：*Grundrisse*，760e；*Selected Correspondence*，206.

［29］MEW 25：167，*Capital* 3：157；马克思，恩格斯. 马克思恩格斯文集：第7卷. 北京：人民出版社，2009：176.

［30］参见：*Capital* 1：166，*Selected Correspondence*，128−31；*Theories of Surplus*

Value 1：416，2：25－30，206－13，3：463－4；*Grundrisse*，434－6e，546e，657e；马克思，恩格斯. 马克思恩格斯文集：第1卷. 北京：人民出版社，2009：133.

［31］*Capital* 3：188，862，870－1；*Theories of Surplus Value* 2：56－7；马克思，恩格斯. 马克思恩格斯文集：第7卷. 北京：人民出版社，2009：185.

［32］*Theories of Surplus Value* 3：164；马克思，恩格斯. 马克思恩格斯文集：第5卷. 北京：人民出版社，2009：123.

［33］关于马克思对“转换”问题的了解，参见：Meek，*Studies in the Labor Theory of Value*，188－94.

［34］*Capital* 3：159－60；*Capital* 3：167；马克思，恩格斯. 马克思恩格斯文集：第7卷. 北京：人民出版社，2009：179.

［35］Ludwig von Bortkiewicz，‘On the Correction of Marx's Fundamental Theoretical Construction in the Third Volume of *Capital*’，作为附录收录在 Paul Sweezy，ed.，E. von Böhm-Bawerk，*Karl Marx and the Close of his System*，（New York，1949）和 R. Hilferding，*Böhm-Bawerk's Critique of Marx*（New York，1949），205。伯特科维奇的解决方法早被 W. K. 季米特洛夫在 1904 年就预见到了（参见：M. Dobb，‘Marx's *Capital* and its Place in Economic Thought’，*The Economics of Marx*，137）。更多最近关于转化难题解决方案的文章，参见：J. Winternitz，‘Values and Prices：a solution of the so-called“transformation problem”’，*Economic Journal* 58（1948）F. Seton，‘The Transformation Problem’，*The Economics of Marx*，162－76. 关于从正统的学院派观点批判这些解决方案的文章，参见：Paul Samuelson，“Understanding the Marxian Notion of Exploitation：A Summary of the So-Called‘Transformation Problem’”，*Journal of Economic Literature* 9（1971）. 也可以参见：Meek，*Studies in the Labor Theory of Value*，xxiii－xxviii，and Ian Steedman，*Marx After Sraffa*（London，1977），29－36. 斯蒂德曼把《资本论》第三卷中的缺陷描述为“不连贯”，尽管作为修订的版本，因此仍然延续了庞巴维克的批判传统。但是严格说来，这个描述是不对的。按照马克思所呈现的，马克思理论本身并不存在不连贯。如果马克思提供了这么一个解决转化难题的方案的话，那么这个有效的方案必定将与他坚持的某些理论相矛盾。如果马克思用这种方法完善了他的理论，他要么放弃总价格与总价值相等的原则，要么放弃总利润等于总的剩余价值的原则，来消除这种前后不连贯性。

［36］马克思将其称为“价值的定义”，参见：MEW 29：315，*Selected Correspondence*，105；马克思，恩格斯. 马克思恩格斯文集：第5卷. 北京：人民出版社，2009：218. 马克思偶尔声称“价值是由劳动时间决定的”要么是作为他并不总是通过这个方式来定义“价值”的证据，要么是作为他有时候在“交换价值”的意义上来使用“价值”的证据。我倾向于按照后一种方式来理解这篇文章，参见下面注释［51］。

［37］*Capital* 1：38－40；*Critique of Political Economy*，tr. S. Ryazanskaya（New

York, 1972), 30-1；马克思，恩格斯. 马克思恩格斯文集：第5卷. 北京：人民出版社，2009：76-78.

［38］马克思最终在他的瓦格纳摘要笔记的注释中否认这个误解（MEW 19：357-70；马克思，恩格斯. 马克思恩格斯全集：第19卷. 北京：人民出版社，1963：369-429）。

［39］这个错误的理解由A. D. 林赛和其他一些人提出来，参见：A. D. Lindsay, *Karl Marx's 'Capital'*, 57-8. 马克思在皮埃尔·蒲鲁东和卡尔·洛贝尔图斯那里非常熟悉李嘉图意义上的价值概念，而且明确地拒绝了这种用法。参见：CW 6：126-32 and MEW 21：175-87；马克思，恩格斯. 马克思恩格斯全集：第21卷. 北京：人民出版社，1965：205-220.

［40］其中，琼·鲁宾逊坚持认为"马克思相信在社会主义下劳动价值理论将会逐渐显现"［参见：*An Essay on Marxian Economics* (London, 1969), 23］。马克思确实认为在社会主义条件下，生产将根据关于商品劳动成本的观念而有意识地调整（而不是根据商品生产中这种观念而无意识地调节）（参见：*Selected Correspondence*, 199, 209, and *Capital* 3：851；马克思，恩格斯. 马克思恩格斯文集：第7卷. 北京：人民出版社，2009：214）。他同样似乎认为，在社会主义最初级阶段，分配将会与贡献的劳动时间成比例（在扣除了必需的积累、保险、不能劳动的那些人之后）（参见：SW, 321-5；马克思，恩格斯. 马克思恩格斯文集：第3卷. 北京：人民出版社，2009：434）。但是马克思否认（再一次由蒲鲁东和洛贝尔图斯提出）在社会主义条件下商品将按照它们的价值进行买卖的观点。他的观点看起来是，即使是在社会主义分配的最初阶段，产品也不会被当作商品来对待，而且分配将不再以交换为基础（因此也不会以价值或者任何价值形式）（参见：SW, 321-25, and *Capital* 1：78-9, 2：362. 马克思，恩格斯. 马克思恩格斯文集：第5卷. 北京：人民出版社，2009：271-275）。

［41］因此恩格斯称价值理论为"经济学家的假设"，它只在"抽象的理论"层面上才是"正确的"［MEW 16：289, *Engels on Capital*, tr. L. Mins (New York, 1965), 14；马克思，恩格斯. 马克思恩格斯全集：第21卷. 2版. 北京：人民出版社，2003：364］。可对比 *Theories of Surplus Value* 3：72-3。

［42］马克思从来没有说一种"劳动价值理论"。实际上，他似乎是将他在《资本论》中的"价值形式"的整个发展过程作为他的"价值理论"。尽管马克思提到把交换价值"简化"为劳动时间（或者价值），但是他拒绝瓦格纳"把价值简化为劳动"的观点（MEW 19：357-8；马克思，恩格斯. 马克思恩格斯全集：第7卷. 北京：人民出版社，1963：399-400）。马克思明显受到了斯密和李嘉图的"劳动价值论"的影响，但是他强烈批评李嘉图倾向于把交换的抽象模型直接应用到经验事实中的做法，"跳过必要的中介环节，企图**直接**证明各种经济范畴相互一致"。当然，马克思将其归结为李嘉图（非辩证的）表达方法（MEW 26. 2：161-2,

Theories of Surplus Value 2：164－5）。参见：*Capital* 1：307；马克思，恩格斯. 马克思恩格斯全集：第26卷：第2册. 北京：人民出版社，1973：181.

［43］这些“反例”的经典目录可以在以下著作中找到：E. von Böhm-Bawerk, *Capital and Interest*（South Holland, Ill., 1959）1：298－301.

［44］参见：*Capital* 3：759；马克思，恩格斯. 马克思恩格斯全集：第44卷. 北京：人民出版社，1982：109. 最为著名的没有付出劳动成本却不断增值的例子是陈年葡萄酒，马克思将其（不同年份的葡萄酒）视作有着不同使用价值和要求不同生产技术的（也就是说在劳动和销售之间存在不同的时间差）不同的商品：“这个问题显然只属于利润率平均化的问题。……必须彻底否定以下的极其荒谬的看法：自然条件……能够以某种方式使资本的价值增大。”*Grundrisse*, 561g, 669e；马克思，恩格斯. 马克思恩格斯全集：第31卷. 2版. 北京：人民出版社，1998：63.

［45］参见：George Stigler, ‘The Development of Utility Theory’, in A. N. Page, ed., *Utility Theory*（New York, 1968）, 134－5.

［46］Joan Robinson, *An Essay on Marxian Economics*, 14－15, 19－20.

［47］参见：*Capital* 1：43－4, 3：192, 635－6；马克思，恩格斯. 马克思恩格斯全集：第26卷. 北京：人民出版社，1974：188.

［48］参见：*Ibid.* 3：877－84；马克思，恩格斯. 马克思恩格斯全集：第23卷. 北京：人民出版社，1972：184.

［49］参见：Böhm-Bawerk, *Capital and Interest* 1：284, 286, 291, 297.

［50］MEW 23：51－3, *Capital* 1：36－8；马克思，恩格斯. 马克思恩格斯文集：第5卷. 北京：人民出版社，2009：49－51.

［51］或者我们可以将马克思理解为（含蓄地）把“价值”定义为存在于任何两个交换的产品之间等量的“共同东西”（无论它们最终是什么东西），而且可以将（8）理解为结论［本质上与（9）一样］。按照我们接受的理解方式，没有什么重要的东西被改变了。

［52］（3）继续对那些马克思主义者施加影响，他们相信任何价值理论必须将自身建立在“某些数量关系在一个体系中的任何情况下都能独立于其他变量而被理解”［Maurice Dobb, *Political Economy and Capitalism*（London, 1937）, 6］；可与米克的论述（Meek, *Studies in the Labor Theory of Value*, 100, 253－6.）相比较。我们可以坚持认为经济学不仅仅处理因给定体系中个人偏好和资源的差异而出现的相对价格问题，还要处理这些体系依赖诸如生产成本和社会关系等因素的方式问题。此外，这是反驳大部分新古典价格理论的有效论点。但是，我没有看到这要求我们相信（3），或者接受一种“价值理论”，把市场价格追溯到“某种统一的数量而非它自身的（交换）价值，商品的交换价值可以根据它表现出来”（Dobb, *Political Economy and Capitalism*, 12）。

[53] *Capital* 1：7；马克思，恩格斯. 马克思恩格斯文集：第5卷. 北京：人民出版社，2009：7. 这并不意味着马克思不接受这个论证。特别是，他在其他文本中赞成（3）这个重要（而值得怀疑的）前提（*Theories of Surplus Value* 2：164，3：134）。

[54] MEW 32：552−3, *Selected Correspondence*, 208−9. 也可参考：*Selected Correspondence*, 199；马克思，恩格斯. 马克思恩格斯文集：第10卷. 北京：人民出版社，2009：289−290.

[55] 在这个文本中，"社会需要"通常意味着"有效需求"，而且没有提到生产者的个人需求（参见：*Capital* 3：181；马克思，恩格斯. 马克思恩格斯文集：第7卷. 北京：人民出版社，2009：202）。某些批评者（追随庞巴维克）指责说，在生产资料方面，补贴必须有利于劳动"准时完成"这种行为（参见：Walker, *Marx*, 126）。当然，积累生产资料的代价将会在商品的价格上以某种方式反映出来。但是马克思最初的模型是从这种成本中抽象出来的（或者仅仅将其当作商品的劳动成本的一部分），因为他的理论目标是发展出一种特殊的社会形式，在资本主义的这种社会形式下，这种成本表现出来。假设社会必须把这些成本付给生产者就是犯了把生产资料直接等同于其作为资本的社会形式的错误（马克思经常谴责）。

[56] Benedetto Croce, *Historical Materialism and the Economics of Karl Marx* (London 1966), 60−2, 68.

[57] 参见：*Capital* 1：12, *Selected Correspondence*, 186−8；马克思，恩格斯. 马克思恩格斯文集：第5卷. 北京：人民出版社，2009：77.

[58] MEW 23：85−9, *Capital* 1：71−5；马克思，恩格斯. 马克思恩格斯文集：第5卷. 北京：人民出版社，2009：88−89，92−93，89−90，92，90.

[59] Paul Sweezy, *Theory of Capitalist Development* (New York, 1970), 34.

[60] 参见：Joan Robinson, *An Essay on Marxian Economics*, 20; Meek, *Studies in the Labor Theory of Value*, xxiii−xliv; Steedman, *Marx After Sraffa*, 65−7, 205−7.

第十六章
资本主义剥削

1　什么是剥削?

关于马克思控告资本剥削劳动的讨论通常以两种看法为代表:(1)这 242
个指控是否可以辩护取决于是否接受马克思的“劳动价值论”;(2)因为“剥削”这个词意味着或者暗示着不合法(wrongfulness)或不正义,这个指控就与马克思对道德修辞的拒斥极为矛盾,也与他偶尔坚持的资本主义不包含对工人的非正义的观点相矛盾。在本章中,我将反驳这两种看法。它们包含着对马克思观点的误解,这种误解通常是由对剥削概念本身的哲学上的误解所引起的。

让我们从第二种看法开始讨论。大多数字典中都区分了“剥削”的“非道德”含义与“道德”含义,认为后者涉及了不正义或不道德地利用某人或某物的观点[1]。讨论剥削的哲学家们通常认为,只有这个词的贬义才会激发社会批评家们的兴趣,因此他们提供了我称之为剥削的“道德化”解释,或者视剥削概念为一种**道德**概念。讲这些,我的意思是,他们假设了“剥削”一词内在地包含有不法性和道德败坏的含义。在这个意义上,如果说“谋杀”意味着“**不合法地**杀人”,那么这个“谋杀”就是一个道德概念,也就是当说一个人的行为是“谋杀”时,就已经在说它是不合法的。尽管当然可能存在道德上正当的杀人案例,但认为存在道德上正当的谋杀案例将会是自我矛盾的。要说明一个杀人行为是谋杀,你得说明这个行为早已是不合法的。因此你不能用一个行为是谋杀的事实来作为它是不合法的这个论证的一部分。(你最多可以用它是谋杀这个事实来对这一

243 行为进行分类，它是——“不合法的**杀人**”。）类似地，如果“剥削”是一个道德概念，那么说某种行为是剥削就已经说它是不正义的或者道德上恶的。当哲学家们基于这种假设阅读马克思时，他们原则上不可能**因为**资本主义包含剥削而认为资本主义是不正义的。（他们最多可以用资本家剥削工人这个事实来把他们已经展现出来的存在于资本主义中的**某种**不正义加以分类。）进而，既然“剥削”是本身就包含不正义之意的道德概念，当我们基于这一假设来阅读马克思时，那么就会自然地推出马克思控诉资本剥削劳动与他清楚地断言资本没有不正义地对待工人相矛盾。这就为拒斥马克思后面这种断言，将它视为含糊、不连贯的，并且不是马克思真实观点的表达，提供了依据。

但是很显然，被我们视为无辜的甚至是值得敬佩的剥削案例是存在的，它们也绝不是非正义的。没有人会认为一个国际象棋棋手为了赢得比赛而利用（exploit）对手的疏忽是不正义的。我们会赞美和祝贺一个利用对方案件中的弱点而赢得一场正义的判决的律师。因此，从通常的假设出发，这些断言肯定是运用了“剥削”的另一种（非道德的）不同于马克思对资本剥削劳动的断言的含义，因为马克思明显反对资本剥削劳动。理解这种反对的唯一自然的方式就是认为马克思将资本主义剥削视为非正义的。

但是为什么我们要假定“剥削”和它的同源词在用于被视为正义和非正义的行为时表达不同的意思？例如“占有”、“交易”、“占领”（seizure）和“同意”（agreement）这些术语有时候用在不合法或不正义的行为上，有时候用在合法的或正义的行为上，但是当“交易”被用在不合法的或不道德的行为上，而不是将它的**含义**用在合法的和正当的行为上时，我们不会认为它有不同的含义或者含义是贬义的。对我们而言，如果“剥削”比“交易”更多地用于不合法的行为，这或许可以用我们本身的道德观念和这类剥削行为自身来解释。

在柏拉图的《高尔吉亚篇》中，卡里克勒斯（Callicles）认为强者统治弱者并武力夺取属于下级的东西是天然正当的[2]。他并没有直接用任何可以翻译为“剥削”的词，但是似乎也可以合理地将卡里克勒斯的观点解
244 读为他将强者应该剥削弱者视为天然正义的。尼采也发表过类似的观点，他认为现代（资本主义）社会“代表对人类剥削（*ausbeutung*）的最大化”。只要剥削者是高贵的、精神上的超人（*übermenschen*）（而不是资本主义制度下目前正在剥削民众的卑劣的市侩小人），尼采就会认为这种剥削是十全十美的[3]。

大多数人视作不正义和不合法的剥削类型，在卡里克勒斯和尼采看来恰恰是正义的和值得赞扬的。在解读他们思想的时候，若是认为他们以一种道德的或者贬义的含义在使用“剥削”，是说不通的，因为这将会无故地使他们的阐释自相矛盾。但是，将他们提到的“剥削”理解为不同于大多数的观点也是说不通的，这种观点谴责了强者剥削弱者是不正义的。因为这将会使卡里克勒斯和尼采关于强者剥削弱者的道德观念和我们普通的道德观念一样，然而卡里克勒斯和尼采言论的全部要点是**拒斥**普通的道德观念。理解他们言论的唯一合理方式就是，认为他们使用了和我们在谴责强者不正义地或者不合法地剥削弱者时相同的“剥削”含义，同时坚持（和我们相反）这种利用**不是**不正义的和不合法的，而是正义的和值得赞扬的。然而，若是如此，“剥削”这个术语就不能被视为一个道德词语（内在蕴含不合法的意思），抑或是一个非道德词语（暗指无辜或者不存在不正义）。相反，这个词需要被看作代指一种行为，无论这个行为是正义的还是非正义的，“剥削”这个词都会遗留下未尽的问题（人们可能会为此产生争论）[4]。必须是关于在这个意义上的剥削，我们才相信（而卡里克勒斯和尼采并不这样认为）剥削是非正义的。

马克思和卡里克勒斯、尼采持有一致的观念，认为可能存在正义的剥削。马克思将资本主义剥削视为正义的，然而在同样情况下很多资本主义道德批评家认为剥削是不正义的。但是，马克思的主张不是（和卡里克勒斯和尼采一样）为了让我们更高地评价剥削。相反，马克思持有一种简化的或凝练的正义观，而且想让我们减少对一些关于社会安排是否正义这整个问题的重要性的看法。马克思不认为资本主义剥削是非正义的，但是他的确将资本主义剥削视为可憎的，并且认为它应该被废除。但是，这里也一样，如果我们将马克思所使用的“剥削”理解为**要么**是道德的或者贬义 245
的含义，**要么**是非道德但完全合法的含义，我们会将无故的谬误和矛盾引入马克思的观点中。只有当我们将“剥削”设想为与特定行为相关，但是未提出或暗指任何关于这类行为是否正义或是否应当得到赞扬、容忍和废除时，马克思才是言之有理的。关于资本主义剥削，马克思当然认为它是可憎的而且应该被废除，但并不是因为它是非正义的。

那么，第一个问题应该是：什么是“剥削”？这类可以有时正义、有时不正义，在其正义与否、值得欲求与否上观点各异的行为是什么？[5]

“剥削”最基本的同义词是“使用”。剥削者必须是一个人或一群人，是有能力设定目标并运用各种手段达成目标的人或类人主体。某些被剥削的东西就是这些手段之一。剥削的对象几乎是任何能被使用的东西，包括人和他们的活动、能力或者特质，也包括非人的东西，如自然资源，甚至是抽象事物，如场合和机会。不是每一种使用都算得上是剥削。使用某种东西可以是偶然的或者临时的，但是剥削它就意味着剥削者对其进行有计划的控制和操纵。我们的确也剥削一些不可预测的机会和某些好运，但是在这些情况下，剥削者必须将这些零散的侥幸的好运整合到可以利用它的计划中去。

我们可以用很多方式剥削人或者与人有关的事物。我们剥削人的长处也剥削他们的弱点，但是通常不完全是一个意思。当我们剥削人的某物时，他们通常有某些东西——能力或者活动——能够为我们所使用并从中获得一些好处。我们称之为“受益–剥削”（benefit-exploitation）或简称为“b类剥削”。但是还有一种虽然系统地与此相关联但具有不同含义的剥削，即我们剥削他们的弱点或漏洞，这些使我们获得相对于他们的优越性，从而能够“受益–剥削”他们。我们将第二种剥削称为“优势–剥削”（advantage-exploitation）或简称为“a类剥削”。正如“a类剥削”和“b类剥削”名称所指，它们形成了一对互补，而且“a类剥削”先于（是“b类剥削”的基础）“b类剥削”。也就是说，当我们剥削人或人的某物时，我们利用了人的某种能力、活动或财产（我们“b类剥削”它）作为达成我们某个
246 目的的手段。但是，使这种利用成为可能，并将**剥削**人或他们的某物与仅仅利用它相区别的是，他们在某种意义上相对我们而言处于弱势地位这一事实导致他们的人或物由我们支配。因此，我们对这种弱势的“a类剥削”使得对某人的活动或能力（或任何其他东西）的“b类剥削”成为可能。对某人或某人劳动的剥削，也就是对某人或某人劳动的使用，由于某种程度上被剥削者相对于剥削者所处的弱势而成为可能。

马克思讲到的资本剥削（他指的是“b类剥削”）不仅针对工人的劳动，还针对工人本身。在剥削者占据优势的情况下，无论是利用足够广泛的人的活动还是利用与这个人的本质密切相关的某物，我们都认为剥削者在剥削他人。没有办法也没必要将其准确区分开。说剥削一个人（比如说有别于剥削他的劳动），其实是强调这种剥削对被剥削者而言的范围与程度——它给那些受害者造成了多么广泛的全局伤害、多么严重的退化。马克思自然地发现资本剥削**工人**，因为资本剥削的几乎是工人的全部生产力——在他看来，这是工人生命的本质。不像作为财产的奴隶，雇佣工人不是剥削者的财产，奴隶主有让奴隶活下去的兴趣，而资本家对自由雇佣劳动者则没有，因为雇佣劳动者总是可以被另一个工人所代替。但是如同奴隶制一样，马克思将雇佣劳动者视为一小时一小时地、一天一天地出卖

自己的整个生命，因此工人的一切存在都处于资本的奴役之中。

2　劳动相对于资本的弱势

马克思如何理解劳动相对于资本的这种弱势是很清晰的。资本家拥有生产资料，而工人只拥有他们自己的劳动能力，在与当今社会生产力相适应的一定社会形式中，他们只能使用资本家的资料来运用这种能力。此外，马克思将资本主义体制本身的起源理解为强制使农业人口脱离土地，将他们赶进城市，他们在那里唯一的生存方式就是向资本家出卖自己的劳动力[6]。因此，工人只能依靠劳动使用资本的生产资料维持生存这一事实，也是劳动相对于资本的一种普遍弱势，因为他们受制于他们的生活条件。马克思也把创造无业的无产阶级产业后备军当作决定资本主义生产的一条普遍“规律”，这些产业后备军维持了资本在与劳动讨价还价时占据优势的状态[7]。 247

资本主义的这些历史特征对马克思指控资本剥削劳动不可或缺，理解这一点很重要。如果我们不这样理解，而是恰恰相反认为剥削仅仅存在于工资议价的一些形式特征中，或者由其所产生的分配结果中，那么我们将完全错过这个指控的要点。只有凭借工人相对于资本家（总体来讲就是工人阶级相对于资产阶级）的系统性弱势，认为资本“a 类剥削”了工人一方的弱势并因而“b 类剥削”了他们的劳动，才是有道理的。

如果我们把这种弱势抽象化，并将资本家（生产资料的所有者）和工人们（使用这些生产资料的劳动力的所有者）的关系仅仅看作一种形式上的交换关系（比如说是货币和劳动力的交换），那么从形式上来看，在这种交换关系中就不存在固有的东西会必然使其成为一种剥削关系。很容易设想一种情形，其中那些在购置新兴机器（widget machines）过程中而变得赤贫的人，也许会发现他们自己完全被会操作新兴机器的人供应的稀缺性所支配。在那种情况下，就会出现新兴工业中的资本家相对于工人明显处于弱势的情况，并且在工资议价时可能会导致富裕的新兴产业工人高工资，以及贫穷的资本家在出售新兴产品时几乎没有利润。（在这里，我们采取经济学家们普遍持有的无忧无虑的态度，从诸如处于这样条件下的资本主义经济怎么会存在新兴工业这种卑劣的现实问题中进行抽象。）那么，新兴产业工人（widget workers）能够利用资本家的弱势，就类似现实世界中明星运动员有时候会利用（exploit）运动队对他服役的需要。从形式上来考虑问题，并且对资本主义现实进行抽象，我们就可以轻而易举地设想工人剥削资本家的情形。但是对马克思而言，资本系统地剥削劳动是现实世界中资本主义的一个基本的甚至是确定的特征。因而，这个特征不存在于任何
248 资本家和工人的形式上的交换关系之中——不论是交换内容，还是交换结果。

我认为这体现出试图定义资本主义剥削的做法的缺陷，例如，仅仅将其定义为一种交换关系，其中A使用B所拥有的财产进行劳动，由于这种使用关系，A必须付给B一些“利息”。约翰·罗默（John Roemer）提出这种被认为是“马克思主义”意义上的剥削，并且相当正确地注意到对马克思主义者而言的剥削（在这种意义上）的利息是相当值得怀疑的。罗默设想了两个主体——卡尔和亚当。前者喜欢轻体力劳动而且消费较低，因此将他的一些财产借贷给了亚当，而亚当的偏好与卡尔相反，非常愿意付些“利息”给卡尔以便使用卡尔的财产。这两种劳动中，卡尔劳动时间少，产出也低，而亚当劳动时间长，产出高。在罗默的技术马克思主义（technical Marxist）意义上，这里卡尔就“剥削”了亚当，尽管很容易想到亚当也许在一开始拥有的财产就比卡尔多，而且随着时间的推移，交易的结果是亚当可能变得越来越富有[8]。但是，正如罗默所讲述的这个故事，似乎看不出来任何一方明显处于弱势地位——这里仅仅存在一种自愿的交换，交换双方都运用他自己的财产或劳动满足自己的偏好。因此，如果剥削是按照上一节那样构想的话，没有任何理由认为卡尔与亚当之间存在剥削。当然，仅仅凭借一者运用另一者的财产进行劳动的事实，并不能推导出后者一定剥削了前者。因此，罗默技术性的马克思主义剥削概念完全忽略了马克思资本剥削劳动的要点。

更糟糕的是以下观点，即将每一个需求或者欲求都视为一种弱势，从而将**每一个**使需求得到满足的社会关系都看作正在满足需求的人们在被使他们需求得到满足的人们剥削的关系。早期马克思似乎在玩弄这一概念，即所有市场交换无论如何都包含着“相互掠夺”（在我看来，需要一些类似于相互剥削的东西）[9]。但是，我认为这是很关键的，马克思呈现出的资本主义关系跟他思考的“政治经济学家”（在这篇文章中，就是詹姆斯·穆勒）所描绘的资本主义关系是一样的。他的观点是，**政治经济学家**根本上是以一种剥削的眼光来描绘**所有的**社会合作。一方面，马克思认为这是准确而且极具洞察力的，因为他认为这表现出政治经济学的特定态度，其中政治经济学本身意识到了资本主义体系所依靠的资本与劳动之间的根本剥削关系。另一方面，他又打算批判政治经济学全部立足点的狭隘非人性特

征——这一立足点使得它无法设想出人们如何能够相互满足彼此的需要，249
而无须将他们自身看作剥削他人或者是被他人剥削。

马克思明确把政治经济学所描述的“相互掠夺”（reciprocal plundering）与一种可能的方式进行对比，人们在这种方式中“作为人类存在而生产物品”，他们的自我实现（马克思甚至称他们的“利己主义”）与对他人需求的关注密不可分。在真实的人类生产中，生产者不是将他人的需求看作可以剥削的弱势，而是作为确认生产者自身的类存在和通过生产来满足自身需要的存在的机会[10]。很明显，如果政治经济学家用剥削性的视角来思考每一个可能的相互获益的社会关系，这将使得他们无法看到资本主义剥削所特有的且令人反感的东西。马克思早期提到的“相互掠夺”（mutual pillaging）也应该被视为看到了这一点。所有市场交换就其本身的意思而言都是剥削性的这一观点缺乏合理性，不应被视为马克思曾经持有的观点。

这里的主要观点是：在剥削概念中起本质作用的“弱势”（vulnerability）概念不应当被当作无限灵活的（infinitely flexible）。不是任何能激励一个人进入一种同他人建立的经济关系中的事物都算是**弱势**，也不是从这种关系中获得的任何好处都算是对弱势的剥削。如果我们要有意义地使用剥削概念，其中所涉及的“弱势”概念必须明显且合理地（sensibly and reasonably）应用到被称为是剥削所产生的语境中。马克思的《资本论》中很大部分都被用来详细说明他的论断的经验证据，这些论断包括在资本主义（正如它在现实世界中所存在的）中劳动相对于资本的弱势，以及这种弱势通常在工资议价中作为根本决定性条件。马克思对资本剥削劳动的指控——这个指控支撑了他对诸如“剩余价值”和“剥削率”等概念的技术设定（technical formulation）——如果依据抽象将其视作独立于上述论断和支持它的详细经验事实，就不能得到正确的解释。

根据某些马克思的阐释者的观点来看，对马克思的剥削而言，随着收益从被剥削者流向剥削者，必然会存在对收益和危害的再分配[11]。根据这
些术语来考察马克思对资本剥削劳动的描述，正是资本家在占有剩余价值 250
的同时未支付工人相应的报酬，才使得剥削关系形成。这有时候被解读为一种**不公平**或者**不平等**的交换，这样的话，对工人的剥削就被看作内在不正义的。但是这种解读既误解了马克思对资本与劳动之间的交换的描述，也误解了马克思思考资本主义关系包含对工人的剥削的方式。

在马克思时代，那些针对资本主义的社会主义批评家使用了一种与马克思所说的相类似的“劳动价值理论”，这个理论指控资本通过参与到与

工人之间的不平等交换中来获取利润。资本家贡献早已包含劳动或价值的生产资料，以及体现在工人工资中的价值。工人劳动得越多，所增加的价值就会越多地超过支付的工资所体现的价值，并且生产出资本家所拥有并出售的产品，它在交换中获得其全部价值，其中包括工人所增加的价值。因为工人由劳动所创造的价值比支付的工资中所包含的价值还要多，这些社会主义者将资本主义看作包含着一种不平等（因而是不正义的）交换，其中资本家从工人那里骗取或窃取的一部分体现在最终产品中的价值，超出了体现在生产性消耗中的生产资料价值和体现在工人工资中的价值二者之和。这些社会主义者依据古典政治经济学，将“劳动价值”等同于劳动增加到产品中的价值[12]。

这一论述和随之而来的对不平等交换的指控，显然与马克思本人的论述有很多共同之处。同样，马克思将体现在最终产品中的价值分为：（1）在生产过程中生产性消耗所需的生产资料的价值（他称之为不变资本）；（2）体现在支付给工人的工资中的价值（他称之为可变资本）；（3）工人在生产过程中创造的超过不变资本和可变资本中体现的价值的那部分价值（马克思称为剩余价值）[13]。他把（2）称作可变资本是因为付出的劳动有改变（增加）产品所包含的价值的属性，而（1）中的价值是固定的而不能增加。他把（3）称为剩余价值是因为这是劳动增加到产品中但是并没有付给工人的价值。马克思将剩余价值与可变资本之比
251 称为“剥削率”，这是因为在他看来，这衡量了资本家通过剥削工人获得产品中的价值的比例[14]。他将剩余价值描述为由“无偿劳动”所创造的，因而资本对劳动的剥削具有“剥取”或者“掠夺”的特征[15]。

但是，马克思断然**没有**主张工资议价（the wage bargain）包含着资本家和工人之间的不平等交换。他坚持认为利润产生于生产过程，而不是交换过程（因而，**不是**从任何不平等交换中产生的）。因此，马克思认为圆满解决剩余价值之谜的一个必要条件（他认为他的论述已经满足的一个条件）是：论述必须在假设资本主义生产中的所有交换都是等价交换之上进行[16]。马克思认为，资本家从工人手里购买的不是劳动或劳动产品，而是劳动力。像任何商品的价值一样，劳动力的价值是生产劳动力的社会必要劳动时间。因此，以工资的形式付给工人的劳动力的价值是维持工人的生命及其劳动，抑或是他们死亡或辞职之后替代他们的必要价值。从劳动过程开始，工人的劳动就不再属于他们自己了，并且他们的产品是资本家的财产。剩余价值的秘密就在于：由于劳动相对于资本的弱势，以及资本相对于劳动在议价中的决定优势，劳动力的价值系统性地低于劳动在最终产

品中增加的价值。根据马克思的论述，正是这个源自等价交换的差异成为资本利润的源泉[17]。毫无疑问，资本占有剩余价值，却没有支付工人等量的工资。但是，在交易中并没有什么要求任何等量的报酬。马克思说，劳动力是一种商品，其使用价值涉及剩余价值的生产，这种情况“对买者是一种特别的幸运，对卖者也决不是不公平”[18]。

没有付费的劳动活动并不必然就是被剥削。设想我为隔壁一位温柔娇小的老妇人做一些零工，并且她按照我工作的小时付费。但是，我知道她依靠固定收入生活，因此我经常工作的时间比跟她说的时间要长，这样她付给我的钱就比我所劳动的要少。这里就不存在剥削，因为我那没有报酬的劳动活动并不是通过她对我的任何弱势的“a 类剥削”来实现的。（如果你把我对邻居的慷慨和情感当作她对我所使用的弱势的话，那么我为你像一位资产阶级政治经济学家来思考问题感到羞耻。）这个例子与工人为了不挨饿而必须接受包含剩余劳动的就业条件这个例子没有任何相似性（或者同剥削概念没有任何相关性）。后者这种没有付费的劳动活动，才被马克思 252
看作剥削，因为资本家能够“a 类剥削”工人为了生存的劳动需求，因此就能“b 类剥削”超出工人的劳动力价值的劳动。造成剥削关系的不是没有付费的劳动，而是资本家通过使用工人的弱势索要他们的无偿劳动这一事实。

剥削者利用被剥削物来实现他的某些目标。如果那个目标是占有某些具有交换价值的东西且“b 类剥削”的是工人劳动，那么剥削将使工人劳动的收益流向资本家。这就是“资本主义剥削涉及到收益从被剥削者流向剥削者的一种再分配”这一论断所包含的全部真相。但是，整体上看，资本家必须被看作在与工人的关系中获得了比工人在这段关系中更多的好处这一观点又不那么正确。因为，一方面，如果这种关系不复存在，资本家总能雇用到其他人，在任何情况下，即使他/她不这么做，也仅仅会失去一小部分利润。另一方面，工人则冒着饿死的危险。实际上，这正是我们本应预料到的，因为在剥削者不剥削被剥削者的情况下，被剥削者的损失比剥削者的损失要大得多，伴随着的自然是被剥削者的弱势地位以及在工资议价中的劣势。**当然**，你在被剥削时所得到的比你的剥削者剥削你所得到的要多得多。这清楚表明将剥削看作剥削者在剥削中所得到的和被剥削者在其中所失去的这一观点为什么是**完全错误**的。因为剥削的本质恰恰在于，那一观点的反面通常才是事实。

马克思经常将雇佣劳动描述为“强制劳动”，这也许很容易让人产生这种想法，即他认为工人的强制劳动对于资本主义剥削来说是本质性的[19]。当然，马克思对资本主义工厂中工人的生产生活条件的实际记录强有力地支撑了这种指控——他们通常在残酷的强制环境下工作[20]。此外，正如马克思所展示的，工人们相对于资本的基本弱势在于这样一个事实，即如果想要生存，他们除了将自己劳动力出卖给资本家之外别无选择。马克思有时也将劳动阶级的整体状况作为资产阶级行为的集体性后果——通
253 过对大众财富的强行剥夺和使得财富逐步积累到资产阶级手中的市场机制。在这种意义上，资产阶级可以整体地被视为集体地压迫无产阶级。然而除了这两点外，资本主义剥削本质上包含强迫的论断并不正确。例如，个体资本家往往并不强迫个体工人接受他提供的工资协议（the wage bargain）。如果说工人们是被迫接受了这种协议，这种强迫也是来自资本主义社会的普遍状况（这个社会系统地使人们受那种生活条件支配，他们除了出卖自己的劳动力之外一无所有），而不是来自他们特定雇主的任何行为。从这点看来，他们接受工资协议就好像是他们自愿一样。

自愿进入一种被剥削的关系中通常是剥削的典型，尤其是资本主义剥削。在同样的情况下，基于同样的理由，工人从被剥削中获得的东西往往要比资本家从剥削中获得的东西要多，因而工人比资本家更加需要剥削关系，并且如果这种剥削不存在的话，工人将会更加绝望。因此，从工人这方面看来，进入剥削关系——甚至自然地希望如此——往往是自愿的。毫无疑问，工人非常不愿意面临要么被剥削要么饿死二者之间的选择。因此，从工人这方面看来，**进入那种两难境地**远远不是自愿的。但是，考虑到工人所处的境地，他或者她同意接受剥削性的工资协议往往就是自愿的。

3　关于剥削的资本主义辩护

马克思对资本剥削劳动的指控可以被经验理由成功反驳，只要建构出如下情况：工人对于资本家处于弱势地位，工资协议条款系统地涉及资本家利用这种弱势，以及资本的利润系统地从这个事实中产生，这些通常都是错的并且不是现实存在的资本主义的本质或结构特征。也许有为资本主义辩护的人坚信这些论断都是错误的。若真如此，那么他们便以诚实的态度设法反驳马克思的指控，尽管他们对现实一无所知。马克思在《资本论》中用很大篇幅的与劳动价值论无关的内容来提供支持这些论断的详细
254 经验证据。在过去的150年中，无论资本主义发生多大变化，看起来仍然非常清楚的是，那些论断如对马克思所知晓的资本主义一样对当今资本主

义有效。既然这些论断显然仍是正确的，那么马克思对资本剥削劳动的指控显然也是正确的。

在我看来，试图反驳那些指控而为资本主义辩护的最为常见的方式，要么是对与反驳指控相关的论断进行虚假辩护（bogus defenses），要么是对即使为真也不违反指控的论断进行辩护。在这一节，我想简要地回顾一些这样的资本主义辩护。

如果生产资料不被雇用工人进行劳动的资本家所有，资本主义生产就无法继续。这就意味着从纯粹的形式层面看，资本和劳动都是生产所必要的，而且同样正确的是工人离开资本就无法获得工资，资本离开工人就无法获得利润。然而基于此，无法得出资本家和工人由于对方可以不参与生产过程而都平等地处于弱势地位的结论。有些时候，正如我已经说过的，雇主可能相对于工人处于弱势地位，因为工人有特殊的技能或才能。集体议价（collective bargaining）是工人试图提高他们在与资本家讨价还价时的地位的一种方式，而且从某种程度上讲，有时候也会成功。然而它是否赋予工人如此巨大的权力，以至于能够消除现实世界中资本家相对于他们在议价上的根本优势，这是一个经验性的问题。我想这个问题的答案显然是否定的。随着20世纪晚期工会在经济和政治权力上的逐渐式微，同时伴随着国家资源越来越多地被用于以劳动者利益为代价使资本获益，这个否定答案正变得越来越正确。

同样正确的是，一个特定的工人也许可以相当频繁地选择不再为一个特定的资本家工作，而是为另外一个资本家工作。在很少的情况下，工人们也许可以选择借钱而为自己做生意，或者成为自我雇佣者，或者成为小资产阶级商人，或者成为凭借自身实力的资本家。如果所有工人或者大部分工人有这种选择，就能够出现这样的情况，即他们绝非被迫接受资本家的议价工资，而且它的条款不再由他们的弱势环境所决定。但这里的问题绝不是关于个体工人生活前景的一个轶事性问题，而本质上是结构性问题， 255
它关乎资本主义经济整体和其中雇佣劳动者普遍或集体的地位。科恩已经强调过这一点，并极具说服力地论证了在资本主义的整个历史中，无产者（被集体地当作一个阶级）除了按照剥削条款把自己的劳动力出卖给资本家之外，根本就没有任何选择[21]。

许多资本主义辩护者的论断加起来都根本无法反击马克思的指控（即使那些人让他们自己相信做到了）。我将各种各样的尝试都囊括在这个类别下，它们试图表明资本家和工人如何在生产过程中做出必不可少的贡献，因而“公平公正地获取了他们的利润”。也许在利用这些论断反击“剥削”

指控的背后是这样一种观点（我已经反驳过的），即剥削本质上是一个道德概念，不正义或者不公正内在于它的概念之中。如果“剥削”是一个道德概念（按照上面的意义来解释），那么表明资本和劳动之间的交易是正义的或者公正的就足够建立起资本没有剥削劳动的观点。

但是，如果X对Y的劳动的剥削只要求Y相对于X在某方面的弱势，因而X能够进行“a类剥削”，使得X“b类剥削”Y的劳动，那么X没有在这个过程中不正义地对待Y的事实（如果有这样一个事实的话）并不意味着X没有剥削Y的劳动。它最多表明X在剥削Y的劳动时没有对Y进行不正义的活动，或者X正义地剥削Y的劳动。事实上，我们在第九章看到，马克思自己认为资本在剥削劳动时并未对劳动行不正义，因此马克思甚至没有争论这些观点。从马克思的观点来看，他对资本剥削劳动的指控并不是旨在表明资本不正义地对待劳动。我们将在下一节开始论述马克思指控的关键效力。

那些试图通过确认资本的生产功能来为资本主义辩护的人，往往批判马克思（特别是劳动价值理论）将劳动作为唯一真正的生产性要素（因为根据劳动价值理论，只有劳动创造“价值”）。然后，他们指出劳动以外的其他因素对于生产过程也是必不可少的，并且论证说属于资本家的利润是凭借劳动以外的其他因素的生产功能的活动而取得的。要反驳所有这个类型的论证，只要指出无论资本家可能在生产过程中做了其他什么事情（比如做了监督工人的劳动，或者做了关于投资什么的明智决策的必要性工作），实际上资本能为资本家带来利润，从根本上看**仅仅**是因为资本家**占有**
256 资本。正如琼·鲁宾逊（Joan Robinson）如此简洁地说道：“**拥有**资本不是一项生产活动”[22]。

围绕这个观点的一个传统方法（马克思早已意识到）就是说资本家所贡献的是真正的“节制”（abstinence），或者用艾尔弗雷德·马歇尔（Alfred Marshall）更为敏锐和周密的词语说——“等待”（waiting）。资本家理应得到他们的利润，因为他们没有消费需要投入进一步生产中的产品，而是将它们投入生产使用中。另一种辩护是宣称资本家的功能就是承担风险，资本家理应得到利润，因为他们将一些购买力冒险投入生产企业中，而不是安全地持有或者消费掉，这是对其行为的合理回报。但是，即使按照他们自己的说法，这些辩护行为看起来也是相当浅薄的。

如果社会不将一部分劳动投入不可直接消费的商品上，生产资料就无法得到积累，这的确是正确的，因而需要某些形式的“节制”或者“等待”。但是要做到这一点，全体社会成员必须同等“节俭”或者“等待”。

某个特定的阶层只有被宣布为为了生产资料的积累而承受一些特殊的贫困或延期满足的重担，才会被合理地选出去履行这一必要的功能。但是这个阶级很难说是资产阶级。恰恰相反，凭借拥有占支配性份额的社会财富，资本家把那些重担大部分都强加到其他人身上，而且他们的消费水平通常比雇佣劳动者高出一大截。资本家被挑出来成为因为节俭和等待而值得奖励的人，实际上只是因为财富使得他们能够把节制和等待的负担强加在所有人之上，并且从其他所有人被迫的贫困或忍耐那里攫取利益。因此，声称他们从节制或等待中获得利润，事实证明只不过是他们剥削处于弱势的工人这一事实的扭曲的、委婉的说法。

至于“风险”，工人忍受失业的风险就如同资本家忍受失败的风险一样。资本家当然也许有更多的东西可以失去，但只是因为他们一开始有更多的东西——从现在的状况沦落到忍饥挨饿这种落差，对于工人而言并不像对于资本家那么大。此外，精明的资本家知道，也经常使用各种降低风险的策略，而且那些成功使用这些策略的资本家并不一定由于冒着更低危险就获得更少的利润。当然，高风险带来高回报是普遍正确的。这个事实增加了资本家生活的辛酸色彩，而且资本家甚至也许会认为这一事实值得 257
深刻的哲学反思（与之相伴随的是书写在光鲜的投资杂志和商学院期刊上的不是那么普遍的深奥的“商业哲学”）。但是，这并不意味着资本的整体利润在任何显著程度上都可以被买入劳动力时资本的风险程度所解释。需要再次说明的是，辩护者所呈现出的资本家承担了风险的社会重担，只是因为他们处于剥削劳动的位置上，这包括从社会经济生活普遍存在的社会风险中不成比例地获取利益这一地位。

因此，非常可悲的是，标准的辩护论证没能证明资本家在生产过程中做了某些事情（与劳动活动有区别，但是很相似）并且理应获得他们的利润。然而即使这些辩护成功了，它们也不与马克思所说的任何结论相矛盾。它们只是表明（马克思早已对这些说得很清楚了）资本主义剥削并不违反适用于资本主义的正义或公平标准。因此，马克思用下面这些话描述他对资本主义剥削的论述：

我把资本家看成资本主义生产的必要的职能执行者，并且非常详细地指出，他不仅“剥取”或“**掠夺**”，而且迫使进行**剩余价值的生产**，也就是说帮助创造属于剥取的东西。[23]

关于“节制”、“等待”或者“承担风险”的辩护并不能表明资本没有剥削劳动。这些辩护最多趋向于确证一种与卡里克勒斯或尼采所主张的那些相似的论断（这些论断，就连马克思自己也不会不同意）。也就是说，那种对工人的资本主义剥削是正确且正义的。

4 资本主义剥削有何坏处?

一般而言，关于为什么剥削是坏的不存在任何神秘之处——特别是当你作为它的受害者时。有任何人利用你的弱势获利都是丢脸和耻辱的，而且它对你的伤害在于它将弱势地位——有被伤害的可能性——转化为现实的伤害。这种转化需要通过他人的行为得以实现，而且仅仅因为他们能从
258 中获利，从人性的角度来看，这特别令人厌恶。对你而言，即使有人剥削你的弱势地位也比没有人来剥削你要好，但是始终更好的是那些发现你处于弱势地位的人来帮助你，而不是利用你。甚至似乎最好的是，你从一开始就没有处于弱势地位。但在一个更加人性化的社会，我们不需要畏惧处于弱势的地位，因为它提供给人们更多通过相互帮助确证他们的普遍人性的机会，因而在这样一个社会里面，我们不会感觉到自己需要避免处于弱势的地位。但是，在资本主义创造的社会生活条件下，相对于他人的弱势地位注定是我们最为恐惧的对象，而且也是我们最深的羞耻的来源。

当然，我们利用某些弱势地位也不见得是坏的，例如粗心大意的象棋选手没有集中精力，或者应该败诉的法律案件中的缺陷。那些由于没有其他生存方式而必须出卖自己劳动力的人的弱势地位，与象棋选手的粗心大意和律师无力为理亏的案件辩护是完全不同的。它不是那种即使被利用也应该为之庆祝的弱势地位。但是，即使我们认为利用某人的弱势地位是完全正确的，剥削对于受害者而言也是不受欢迎的。受害者注定既希望自己的弱势地位不被利用，又希望自己一开始就没有弱势地位，从而不会被利用。

因此，剥削的受害者通常都有理由避免被别人利用其弱势地位，并且如果可能的话，甚至有更多的理由（只要他们还与在社会关系上本质地同他们相敌对的同类生活在一起）去消除这种弱势地位。马克思的首要目标始终是唤醒工人阶级组织并使其壮大起来，然后去改变社会，以使他们不再成为剥削的对象。对马克思而言，指控资本剥削劳动在说服工人组织起来且壮大起来，抵御资产阶级，并改造社会使其不再轻易地受到剥削的过

程中具有重要的力量。

在这个程度上，为什么马克思将资本主义剥削作为某种坏的东西并且 259
是要被抛弃的东西就相当明显了。如此看来，剥削是坏的这个观点所提出的根本不是道德问题——与为什么一个快要饿死的人需要食物或者一个被束缚的人需要摆脱镣铐这样的问题一样没有提出道德问题。像马克思那样站在工人的角度，资本主义剥削为什么是坏的就很明显了，正如为什么工人想要摆脱剥削一样明显。

如果我们不仅从剥削的受害者的立场来看问题，而且从一种超然的或者甚至是从剥削者的立场来看问题，那么回答资本主义剥削为什么是坏的这个问题，也许会更加困难。从这个观点来看，我们也许不仅想知道资本主义剥削的坏处是什么（对被剥削者而言），而且想知道剥削**错**在哪里——为什么资本家不应该剥削，或者至少为什么他们在剥削时应该感到罪恶——或者为什么受道德激励的社会改革家想要安排社会事物以致他们不能剥削。值得注意的事实是——当我们阅读马克思的著作时就值得完全理解——**马克思几乎从来没有从这些视角中的任何一个去看待资本主义剥削**。他甚至似乎在原则上反对从这样的角度去看待这个问题。（这个事实明显与马克思对作为意识形态的道德的批判有关，这些我们已经在第九章和第十章中讨论过了。）因此，如果我们在阅读马克思时，认为好像他是以这种方式看待这个问题，我们自然会误解他。马克思恰恰被他的支持者和他的污蔑者普遍以这种方式误解了。

即便如此，尽管马克思没有问过资本主义剥削有什么“错”，但是我们或许会很自然地问这个问题。在这里，答案似乎也非常明显。如果有人为了自己的目的而利用你的弱势就是对你的侮辱和伤害的话，我们大多数人会认为当你发现一个人处于弱势的境地时，为了你自己的目的抓住这样的机会去利用他的这一境地这种做法是可耻的甚至是道德上恶的，尤其是当这使得弱势的人留在可怜的且仍然弱势的处境中时。相反，你应该做的是帮助这个人脱离弱势的位置。需要再次申明的是，我们在思考这些问题时，不涉及某些特定的弱势——那些大意的象棋选手或者为不正义的理由而辩护的律师。但是，我们倾向于为所有这样的人考虑，即他们的弱势处境是由贫困造成的，尤其是当他们仅仅因为不幸的出身而陷入这种环境之中——或者因为他们的祖先被迫离开公地进入城市，在那里这些人成为正在上升的贪婪的企业家阶级的受害者。这恰恰是马克思的理论所描绘的绝大多数劳动阶级的历史和处境。

资本主义的真正信奉者通常把处于弱势的工人（“穷苦大众”）说成是

他们的弱势只是因为他们懒惰、挥霍或沾染种种恶习。劳动价格低廉的事
260 实有时被解释为（比如马尔萨斯）人口过剩的结果，而人口过剩又是由于下层阶级在性生活方面不够谨慎和令人厌恶地放纵。对任何正直的人而言，这种阶级成见完全和在机会允许时与之结合的种族或人种成见一样令人厌恶。但是，与那些成见相近的主要观点是，这些论证并不倾向于说明工人没有受到剥削。从那些成见中唯一能得出的有效结论是这种剥削是理所应当的，无论如何都无须任何人为之感到羞愧，更不应该被阻止。那些接受道德化剥削观点的人，甚至用它来表明他们根本没有被剥削（在任何“贬义”上的“剥削”）。

但是，对正直的人而言，雇主剥削工人仍然看起来是可耻的和不人道的，无论他们的弱势地位是自身的过错还是其他原因。普遍人性要求他们的弱势得到纠正，而不是受到利用。然而，对某些人而言，这种对人性和尊严的呼吁看起来幼稚和不切实际。毕竟，我们生活在一个冷血残酷的世界，在这里只有适者生存，而在人类中最适合的就是吸血鬼，他们的原则就是在别人对你采取措施之前先下手为强。

意识到马克思同时从这些角度看问题是很重要的，尤其是要意识到他认为对于现代资本主义社会，用这最不应该的、充满侵略性的方式毫无情感地看待事物时能够看到很多真相。在他拒绝从道德的基础上攻击资本主义的过程中，这种同情必定扮演了重要的角色，因为期望生活在一个根本上邪恶的社会中的人遵循极为高尚的道德原则是不合理的。此外，与第一个观点相同，马克思也没有理由认为社会必须像现在这样令人厌恶。如果资本主义社会关系是使得这个世界卑鄙下流的一部分原因，并且在共产主义下人们将更为自由地相互采取更为慷慨和人道的态度，那么这就是我们更喜欢共产主义的原因。这种更为人道的思维方式并未使马克思陷入对资本主义剥削的道德谴责或无情的“社会达尔文主义”观点。但是，它代表着一种对那些自然发生的态度的同情尺度。

如果我们认为资本主义剥削在道德上是令人反感的，表达我们反对的一个自然的方法就是说资本主义剥削是**错误的**或者**不正义的**。但是，重要
261 的是意识到有人可能对剥削有着强烈的道德反感却不认为它不正义或者违反了任何人的权利。因为即使你有权利去利用某人的弱势，而他没有权利期望你不去剥削他，利用他的弱势也是非常可耻的，而且是道德上极为讨厌的。也许你**应当**帮助这样的人而不是去利用他们，并且**应当谴责**的是利用他们而不是帮助他们，即便你选择剥削而不是帮助没有什么**不正义的**。我建议，在我们认为剥削是不正义的或者是对权利的违背时，这是因为我

们认为那些处于弱势地位的人应该被社会保护，从而免受其弱势被人利用。无论如何，如果我们接受穆勒对权利和正义的分析，那么上述内容就是我要表明的；根据这个分析，正义或者一个人的权利在于有效要求社会保护你在拥有某物时的权利[24]。但是，人们是否应该得到社会的保护并免受资本主义剥削，这取决于保护他们的可行性程度和所需付出的成本。马克思的观点认为在现行社会生产关系下，保护人们免受资本主义剥削是不可能的，因为这种剥削在马克思看来对于那些关系本身的运行是本质性的。与此同时，在共产主义社会中，要求人们不被**资本主义**剥削是多余的，因为包含那种特殊剥削的社会关系不复存在。因而，无论在何种情况下都有理由说人们有权利，或者在正义的基础上要求不成为资本主义剥削的受害者。

总的说来，社会基本上可以有两种方法保护某人免于剥削。一是阻止（或者说干涉）占据更强势地位的人利用别人的弱势地位的能力。让我们给社会保护人们免于剥削的这个方法以一个普遍名称：**干涉**。如果代孕母亲贫穷、年轻，而且没有完全了解放弃她的孩子对她意味着什么就缔结了合约，人们有时候会认为领养夫妇和代孕母亲的合约是对生母的剥削[25]。通过干涉来保护代孕母亲免于这种剥削的一种方法就是，让这样的代孕合同在法律上没有强制力。通过干涉来保护工人免于资本主义剥削的一些标准方法就是最低工资法、对工作日长度的法律限制以及对保证工作环境健康和工作安全的规则的制定与实施。

干涉并不总是保护人们免于剥削的有效方法。在有些情形下，处于弱势地位的人们如果没有被剥削，他们的境遇会变得更惨，此时干涉会产生一种不可靠的交易。因此，一个被普遍用来反对提高最低工资的论证就是它将增加失业率，会使得最为弱势的工人处于一种更加恶劣的境地。这种论证往往像是建立在事实的基础上，不然最低工资和失业率的双重增长将使得工人在整体上比之前更为富裕。但是，这个论证原则上是有效的，它至少说明干涉在保护人们免受剥削方面如何是一种不完美的方法。 262

针对剥削的唯一彻底的社会疗法就是我们所说的**再分配**。它在于权力从有权势的人向没有权势的人转移（通常也包含了财富和财产的转移），使用这种方法，那些相对于他人（因此有被他们剥削的潜在可能性）处于弱势地位的人将不再如此。很明显，马克思构想的社会主义革命或共产主义革命恰恰就是防止资本主义剥削的这种方法。但是他没有将革命看作当前社会（即资产阶级社会或资本主义社会）借以保护工人免遭剥削（比如通过对富人收税并且将财富再分配给穷人）的一种机制，而是将其作为建立在所有经济关系基础之上的彻底变化。换言之，他不是将革命当作一种保护弱者免遭剥削的社会行动，而是将其视为建立起一个不需要保护他们（通过废除那些存在剥削者和被剥削者角色的特殊权力关系）的全新的社会环境。这就是将马克思理论刻画成主张通过再分配实现**正义**的革命的说法并不准确的另外一个理由。相比之下，那些希望通过累进税来保护工人免遭资本主义剥削以消除极端的富裕和贫穷的人，主张那些自然被认为是通过再分配来加强人们免受资本主义剥削的权利的方案。马克思对这些观点不是特别赞同，因为他认为与当前真实资本主义密不可分的是两个极端之间巨大的（也许还在不断增长）鸿沟，在一极是财富的积累，同时在另一极是悲惨与堕落的积累[26]。在他看来，资本主义剥削无法通过资本主义
263 社会**内部**出现的任何变化而被阻止，只能通过废除资本主义生产方式本身来实现。

5　如何思考资本主义剥削

当今大多数人相信的对资本主义的辩护与前两节讨论的传统观点（庸俗的和诡辩的观点）不同。大多数人不会因为他们认为工人相对于资本并没有处于弱势，或者可以自由地不为工资而工作，就接受资本主义。他们也不试图说明资本家凭借何种独特的值得称赞的社会贡献而为聚敛利润提供合法性证明。通常情况下，他们甚至不依赖某些令人生厌的刻板印象，即被剥削的工人似乎仅仅是得到了他们的应得之物。相反，我认为使得大多数人依附于资本主义的是一整套在实践层面上更为普遍且更少受到道德指责的观念。他们相信无论它的缺点或者缺陷是什么，资本主义仍将存在（而且保证无限扩展其势力范围），只是因为它是迄今为止人类所发明的最具生产力的经济秩序。

这种资本主义辩护所要提出的主要观点就是，它所说的一切与资本主义根本上是剥削的社会秩序这个指控完全一致。这种辩护并不否认在资本主义制度下，许多人相对于一小部分人而言处于弱势地位，并且通常被这一小部分人以极端有害的和羞辱性的方式利用。资本主义剥削是如此普遍，以至于它的社会关系甚至鼓励人们在全部生活领域以根本上是剥削的态度去对待彼此，至少是在他们的经济生活或者生产生活的各个领域如此。也许资本主义是迄今为止所知的最富有剥削性的社会体制。资本主义“没有别的选择”的观点也不否认这一点，尽管这个观点试图转移我们对它的注意力，因而通过改变话题，并且用骇人听闻的细节来形容用更好的社会体

制替换资本主义尝试的失败。但是，所有这些甚至都未触及资本主义是否是剥削的这个问题，而且它绝对没有使那些认为资本主义剥削不人性、可耻和堕落的人更加接受这种剥削，也没有使这种剥削成为错误的和不正义的。

当然，如果你同意像卡里克勒斯和尼采的这类观点，即某些人应该相对于其他人而言处于弱势地位是自然秩序的一部分，并且人们处于弱势地 264
位是**为了**被足够聪明和冷酷无情的人利用——如果这是你的思考方式，承认资本主义是历史上最为普遍的剥削和最具剥削性的社会秩序，我对此无话可说。但是，如果与此相反——要么因为你自身是处于那些被剥削的弱者之中，要么因为你不像卡里克勒斯和尼采一样没有人类尊严——你发现自己同意任何我在上一节所发现的对剥削的反对，既包括道德的又包括非道德的，那么你会发现自己处于一种不舒服的状态。你应该准备承认，我们仍然有充分的理由不对资本主义表现出巨大的忠诚。你应当乐于承认，资本主义的剥削性赋予我们正当且充足的理由去寻找一个新的社会体制，而不是将现存的制度视作必然的和永恒的，也使我们有理由在努力实现一种不盛行所有者对劳动者的剥削的社会形式时使资本主义自诩的一些优势陷入危机。

在这一意义上，20 世纪发生的一切并没有改变任何事。只要马克思对其做出根本性正确判断的资本主义存在，马克思将继续对资本主义保持其根本正确性。

注 释

[1] 对于“剥削”这个动词，《韦氏词典》（1966 年版）将“将自然资源转化为经济财富的使用”与“为了某人自己的利益或者利润卑鄙地或者不正义地使用”区别开来；《美国传统辞典》（1983 年版）将“以达到最大可能的利益的使用”和“自私地或者非道德地使用”区别开来。

[2] Plato，*Gorgias*，488b5.

[3] F. Nietzsche，*The Will to Power*，ed. W. Kaufmann（New York：Random House，1967）§866，pp. 463-4.

[4] 我已经从其他人那里获得了反馈，这些关于剥削的评论使得我决心接受 G. E. 摩尔关于道德属性的非自然性的“开放问题”论证（‘open question’ argument for the non-naturalness of moral properties）。但是，这样的反馈是疯狂的。它假定——跟我所要论证的恰好相反——“剥削”是一个道德术语。实际上，我认为摩尔的“开放问题”论证是一个不太好的论证——因为如果它是有效的，我认为它真正证明的是所有道德范畴都不是道德范畴（因此它不可能是有效的）。摩尔论证的结论也是不对的。当然，道德属性是自然属性，因为它们是道德属性，而所有

的属性都是自然属性。这里，我的观点只是“剥削”不是这些道德属性之一。

[5] 这部分给出的论述在我的论文中得到了更为详细的解释：‘Exploitation’, *Social Philosophy and Policy* 12, 2 (Summer, 1995), pp. 136-58；重印于：Kai Nielsen and Robert Ware (eds) *Exploitation* (New York: Humanities Press, 1997.

[6] MEW 23: 744-69; *Capital* 1: 717-41；马克思，恩格斯. 马克思恩格斯文集：第5卷. 北京：人民出版社，2009：738-764.

[7] MEW 23: 657-77; *Capital* 1: 628-47；马克思，恩格斯. 马克思恩格斯文集：第5卷. 北京：人民出版社，2009：725-738.

[8] 参见：John Roemer, ‘Should Marxists Be Interested in Exploitation?’ in Roemer (ed.) *Analytical Marxism* (Cambridge: Cambridge University Press, 1986), pp. 260-82.

[9] MEW Erg 1. 460; SW 3: 226；马克思，恩格斯. 马克思恩格斯全集：第42卷. 北京：人民出版社，1979：35. 在这里，我所理解的剥削是相互的。如果我在某方面相对于你是弱势的，你在另外一方面相对于我是弱势的，我们相互利用对方的弱势，那么我们就可能进入一种彼此或相互剥削的关系中。马克思认为资本和劳动没有相互剥削对方，因为他把这种情况下的弱势地位完全看成是工人相对于资本家的弱势。资本家相对于他们所雇用的工人来说并非处于系统的劣势地位。只要资本家们掌握支撑他们自身和工人生活的必要购买力，同时存在能够随时取代不愿意接受议价工资而作为“失业者大军”的工人，工人就会相对于资本家处于弱势地位，而资本家则不会相对于工人处于弱势地位。

[10] MEW Erg 1. 461-3; SW 3: 226-9；马克思，恩格斯. 马克思恩格斯全集：第42卷. 北京：人民出版社，1979：35-36.

[11] 比如，参见：Jeffrey Reiman, ‘Exploitation, Force and the Moral Assessment of Capitalism: Thoughts on Roemer and Cohen’, *Philosophy and Public Affairs* 16 (1987), pp. 3-41.

[12] 参见：Adam Smith, *The Wealth of Nations* (New York: Random House, 1937), p. 33. 那些使用这个概念的人显然没有注意到斯密仅仅是为了“早期和野蛮的社会状态”才发展它，在这个社会状态中，财产还没有积累起来，也不存在土地所有权。一旦这些发展出现，斯密论证说工人们必须放弃部分产品给财产的所有者和他所使用的土地的所有者（*Wealth of Nations*, pp. 48-50）。当然，根据马克思的观点，这里的扭曲之处就在于它将雇佣劳动者当作组织生产过程的企业家，而未向我们描绘出资本主义的真实图景——在这里，财产所有者控制了生产过程，而且处于一种控制工资议价条件的地位。

[13] MEW 23: 214-25, 230; *Capital* 1: 199-211, 215；马克思，恩格斯. 马克思恩格斯文集：第5卷. 北京：人民出版社，2009：243.

[14] MEW 23: 226; *Capital* 1: 212；马克思，恩格斯. 马克思恩格斯文集：第

5 卷. 北京：人民出版社，2009：249.

［15］MEW 19：359；马克思，恩格斯. 马克思恩格斯全集：第 19 卷. 北京：人民出版社，1963：401.

［16］MEW 23：170－81；*Capital* 1：162－6；马克思，恩格斯. 马克思恩格斯文集：第 5 卷. 北京：人民出版社，2009：190－194.

［17］MEW 23：559；*Capital* 1：537；马克思，恩格斯. 马克思恩格斯文集：第 5 卷. 北京：人民出版社，2009：582.

［18］MEW 23：208；*Capital* 1：194；马克思，恩格斯. 马克思恩格斯文集：第 5 卷. 北京：人民出版社，2009：226.

［19］这样做有两点考虑，参见：Reiman，'Exploitation，Force，and the Moral Assessment of Capitalism'，p. 3；Richard Arneson，'What's Wrong with Exploitation?' *Ethics* 91（1981），pp. 202－27。

［20］MEW 23：245－320，359－80，416－60；*Capital* 1：231－78，339－70，394－437；马克思，恩格斯. 马克思恩格斯文集：第 5 卷. 北京：人民出版社，2009：267－351.

［21］G. A. Cohen，'The Structure of Proletarian Unfreedom'，*Philosophy and Public Affairs* 12（1983），pp. 3－33.

［22］Joan Robinson，*An Essay on Marxian Economics*（London：Macmillan，1942）p. 18. 这个观点已经被亚当·斯密所发现，他否认了财产的利润无论如何跟资本家"对劳动的监督和指导"有关的说法（*Wealth of Nations*，p. 48）。

［23］MEW 19：359；马克思，恩格斯. 马克思恩格斯全集：第 19 卷. 北京：人民出版社，1963：401.

［24］J. S. Mill，*Utilitarianism*，ed. G. Sher（Indianapolis，Ind.：Hackett，1979），p. 52. 但是，穆勒的分析存在反直觉主义的东西，也就是说，我们通常认为社会应该保护你占有某物是因为你对它有一种权利，而不是说你对它有一种权利是因为社会应当保护你占有某物。同样，穆勒对一种行为是错误的和某些行为是值得谴责（或者值得产生罪恶感）的相关概念的考虑也是正确的：

> （穆勒）就好像将马车放在马的前面。因为我们通常认为决定是否有罪恶感是根据询问一个人是否不道德地做出行动来加以判断的，但是穆勒发现一个特定的行为是不是错的，首先在于内心计算这一行为是正当的是否具有内在约束力［David Lyons，'Human Rights and the General Welfare'，in Lyons（ed.）*Mill's Utilitarianism*：*Critical Essays*（Lanham，Md：Rowman & Littlefield，1997），p. 36］。

［25］关于这个问题非常好的论述，参见：Heidi Malm，'Paid Surrogacy：Arguments and Responses'，*Public Affairs Quarterly* 3（1989），pp. 57－66；George G. Annas，'Fairy Tales Surrogate Mothers Tell'，in Larry Gostin（ed.）*Surrogate Motherhood*

(Bloomington, Ind.: Indiana University Press, 1990); Elizabeth Anderson, 'Is Women's Labor a Commodity?' *Philosophy and Public Affairs* 19 (1990), pp. 71-9。

［26］例如，参见：MEW 23：674-5；*Capital* 1：645；马克思，恩格斯. 马克思恩格斯全集：第44卷. 2版. 北京：人民出版社，2001：743-744.

结 语

马克思提出了一系列哲学观点以及富有争议的理论。他的辩证方法以 265
及他关于人性的概念或多或少是基于亚里士多德的理念，即事物具有本质，并且科学的任务在于从本质层面去理解事物的特征和表现。马克思的异化概念则包含着亚里士多德的另一种理念，那就是对于男人或女人而言，有意义的生活就在于他们能够在其中运用其自身特有的人类能力。马克思的历史唯物主义运用了目的论解释，这显然预设了这种解释是合法、富有洞见的，并且能够适用于社会机制。辩证法的目的在于透过事物的表象，反映出它们内部的发展结构，而这显然使得马克思导向了某种形式的科学实在论，而这是与我们最为熟知的，将科学理论仅仅看作记录、预测以及组织观察手段的经验主义形式相对立的。对于道德，马克思显然持有一些富有争议的看法，他将道德判断的适用范围限定得更为狭窄，而且认为它对社会实践的重要性相较于平常更少。甚至更加清楚的是马克思反对这种哲学立场，例如有神论、形而上学唯心主义以及关于物质存在或其实在本质的怀疑论。

除此之外，我还质疑马克思的社会理论无法抵挡任何严肃的哲学反驳这个观点。这并非因为我个人坚信马克思对于所有哲学问题的看法都是正确的，而有神论者、唯心主义者、道德学家、怀疑论者、经验论者以及反本质主义者都是错误的。一方面，并不是马克思所有的哲学观点都对他的社会理论有着重要意义。无神论、常识实在论、马克思关于道德范畴对社
会批判的微不足道的观点，或许甚至是他的异化概念，对于他的历史唯物 266
主义和经济理论的中心原则来说都是边缘的或无关紧要的。另一方面，我们通过解释或重构马克思的理论，从而将其“经验内容”从黑格尔的有机体说、本质论、科学实在论以及自然主义——马克思概括为“神秘外壳”——中解救出来，这是可能的。（但是，我将这一工作留给其他人，

因为我认为这将会消除掉马克思理论中很多有价值的内容，并且从哲学的层面来说，这在很大程度上是一个用经验主义谬误来取代黑格尔主义或马克思主义真理的过程。）

然而，我之所以会怀疑那些认为马克思的社会理论在哲学上是脆弱的观点，主要原因在于（我在前文中已经试图论证过）那些被提出来用于反对马克思社会理论的主要哲学反驳都是不成功的。这些反驳大体上都是基于对马克思理论、观点或者目标和方法的误解。举例来说，马克思不是一个“经济决定论者”；历史唯物主义根本不必然是一种决定论。马克思的价值分析并不是基于**先验的**黑格尔式的诡辩术。马克思并不只是用它来丑化资本主义；他提出资本剥削劳动这一论断的理由不依赖于他的价值概念。马克思坚持辩证法并且相信根据物质生产趋势，某些变化从历史上来看是不可避免的，这些观点对于世界如何运行的确都包含着远大的抱负，同时也存在着模糊的观点，但是这些观点都不是形而上学教条，也不是基于形而上学的教条。指控马克思的观点“不连贯”——无论是马克思经济分析的各阶段之间，还是他的历史唯物主义理论和他作为经验历史学家的实践之间——都是没有根据的。这些批评都是源于批评家自己对于马克思观点的哲学上的误解。

关于马克思的理论富有争议的**是**：它是否准确地描述了现实世界？历史唯物主义是连贯的，甚至是合情合理的，但是，它所假设的因素和趋势能在多大程度上解释大规模的社会变革呢？关于辩证经济理论的普遍概念可能令人叹为观止，但是，《资本论》能在多大程度上在思维中成功地再现资本主义的具体现实呢？马克思的价值分析对于理解资本主义商品生产及其所包含的经济形式和它随时间变化的趋势是不可或缺的，或者甚至是有用的吗？像现在这种对于马克思思想的哲学研究能够保证我们不对其观点产生根本性的误解，从而我们不会提出关于它们的错误问题。然而，真正的问题是：马克思的理论究竟在多大程度上适应现实世界，又能够在多大程度上解释现实世界所发生的事情呢？这个问题或许最终取决于更为详细的经验研究。

进一步阅读书目

这里并不试图列出一份“马克思参考书目”，而仅仅是简要地筛选出一份在本书研究主题与话题上值得进一步阅读的、高质量的书目清单。这份清单仅限于著作，而且仅限于那些比本书第1版（1981年）更晚出版的著作（或新版本）。

Brudney, Daniel. *Marx's Attempt to Leave Philosophy*. Cambridge, Mass.: Harvard University Press, 1998.

Callinicos, Alex. *The Revolutionary Ideas of Karl Marx*. London: Bookmarks, 1983.

Carver, Terrell. *Marx's Social Theory*. Oxford: Oxford University Press, 1982.

—— (ed.) *The Cambridge Companion to Marx*. Cambridge: Cambridge University Press, 1991.

Cohen, G. A. *Karl Marx's Theory of History: A Defense*. Expanded edition. Princeton, N. J.: Princeton University Press, 2000.

——*History, Labor and Freedom: Themes from Marx*. Oxford: Clarendon Press, 1988.

Elster, Jon. *Making Sense of Marx*. Cambridge: Cambridge University Press, 1985.

Giddens, Anthony. *A Contemporary Critique of Historical Materialism*. Berkeley, Calif.: University of California Press, 1981.

Levine, Andrew. *Arguing for Socialism*. London: Routledge & Kegan Paul, 1988.

——*The General Will: Rousseau, Marx, Communism*. New York: Cambridge University Press, 1993.

Little, Daniel. *The Scientific Marx.* Minneapolis, Minn.: University of Minnesota Press, 1986.

Megill, Allan. *Karl Marx: The Burden of Reason (Why Marx Rejected Politics and the Market).* Lanham, Md: Rowman & Littlefield, 2002.

Miller, Richard W. *Analyzing Marx: Morality, Power and History.* Princeton, N. J.: Princeton University Press, 1987.

Nielsen, Kai. *Marxism and the Moral Point of View.* Boulder, Col.: Westview Press, 1989.

Nielsen, Kai and Robert Ware (eds.) *Exploitation.* New York: Humanities Press, 1997.

——*Analyzing Marxism: New Essays on Analytical Marxism.* Calgary: University of Calgary Press, 1989.

Nove, Alec. *The Economics of Feasible Socialism.* London: George Allen & Unwin, 1983.

Peffer, Rodney G. *Marxism, Morality and Social Justice.* Princeton, N. J.: Princeton University Press, 1990.

Przeworski, Adam. *Capitalism and Social Democracy.* Cambridge: Cambridge University Press, 1985.

Roemer, John (ed.) *Analytical Marxism.* Cambridge: Cambridge University Press, 1986.

Rotenstreich, Nathan. *Alienation: The Concept and its Reception.* Leiden: Brill, 1989.

Schmitt, Richard. *Alienation and Freedom.* Boulder, Col.: Westview Press, 2002.

Wertheimer, Allan. *Exploitation.* Princeton, N. J.: Princeton University Press, 1996.

Wheen, Francis. *Karl Marx.* London: Fourth Estate, 1999.

Wolff, Jonathan. *Why Read Marx Today?* Oxford: Oxford University Press, 2002.

Wright, Eric Olin, Andrew Levine and Elliott Sober, *Reconstructing Marxism: Essays on Explanation and the Theory of History.* London: Verso, 1992.

Žižek, Slovoj. *The Spectre is Still Roaming Around! An Introduction to the 150 th Anniversary Edition of The Communist Manifesto.* Zagreb: Arkzin, 1998.

索　引

译后记

本书根据劳特利奇公司2004年第2版译出（初版由同一家出版公司于1981年出版）。原书名为*Karl Marx*，直译即《卡尔·马克思》。考虑到本书内容主要是评述马克思的哲学思想，而不是介绍马克思的生平，所以中文译本我们增加副书名“马克思思想传记”，以使书名与内容相吻合。

本书英文版收入劳特利奇公司出版的“哲学家评传丛书”（ARGUMENTS OF PHILOSOPHERS）。据编者称，这套丛书旨在提供哲学思想的完整历史及当代评价。其中每本书介绍一个有重要影响的哲学家或哲学流派，并且包括一个详细的批评性的导言。收入该丛书的主要著作有：《前苏格拉底哲学家》（Jonathan Barnes 著）、《柏拉图》（Justin Gosling 著）、《古希腊怀疑论者》（R. J. Hankinson 著）、《柏罗丁》（Lloyd P. Gerson 著）、《阿奎那》（Eleonore Stump 著）、《笛卡儿》（Margaret D. Wilson 著）、《马勒伯郎士》（Andrew Pyle 著）、《洛克》（Michael Ayers 著）、《休谟》（Barry Stroud 著）、《康德》（Ralph C. S. Walker 著）、《黑格尔》（M. J. Inwood 著）、《卡尔·马克思》（Allen W. Wood 著）、《尼采》（Richard Schacht 著）、《克尔凯郭尔》（Alastair Hannay 著）、《桑塔亚那》（Timothy L. S. Sprigge 著）、《罗素》（Timothy O'Hagan 著）、《维特根斯坦》（Robert Fogelin 著）、《梅洛·庞蒂》（Stephen Priest 著）等。由此可见，这是一套高水准的学术丛书，事实上出版后也产生了重要影响。

马克思的传记，国内已经翻译出版了不少。新中国成立前最有名的是罗稷南先生翻译的梅林著《马克思传》。后来中央编译局组织翻译了多种，先后由生活·读书·新知三联书店和人民出版社出版。近年来最有影响的则是王珍翻译的麦克莱伦著《马克思传》（中国人民大学出版社出版），并且出版了两个不同的版本（第3版和第4版），还有插图版。据粗略统计，国内翻译出版的马克思传记已超过20种，还有几部中国学者写的马克思传。不过，这些传记主要是介绍马克思的生平和事业，专门研究马克思的著作和思想的似乎只有麦克莱伦的《马克思思想导论》（郑一明、陈喜贵译，中国人民大学出版社于2008年出版）（David Mclellan，*Thought of Karl Marx：An Introduction*，Macmillan Press，1971）。麦克莱伦是国际著名的马克思学家，该书的价值毋庸置疑。遗憾的是该书篇幅较小，而且出版时间较早。与之相比，我们翻译的这本书篇幅要大一倍以上，而且是近期的著作，有其独特的价值。

艾伦·W.伍德，1942年出生于美国西雅图，1968年获耶鲁大学哲学博士学位。曾先后在康奈尔大学、耶鲁大学和斯坦福大学任教，现任印第安纳大学鲁思·诺尔曼·哈尔斯（Ruth Norman Halls）哲学教授、美国人文与科学院（American Academy of Arts and Sciences）院士。其主要研究领域为近现代哲学史，尤其专注于康德和德国观念论。此外，他还是伦理学和社会哲学方面的专家。主要著作有：《康德的道德宗教》（1970年初版，2009年再版）、《康德的理性神学》（1978年初版，2009年再版）、《卡尔·马克思》（即本书，1981年初版，2004年修订再版）、《黑格尔的伦理思想》（1990年）、《康德的伦理思想》（1999年）、《令人不安的责任》（2002年）、《康德》（2004年）、《康德的伦理学》（2008年）、《每个人的自由发展：德国古典哲学中关于自由、法权和伦理的研究》（2014年）等。在马克思研究领域，伍德曾因与塔克（Robert C. Tucker）围绕“马克思与正义”问题的争论而赢得国际声誉。该争论持续至今，被学界称为“塔克-伍德命题”。目前，艾伦·W.伍德的著作已被翻译为希伯来语、土耳其语、葡萄牙语、伊朗语和汉语等多种语言出版。

在本书中，伍德从哲学的立场重新阐释了马克思的思想观点，并且针对通常的误解和批评为马克思做了有力的辩护。其内容几乎涵盖了马克思著作中所有主要的哲学论题：异化的概念、历史唯物主义和马克思的阶级理论、道德的本质及其社会功能、哲学唯物主义和马克思的无神论、马克思对黑格尔辩证法的运用以及马克思的价值理论，等等。本书第2版增加了一章讨论资本主义剥削问题，并提供了延伸阅读的新建议。此外还增加了一篇极具分量的新序言，该序言重新审视了马克思的思想，并探讨了马克思与21世纪的持续关联性。该书出版后受到学术界极高的评价，被认为是“英语世界从哲学层面介绍马克思的最好作品”（G. A. 科恩语）。

本书的翻译念头，缘起于2008年8月我前往首尔参加第22届世界哲学大会。主办方当时在开幕式前厅布置了一个书展，非常醒目地放着这本深蓝色封面的书。本来我以前看过1981年第1版，印象颇深。但本书封面标明是第 2 版，拿起书来，发现内容变化不大，唯独篇幅长达 20 多页的第 2 版序言引人注目。翻开首页，小标题是“21 世纪的马克思”，第一段简略描述当今世界天翻地覆的变化之后，紧接着第二段写道：

> 在这种情况下，人们自然会认为，《卡尔·马克思》这样一本书是值得重新出版的，如果它是面向 21 世纪的读者进行言说，那就需要对它做根本性的修订。在这个新版本中，我在各处做了许多小改动，甚至增加了第十六章，还有这个新的序言。但无论是众多细微的修订还是增加新的章节，它们都没有处理 20 世纪末所发生的政治经济变化，修订的内容也不是由这些变化所引起的。这本书基本上还是保持了第 1 版的面貌——我并不为此感到惭愧或内疚。本书是针对 19 世纪最伟大的一位哲学家的思想进行充满共鸣的（但我希望不是不加批判的）哲学阐释。马克思是——即使在哲学这一术语最为人尊敬的意义上也是——一位堪称哲学家的人，他在经济学、历史学和社会理论方面均有知识成就；这些极受尊崇的成就没有学科或者研究传统的分界，而是直接来自实证研究，并且是通过独立思考与理论建构得出的，无论这些路径通向何处。

天哪！20 多年过去了，除了细微的改动和增补，本书基本保持原貌，而作者“并不为此感到惭愧或内疚”，这是怎样的自负啊！而作者把马克思称为“19 世纪最伟大的哲学家”，在西方学院派学者普遍不承认马克思是哲学家的氛围下，同样显得独特。为此，我毫不犹豫买下一本带回国，因为我此前在北大图书馆借阅过第 1 版，对本书的学术价值有充足的信心。其时，我正与鲁克俭和张秀琴筹划“国外马克思学译丛”，我跟克俭兄商量，他也认为该书应该翻译，并且同意纳入“国外马克思学译丛”出版。

但是，紧接而来的出国访学任务使该书的翻译计划延搁了。2010 年暑假前后，我约请中国人民大学张晓萌博士参与该书翻译工作。她大约在 2011 年 10 月完成了她所分担的部分，并将译稿发给了我。而我则由于种种事务的干扰，未能启动翻译工作。一晃就是两年，直到 2013 年秋天北大人文学苑落成启用，我分到一间研究室，在分流图书的过程中，我从堆积如山的藏书中重新发现了这本《卡尔·马克思》，恰好那个学期要为博士生开课，我便把该书作为专业外语的阅读材料。那时还是博士生而现在均已毕业高就其他单位的几位才俊才女——覃思雅（中国社会科学院）、兰洋（中国人民大学）、杨偲劢（武汉大学）、张茂钰（同济大学）、周巍卫（四川省纪委），参与了这项计划，并且试译了书中部分章节。他们都一致感叹，这本书句子过于冗长，叙述语言抽象晦涩，用词挑剔，术语多而解释少，不容易理解。总之，这是一部很有价值，但又难读难译的书。

我分担的部分正式翻译是从2014年秋天开始的。由于情况变化，经与杨金海先生和鲁克俭教授商量，决定把该书转到中国人民大学出版社，收入杨金海先生主编的“马克思主义研究译丛”。考虑到翻译的难度以及因烦琐事务干扰所造成的时间短缺，我又约请当时北京大学哲学系的博士生任劭婷（现任教于中国人民大学马克思主义学院）参与翻译，分担第二部分。经过近一年的通力合作，全部译稿于2015年秋天完成。随即发给出版社，出版社很快排出清样，责任编辑提了一些修改意见。但是由于我冗务缠身，加之母亲病重到去世所带来的心理打击，修订工作一拖再拖。直到2017年6月，在万般无奈之下，我请张晓萌全权负责该书的修订和统稿工作。她反复通读原著和译稿，也与学生一起组成读书小组研究艾伦·W. 伍德的思想，对部分译稿进行了较大幅度的修改，所幸得到了译者的理解和支持，最终在译文上形成共识。她的学生熊市伟、钟亮才、殷逸枫、马青青、杨磊、刘月红、姚慕洁、刘涵、周梓桐等都为本书的校对和修订做出贡献，其中熊市伟在统稿阶段进行了大量细致的校核工作。她的研究生杨慧、郑梅玲、柯旭东、周鼎，以及2017—2019级国外马克思主义研究专业的部分硕士研究生也都参与到了学习和研讨中，对本书的翻译起到了积极作用。中共中央党校（国家行政学院）哲学教研部副教授王纵横为本书的初译稿做出了很大贡献，译者经常与他讨论翻译的细节。全书翻译分工如下：“第2版序言”、“马克思生平概略”、“文献注释说明”、“导言”、第一部分第一至四章、结语，由杨学功、张晓萌翻译；第二部分第五至八章，由任劭婷翻译；第三、第四、第五部分第九至十六章，由张晓萌翻译。前期组织工作和初稿编订由杨学功负责，后期修订和统稿工作由张晓萌负责。张晓萌不仅承担了大部分的翻译任务，而且在修订统稿方面付出了大量心血。本书的译者署名是按照责任原则和贡献原则排序的。

本书翻译主要采取直译的方法，个别难解处则采用意译变通处理。书中凡有关马克思、恩格斯等经典作家的长段引文，一律查找中央编译局权威中译本并注明出处，方便读者查阅。有些背景性知识或间接引文，为了帮助读者理解，加了译者注。属于文献性的原注，为便于读者检索，照录原文，不做翻译。

本书出版过程中，中国人民大学出版社副社长郭晓明、策划编辑徐小玲，以及各个时期的责任编辑黄雨晨、于晨、贺志红等，以极大的耐心和精益求精的工作态度，帮助解决了各种问题，谨致以深切的谢意。本书为教育部哲学社会科学研究后期资助项目“历史唯物主义视域中的‘马克思与正义’研究”（项目批准号：19JHQ016）的结项成果之一。

本书虽经我们再三修改校订，并经责任编辑反复审阅，难免有不妥乃至错误之处，请识者不吝指正。

杨学功

2023 年 4 月 5 日

Karl Marx, 2e by Allen W. Wood
ISBN: 9780415316989

北京市版权局著作权合同登记号：01-2009-1425

图书在版编目（CIP）数据

卡尔·马克思：马克思思想传记：第2版／（美）伍德著；张晓萌，杨学功，任劭婷译. --北京：中国人民大学出版社，2023.8

（马克思主义研究译丛：典藏版）

ISBN 978-7-300-21555-6

Ⅰ.①卡… Ⅱ.①伍… ②张… ③杨… ④任… Ⅲ.①马克思主义-研究②马克思，K.（1818～1883）-传记 Ⅳ.①A81②A711

中国版本图书馆CIP数据核字（2015）第149930号

“十三五”国家重点出版物出版规划项目

马克思主义研究译丛·典藏版

卡尔·马克思：马克思思想传记（第2版）

［美］艾伦·W.伍德（Allen W. Wood） 著

张晓萌 杨学功 任劭婷 译

Ka'er Makesi

出版发行	中国人民大学出版社		
社　　址	北京中关村大街31号	邮政编码	100080
电　　话	010－62511242（总编室）		010－62511770（质管部）
	010－82501766（邮购部）		010－62514148（门市部）
	010－62515195（发行公司）		010－62515275（盗版举报）
网　　址	http://www.crup.com.cn		
经　　销	新华书店		
印　　刷	涿州市星河印刷有限公司		
开　　本	720 mm×1000 mm　1/16	版　　次	2023年8月第1版
印　　张	21.25 插页3	印　　次	2024年12月第2次印刷
字　　数	349 000	定　　价	128.00元

马克思主义研究译丛 · 典藏版

从戈尔巴乔夫到普京的俄罗斯道路：苏联体制的终结和新俄罗斯　［美］大卫 · M. 科兹　弗雷德 · 威尔
非理性主义：卢卡奇与马克思主义理性观　［美/法］汤姆 · 洛克莫尔
马克思与黑格尔的对话　［美］诺曼 · 莱文
马克思主义理论的新起点　［美］斯蒂芬 · A. 雷斯尼克　理查德 · D. 沃尔夫
资本主义的起源：学术史视域下的长篇综述　［加］埃伦 · 米克辛斯 · 伍德
大同世界　［美］迈克尔 · 哈特　［意］安东尼奥 · 奈格里
平等与自由：捍卫激进平等主义　［加］凯 · 尼尔森
马克思社会发展理论新解　［美］罗伯特 · 布伦纳
革命的马克思主义与 20 世纪社会现实　［比利时］欧内斯特 · 曼德尔
超越后殖民理论　［美］小埃 · 圣胡安
民主化的进程　［匈］捷尔吉 · 卢卡奇
马克思的《大纲》：《政治经济学批判大纲》150 年　［意］马塞罗 · 默斯托
理解马克思　［美］乔恩 · 埃尔斯特
中国辩证法：从《易经》到马克思主义　［美］田辰山
马克思传（第 4 版）　［英］戴维 · 麦克莱伦
苏联的马克思主义：一种批判的分析　［美］赫伯特 · 马尔库塞
全球动荡的经济学　［美］罗伯特 · 布伦纳
马克思的幽灵：债务国家、哀悼活动和新国际　［法］雅克 · 德里达
马克思以后的马克思主义（第 3 版）　［英］戴维 · 麦克莱伦
反对资本主义　［美］戴维 · 施韦卡特
马克思的复仇——资本主义的复苏和苏联集权社会主义的灭亡　［英］梅格纳德 · 德赛
激进民主　［美］道格拉斯 · 拉米斯
马克思思想导论（第 3 版）　［英］戴维 · 麦克莱伦
马克思与恩格斯：学术思想关系　［英］特瑞尔 · 卡弗
新帝国主义　［美］戴维 · 哈维
新自由资本主义的兴衰成败　［美］大卫 · M. 科兹
马克思　［英］特瑞尔 · 卡弗
另一个马克思：从早期手稿到国际工人协会　［意］马塞罗 · 默斯托
马克思主义与国家：一种分析的方法　［英］保罗 · 威瑟利
卡尔 · 马克思（第 2 版）　［美］艾伦 · W. 伍德